21 世纪高等院校计算机系列教材

SPSS 实用统计分析

郝黎仁　樊元　郝哲欧　等编著

中国水利水电出版社

内 容 提 要

SPSS（Statistical Package for the Social Science）是国际上最流行的大型统计软件之一。它功能齐全、简便易学、界面友好，目前广泛应用于社会经济统计、经济管理、教学科研以及工程技术等诸多领域。

本书介绍 SPSS 的最新版本 SPSS 11.0 for Windows 的基本功能，配以大量针对性强的应用实例，对输出结果予以详尽地统计解释与分析，以体现实用性。同时为方便读者学习，在涉及统计分析的各章末，选择了典型的习题，供上机训练使用。

本书共分 14 章，第 1 章介绍软件的概况，第 2 章～第 5 章介绍描述性统计分析。第 6 章～第 12 章介绍与数理统计的基本内容有关的统计分析功能，如参数估计与检验、非参数假设检验、方差分析、相关分析与回归分析、聚类分析与因子分析等。最后两章介绍统计图形的生成以及编辑功能等。附录给出 SPSS 的全部函数。

本书可供开设统计课程的各类大专院校师生使用，也可作为统计工作者、经济管理人员和科技工作者参考阅读。

图书在版编目（CIP）数据

SPSS 实用统计分析 / 郝黎仁等编著.—北京：中国水利
水电出版社，2002（2014.2 重印）
（21 世纪高等院校计算机系列教材）
ISBN 978-7-5084-1246-7

Ⅰ.S… Ⅱ.郝… Ⅲ.统计分析－软件包，SPSS－高等
学校－教材 Ⅳ.C819

中国版本图书馆 CIP 数据核字（2002）第 084160 号

书　　名	21世纪高等院校计算机系列教材 SPSS 实用统计分析
作　　者	郝黎仁　樊元　郝哲欧　等编著
出版发行	中国水利水电出版社 （北京市海淀区玉渊潭南路 1 号 D 座　100038） 网址：www.waterpub.com.cn E-mail: mchannel@263.net（万水） 　　　　sales@waterpub.com.cn 电话：（010）68367658（发行部）、82562819（万水）
经　　售	北京科水图书销售中心（零售） 电话：（010）88383994、63202643、68545874 全国各地新华书店和相关出版物销售网点
排　　版	北京万水电子信息有限公司
印　　刷	三河市鑫金马印装有限公司
规　　格	184mm×260mm　16 开本　25.25 印张　569 千字
版　　次	2003 年 1 月第 1 版　2014 年 2 月第 9 次印刷
印　　数	23001—26000 册
定　　价	32.00 元

凡购买我社图书，如有缺页、倒页、脱页的，本社发行部负责调换

前　言

　　随着信息时代的到来，如今人们不会怀疑，存在于客观世界的浩繁的统计资料靠人工来分析处理已经越来越不可能了。计算机的普及与发展使得统计数据搜集、储存、处理、分析以及传输都发生了根本性的变化，现代统计学中不断创造出来的形形色色的统计分析方法无不与计算机技术的发展密切相关，统计数据资料的分析处理必须利用和依靠计算机来完成已成为人们的普遍共识。

　　诸如数理统计或统计原理等统计学课程目前已经成为各类高等院校大多数专业的必修课，通过这些课程的学习，学生了解了统计学的原理、思想和一些基本的统计方法。然而，真正掌握使用计算机来处理统计数据资料的却为数不多。

　　目前，随着计算机技术的飞速发展，仅统计学领域里就有数百种各具特色的统计软件，但是最为流行的统计软件也只有 SPSS、SAS、S-Plus 等少数几种。

　　SPSS（Statistical Package for the Social Science）是美国著名的 SPSS Inc 公司开发的大型社会科学统计软件包。自 SPSS 问世以来，SPSS 就以其简便易学、功能齐全、界面友好等特点，深受广大统计工作者及从事统计教学、研究的专家学者的青睐。SPSS 集数据文件管理，统计数据的编辑、处理、分析，统计分析报告生成、各类型统计图表生成以及统计编程等诸多功能于一身，涵盖了统计学的所有常用的统计方法，随着 SPSS 版本的不断升级，统计领域的最新研究成果也都在新版本中及时地反映出来。SPSS 已经广泛应用于社会经济统计、工程技术、国防科技、管理科学、医疗卫生以及教学科研等领域，是目前国际上最流行的大型统计软件之一。

　　本书是在作者 1999 年编写的内部教材《SPSS 8.0——实用统计分析》的基础上修订而成的，将使用的软件改为 SPSS 的最新版本 SPSS 11.0 for Windows，但是，这并不妨碍使用早期版本（SPSS 8.0 for Windows 以后的各版本）的读者阅读本书。

　　本书与介绍 SPSS 的同类书籍相比，有以下特点：

　　（1）SPSS 强大的统计处理功能显示它拥有极为丰富的内容，因此，在介绍 SPSS 时，不求概全，但求实用，这表现在两方面，一是目前电脑日益普及、Windows 对大学生已不陌生，作者认为对于诸如软件安装及 Windows 系统下应用软件的基本操作知识，已经没必要在每一本介绍软件的书籍中重述，所以本书将这些内容一笔带过；二者国内大学统计教科书中鲜有介绍的统计功能，或者不太常用的统计功能不予介绍，以便与数理统计教程、统计学原理的相关内容衔接。本书选用 SPSS 11.0 的标准（Standard）版编写，正体现这一宗旨，因为该版本中的统计处理功能大体上与我国高等院校现行的数理统计及统计学教科书的内容一致。

　　（2）本书更侧重于对 SPSS 处理结果的统计解释与分析，以体现实用性。

　　（3）对书中介绍的部分功能项所涉及的统计学概念和原理给出了简要的介绍。有些

SPSS 书籍中，针对一个或少数几个数据文件不分场合地套用各种统计功能，使得给出的解释过于牵强，因为不同的数据资料需用不同的统计功能或统计方法来处理，本书对绝大多数统计功能配备针对性强的分析实例。

（4）目前，国内出版的 SPSS 的书籍，都没有配备练习题。为适合作为教材使用，本书特别在第 2 章～第 13 章的章末，针对各章内容组织了相当数量的典型习题，供上机训练使用，以加深对统计功能的理解。

本书共分 14 章，第 1 章 SPSS 综述简要介绍软件的基本情况，第 2 章～第 5 章介绍数据文件的建立、变量计算和基本描述性统计分析。第 6 章～第 12 章涉及的是数理统计学里的基本内容，诸如参数估计、参数和非参数的假设检验、方差分析、相关分析与回归分析、聚类分析与因子分析等。最后两章介绍 SPSS 的统计图形生成以及编辑功能等内容。书末附录给出 SPSS 11.0 的全部函数。

本书内容充实、实用，可作为大专院校统计、经济管理、数学、教育、生物、医学、心理学等专业的实用统计分析教材，也可作为统计工作者、科技工作者、工程技术人员以及经济管理人员参考用书。

尽管目前尚无中文版的 SPSS，对于英语水平不高的读者，使用它进行统计分析工作确有一定的困难，但读者只要坚持上机训练，实际操作，很快就可以掌握软件的使用方法。

参加本书编写的人员有：郝黎仁、樊元、郝哲欧、任小康等。

本书编写过程中受到西北师范大学教材工作委员会的鼓励和支持，在此表示衷心的感谢。

由于作者主要从事数理统计和统计学的教学，编写中存在一定的局限性和片面性，疏漏和错误之处在所难免，恳请读者批评指正，以期逐步充实、完善和提高，作者的 E-mail 地址为：lxyhzo@public.lz.gs.cn。如希望得到书中相关章节中的数据文件，可以同作者联系。

作者

2002 年 7 月

目　　录

第 1 章　SPSS 综述

本章主要介绍 SPSS 11.0 for Windows 的系统特点、安装要求、基本配置、窗口介绍等，以便对 SPSS 软件包有一个初步的认识。

1.1　统计分析软件包——SPSS 11.0

SPSS 是 Statistical Package for the Social Science 的缩写，即社会科学统计软件包，它是世界上最著名的统计分析软件之一。它和 SAS（Statistical Analysis System，统计分析系统）都是国际上最有影响的统计软件。SPSS 名为社会科学统计软件包，是为了强调其社会科学应用的一面（因为社会科学研究中的现象都是随机的，要使用统计学和概率论的理论进行研究），而实际上它在自然科学、经济管理、商业金融、医疗卫生、体育运动等各个领域中都能发挥巨大作用，是统计、计划、管理等部门实现科学管理决策的有力工具。

SPSS 11.0 for Windows 是目前 SPSS Inc.公司推出的最新版本之一，在经历了多次升级之后，SPSS 11.0 for Windows 具有了更为强大的统计功能。SPSS 具有以下特点：

- 工作界面友好完善、布局合理、操作简便，大部分统计分析过程可以借助鼠标，通过菜单命令的选择、对话框参数设置，点击功能按钮来完成，不需要用户记忆大量的操作命令。菜单分类合理，并且可以灵活编辑菜单以及设置工具栏。
- 具有完善的数据转换接口，可以方便地和 Windows 其他应用程序进行数据共享和交换。可以读取 Excel、FoxPro、Lotus 等电子表格和数据库软件产生的数据文件，可以读取 ASCII 数据文件。
- 提供强大的程序编辑能力和二次开发能力，方便高级用户完成更为复杂的统计分析任务的需要，具有丰富的内部函数和统计功能。
- 具有强大的统计图绘制和编辑功能，且增强了三维统计图的绘制功能，图形更为美观大方，输出报告形式灵活、编辑方便易行。
- 附带丰富的数据资料实例和完善的使用指南，为用户学习掌握软件的使用方法提供更多的方便。软件启动后，用户可直接上网访问 SPSS 公司主页获得更多的帮助和信息。

1.2　SPSS 11.0 的系统要求及安装

1.2.1　硬件环境要求

- 高性能的处理器是用户成功的前提，在安装 SPSS 11.0 时建议用户最好使用

Pentium II 以上的 CPU。

- 建议用户至少配置 32MB 内存，如果条件允许配置 64MB 以上内存将更为有效。
- 安装、运行 SPSS 11.0 for Windows（标准版），完全安装需要 90MB 左右的硬盘空间。
- 支持 Windows 的标准 VGA 显示器。
- 配备 CD-ROM 驱动器、标准 PC 配置的鼠标器、键盘。

对于有条件的用户，可以增选一些外设，如打印机、扫描仪等。这样不但可以提高工作效率，同时使得工作更加轻松愉快。

1.2.2　软件环境要求

SPSS 11.0 要求的操作系统是：Windows 98/ME / NT/ 2000 及更高版本。

注意：如果在 Windows NT 上安装 SPSS 11.0，NT 4.0 上必须装有 Service Pack 5 或 6，若在运行时出现以下错误信息："Cannot find file SPSS newg.hlp"，表明系统中 Service Pack 5 出现错误或未安装 Pack 5。

具备了以上条件后，就为 SPSS 11.0 提供了一个良好的工作环境。

1.2.3　SPSS 11.0 的安装

SPSS 11.0 的安装方法同 Windows 操作系统下各种应用软件的安装方法相同，用户可以根据安装向导的操作提示逐步进行安装。此处仅作简要介绍。光盘版的安装步骤如下：

（1）将 SPSS 11.0 安装光盘插入光驱。

（2）在资源管理器下找到光驱，然后找到 setup.exe 文件，双击 SETUP 图标后，系统立即启动安装程序。

（3）循着安装向导界面的提示，指定安装路径、输入用户信息、序列号、选择安装模式、安装机型等，一步步地单击 Next 按钮，单击最后一个安装向导界面上的 Finish 按钮后，SPSS 安装程序进入正式安装，此时只是按照用户的上述设定将 SPSS 软件所需的文件拷贝到用户指定的路径中去，然后在 Window 中建立起用户方便操作的图标，直至安装完成。

安装成功后会在 Windows 的程序菜单中添加 SPSS 启动运行图标，这样就完成了 SPSS 的全部安装过程。

1.3　SPSS 的启动与退出

正确安装了 SPSS 11.0 后，每次启动 SPSS 11.0（以下简称为 SPSS），弹出如图 1-1 所示的 Statup 对话框。该对话框提供了选择进入 SPSS 的各种方式。

- Run the tutorial：运行指南。
- Type in data：数据录入。
- Run an existing query：运行已存在的查询。
- Creat new query using Database Capture Wizard：用数据库捕获向导建立新的查询。
- Open the existing file：打开现有的文件。

● Open another type of file：打开其他类型的文件。

注意：Startup 对话框底部有一个复选框 Don't show this dialog in the future，如若选择该选项，以后再启动 SPSS 时将不再显示 Startup 对话框，直接进入 SPSS Data Edit（数据编辑）窗口，如图 1-2 所示。

退出 SPSS for Wingdows 时，可采用下列方法之一。

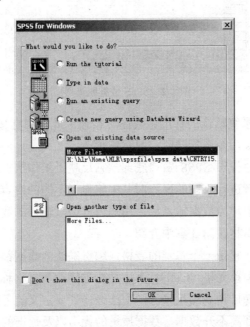

图 1-1　Startup 对话框

（1）打开 File 菜单，单击 Exit 选项退出 SPSS。

（2）单击数据编辑器右上角的关闭按钮。

（3）右击数据编辑器标题栏的任何位置，从弹出的快捷菜单中选择关闭，也可以双击编辑器左上角的编辑器图标。

（4）使用快捷键 Alt + F4。

1.4　SPSS 窗口介绍

1.4.1　SPSS 的数据编辑窗口

在图 1-1 的 Start-up 对话框中，选择 Type in data 复选框，单击 OK 按钮，将进入 SPSS Data Edit（数据编辑）窗口，如图 1-2 所示。

数据编辑窗口也是 SPSS 默认的启动用户界面，它是 SPSS 的工作台面，用户可以在这里建立、读取、编辑数据文件，开展预想的统计分析工作。

数据编辑器中包括：

● 标题栏，显示当前工作文件名称。

● 主菜单栏，排列 SPSS 的所有菜单命令。

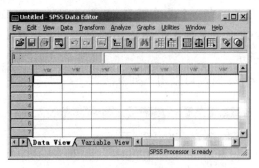

图 1-2　SPSS 数据编辑器

● 工具栏，排列系统默认的标准工具图标按钮，此栏图标按钮可以通过单击 View
菜单的 Toolbars 命令选择隐藏、显示或更改。

● 状态栏，状态栏位于 SPSS 窗口底部，它反映了工作状态。当用户将光标置于不
同的区域时或者进行不同的操作时其中将显示不同的内容。

● 数据编辑栏，也称为数据输入栏，用户通过键盘输入的数据首先显示在这里，数
据的录入及编辑将在第 3 章中介绍。

● 数据显示区域，它是一个二维的表格，编辑确认的数据都将在这里显示，其中每
一个矩形格称为单元格（Cell），其中边框加黑的单元格称为选定单元格。数据显
示区域的左边缘排列观测量序号，上边缘排列要定义的各变量名。

因为任何统计分析都离不开数据，数据质量的优劣以及数据的可靠性都将直接影响到
统计分析的结果，因此数据编辑窗口中的工作将成为统计分析的基础。

需注意在 SPSS 运行期间，不能同时打开一个以上的数据窗口。

SPSS 数据窗口的主菜单集中了大量的命令和功能，下面对所有菜单项作简要介绍。

1. File（文件）菜单

文件菜单（如图 1-3 所示，其他菜单图形省略）提供了数据文件的新建、打开、保存、
打印、退出等命令。

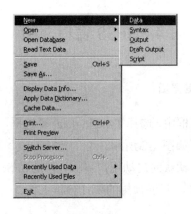

图 1-3　File 菜单

值得一提的是 SPSS 不仅能调用 SPSS 不同版本生成的数据文件，还能调用 Excel、Lotus、dBASE、SYLK、Tab-delimited 等应用程序生成的数据文件，也能够调用 ASCII 的数据，它与其他数据库程序有良好的兼容性。

File 菜单中包含的具体菜单项如表 1.1 所示。

表 1.1　File 菜单

子菜单		用途说明及快捷键
New	Data	打开数据窗口，新建数据文件
	Syntax	新建语法文件
	Output	新建标准输出
	Draft Output	新建草稿式输出
	Script	新建脚本语言文件
Open	Data...	打开 SPSS 能够读取的数据文件
	Syntax...	打开语法文件
	Output...	打开输出文件
	Draft...	打开草稿输出文件
	Other...	打开其他类型文件
Open Database	New Query	按照某一数据源新建查询
	Edit Query	编辑已建立的查询
	Run Query	运行已建立的查询
Read Text Data		读取 ASCII 文本数据文件
Save		存盘，照默认路径存盘，快捷键 Ctrl + S
Save As		另存为，按照指定路径存盘
Disply Data Info...		通过 Output 窗口显示文件的信息
Apply Data Dictionary...		通过 Output 窗口显示选定文件的路径信息
Cache Data...		建立数据高速缓冲存储器
Print...		数据表格的打印输出，快捷键 Ctrl + P
Print Preview		打印预览
Stop Processor		停止处理，快捷键 Ctrl + Alt + P
Recent Used Data		近期使用过的数据文件列表,其中文件个数可以在 Options 项中设置，系统默认个数为 9 个
Recent Used File		近期使用过的其他文件列表
Exit		退出 SPSS 系统

2．Edit（编辑）菜单

编辑菜单包括的具体菜单项如表 1.2 所示。

表 1.2　Edit 菜单

子菜单	快捷键	用途说明
Undo	Ctrl + Z	取消上次编辑操作
Redo	Ctrl + R	恢复上次编辑操作
Cut	Ctrl + X	剪贴，将剪除的内容存入剪贴板
Copy	Ctrl + C	将所选内容存入剪贴板
Paste	Ctrl + V	将剪贴板的内容粘贴到光标所在处
Paste Variables...		粘贴变量
Clear	Del	删除所选择的内容，且不把删除的内容存入剪贴板
Find...	Ctrl + F	查找一个字符串，既可以查找文字也可以查找变量及函数
Options...		总选项可用于控制 SPSS 的工作环境及基本设置

3. View（视图外观）菜单

视图菜单提供了 Status Bar（状态条开关）、Toolbars（工具栏开关）等 6 条命令，如表 1.3 所示。

表 1.3　View 菜单

子菜单	用途说明
Status Bar	状态栏，选中该项将显示状态栏，否则隐藏状态栏
Toolbars	工具栏，点击该项设定工具栏
Fonts	设定字体
Grid Lines	显示 / 隐藏格线
Value Labels	显示 / 隐藏变量值标签
Variables / Data	变量定义窗口与数据编辑窗口的转换

4. Data（数据）菜单

数据菜单中包括的菜单命令类似于数据库的编辑与管理，如表 1.4 所示。

表 1.4　Data 菜单

子菜单	用途说明
Define Dates	定义日期，此选项用于定义日期和时间格式变量
Insert Variable	插入变量
Insert Case	插入观测量
Goto Case	定位到观测量
Sort Case	观测量排序分类
Transpose	转置

续表

子菜单		用途说明
Restructure...**		重新构建数据文件
Merge Files	Add Cases	添加一组或多组观测量，合并文件
	Add Variables	添加一个或多个变量，合并文件
Aggregate		汇总或合计
Split File		拆分文件
Select Cases		选择观测量
Weight Cases		观测量加权

5. Transform（数据转换）菜单

数据转换菜单主要用于变量转换，如表 1.5 所示。

表 1.5　Transform 菜单

子菜单		用途说明
Compute...		计算
Random Number Seed...		设置随机数种子
Count...		计数
Recode	Into Same Variable...	变量重新赋值给同一变量
	Into Defferent Variable...	变量重新赋值给不同变量
Categorize Variables...		连续变量分类
Rank Cases...		观测量求秩
Automatic Recode...		自动赋值
Create Time Series...		产生时间序列
Replace Missing Values...		缺失值替换
Run Pending Transforms **		运行、挂起变换

6. Analyze（统计分析）菜单

SPSS 的所有统计分析功能都集中在这个菜单下，如表 1.6 所示。

SPSS 提供了强大、完备的统计分析方法，标准版的 SPSS 11.0 仅提供了部分最常用的统计分析功能，而这些统计分析功能中的绝大部分功能与普通统计学原理、数理统计、多元统计分析教材的主要内容相一致。我们在保持与普通统计原理和数理统计学内容协调的基本设想下，限于篇幅选择其中最常用的功能加以介绍。读者在掌握了 SPSS 的这些基本统计分析功能以后，日后使用 SPSS 的专业版，掌握其中提供高级统计分析功能也只是一蹴而就的事情了。

表 1.6   Statistics 菜单

子菜单		用途说明
Reports（统计报告）	OLAP Cubes...	层分析报告
	Case Summaries	观测量概述
	Report Summaries in Rows	行概述报告
	Report Summaries in Columns	列概述报告
Descriptives Statistics（描述性统计）	Frequencies...	频数分析
	Descriptives...	统计描述
	Explore...	数据探索
	Crosstabs...	交叉表, 或列联表
	Ratio...	比率统计
Compare Means（均值比较）	Means...	均值比较
	One-Sample T Test...	单样本 T 检验
	Independent- Sample T Test...	独立样本 T 检验
	Paired -Sample T Test...	配对样本 T 检验
	One-Way ANOVA...	单因素方差分析
General Linear Model（一般线性模型）	Univariate	通用线性因子分析
Correlate（相关分析）	Bivariate	二元相关过程
	Partial	偏相关过程
	Distances	距离分析过程
Regression（回归分析）	Linear	线性回归分析
	Curve Estimation	曲线估计
Classify（聚类和判别分析）	K-Means Cluster	K-均值聚类分析
	Hierarchical Cluster	层次分析
	Discriminant	判别分析
Data Reduction（数据简化）	Factor	因子分析
Scale**（比例分析）	Reliability Analysis	可靠性分析
	Multidimensional Scaling	多维比例分析
Nonparametric Tests（非参数检验）	Chi-Sqaure	卡方检验法
	Binomial	二项检验法
	Runs	游程检验法
	1-Sample K-S	单个样本的 K-S 检验
	2 Independent Samples	两个独立样本的 K-S 检验
	K Independent Samples	K 个独立样本的 K-S 检验
	2 Related Samples	两个相关样本的检验
	K Related Samples	K 个相关样本的检验
Multiple Response **（多重响应）	Define Set	定义多重响应集
	Erequencies	多重响应频数表
	Crosstabs	多重响应交叉表

7. Graphs（图形）菜单

SPSS 图形功能可以生成几十种不同类型的表现统计资料的图形格式的图形，SPSS 图形功能还提供生成交互式统计图形的功能，可生成动态的三维统计图形。具体内容见表 1.7。

表 1.7　Graphs 菜单

子菜单		用途说明
Gallery		统计图形画库
Interactive （交互式统计图形）	Bar...	条形图
	Dot...	圆点图
	Line...	线形图
	Ribbon...	带状图
	Drop-Line...	点线图
	Pie...	饼图
	Boxplot...	箱图
	Error Bar...	误差条形图
	Histogram...	直方图
	Scatterplot...	散点图
Bar...		条形图
Line...		线形图
Area...		面积图
Pie...		饼图
High-Low...		高一低图
Pareto...		Pareto 图，巴列特图
Control...		控制图
Error Bar...		误差条形图
Scatter...		散点图
Histogram...		直方图
P-P...		正态 P-P 图
Q-Q...		正态 Q-Q 图
Sequence...		序列图
ROC Curve...**		Roc 曲线
Time Series...	Autocorrelations	时间序列自相关图
	Cross-Correlation	时间序列互相关图

8. Utilities（实用程序）菜单

实用程序菜单包括数据文件中的变量信息、文件信息等命令项。具体内容如表 1.8 所示。

表 1.8　Utilities 菜单

子菜单	用途说明
Variables	变量信息说明
File Info	文件信息
Define Sets	定义变量集合
Use set	使用定义了的变量集合
Run Scripe...	运行脚本语言
Menu Editor...	菜单编辑器

9. Windows（窗口控制）菜单

窗口控制菜单提供了数据窗口最小化、数据编辑窗口和 SPSS 输出窗口等的切换功能。

10. Help（帮助）菜单

帮助菜单提供了 SPSS 帮助主题、SPSS 教程等 5 项功能，如表 1.9 所示。

表 1.9　Help（帮助）菜单

子菜单	用途说明
Topics	SPSS 11.0 帮助主题
Tutorial	用户指南
SPSS Home Page	SPSS 主页
Statistics Coach	统计训练指导
About	关于 SPSS 11.0 版本信息

1.4.2　SPSS 的语法窗口

SPSS 不仅为我们提供了良好的数据编辑环境和完备的统计分析功能，还提供了 Syntax（语法）编辑窗口，如图 1-4 所示。

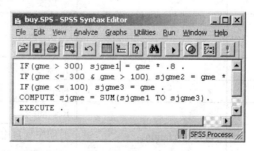

图 1-4　SPSS 的语法窗口

一般，可以在 SPSS 的各种窗口中执行 File→New→Syntax 命令新建一个语法窗口，或者执行 File→ Open→Syntax 命令打开一个事先保存的语法程序文件。

窗口的绝大多数菜单命令与数据编辑窗口相同，用户可以在此窗口自行编写 SPSS 语法程序，通过 Run 菜单的菜单命令执行程序语句实现统计分析任务。并且可以将编写的语法文件保存起来，语法文件的扩展名为"*.sys"。

　　本书的第 3 章中将结合有关命令简要介绍 SPSS 语句，执行各种统计功能所使用的 SPSS 语法程序都可以通过单击功能对话框的 Paste 按钮粘贴到该窗口中，有意学习 SPSS 语法的用户可以借助这种方法进行学习。

1.4.3　SPSS 的输出窗口

　　SPSS 的 Output（输出）窗口 SPSS Viewer，一般随执行统计分析命令而打开，用于显示统计分析结果、统计报告、统计图表，执行统计命令中产生新变量的信息，运行产生错误时的警告信息等也是在这个窗口里显示。SPSS 的输出窗口如图 1-5 所示。

　　可以在 SPSS 的各种窗口中执行 File→New→Output 命令新建一个输出窗口，或者执行 File→Open →Output 命令打开一个事先保存的输出文件。

　　在这个窗口中，允许用户对输出结果进行常规的编辑整理，窗口内容可以直接保存，保存文件的扩展名为"*.spo"，有关输出窗口的详细介绍可参见本书 14.1 节。

1.4.4　SPSS 的草稿输出窗口

　　SPSS 的草稿（Draft）输出窗口如图 1-6 所示。可以在 SPSS 的各种窗口中执行 File → New→Draft Output 命令新建一个草稿输出窗口。

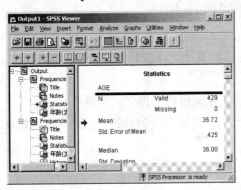

图 1-5　SPSS 的输出窗口

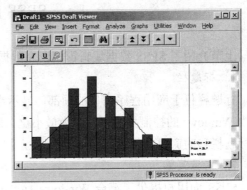

图 1-6　SPSS 的草稿输出窗口

　　这个窗口与标准输出窗口的不同，它仅仅能将统计分析结果显示出来，不允许对统计图表进行编辑操作，但是允许对输出图形作不等比例的放缩（标准输出窗口的图形放缩保持等比例），可以将草稿输出窗口的结果以文本文件或 RTF 文件格式保存。

　　无论标准输出窗口是否被打开，只要草稿输出窗口被打开时，执行统计分析命令产生的结果一律输出到该窗口，对草稿输出窗口的结果感到满意，关闭此窗口，再执行相同的命令将结果输出到标准输出窗口。

1.4.5　SPSS 的脚本语言编辑窗口

　　SPSS 的脚本语言编辑窗口为高级用户提供了一个专门的编程环境，允许用户使用 Sax Basic 语言（一种与 Visual Basic 兼容的编程语言）编写脚本语言程序，来扩充 SPSS

的功能。

可以执行 File→New→Script 命令新建一个 SPSS 的脚本语言编辑窗口，或者执行 File →Open →Script 命令打开一个保存的脚本语言文件，如图 1-7 所示。

图 1-7　SPSS 的脚本编辑窗口

对于初学者而言编写一个脚本语言程序并非易事，SPSS 系统自带的 Script 文件夹中提供了许多示例性的脚本程序文件，可以打开这些文件学习编写脚本语言程序。

1.5　SPSS 的菜单操作

上节介绍了 SPSS 数据编辑窗口以及数据窗口的菜单，本节将简单介绍其使用方法。

1．标题栏

标题栏位于应用程序窗口的顶部，显示当前正在编辑的文件名。标题栏左侧的 3 个按钮为 Windows 的控制按钮，右侧为最小化、最大化、还原和关闭按钮。用户可以用鼠标拖动标题栏移动窗口的位置。

2．下拉菜单

SPSS 向用户提供了符合 Windows 标准的下拉式菜单。展开下拉菜单以及选择菜单项的方法与 Windows 下其他应用软件的操作完全相同，此处不再重述。

使用 SPSS 的菜单时，注意到有些菜单项后边有"..."符号，表明选中该项后会显示一个对话框，让用户做进一步的选择；有些菜单项右边出现"▶"符号，表明该选项还包含下一级的子菜单；当某菜单选项灰显时，表明在特定的条件下此功能不能使用。

3．快捷菜单

SPSS 还提供了方便的、智能化的快捷菜单，在窗口的任何位置右击后，SPSS 会根据当前系统状态及光标位置显示相应的快捷菜单，菜单中所列项目是系统判断用户点击时机及光标位置后给出的用户最有可能用到的命令，如图 1-8 所示。

4．工具条编辑

在系统默认的情况下，SPSS 在不同的窗口提供了不同的工具

图 1-8　快捷菜单

栏，但是每一组工具栏都有一些相同的基本功能项，也有该窗口的专用项，熟练使用工具栏，明确工具栏上各图标按钮和它对应的菜单命令，可以减轻编辑时的工作量。

SPSS 的菜单栏调整非常灵活、简便。鼠标指向菜单栏，右击，在展开的快捷菜单中选择 Customize，打开如图 1-9 所示的 Customize Toolbar（自定义工具栏）对话框。

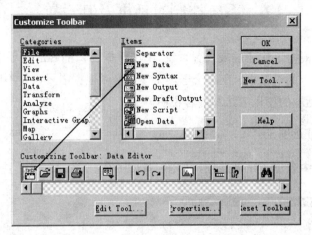

图 1-9 自定义工具栏对话框

对话框左面为菜单分类（Categories），右面为分类清单中被选中的菜单包含的菜单项（Items）。只需将所需工具图标拖拽至编辑工具栏（Data Editor）上即可，同时也可将不需要的工具图标拖出编辑工具栏。如果需要改变工具图标图案，单击 Edit Tool 按钮，打开一个 BMP Editor（位图编辑器）对话框自行设计。

5. 菜单编辑

SPSS 允许用户对菜单编辑，选择 Utilities 菜单中的 Menu Edit 选项，弹出如图 1-10 所示的菜单编辑对话框，可以将 Windows 下的其他外部应用程序、SPSS 的语法程序、脚本程序添加到 SPSS 的菜单中，便可在 SPSS 的菜单中启动这些应用程序了。

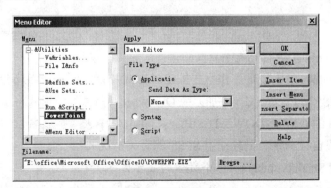

图 1-10 菜单编辑对话框

如图 1-10 所示，将应用程序 Microsoft PowerPoint 编辑到 SPSS 数据窗口的 Utilities 菜单中，这样便可在数据窗口里打开这个程序. 毫无疑问，这将大大地方便统计工作，比如在统计分析的同时，单击 Utilities 菜单中的 PowerPoint 将它打开，可以将统计输出结果复制到 PowerPoint 界面编辑反映统计结果的幻灯片。

不仅能在 SPSS 窗口的菜单中插入菜单项，而且可以在主菜单栏中插入新菜单，具体的编辑方法此处不再详细介绍。

1.6　系统控制对话框及其设置

SPSS 允许用户根据工作要求来设置系统，单击数据窗口的 Edit 菜单中的 Options 选项。弹出包含 10 个选项卡的对话框，在每个选项卡里，可以根据需要进行不同的设置。以下简要介绍系统设置对话框的使用方法和内容说明。

1.6.1　General 选项卡

General 选项卡中列出了常规选项，如图 1-11 所示。

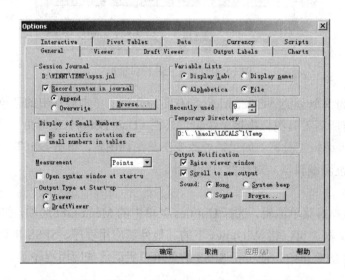

图 1-11　General 选项卡

1. Session Journal（运行日志）栏

该栏中项目选择，用于设定工作日志的记录方式及存储位置，当选择了 Record syntax in journal 后，SPSS 会以 Append（添加）或 Overwrite（覆盖）的形式将工作过程记录到指定位置或默认位置的 C:\WINDOWS\TEMP\spss.jnl 文件中去（扩展名为*.jnl 的文件称为日志文件，它由系统自行产生，记载使用 SPSS 的有关情况）。

2. Display of Small Numbers（很小数值的显示方式）栏

- No scientific notation for small numbers in tables：输出表中的很小的数值将显示为 0（或 .000）。

3. Measurement System（系统度量参数）栏

度量参数框的下拉列表中有 3 种度量单位：points（像素），inches（英寸）和 centimeters（厘米），用于设置输出表格中单元格的宽度和打印时表与表间空格的度量单位。

- Open syntax window at start-up：选择此项，启动 SPSS 时自动打开语法窗口。

4. Output Type at Start-up（启动时输出形式）栏

- Viewer：运行 SPSS 过程以 Viewer 窗口为输出窗口。此选项为系统默认选项。

Draft Viewer：运行 SPSS 过程以 Draft 窗口为输出窗口。改变选项只有在下一次启动 SPSS 时才有效。

5. Variable Lists（变量列表）栏

- Display Label：对话框的变量列表中显示变量标签，系统默认选项。
- Display name：对话框的变量列表中显示变量名。
- Alphabetically：按变量字母顺序排列源变量清单栏中的变量。
- File：按变量在文件中的顺序排列源变量清单栏中的变量，系统默认选项。

6. Recently Used Files List（最近使用过的文件列表）栏

设置显示在 File 菜单中最近使用过的文件个数。系统默认的文件个数为 9。

7. Temporary Directory（临时目录）框

指定存放临时文件的文件夹地址。

8. Output Notification（输出通告）栏

选择该栏中选项设置输出时的提示信息。

- Raise viewer window：当新的输出结果产生后输出窗口立即显示于屏幕上。
- Scroll to new output：当新的输出结果产生后先显示于目录上。

Sound（声音）：

- None（无声音）。
- System beep（系统嗡鸣声）。
- Sound：选择此选项并单击 Browse（浏览）按钮选择声音文件，则在产生输出结果时伴随播放该文件记录的音乐. 系统默认的声音文件格式为"*.wav"。

1.6.2　Viewer 选项卡

Viewer 选项卡提供了 Output 窗口显示时的信息、图标、字体等选项，如图 1-12 所示。

1. Initial Output State（输出窗口初始化状态）栏

该栏提供了输出窗口中输出结果大纲中的图标样例，单击 Item 框边的箭头按钮，选择窗口的输出项，其中有 log（记入日志）、warnings（警告）、notes（注释记录）、titles（标题）、Page Title（页标题）、pivot tables（枢轴表）、charts（图表）、text output（文本形式输出）、Gragh （图形）、Map（地图）。对 Item 框里选定的选项，可以选择 Show（显示）或 Hidden（隐藏）决定显示还是隐藏它们，以及显示时的对齐方式（Justification）：Align left（左对齐）、Center（居中对齐）或 Align right（右对齐）。

选择 Display of commands in the log on or off 选项，则在每次进入系统或者输出结果时首先显示所使用的语法命令。

2. Title Font（标题字体）栏

单击栏边箭头选择输出窗口中标题和页面标题的字体、大小、显示方式及颜色。

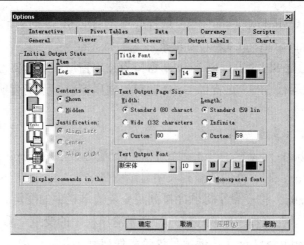

图 1-12   Viewer 选项卡

3. Text Output Page Size （文本输出页面设置） 栏

Width 列选项设置页宽，即一行可容纳的最多字符数，Length 列选项设置页面长度，即一页中最多容纳的行数。

4. Text Output Font（文本输出字体）栏

该选项设置输出窗口的文本输出字体、大小、显示方式及颜色。

- Monospaced fonts：等宽字体，选择它输出结果中的字体以等宽字体输出，如不选择此项，输出结果中的表格将不能准确地对齐。

1.6.3 Draft Viewer 选项卡

Draft Viewer 选项卡提供了草稿输出窗口的各种初始设置及功能选项，如图 1-13 所示。

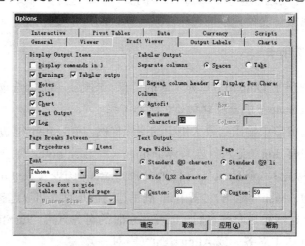

图 1-13   Draft Viewer 选项卡

1. Display Output Items（显示输出项目）栏

该栏的内容提供了草稿输出窗口初始状态时的显示内容，其中选择 Log 和 Display of commands in the log on 将在进入系统时显示所使用的命令，其余的选项 Warnings（警告）、

Notes（注释记录）等与 Viewer 选项卡所述相同。

2. Page Break Between（分页页码插入）栏

该选项用于确定打印输出或分页显示时的分页页码插入方式。其中有：

● Procedure：按程序过程分页，例如按 Frequencies（频数分析）、Crosstabs（交叉表过程）等分页。

● Item：按项目分页，例如按表格、图形等分页。

3. Font（字体）栏

设置草稿输出窗口中的字体、字体大小。

● Scale font so wide tables fit printed page：打印页面结果时减小字号以便适应表格的宽度。选择此项，在被激活的 Minimum Size 框中选择最小字号。

4. Tabular Output（输出表样式）栏

提供 Separate columns（分隔列方式）选项。

（1）Spaces（用空格）。

● Repeat column header：对占据多页的表格，在每个连续页顶端重复显示标题。

● Display Box Character：在单元格周围显示实格线。不选此项，则 Row 和 Columns 小框被激活，输出表的单元格周围格线将以框中的线形显示。

● Autofit：自适应列宽。

● Maximum：列宽最大值，选择此项后在 Character 框里输入限制的最多字符个数，显示时可以输出的列标签字符数最多可达到限定的数值。

（2）Tabs（用制表符分列）。

选择此项输出表无框线，如果需用 Word 处理输出结果应选择此项。

5. Text Output（文本输出页面设置）栏

Width 列选项设置页宽，Length 列选项设置页面长度。

1.6.4 Output Labels 选项卡

Output Labels 选项卡提供了输出中标签的设置选项，如图 1-14 所示。

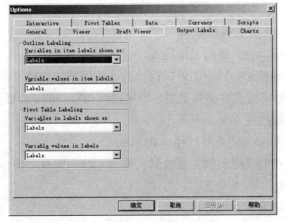

图 1-14 Output Labels 选项卡

1. Outline Labeling（大纲标签）栏

● Variables in item labels shown as：控制输出大纲概要中的变量显示方式，包括：显示 Labels（标签）、Names（变量名）和 Labels and Names（标签和变量名），系统默认的显示方式为仅显示标签。

● Variable value in item labels：控制输出大纲概要中变量值和值标签显示方式，包括：显示 Labels（值标签）、Value（变量值）和 Value and Labels（变量值和值标签），系统默认的显示方式为显示值标签。

2. Pivot Table Lavels（枢轴表标签）栏

本栏的两个选项与大纲标签栏相同，只是用于控制输出的是枢轴表格中变量和变量值的显示方式（注：枢轴表即通常由横竖交叉的直线段形成的表格）。

1.6.5 Charts 选项卡

Charts 选项卡用于设置图形输出格式，如图 1-15 所示。

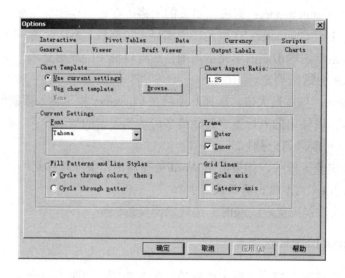

图 1-15　Charts 选项卡

1. Chart Template（图表模板）栏

● Use current settings：使用当前设置。

● Use chart template：使用图表模板，若选择此项，须通过浏览按钮选择需用的图形模板（图形模板文件必须是用户事先已经保存好的，模板文件的扩展名为*.sct，关于图形模板的建立见本书第 14 章）。

2. Chart Aspect Ratio（图表的纵横比例）栏

用于设置输出图表的纵横比例，系统默认值为 1.25，即纵：横 = 1：1.25。

3. Current Settings（通用设置）栏

（1）Fond 框设置图形中出现的字体。

（2）Fill patterns and Line Styles（填充图案和线形）栏设置图案填充颜色及线形。

- Cycle through colors, then patterns：选择此选项（系统默认）在输出的图形中用系统默认的 14 种颜色填充图形元素，由用户选择填充图案和线形。
- Cycle through patterns：选择此项时输出图形里用图案代替颜色填充。

（3）Frame（边框线）栏设置图形的边框线，可选择 Outer（外边框）或 Inner（内边框）方式。选择前者，输出的图形本体之外，另外增加一个更大的外框将图形全部框于其中。

（4）Grid Lines（网格线）栏。

- Scale axis：纵轴，选择此项，输出图形中显示纵轴上的刻度及水平格线。
- Category axis：分类轴，选择此项，输出图形中显示横轴上的刻度及垂直格线。

1.6.6　Interactive 选项卡

Interactive 选项卡用于设置交互图的格式，如图 1-16 所示。

1．ChartLook（图形外观）栏

栏内有系统提供的设置图形外观的专用文件的文件名（文件扩展名为"*.clo"）和文件的存放路径。

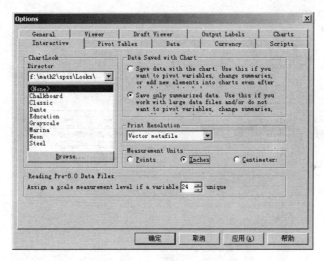

图 1-16　Interactive 选项卡

2．Data Save with Chart（保存图形的数据）栏

- Save data with the chart：选择此项，保存交互图形时，将生成该图的数据信息一并保存，对于数据量大的数据文件，这种保存方式会大大地增加文件的大小。
- Save only summarized data：选择此项，保存交互图形时，只保存概述信息。此项为系统默认选项。

3．Print Resolution（打印图形的分辨率）栏

此栏提供了 4 种分辨率：

- High resolution bitmap：高分辨率位图。
- Mediuam resolution bitmap：中等分辨率位图。
- Low resolution bitmap：低分辨率位图。

●   Vector metafile：向量元文件，即矢量图。

4. Measurement Units（度量单位）栏

本栏提供了 3 种度量单位：points（像素）、inches（英寸）和 centimeters（厘米），系统默认的度量单位为英寸。如果要求打印高分辨率位图应选择像素作为度量单位。

5. Reading Pre-8.0 Data File（读 8.0 以前的数据文件）栏

●   Assign a scale measurement level if a variable 24 unique：对于 SPSS 8.0 以前的版本创建的数据文件中的数值型变量，指定一个最小的特殊值用于区分该变量是比例测度的变量还是分类变量，比这个特殊值少的变量作为分类变量，系统默认的这个特殊值为 24，可以改变小框里的数值（范围 1～999）。凡定义了值标签的变量，将不受此限制。

1.6.7   Pivot Table 选项卡

Pivot Table 选项卡用于设置输出表格的格式。SPSS 11.0 提供了五十多种形式的枢轴表样板，在此处选定一种枢轴表样板，以后运行生成的一切表格都将以此种格式输出。枢轴表选项卡如图 1-17 所示。

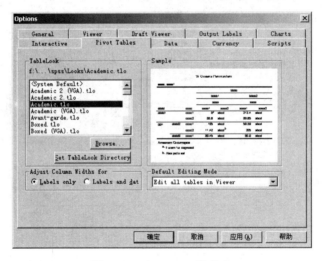

图 1-17   Pivot Table 选项卡

1. TableLook（表外观样式）栏

在样式列表栏里提供了枢轴表输出格式文件及存放的路径。本书中，凡是统计分析生成的表格都是以图 1-17 中所示的 Academic.tlo 样式输出的。右边 Sample（样例）框里显示选择的该种表格的样式草图。

2. Adjust Column Widths for（表列宽调整）栏

●   Labels only：按变量标签来确定列宽。

●   Labels and datas：按变量标签和数据来确定列宽。

3. Default Editing Mode（默认编辑模式）栏

可以选择一种编辑表格的方式作为默认表格编辑模式。

1.6.8　Data 选项卡

Data 选项卡用于设置有关数据的参数，如图 1-18 所示。

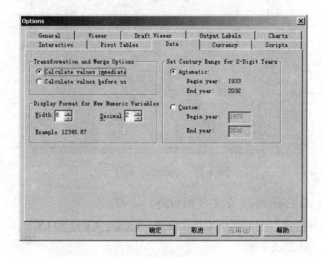

图 1-18　Data 选项卡

1. Transformation and Merge Options（数据转换和合并）选项栏

● Calculate values immediate：立即进行要求的转换计算同时读取数据文件，此项为系统默认选项。如果数据文件很大，而且要执行多项转换，这种转换可能会耗费大量时间。

● Calculate values before use：延迟转换直到遇到命令的时候才执行转换计算和合并，如果数据文件很大，这种转换会显著地节约处理时间。但是，暂时挂起转换将限制在数据编辑器中要做的其他工作。

2. Display Format for New Numeric Variables（新的数值型变量的显示格式）栏

设置新定义的数值型变量的宽度（Width）和小数数位（Decimal）。

3. Set Century Range for 2-Digit Years（为表示两位数年份设置百年范围）栏

以 100 年为间隔设置年限，为数据编辑中定义日期型格式的变量时使用，因为日期型变量的定义形式中有用到两位数表示年的形式，如 11/30/75、29-OCT-87。

● Automatic：自动设置年限范围。Begin year（初始年）为 1933 年，End year（终止年）为 2032 年。选择此项，从 1933～2032 的 100 年可分为前 69 年和后 31 年两段，在定义两位数年份时，若定义的日期变量值为 10/04/02，系统自动地识别为 2002 年 10 月 4 日。

● Custom：自定义年限范围。在 Begin year 框中任意输入一个（1582～9900 之间）的年份，如 1990，End year 框中的数值自动地调整为 2089。

1.6.9　Currency 选项卡

Currency 选项卡用于设置数值型变量的输出格式，如图 1-19 所示。

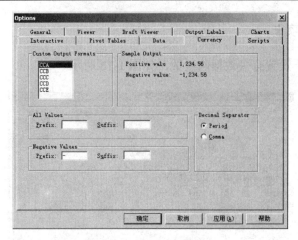

图 1-19　Currency 选项卡

1. Custom Output Formats（自定义输出格式）栏

栏内提供了 5 种格式，分别为 CCA、CCB、CCC、CCD 和 CCE。

2. All Values（所有值）栏

对每种数值型变量的格式，在 Prefix（前缀）框中键入数值的首字符，系统默认值为空格；在 Suffix（后缀）框中键入数值的尾字符，系统默认值为空格。

3. Negative Values（负数值）栏

对每种数值型变量的格式，在 Prefix 框中键入负数值的首字符，系统默认值为"-"；在 Suffix 框中键入负数值的尾字符，系统默认值为空格。

4. Decimal Separater（十进制分隔符）栏

本栏确定小数点符号，其中，选择 Period，即为小数点为圆点，此项为系统默认。选择 Comma，小数点为逗点。

上面的参数确定后，按照确定格式表示的数值字样显示在 Sample Output 栏中。

对自定义的数值型变量格式，单击应用按钮加以确认后，待到在数据编辑窗口定义变量时，便可以引用自定义格式的数值型变量了。

1.6.10　Scripts 选项卡

Scripts 选项卡用于设置启动 SPSS 用到的脚本程序文件，如图 1-20 所示。

1. Global procedure（全局处理程序）栏

设置 SPSS 的全局脚本程序文件，该文件由软件自带，安装 SPSS 时会自动予以设置，它包含着其他脚本文件要调用的子程序和函数。一般，用户切莫更改它，否则可能导致某些脚本文件不能运行。

2. Autoscripts（自动脚本运行）栏

用于设置是否运行 Autoscripts.sbs 程序。其中 Autoscripts subroutine status 框中列置自动脚本文件的子程序，从中选择添加需要运行的子程序，也可以去掉先前已设置的子程序。

要了解各种脚本文件和自动脚本文件的子程序的作用，可以打开 Script 窗口，阅读相关的脚本程序文件。

图 1-20　Scripts 选项卡

1.7　SPSS 使用中获取帮助

SPSS 提供了丰富的技术资料和使用方法的帮助信息，可以在 SPSS 运行期间的各种场合获得帮助。本节简要介绍在使用 SPSS 期间获取帮助的方法。

对于读者来说，在学习本书的同时，应该尽量利用计算机阅读 SPSS 的帮助资料，将有助于提高学习的效率，也是迅速掌握 SPSS 的捷径。

1.7.1　在窗口中获取帮助信息

1.　主题检索

SPSS 的主题（Topic）检索使用 Windows 的标准帮助格式，通过它可以获得及时准确的帮助资料。在 SPSS 的任意窗口中，单击 Help 菜单中的 Topic 选项，打开如图 1-21 所示的帮助主题对话框。

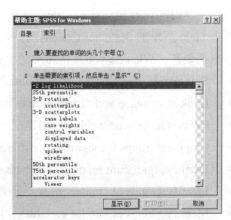

图 1-21　帮助主题选择对话框

对话框包括两个选项卡，通过连续单击目录选项卡中主题列表前的图标，直至找到需要的帮助主题。或者在索引选项卡按照提示寻找所需的帮助主题信息。

2. 用户指南

在启动 SPSS 后的 Startup 对话框中，选择 Run the tutorial 选项，单击 OK；或者在 SPSS 的任意窗口中，单击 Help 菜单中的 Tutorial 选项，都可以打开如图 1-22 所示的 Tutorials（用户指南）显示窗口。

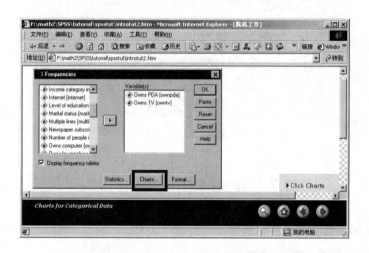

图 1-22　用户指南窗口

通过单击窗口下边的按钮（顺次为索引、目录、返回、继续），寻找要了解的主题帮助信息。与主题检索不同，从这里可以得到具体而直观的帮助，窗口中显示查询主题的操作方法、步骤以及相关解释。在主题检索方法获取帮助的信息窗口中，如果出现 Show me 按钮时，单击该按钮，窗口将会自动切换到相关的用户指南窗口。

3. 统计辅导

统计分析辅导（Statistics Coach）是一个完全交互式的教学辅导程序，用户可以跟着辅导帮助学习 SPSS 的基本统计分析方法，需要注意的是在进行该学习过程之前你必须打开一个与准备学习的内容相一致的数据文件作为学习时实际操作的数据资料。

单击 Help 菜单的 Statistics Coach，打开如图 1-23 所示的 Statistics Coach 窗口。

根据需要在"What do you want to do？"栏中选择如下项目的学习内容：

● Summarize, describe, or present data：数据的概述、描述。

● Look at variance and distribution of data：观察数据的变化与分布。

● Create OLAP report cubes：创建层分析报告。

● Compare groups for significant differences：比较分组的显著性差异。

● Identify significant relationships between variables：变量之间的显著相关性。

● Identify groups of similar cases：聚类分析与判别分析。

● Identify groups of similar variables：因子分析。

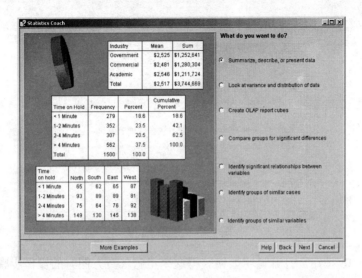

图 1-23　统计辅导教程窗口

单击窗口中的 More Examples（进一步的示例）或 Next 按钮，逐步学习窗口的介绍内容。当该项辅导结束时，单击 Finish 按钮，系统切换到 SPSS 数据编辑窗口，并打开相应的参数设置主对话框以及相应的文字帮助窗口，即可根据辅导学习的方法进行实际操作了。

4.　访问 SPSS 主页

如果用户的计算机可以接通因特网，可以单击 Help 菜单中的 SPSS Home Page 访问 SPSS 网站（www.spss.com），了解反映 SPSS 公司的信息和产品资料、软件的研制开发动态、服务项目等，获取反映 SPSS 应用的数据资料、研究报告、文章等共享信息。

1.7.2　在对话框中获取帮助信息

在 SPSS 的任意对话框中，有下面的两种获取帮助信息的方法。

1.　右键提示

右击对话框中的选项或按钮，随即在该项下方或按钮下方出现如图 1-24 所示的浅黄色文本框，框内显示相应选项或按钮功能的帮助信息。

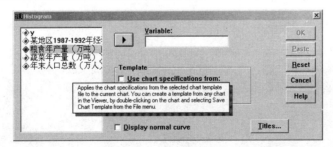

图 1-24　右键提示信息

2.　联机帮助

单击对话框的 Help 按钮，可打开有关该对话框功能的主题信息框。图 1-25 为单击图

1-24 的直方图对话框上的 Help 按钮打开的直方图信息框。

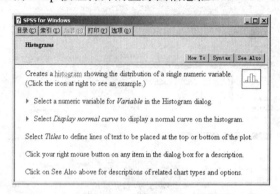

图 1-25　主题信息框

　　单击 How To 按钮，打开说明如何获得这个主题（直方图）的操作步骤；单击 Syntax 按钮查看命令语法；单击 See Also 按钮查找进一步的相关信息。

第2章　数据文件的建立及整理

统计工作中，统计调查或试验搜集来的数据资料要借助计算机进行分析，首先必须将这些数据资料输入计算机，产生相应的数据文件，建立数据文件是进行统计分析的基础工作。实际中调查得来的数据资料往往是零乱的，为便于统计分析，需要对这些数据进行科学的归纳与整理，文件质量的优劣将会对统计分析结果产生直接的影响。

SPSS 数据文件的建立、编辑及整理主要由主菜单里 Data 菜单和 Edit 菜单里的功能项来实现的。本章介绍这些功能项的使用方法，为利用 SPSS 进行统计分析作必要的准备。

2.1　数据文件

2.1.1　打开数据文件

执行 File→Open 命令，弹出如图 2-1 所示的打开文件对话框，在文件类型框中列出了 SPSS 11.0 能够读取的文件类型，列于表 2.1 中。

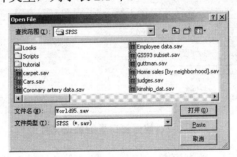

图 2-1　Open File 对话框

表 2.1　SPSS 11.0 能读取的文件类型表

文件类型及扩展名	说明
SPSS（*. sav）	SPSS 数据文件
Spss/PC+ （*. sys）	SPSS 早期版本数据文件
Systat （ *. syd ），（*. sys）	Systat 数据文件
Spss Portable（*. por）	Spss Portable 数据文件
Excel （*. xls）	Excel 文件
Lotus （ *. w *）	Lotus 1-2-3 x.0（wk3）格式数据文件
Sylk（*. slk）	SYLK（符号链接）格式文件

续表

文件类型及扩展名	说明
dBase（*．dbf）	dBase 数据库文件
SAS Long File Name（*．sas7bdat）	SAS 长文件名数据文件
SAS Short File Name（*．sd7）	SAS 短文件名数据文件
SAS v6 for Windows（*．sd2）	SAS v6 for Windows 数据文件
SAS v6 for Unix （*．ssd01）	SAS v6 for Unix 数据文件
SAS Transport（*．xpt）	SAS Transport 数据文件
Txt（*．txt）	文本文件
Dat（*．dat）	Tab 分隔符数据文件

其中扩展名为"*．sav"的数据文件为 SPSS for Windows 建立的数据文件。至于如何读取其他格式的数据文件，限于篇幅不再介绍。

例如选择一个 SPSS 系统自带的名为 World95.sav 的数据文件，它记录着 1995 年 109 个国家或地区总人口数、人口密度等社会经济指标的数据资料。如图 2-2 所示。

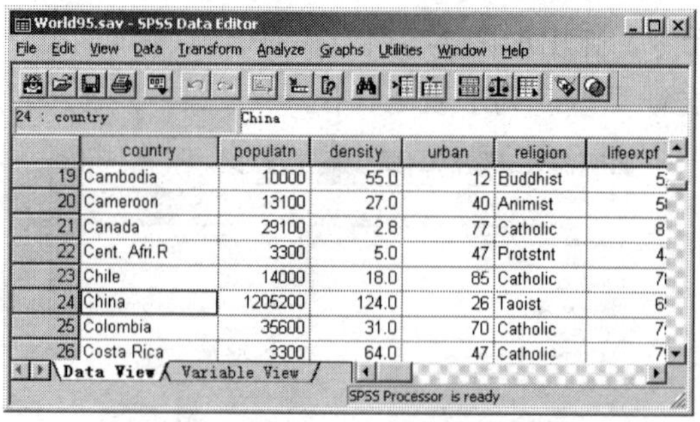

图 2-2 数据窗口里的数据文件

从数据文件的外观上看，数据区单元格里都有一个具体的数据，无论它表现为数字、文字、日期或者符号，将它们统称为数据（Data）。在变量列顶端以确定的名称显示出来。单击任何一个有数据的单元格时，这个单元格被一个黑框突出出来，称此单元格为选定单元格，这个单元格里的数据也就显示在上面的数据输入栏中，表明可对这个数据进行编辑操作，选定单元格里的数据对应的观测量序号和变量名称同时显示在数据输入栏左边的状态栏里。需要阅读或者查询其他的数据，使用窗口右边或下边的滚动条按钮滚动屏幕，观察更多的变量和数据。

需特别处理或了解某变量或观测量的情况，单击相关变量名或观测量序号，则对应的变量列或观测量行以置亮的形式突出出来，称这列（行）为选中列（行），如图 2-3 所示。

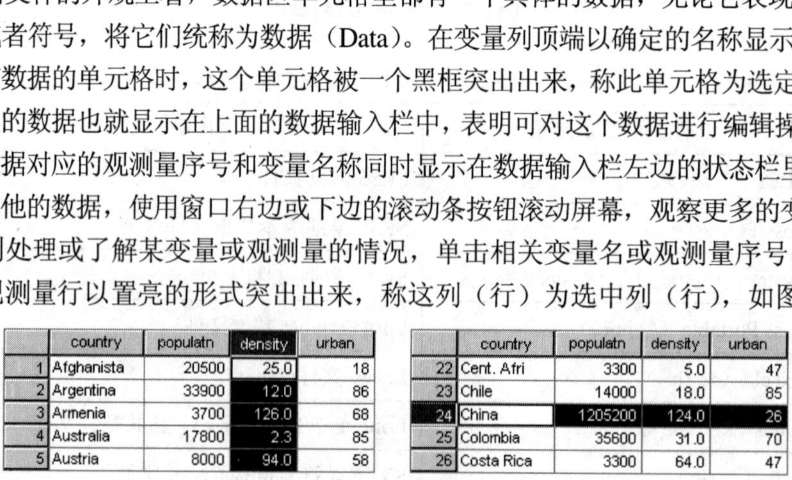

图 2-3 选中一列（行）

2.1.2　变量、观测量的概念

建立数据文件的目的是对数据文件中反映的研究对象的数量方面进行分析，进而揭示其内在的数量变化规律。掌握准确、全面的数据资料是统计分析的基础，直接关系到统计分析的结果。因此，组织建立一个科学、合理、精炼的数据文件是非常重要的。

SPSS 的数据文件里包括变量、观测量等，首先介绍这些基本概念。

1．SPSS 变量

SPSS 中的变量与统计学中的变量概念一致，对总体单位而言，它表示统计标志。对总体而言，则表示统计指标。

SPSS 变量具有以下属性：变量名、变量类型、变量长度、变量标签、缺失值、单元格宽度、对齐格式、测度水平等。

（1）Name（变量名）。

变量名，即变量名称，定义一个变量首先应当为它命名。SPPP 中变量命名的规则如下：

①变量名由不多于 8 个的字符组成，如果定义的变量名中字符个数大于 8，系统将会自动截去尾部作不完全显示。

②首字必须为字母，其后可以是字母、符号或数字，也可以使用汉字作为变量名。例如，"N_score"、"产值"。但是有几个特殊字符，如 "?"、"!"、"*" 以及算术运算符等都是不允许使用的。此外点 "." 不能作为变量名的最后一个字符。

③变量名中不得使用 SPSS 的保留字，它们是：

ALL、AND、BY、EQ、GE、GT、LE、LT、NE、NOT、OR、TO、WITH

④系统不区分大小写字母，例如 SCORE、Score、ScorE 视为同一个变量名。

（2）Type（变量类型）。

SPSS 变量有 3 种基本类型：Numeric（数值型）、String（字符型）和 Date（日期型）。系统默认的变量宽度（Width）为 8（即数字，包括小数点或者字母，总数为 8），小数点位数为 2，例如 12345.56、Student、1.25E-08 皆为符合要求的变量值。如果要改变系统默认的变量宽度，可以在 Option（总选项）对话框中重新设置。

数值型变量又可以分为 8 种不同类型，其中标准数值型变量为系统默认的基本类型。各类型名称、输入格式列于表 2.2 中。

表 2.2　系统默认长度下数值型变量的输入与显示格式

数值变量类型	数据输入格式	数据显示格式示例
Numeric（标准数值型变量）	标准数值或科学记数法	标准数值格式, 231.05
Comma（带逗点型）	带逗点格式、科学记数法	带逗点格式, 1, 235.56
Doc（带圆点型）	带圆点格式、科学记数法	带圆点格式, 5. 678, 95
Scientific Notation（科学记数法）	标准数值、科学记数法	科学记数法, 6.7E+07
Dollar（带美元符$型）	标准数值、科学记数法等	带美元符号, $5, 670. 80

数值变量类型	数据输入格式	数据显示格式示例
Custom Currency（自定义型）	标准数值、科学记数法等	在 Option 对话框中自行定义
String（字符型）	一串字符	Book, nn 89, girl 05
Date（日期型）	按指定的格式输入	按指定的格式输出

标准型数值变量值就是平常的数字书写格式；带逗点型的数值变量，其变量值的整数部分自右向左每 3 位加一个逗点作为分隔符，用圆点作小数点；带圆点型的数值变量，其变量值的整数部分自右向左每 3 位加一个圆点作为分隔符，而用逗点作小数点；科学记数法中表示指数的字母用 E，也可用 D，甚至不用，如 2.35E2、2.35E +2、2.35D2、2.35+2 都表示 235，均显示为 2.4E + 02。

带美元符号($)型，输入时可以不必键入字符"$"，根据指定的变量长度，譬如，定义变量宽度为 11 位，则显示时均为 "$***，***．**"。

SPSS 中，日期型变量值的显示格式非常多，无论选定哪一种具体的格式，输入时都可以使用"/"和"–"作为分隔符，显示时系统会按定义的格式输出。

字符型变量的值是一串字符，使用时需特别注意，定义变量名时字母大小写不加区分，但输入字符型变量值（即字符串）时，系统对大写字母和小写字母则是严格加以区别的。

日期型变量和字符型变量不允许参与运算。

（3）Variable Labels（变量标签）。

变量标签是对变量名的附加说明。SPSS 中不超过 8 个字符的变量名，许多情况下，不足以表达变量的含义。利用变量标签可以对变量的意义作进一步解释和说明。特别地，在中文 Windows 下还可以附加中文标签，这给不熟悉英文的用户带来很大方便。例如，定义变量名：Name，可以加注标签"姓名（或学生姓名、职工姓名等）"。给变量加了标签以后，在数据窗口工作时，当鼠标箭头指向一个变量的时候，变量名下立即显示出它的标签。

（4）Value Labels（值标签，或标签值）。

变量值标签是对变量的可能取值附加的进一步说明，通常仅对类型（或分类）变量的取值指定值标签。

对变量值附加标签值有重要的作用，例如我们定义一个变量"Departmt"，代表某所大学的系或部门，我们准备将它作为分类变量参与数据文件的统计分析，可以将它定义为一个字符型变量，也可以定义为一个数值型变量。如果将它定义为一个字符型变量，则由于该校有众多的系和部门，在输入观测值时必须输入系或部门名称，这将大大地增加键盘输入的工作量。如果将它定义为一个数值型变量，日后在阅读数据文件的时候，常常又可能不明确变量值的意义。而将各系或部门的名称作为变量的各个值的标签，假如在值标签开关（见 2.2.1 节）开启的状态下，要输入各系或部门的名称，只需要输入它的值，而在数据窗口变量值的单元格里却显示该变量值对应的值标签，既减轻了输入的工作量，又可以一目了然地了解变量值的意义。

例如：将变量 Departmt 分别定义为字符型和数值型变量时，可以按照下面的表中所列规定它的值和值标签，并设变量标签为"××大学的系与部门"。

字符型变量的值	a	b	c	...
数值型变量的值	0	1	2	...
值标签	"数学系"	"物理系"	"化学系"	...

（5）Width（变量格式宽度）。

变量格式宽度指在数据窗口中变量列所占据的单元格的列宽度。应该注意，定义变量类型时指定的宽度和定义变量格式时的宽度是有区别的。定义变量格式宽度应当综合考虑变量宽度和变量名所占的宽度，一般取其较大的一个作为定义该变量格式宽度时可取的最小值。即：

"变量格式宽度 ≥ 变量宽度"，同时"变量格式宽度 ≥ 变量名长度"

如果变量宽度 > 变量格式宽度，那么，在数据窗口中显示变量名的字符数不够，变量名将被截去尾部作不完全显示。输入的数据可能截去尾部，被截去的部分用"*"号代替。

（6）Alignment（单元格对齐格式）。

在数据窗口中，变量值在单元格的显示有左中右之分，一般情况下，对数值型变量默认的对齐方式为右对齐，字符型变量默认的对齐方式为左对齐，用户可以自行决定对齐方式。

（7）Missing Value（缺失值）。

统计调查，搜集研究对象的有关统计资料是统计工作的基础。但是在具体工作时，总难免会发生一些失误，例如，须观测的现象没有观测到，或者由于不慎遗失了原始记录，或者由于登记时的疏忽导致记录错误。总之，会因种种原因造成统计资料的残缺、遗漏和差错。

统计中把那些没有观测到，或没有记录到，或者记录结果有明显的错误的数值，称为缺失值。例如，在调查小麦亩产量时，记录到某地的平均亩产为 4580 公斤，如此高的产量显然违背普通常识的，小麦亩产量不可能达到这样高，这个数据应属于错误的数据，统计分析中使用了这样的数据必然导致错误的分析结果。SPSS 提供了处理这些缺失值的功能，以便在统计分析中排除它们。

SPSS 中，对数值型变量，系统默认的缺失值为 0；对字符型变量，默认的缺失值为空格。用户可以自定义缺失值。例如在处理小麦亩产量数据资料时，可以把数值大于 1500 公斤的数据标记为缺失值。

（8）Measurement（测度）。

统计学中，所谓测度是指按照某种法则给现象、事物或事件分派一定的数字或符号，通过测度来刻划事物的特征或属性。例如，对人进行测度，其属性或者特征有性别、年龄、身高、体重、职业等。可以用 58 公斤标识某人的体重，用 1.72 米标识他的身高，用 1（男）或 2（女）标识他（或她）的性别。

一般来说，任何事物都具有直接的或者潜在的可测性，但是可测的程度或者水平是不同的，统计学中，通常将测度分为：Scale（定比测度，或比率测度）、Ordinal（定序测度，或顺序测度）、Nominal（定类测度，或名义测度）。认为这 3 种测度水平以 Scale 测度的测度水平最高，Ordinal 测度次之，Nominal 测度的测度水平最低。

从统计学的角度，测度选择一般按以下原则进行：

①取值于一个区间，或者取值为比率的连续型变量应设置为 Scale 测度，如职工收入、身高、体重，产品产值、价格等。

②无论是数值型变量还是字符型变量，只要资料具有某种内在的顺序分类，如可明显地区分为大、中、小；高、中、低；优、良、中、可、差等，则应设置为 Ordinal 测度。

③资料如果是不具有某种内在顺序分类的字符型变量，如工人的工种、公司里的部门、地理区域划分等，可以设置为 Nominal 测度。表示明显分类的数值性变量也可以设置为 Nominal 测度，如将 Sex（性别）定义为数值型变量，1 = "男"，2 = "女"。

在 SPSS 8.0 以后的版本中，测度选择一般规定：当变量定义为数值型变量时，系统默认的测度水平确定为 Scale 测度，允许用户自行确定 3 种测度水平一种测度；当变量定义为字符型变量时，系统默认的测度水平确定为 Nominal 测度，也允许将其测度水平改为 Ordinal 测度。

测度的确定与许多统计分析过程以及图形过程有密切关系。在这些过程中系统需要区分变量是定比测度的变量，或是分类变量。Nominal 测度和 Ordind 测度的变量只作为分类变量来对待。

2. 观测量

SPSS 中用 Case(s) 表示观测量、案例或事件。统计学中指出，构成总体的单位具有各种各样的特征，将这些特征的名称称为"标志"。如某工厂的全体职工组成一个总体，该厂的每个职工为一个总体单位，他们都有姓名、性别、民族、体重、身高、工资等，这些反映职工特征的名称称为标志，这些标志又区分为数量型标志（可用数量来表示的，如体重、身高、工资等）和品质型标志（不能用数量表示的，如性别、民族等）。对每一个职工进行观察，都可以记录到每个标志的一组资料，这组资料在统计学中称为标志的标志表现，对不同的职工将记录到的互不相同的资料，体现了标志的变异性，因此，笼统地称各个特征为变量。

如果把对一个职工各种特征的观察视为一个观测量，便可得到反映这个职工具体特征的一组观测值，这一组观测值在 SPSS 中称为一个 Case（观测量）。数据窗口的二维表格中的每一个横行用来存放这一组观测值。因此，把数据窗口的每一个横行就当作为一个 Case，表中第 m 行第 n 列交叉点处的单元格（Cell）中的数值视为第 m 个单位的第 n 个变量的变量值。

2.1.3   定义变量

在建立 SPSS 数据文件之前首先要定义变量，即要定义变量名、变量类型、变量宽度、变量标签、变量格式等。为了提高工作效率，建议用户在建立数据文件之前，对掌握的数据资料事先进行一些分析，对需建立的文件从内容、格式、变量名等方面进行通盘的考虑并制定一个简要的计划。为了说明定义变量的步骤，给出某校 16 名硕士研究生毕业论文答辩结果的资料列于表 2.3 中。

表 2.3　研究生毕业论文答辩结果

序号	姓名	性别	系别	评分	序号	姓名	性别	系别	评分
1	刘　敬	男	化学系	85	9	何永强	男	生物系	82
2	朱国华	男	数学系	88	10	赵志新	男	物理系	78
3	林　一	男	中文系	89	11	张海山	男	化学系	75
4	巨志军	男	物理系	92	12	贺　隽	女	外语系	85
5	李　敏	女	生物系	90	13	郭学明	男	中文系	75
6	刘晓玉	女	经济系	88	14	胡志元	男	物理系	80
7	孙庆余	男	历史系	83	15	张　倩	女	生物系	80
8	黄　静	女	外语系	86	16	朱玉敏	女	化学系	84

根据以上资料可以建立一个包含 5 个变量的数据文件，不难看出，其中"序号"、"评分"应定义成测度水平为 Scale 数值型变量，"姓名"定义为字符型变量，可以将"性别"、"系别"定义成附有值标签的、测度水平为 Ordinal 的数值型变量。

下面给出定义变量的步骤：单击数据窗口下面的 Variables View（变量视图）选项卡，出现如图 2-4 所示的定义变量窗口。

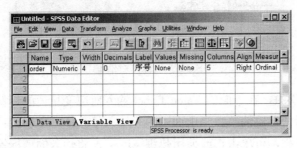

图 2-4　定义变量窗口

1. 定义变量名

在 Name 下的单元格中输入变量名，如图 2-4 中的 Order。

2. 定义变量类型及宽度

在 Type 下选择变量类型，单击该单元格，出现图标▭▭，再单击这个图标中的按钮，打开如图 2-5 所示的 Variable Type（变量类型）对话框，从中选择变量类型。

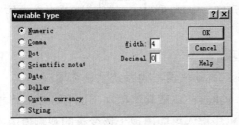

图 2-5　变量类型对话框

例如，选择 Numeric（数值型），Width（变量宽度）：4，Decimal（小数位数）：2。变量的宽度和小数位数也可以在定义变量窗口中的 Width 和 Decimal 的单元格中选择，单击它们将出现 [4 ⇕]，点击箭头可以调大或调小变量宽度的数值。

3. 定义变量标签

在定义变量窗口中 Lable 下的单元格中，输入标签，如"序号"。SPSS 允许定义长达 255 字节的变量标签。

4. 定义值标签

由于只对定序（或定类）变量的值定义值标签，变量 Order 不需要定义值标签，Values 下面的单元格中显示 None（无）。

而在定义变量 sex（姓别）、Departmt（系别）时就需要定义值标签了。仅以 departmt 为例说明。假若已经定义了 Departmt 为数值型变量，变量标签为"系别"。单击 Values 下面的单元格中出现 [...]，再单击右边的按钮打开如图 2-6 所示的值标签对话框。

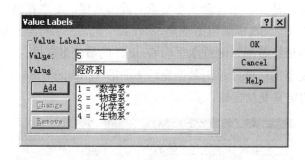

图 2-6   值标签对话框

在 Value 栏里输入 1，在下面的 Value Label 输入对应变量值的标签，如数学系。最下方较大矩形框为显示值标签清单，当上面两栏里输入了数值、文字或符号时，左边第一个按钮 Add（添加）置亮，可单击它或使用热键 Alt + A 将输入的值标签添加到值标签清单中去，接下来可以输入第二个值标签，其余类推。

如果对已经列入清单的值标签不满意，单击它将其置亮，单击左端第三个按钮 Remove 将其移出。第二个按钮 Change 为改变标签值按钮，清单中的标签值如不满意也可以先不移出，先在 Value 栏输入原值，再在 Value Label 栏中输入新的值，此时 Change 置亮，单击它更改后的标签值就将代替原来的旧值。

5. 定义缺失值

单击 Missing 下的单元格，出现图标 [...]，再单击右边的按钮打开如图 2-7 所示的缺失值对话框。

对话框中有 3 个单选项：

● No missing values：无缺失值，为系统默认选项。

● Discrete missing values：离散缺失值，下面有 3 个矩形框，选中此选项时，矩形栏被激活，在各框中键入可能出现于该变量的观测值中的缺失值，实际输入的数值也可以少于 3 个。如变量 departmt 共有从 1～9 的 9 个值，分别代表 9 个系，在 3 个栏中分别输入 0、10。输入这些值是考虑到，在建立数据文件时，可能会由于操作中的疏忽误将这些值输入，当然，这两个值不一定真的会出现在数据文件中，只是作为预防，当系统在进行统计分析时如果真的遇到了这两个值，会将它们作为缺失值对待，可以帮助用户及早地发现错误。

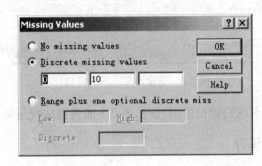

图 2-7　定义用户缺失值对话框

● **Range plus one discrete missing values**：缺失值范围外加一个离散缺失值，选择此项可以给出一个缺失值的范围，Low 为下限，High 为上限，如果你定义的变量为连续性变量，系统在分析数据时遇到指定的上下限之间的数据，将作为缺失值处理。此选项可以看成前两个选项的结合，意义基本同前面一样。

定义了缺失值后，输入变量值时，特别需要注意，自己定义的缺失值无论是离散型的还是连续型的，其值或者它的范围中，绝对不要包括合法值，否则仍将影响分析结果，反而招致不必要的麻烦。

一般来说，上面定义的缺失值或缺失值范围内未必能把所有的缺失值全部包括在内，在系统分析时如果发现了定义的缺失值，我们可以返回数据文件将它们修改处理，然后再重新定义其他缺失值或缺失值范围。

6. 定义列宽度

在定义变量窗口中，单击 Column 下面的单元格，出现 8，单击向下和向上的箭头按钮选定列宽度。

7. 定义对齐格式

在定义变量窗口中，单击 Align 下面的单元格，出现 Right，单击箭头按钮展开下拉式列表框，从中选择 Left（左对齐）、Right（右对齐）、Center（居中对齐）。

8. 定义测度水平

在定义变量窗口中，单击 Measure 下面的单元格，出现 Scale，单击箭头按钮展开下拉式列表框（如图 2-8 所示）选择一种测度。

按照上述步骤将各变量定义完毕，如对前面给出的资料，定义 5 个变量后，定义变量窗口如图 2-9 所示。

图 2-8　测度水平选择

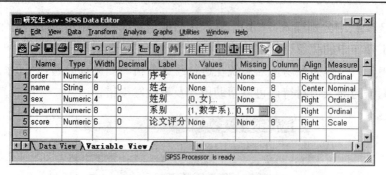

图 2-9　变量定义完毕的窗口

单击 Data View 选项卡返回数据窗口,依据表 2.3 的资料按变量输入数据建立数据文件。

2.1.4　数据文件的保存

定义了变量并输入数据,数据文件就建立起来了。一般可将数据文件保存为 SPSS for Windows 数据文件,也可以存储为其他格式的数据文件,以便使用其他应用软件时调用。

对于新建的数据文件,执行 File→Save as 菜单命令,打开 Save Data as 对话框,指定文件名和保存路径,并选择保存文件的格式保存。SPSS 可以保存的数据文件格式有十多种,列于表 2.4 中。

表 2.4　SPSS 能够存储的文件格式表

文件类型及扩展名	说明	文件类型及扩展名	说明
SPSS （*.sav）	SPSS 文件	1-2-3 Rel 3.0 （*.wk3）	Lotus 1-2-3 3.X 格式
Spss7.0 （*.sav）	SPSS 7.0 文件	1-2-3 Rel 2.0 （*.wk1）	Lotus 1-2-3 2.X 格式
Spss/PC+ （*.sys）	SPSS/PC+ 版本文件	1-2-3 Rel 1.0 （*.wks）	Lotus 1-2-3 1.X 格式
Spss Portable （*.por）	Spss Portable 文件	Sylk （*.slk）	SYLK （符号链接）格式
Tab-delimited（*.dat）	ASII （Tab 分隔符）文件	Dbase IV （*.dbf）	dBASE 文件格式
Fixed ASCII （*.dat）	文本文件	Dbase III （*.dbf）	dBASE 文件格式
Excel （*.xls）	Excel 数据文件	Dbase II （*.dbf）	dBASE 文件格式

2.2　数据录入及数据文件的编辑

2.2.1　数据的录入

变量定义好以后就可以开始输入数据了。数据录入的方法多种多样,可以定义一个变量。接下来就按变量列输入该变量的各个数值;也可以先将所有的变量全部定义完,然后按观测量来输入,即将一个观测量的各个观测值按行录入。

1. 依变量按列输入

鼠标选中一个变量,将输入单元格定位于该变量与 1 号观测量的交叉点单元格上,在数据输入栏中键入变量的第 1 个变量值，回车或按键盘上向下移动光标键，黑框单元格下移到 2 号观测量的单元格，同时输入的数据显示于 1 号定位单元格。也可以先用鼠标选中一个单元格，在数据输入栏中键入数据，右击，数据输入栏中的数据便被移至当前单元格，鼠标移到下一个单元格。接下来重复上述操作，依次输入第 2 个数据、第 3 个数据……

2. 依观测量按行输入

鼠标选中一个观测量，将输入单元格定位于该观测量与第 1 个变量的交叉点单元格上，在数据输入栏中键入该观测量的第 1 个变量的观测值，按 Tab 键或键盘上向右移动光标键，黑框单元格向右移到第 2 个变量下的单元格。同样地，也可以使用右击的方法，将数据移至定位单元格。重复上述操作，依次输入第 2 个、第 3 个变量值……

3. 带有值标签的数据的输入方法

对于定义了值标签的变量，输入的必须是该变量的有效数值，单元格中既可以显示变量值，也可以显示变量值的值标签。究竟显示变量值还是显示值标签，可以通过主菜单中 View 菜单项中的 Value labels（值标签控制开关）来确定。

单击主菜单中 View 菜单项展开下拉菜单，其中有一个 Value labels 功能项，点击它时，该项前面出现"√"（或者"√"消失），随即下拉式菜单关闭。

值标签控制开关的作用是：当该项前出现"√"（控制开关开启）时，在数据输入显示栏输入变量值时，单元格中将显示该变量值的值标签。如果该项前不出现"√"（控制开关关闭）时，输入变量值，单元格中将显示变量值。

当值标签控制开关处于开启状态时，对于定义了值标签的变量，SPSS 提供了非常方便的输入方法，单击要输入数值的单元格，出现▭▾，单击箭头按钮，展开一个列有该变量所有值标签的下拉式列表框，从中选择值标签即可。

按照上述数据录入方法，将表 2.2 中的数据输入，并指定文件保存路径和文件名"研究生. sav"存盘，如图 2-10 所示。

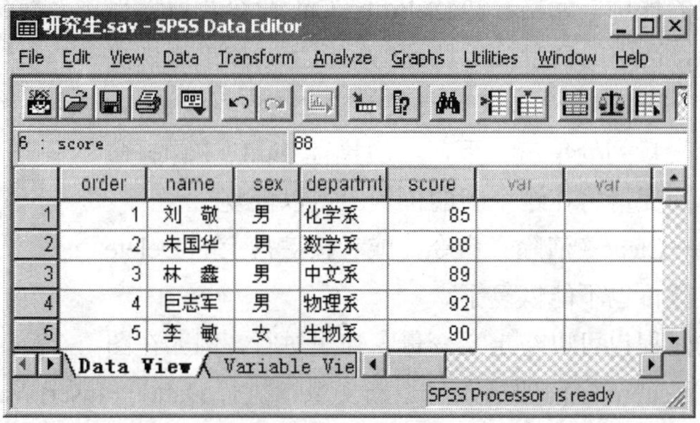

图 2-10　建立数据文件

4. 选中一行或一列输入

为了使得输入数据时不跨行错列，可以单击某变量名或单击某观测量序号（也可按住鼠标左键拖动），选中此列或此行（或其中的一部分），这时被选中的列或行的各单元格中除去一个白色单元格之外全变成黑色，这个白色单元格为准备接纳数据的当前格，每输入一个数据回车或按动 Tab 键，白色单元格中记录下输入的数据后变成黑格，而下一个格成为白色格，准备接纳下一个数据。采用这种方法输入数据，可以醒目地看清输入的数据，以保证输入数据的正确性。

需要指出，无论用哪一种方法输入数据，输入单元格的变量值必须与事前定义的变量类型一致。如果变量为数值型，在单元格中输入字符，系统将拒绝接受；如果变量为字符型，在单元格中输入了数值，系统将这个数字当作字符对待。

2.2.2　数据文件的编辑

统计学理论中，对反映研究对象的数据资料最基本的要求就是准确性。但是实际工作中由于各种因素的影响和干扰，难以做到百分之百的准确，录入数据文件的数据出现错误是常有的事情。为了保证数据尽可能的准确，需要对已经建立的数据文件进行编辑、修正、补充、删除等日常性工作。

1. 变量的插入与删除

如果要在数据窗口已经定义了的所有变量的右边界外增加一个新变量，可以按照 2.1.2 节的方法进行。

如果要在数据窗口的某个已经定义过的变量左边插入一个新变量，使用鼠标点击这个变量或者该变量列中的任意单元格，执行 Data →Insert Variabule 命令。这时，数据文件中在这个变量的左边便增加了一个以 Var0000n 命名的新变量，其中"n"是系统定义的变量序号。如果要给这个变量更名和定义变量属性，只要按照 2.1.2 节中介绍的方法进行即可。也可以在该变量名处右击，展开如图 2-11 所示的快捷菜单，从中选择 Insert Variable 命令即可。

要将数据窗口的某个定义过的变量删除掉，只要单击这个变量或者该变量列中的任意单元格，执行 Edit→Cut 命令，或者单击图 2-11 中的 Cut，选中的变量被剪切到剪贴板上。如果想恢复它，只要执行 Edit→Undo 命令（或单击菜单栏上的恢复按钮）。

也可在一个空变量列处单击一下，然后执行 Edit→Paste 命令，方才被剪切掉的变量将在这个新的位置上得以恢复。

如果执行 Edit→Clear（清除）命令，或者按键盘上的 Delete 键，则删除掉变量就再也不能恢复了。

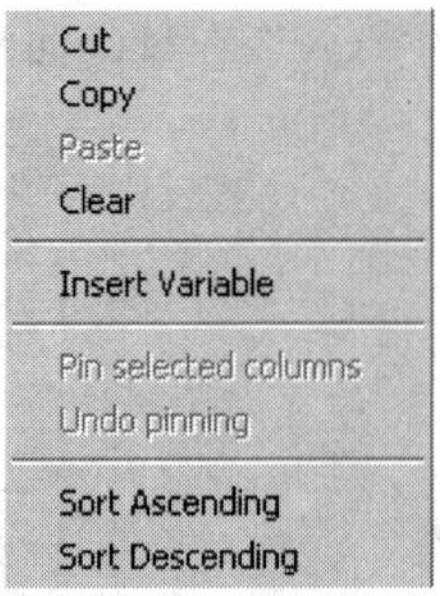

插入新变量的过程也可以在定义变量窗口里进行，例如在图 2-8 中的第 5 个变量 score 之前要插入一个新变量，执行 Data →Insert Variable 命令，或者右击展开形似图 2-11 的快捷菜单，从中选择 Insert Variable 命令即可。插入的变量以 Var0000n 命名，在这里可以直接定义变量的属性。

2. 观测量的插入与删除

如果要在数据窗口某个观测量的上方插入一个新的观测量，或者要删除一个观测量，与变量的插入和删除的操作步骤基本一致。只不过插入的是观测量，应执行 Edit→Insert

图 2-11　快捷菜单

Case 命令。

观测量的插入与删除，也可以使用快捷方式进行，单击某个观测量序号，右击，从弹出的快捷菜单中选择相关菜单命令即可。

3. 单元中数据的编辑

如果发现某个单元格中的数据有错误，只要找到这个单元格，将正确的数据重新输入就可以了。如果单元格的数据正确而是输入的位置错误，剪切该数据。用鼠标选中准备操作的单元格，将它粘贴过来。

2.2.3 按观测量序号查寻单元格的位置

数据文件已经建立完毕，如果想寻找查看或者修改某单元格中的数据，当文件中有许多观测量、变量，包含大量的数据时，在有限的屏幕窗口里无序地查找，显然不是一个好方法。例如，我们打开一个记录着某机械厂 429 名职工有关信息的数据文件，如图 2-12 所示。

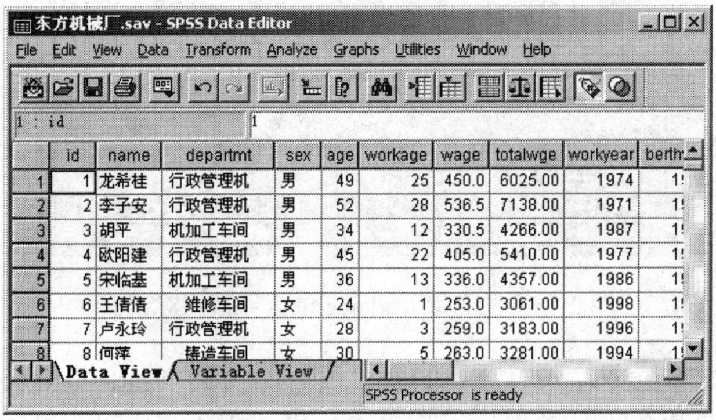

图 2-12　"机械厂.sav" 数据文件

现在需要查看序号为 256 号职工的资料，具体方法如下：

（1）执行 Data→Go To Case（定位到观测量）命令。展开如图 2-13 所示的 Go To Case 对话框。

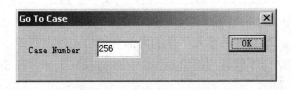

图 2-13　定位到观测量对话框

（2）在对话框中输入要查找的观测量序号：如 256，单击 OK 按钮。在观测量序号列中，一个虚线框就将 256 号观测量框住，并将 256 号观测量置于数据区域的顶端，如图 2-14 所示。

	id	name	departmt	sex	age	workage	wage	totalwge	workyear
256	256	郭惠	行政管理机	女	27	7	290.0	3655.00	1992
257	257	王岚	行政管理机	女	38	19	395.0	5215.00	1980
258	258	王芝英	铸造车间	女	36	12	335.0	4320.00	1987

图 2-14   定位到 256 号观测量

2.2.4   按变量查寻单元格的位置

如果要查找当前工作文件中某变量的一个变量值，按照下述方法在变量列里纵向查寻。仍以文件"东方机械厂.sav"为例，假如需要查看变量 workage（工龄）为 35 年的变量值，具体方法如下：

（1）用鼠标选中变量 workage 的任意单元格，执行 Edit→Find（查寻）命令（热键 Ctrl + F），展开 Find Data in Variable...（在变量…查寻数据）对话框，如图 2-15 所示。

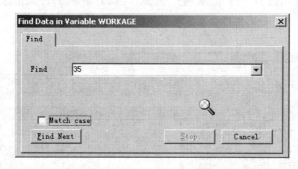

图 2-15   在变量 workage 中查寻数据对话框

（2）在 Find 文本框中输入要查找的变量值 35，单击 Find Next 按钮。如果找到这个值，则定位到该变量值所在的单元格，如果需要进一步查寻，继续单击 Find Next 按钮。若查寻中未发现这个变量值，系统将通报用户"35 Not found"（没找到 35）。

图 2-15 中，选项 Match case 用于查找字符型变量值时，决定是否区分字符串中字母的大小写。选择此项，查寻时将视变量值中大小写字母相同的字符串为相等的。

最后需要说明，对数值型变量，由于定义了变量宽度和小数位的关系，数据文件里单元格中显示的数值是经四舍五入后的近似数值，与变量的内部值（即在数据输入栏中显示的数值）是不同的。在 SPSS 早期版本中，查寻数据时是按显示格式进行的。如在 Find 框里输入 1.87，而具有值为 1.87 的单元格里的内部变量值实际上可能会大于或者小于 1.87，查寻时只要显示成 1.87 而不管其内部值是多少都认为找到了。而在 SPSS 11.0 中却是按照变量的真实数值来查寻的。

2.2.5   文件变量信息的查阅

用户在定义变量、建立并保存数据文件的同时，变量及文件的相关信息也同时被保存下来。在对数据资料进行输入、编辑、修改分析的时候经常需要了解这些信息。SPSS 为用户提供了方便的变量信息查阅功能。

查阅变量信息的方法是：执行 Utilities→Variable（变量）命令，展开记录当前工作文件中各变量的信息框，如图 2-16 所示。

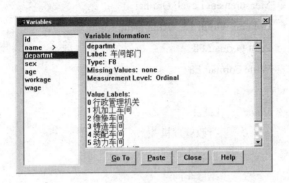

图 2-16 工作文件的变量信息显示框

变量信息框左边为文件中变量列表，单击列表中一个变量名，该变量的定义信息就显示在右边的矩形框中。矩形框每次只能显示一个变量的信息。矩形框下有 4 个按钮：单击 Go To 按钮，返回数据文件窗口，且被选中的变量成为当前变量，选中单元格定位到该变量列中。

信息框内显示的变量信息只容查看不能复制，用户要了解文件中所有变量的信息，可以执行 Utilities→File Info（文件信息）命令，系统打开输出窗口，文件的全部变量信息列于一表中显示出来。表 2.5 是记录一个工厂职工情况的数据文件的所有变量信息表（局部）。

表 2.5 工作文件所有变量信息表

List of variables on the working file

Name		Position
ID	Employee code	1
	Measurement Level: Scale	
	Column Width: 8 Alignment: Right	
	Print Format: F4	
	Write Format: F4	
NAME	姓名	2
	Measurement Level: Nominal	
	Column Width: 14 Alignment: Left	
	Print Format: A12	
	Write Format: A12	

DEPARTMT　车间部门　　　　　　　　　　　　　　　　　　　　3

　　　　　　　Measurement Level: Ordinal

　　　　　　　Column Width: 15　Alignment: Right

　　　　　　　Print Format: F8

　　　　　　　Write Format: F8

　　　　　　　Value　　　Label

　　　　　　　　0　　　行政管理机关

　　　　　　　　1　　　机加工车间

　　　　　　　　2　　　维修车间

　　　　　　　　3　　　铸造车间

　　　　　　　　4　　　装配车间

　　　　　　　　5　　　动力车间

　　　　　　　　6　　　精密铸造车间

　　　　　　　　7　　　汽车队

　　　　　　　　8　　　后勤

　　信息表包括：标题；记录，记载有 Name（变量名）、标签、变量属性、格式，Position（变量在数据文件中的位置）等。SPSS 中"F*.*"表示数值型变量，"A*"则代表字符型变量。

2.2.6　变量集合的定义及使用

1. 定义变量集

　　当定义的数据文件是包含着许多变量的大型文件时，执行一项统计分析命令，打开的对话框的源变量列表框中由于变量众多而不便查找，SPSS 提供的定义变量集功能用于创建变量的子集，将文件中的部分变量组合成变量子集，统计分析时，把需要使用的变量子集调出来，这时对话框的源变量列表框中仅显示子集中包含的少量相关变量，免除了由于变量太多查找不便的烦恼。

　　定义变量集的方法如下：

　　（1）执行 Utilities→Define Sets（定义变量子集）命令，打开如图 2-17 所示的对话框。

　　（2）选择需要包含在子集中的变量移入 Variables in Set 框中，子集里的变量类型和数量不受限制，同一个变量也可以属于多个子集。

　　（3）在 Set Name 框中键入可长达 12 个字符的子集名，其中可包含空格。然后单击 Add Set 将定义的变量子集名添加到下面的框中，如图 2-17 定义一个名为 NEW 的子集。重复（1）、（2）两步骤可以定义新的变量子集。

　　定义完毕，单击 Close 按钮。

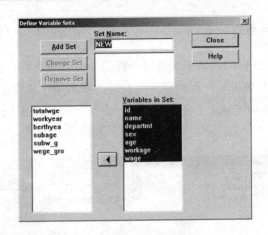

图 2-17 定义变量集对话框

2. 使用变量集

要使用定义的变量集，需执行 Utilities→Use Sets（使用变量子集）命令，打开如图 2-18 所示的对话框。

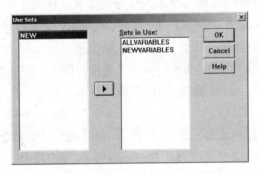

图 2-18 使用变量集对话框

对话框中右边框里列置定义的变量子集，右边 Sets in Use（使用中的变量集）框里列置的 ALLVARIABLES 和 NEWVARIABLES 为默认的变量集名，前者为数据编辑器窗口中所有变量的集合，后者为新建变量组成的集合。

要使用定义的变量集，必须首先将变量集 ALLVARIABLES 和 NEWVARIABLES 移出 Sets in Use 框，再将定义的变量集移入 Sets in Use 框，单击 OK 即可。此后再打开命令对话框时，源变量列表框里仅列出定义的变量集中的各个变量了。

2.3 数据文件的整理

通常情况下，刚刚建立的数据文件并不能立即供统计分析使用，还需要进行进一步的加工、整理，使之更加科学、系统、合理。这项工作在统计学中称之为统计整理。统计整理是统计工作的一个非常重要的环节，直接关系到统计分析的结果。这一节中主要介绍 SPSS 提供的数据整理方面的一些基本功能。

2.3.1 观测量分类整理

将观测量按照统计分析的具体要求进行合理的分类整理是数据文件整理的重要工作。仍以文件"研究生.sav"来说明，观测量分类整理的基本操作步骤如下：

（1）执行 Data→Sort Cases（观测量分类）命令，打开 Sort Cases 对话框。如图 2-19 所示。

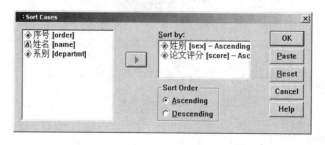

图 2-19   分类整理观测量对话框

（2）从源变量列表框中选择一个或几个分类变量，单击中间的箭头按钮将它们移入 Sort by 框中，不妨称移入该框的变量为 By 变量。选择 By 变量的意义是将按这个变量对观测量进行分类整理。如果选择了几个 By 变量，从上至下依次称为第一 By 变量、第二 By 变量等。分类整理将按每一个 By 变量层叠分类整理。例如，图 2-16 中选择了两个分类变量，sex 为第一 By 变量，score 为第二 By 变量，在 sex 的每一个分类中观测值将按 score 分类。

（3）在 Sort Order 栏中选择一种排序方式。如对某分类变量选择 Ascending（升序），则在 Sort by 框里该变量名之后用连线连接 Ascending；如选择 Descending（降序），该变量名连接 Descending。各分类变量的排序方式可以不同。

（4）以上选择确定后，单击 OK，返回数据窗口，分类排序结果显示于数据窗口内。如图 2-20 所示。

order	name	sex	departmt	score		order	name	sex	departmt	score
1	刘 敬	男	化学系	85		15	张倩倩	女	生物系	80
2	朱国华	男	数学系	88		16	朱玉敏	女	化学系	84
3	林 鑫	男	中文系	89		12	贺 隽	女	外语系	85
4	巨志军	男	物理系	92		8	黄静玲	女	生物系	86
5	李 敏	女	生物系	90		6	刘晓蔚	女	经济系	88
6	刘晓蔚	女	经济系	88		5	李 敏	女	生物系	90
7	孙庆余	男	历史系	83		11	张海山	男	化学系	75
8	黄静玲	女	生物系	86		13	郭学明	男	中文系	75
9	何永强	男	外语系	82		10	赵鹏程	男	物理系	78
10	赵鹏程	男	物理系	78		14	胡志元	男	物理系	80
11	张海山	男	化学系	75		9	何永强	男	外语系	82
12	贺 隽	女	外语系	85		7	孙庆余	男	历史系	83
13	郭学明	男	中文系	75		1	刘 敬	男	化学系	85
14	胡志元	男	物理系	80		2	朱国华	男	数学系	88
15	张倩倩	女	生物系	80		3	林 鑫	男	中文系	89
16	朱玉敏	女	化学系	84		4	巨志军	男	物理系	92

图 2-20   按两个分类变量分类前后结果比较

此外，对字符串变量按分类次序大写字母将优先于小写的同一字母。在我们引用的数据文件中，本来有一个 Order（序号）变量，它的值为自然数顺序。按照某些 By 变量分类后，要将文件恢复成原来的顺序，可以再用 Order 作为 By 变量执行观测量分类即可。如果文件缺少这样一个变量，经过分类的文件将不能恢复原状。SPSS 的许多系统数据文件中都包含一个标志观测量序号的"id"（单词 identity 的头两个字母）变量，它就可以起到这个作用。

2.3.2 文件的拆分

文件的拆分相当于统计学中的数据分组，即将数据按一个或几个分组变量分成一些供统计分析的分组。因此文件的拆分并不是将一个文件分成几个文件，文件拆分后启动一个对拆分后的各分组数据进行统计分析的过程，例如，对拆分后的数据文件进行 Frequncies（频数分析），分析过程将按照拆分后的分组进行。如果仅仅直接观察拆分的结果，显示在数据窗口的拆分结果与数据分类整理的结果完全相同。

文件拆分的基本操作步骤如下：

（1）执行 Data→Split File（文件拆分）命令，打开 Split File 对话框。如图 2-21 所示。

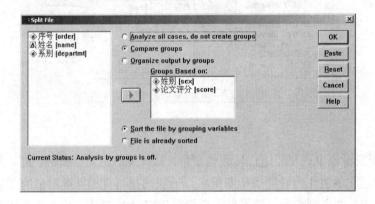

图 2-21 文件拆分对话框

根据统计要求从源变量列表框中选择分组变量移送到 Groups Based on（按变量分组）框。这里最多可以选择 8 个分组变量，它们的作用相当于分类排序中的 By 变量。

（2）对话框打开时，系统默认的选项为 Analyze all cases, do not create groups（分析所有观测量，不进行分组）。

为了进行不同分组观测量的分析，选择选项 Compare groups（比较分组）或者选项 Organize output by groups variables（按分组变量组织输出结果）。当选定分组变量后，选择这两个单选项的任何一个，执行文件拆分后，再启动一个统计分析过程（例如频数分析），则输出结果将不相同，前者将分组变量安置在同一表格里比较层叠输出，后者将按每一个分组变量单独输出。

（3）Groups Based on 框下有两个单选项，它们只有在选择了 Compare groups 或 Organize output by groups variables 后才起作用：

- Sort the file by grouping variables：按分组变量对文件分类整理。
- File is already sorted：文件已经被分类整理。

当数据文件事前没有进行过分类排序，应选择前者，否则选择后者。

（4）上述各选项确定后，单击 OK 执行拆分即可。

未经拆分和经过拆分的数据文件在各项统计分析中的差异，建议读者上机实践加以比较。

2.4　数据文件的转置

利用数据的转置功能可以将原数据文件中的行、列进行互换，将观测量转变为变量，将变量转变为观测量。转置结果系统将创建一个新的数据文件，并且自动地建立新的变量名显示各新变量列。变量转置的步骤如下：

（1）执行 Data→Transpose（转置）命令，打开 Transpose 对话框，如图 2-22 所示。

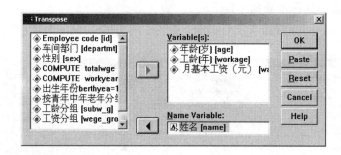

图 2-22　转置功能对话框

（2）从源变量框中选择要进行转置的变量，移入 Variable(s)框中。再从源变量框中选择一个变量应用它的值作为转置后新变量名，一般选择具有相异观测值的变量或者命名变量。如果选择的是数值型变量，转置后的变量名以字母 V 起头，后面接上原数值。需要指出，对于字符型变量不能实现转置。

如果不选择变量移进入 Name Variable 栏，则系统将自动给转置后的新变量赋予Var001、Var002、…的变量名。

（3）以上选择确定以后，单击 OK。此时，出现如图 2-23 所示的提示信息，提示用户"有些未被选择转置的变量，其数据会消失"。单击"确定"，随即转置后的新文件将取代原数据文件出现在数据窗口中。如果将原变量列表中的全部变量都选择进行转置，系统不给出此提示信息。

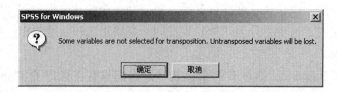

图 2-23　提示信息对话框

图 2-24 和图 2-25 分别是按图 2-22 的选择并进行转置前后的原文件和新文件（局部）。

	id	name	departmt	*sex	age	workage	wage	totalwge
1	1	龙希桂	0	1	49	25	450.0	6025.00
2	2	李子安	0	1	52	28	536.5	7138.00
3	3	胡平	1	1	34	12	330.5	4266.00
4	4	欧阳建	0	1	45	22	405.0	5410.00
5	5	宋临基	1	1	36	13	336.0	4357.00

图 2-24　转置之前的原数据文件（局部）

	case_lbl	龙希桂	李子安	胡平	欧阳建	宋临基
1	AGE	49.00	52.00	34.00	45.00	36.00
2	WORKAG	25.00	28.00	12.00	22.00	13.00
3	WAGE	450.00	536.50	330.50	405.00	336.00

图 2-25　转置之后的新数据文件（局部）

2.5　数据文件的合并

SPSS 中，文件合并指的是将一个外部数据文件的观测量或变量增加到当前工作文件中去，将它们合并成一个文件。文件合并是文件整理的重要内容之一。

2.5.1　增加观测量

Add Cases（增加观测量）是指把一个外部文件的与工作文件具有相同变量的观测量增加到当前工作文件中。这相当于两个文件的"纵向合并"。这种合并要求两个数据文件至少应具有一对属性相同的变量，即使它们的变量名不同。

首先打开记录某公司上半年销售情况的数据文件"company.sav"，如图 2-26（左）所示。将该公司下半年销售情况的文件"公司.sav"合并到工作文件中去，如图 2-26（右）所示。

	month	name	products	sale	price
1	1	朱述华	22.00	12.50	52.81
2	2	朱述华	23.50	13.80	54.72
3	3	林萍	22.40	13.78	57.51
4	4	蔡新宇	25.50	14.55	53.05
5	5	朱述华	34.20	20.12	54.83
6	6	章凌	28.60	15.10	48.79

	m	n	numb	prod	sale	price
1	7	林萍	12	23.50	14.50	56.77
2	8	史云兴	13	21.60	14.80	63.59
3	9	林萍	12	20.70	12.80	56.91
4	10	蔡新宇	22	35.50	24.23	63.32
5	11	朱述华	19	27.20	17.12	58.01
6	12	惠军	15	20.60	14.10	63.52

图 2-26　工作文件"company . sav"和外部文件"公司 . sav"

这两个文件使用的变量名和变量数量不完全相同。纵向合并的操作过程如下：

（1）执行 Data→Merge Files（合并文件）→Add Cases...（增加观测量）命令。打开 Add CasesRead Files（读入文件）对话框，选定数据文件"公司 . sav"，单击"打开"按钮，展开如图 2-27 所示的 Add Cases from（从…增加观测量）主对话框。

Unpaired Variables（不成对变量）列表框，列出分属两个文件的不成对变量名，即变量名和变量类型不匹配的变量，其中用[*]标记的属于工作文件，用[+]标记的属于外部文件，带"<"者为字符型变量。Variables in New Working Data File（在新工作文件中的变量）列表框，列出两个数据文件中变量名和变量类型都匹配的相同变量。选择选项 Indicate case source as variable（产生一变量来指明观测量来源），将在合并后的文件中建立一个名为 source01 的变量，此变量仅有两个值：0 和 1，分别标记观测量属于当前工作文件或来自外部文件。

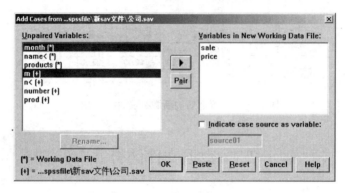

图 2-27   增加观测量主对话框

（2）两文件的变量如果类型相同，变量名不同。例如，图 2-27 中的 month[*] 和 m[+] 都代表月份，将二者同时选中，单击 Pair（配对）按钮，将它们移至 Variables in New Working Data File 框。合并后的新文件变量列里二者的观测量作为变量 month 的值被合并在一起。

要为不成对变量列表框的变量更名，选中它并单击 Rename（更名）按钮，打开 Rename 对话框，换上新名，单击 Continue 返回主对话框。

对不成对变量框中分属两个文件的变量配对时，要求二者必须具有相同的变量类型。变量宽度可以不同，但是属于工作文件的变量宽度应大于或等于属于外部文件的变量的宽度。若情况相反，合并后外部文件被合并的观测量中相应的观测值可能不能显示，而在单元格里以若干 * 号加以标记。如图 2-28 所示。

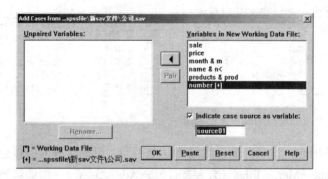

图 2-28   从指定文件增加观测量对话框

（3）要让变量名和类型变量均不匹配的变量出现在新数据文件中，选中它，点击箭头按钮将它移到 Variables in New Working Data File 框即可。例如，将仅属外部文件的变量 number 移入新文件变量列表栏，新文件中，变量 number 对应于工作文件的观测值为缺失值。

据图 2-26 显示的两个文件，按照图 2-28 设置配对，单击 OK 执行合并。

合并后的文件如图 2-29 所示。需注意，如果将不成对变量列表栏中的分属两个文件的类型不同的变量配对，在合并后的新文件里这两个变量都将不会出现。

	month	name	products	sale	price	number	source
1	1	朱述华	22.00	12.50	52.81	.	0
2	2	朱述华	23.50	13.80	54.72	.	0
3	3	林萍	22.40	13.78	57.51		0
4	4	蔡新宇	25.50	14.55	53.05		0
5	5	朱述华	34.20	20.12	54.83		0
6	6	章凌	28.60	15.10	48.79	.	0
7	7	林萍	23.50	14.50	56.77	12	1
8	8	史云兴	21.60	14.80	63.59	13	1
9	9	林萍	20.70	12.80	56.91	12	1
10	10	蔡新宇	35.50	24.23	63.32	22	1
11	11	朱述华	27.20	17.12	58.01	19	1
12	12	惠军	20.60	14.10	63.52	15	1

图 2-29 观测量合并后的新文件

2.5.2 增加变量

Add Variables（增加变量）是指将一个外部文件中的若干变量添加到当前工作文件中，这相当于两个文件的"横向合并"。这种合并要求两个数据文件必须具有一个共同的关键变量（Key Variable），而且这两个文件中的关键变量还具有一定数量的相等的观测量数值。

所谓关键变量，指的是两个数据文件中变量名、变量类型、变量值排序完全相同的变量。例如分别保存着同班学生上、下学期考试成绩的两个文件（如图 2-30）中，表示学生学号的变量 id 或表示学生姓名 Name 等，两个学期的课程不同，各门功课的成绩分别使用不同的变量，这种合并就是将同一个学生（id 或 Name 值相同）下学期的各门课程的成绩合并到该学生名下。

	id	name	sex	会计	统计	管理
1	1	苏永年	1	87	82	93
2	2	郭宁毅	1	79	80	77
3	3	权志伟	1	90	66	93
4	4	傅玲玲	0	67	67	79
5	5	孙建芹	1	82	77	89
6	6	祁丽萍	0	83	65	81

	id	name	经济法	工业会计	金融会计
1	1	苏永年	75	78	82
2	2	郭宁毅	65	60	54
3	3	权志伟	78	65	75
4	4	傅玲玲	86	85	85
5	5	孙建芹	80	90	83
6	6	祁丽萍	75	70	78

图 2-30 同班学生上、下学期考试成绩的数据文件

横向合并的操作过程如下：

（1）打开一个数据文件，执行 Data→Merge Files→Add Variables...（增加变量）命令。随即在 Add Variables: Read Files 对话框选择外部数据文件，单击"打开"按钮，打开如图 2-31 所示的 Add Variables from...（从…增加变量）主对话框。

（2）对话框的 Excluded Variables（被排除在新文件之外的变量）变量列表栏中，列出的是外部文件与工作文件中重复的同名变量。New Working Data File 变量列表框中，列出的是进入新的工作文件变量，分别用[+] 和 [*] 来标记。

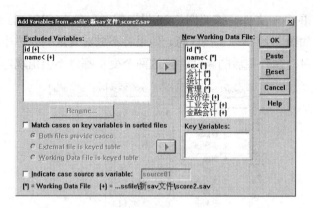

图 2-31 从指定文件增加变量对话框

此时单击 OK，就可以将这两个文件合并成一个新的数据文件。如图 2-32 所示。

	id	name	sex	会计	统计	管理	经济法	工业会计	金融会计
1	1	苏永年	1	87	82	93	75	78	82
2	2	郭宁毅	1	79	80	77	65	60	54
3	3	权志伟	1	90	66	93	78	65	75
4	4	傅玲玲	0	67	67	79	86	85	85
5	5	孙建芹	1	82	77	89	80	90	83
6	6	祁丽萍	0	83	65	81	75	70	78

图 2-32 合并后的新文件

这里有几点需要说明：

①如果两个文件含有相等的观测量，而且分类排序顺序一致，一一对应，无须指定关键变量，直接单击 OK 进行合并。

②如果两个文件含有数目不等的观测量，而且分类排序顺序不一致或没有一一对应关系，则需在合并之前先对数据文件按关键变量进行升序排序，并根据排序情况激活 Match cases on key variables in sorted files（在经分类的文件中按关键变量匹配观测量）选项。在 Excluded Variables 栏中选择一个关键变量，移至 Key Variables 框。

● Both files provide cases：观测量由两个文件提供，这是系统默认的选项。合并结果凡关键变量值相等的合并为一个观测量。如果在对方文件找不到相等的关键变量值，可以合并为一个独立的观测量，即在新文件中单独作为一个观测量（相当于增加一个观测量），而缺少的变量值作为缺失值。

此时，可以选择 Indicate case source as variable，建立一个新变量指明观测量的来源。

● External file is keyed table：以外部文件为基准表。合并后保留当前工作文件中的观测量，且只有外部文件中与工作文件关键变量值相等的观测量才被合并到新文件中去。

● Working Data file is keyed table：以当前工作文件为基准表。合并后保留当前外部文件中的观测量，且只有当前工作文件中与外部文件关键变量值相等的观测量才被合并到新文件中去。

以上选项确定后，单击 OK，提交系统运行。如果两个文件事先没有按关键变量进行升序排序，合并可能失败，系统将发出警告。

③在 Excluded Variables 栏中选择关键变量，并且移送到 Key Variables 栏中后，则在 New Working Data file 栏中与之同名的变量随即消失。

④在 Excluded Variables 栏中选择一个变量，可以单击 Rename（更名）按钮，打开更名对话框，对选中的变量更名。一般在下列情况下需要对变量更名：

> 两栏中的变量虽然同名，但具有不同的数据，是实际上的不同变量，可为它更换一个新名，移送到 New Working Data file 栏中；

> 如果想对 New Working Data file 栏中某个变量更名，必须先选中它按动向左的箭头将它移送入 Excluded Variables 栏中，再按更名按钮键入新变量名，而后再移回原处。

> 如果选择的关键变量在两个文件中的名称不同。

⑤凡是 New Working Data file 栏中的变量均为合并后的新文件的变量，如果其中的某些变量不想让它们出现在新文件里，只需将它们移到 Excluded Variables 框里即可。

2.6　数据的分类汇总

数据的分类汇总是指将观测量按若干分组变量（或分类变量）进行分组，对每一组的变量值求其具有概述性的函数值（统计量值）。例如，将一个工厂的数据资料，按照该工厂的各个部门进行分组，并以每个部门为单位进行统计汇总。通过分类汇总了解总体内部的结构及其概述特征，如各部分的均值、总和、百分比等，这项工作也是统计整理中的重要环节。

下面以数据文件"机械厂.sav"（图 2-12）为例，说明数据分类汇总步骤如下：

（1）建立或打开一个数据文件，执行 Data→Aggregate（汇总）命令。打开 Aggregate Data 对话框，如图 2-33 所示。

（2）对话框左边为源变量列表栏。右边为 Break Variabules（分组变量）栏，它接纳从源变量列表框选择的分组变量，分组变量可以是数值型变量也可以是字符型变量。Aggregate Variables（待汇总的变量）栏对进入此栏的变量值按分组变量进行汇总。

从变量列表栏里分别选择分组变量和待汇总变量，移到相应的栏中，如图 2-33 所示。

当选定汇总变量（必须是数值型变量）移入 Aggregate Variabules 框时，框中出现形如"###_1 = MEAN(###)"的表达式。其中"###"表示选定的来自源变量列表中的待汇总变量名，"###_1"是分类汇总后生成的新文件中的相应变量名，它是用选定汇总变量名的前若干字母跟随下划线"_"及数字构成。表达式表明变量"###_1"的值是汇总变量的分组中各观测量的平均数。这是系统默认的输出结果。

如将文件"机械厂. sav"中的变量"wage"移到 Aggregate Variables 栏时，显示"wage_1=MEAN（wage）"。如果要改变系统默认的变量名"wage_1"，可以单击 Name & label 按钮，打开 Name & Labe 对话框，如图 2-34 所示。利用它对选择的汇总变量将出现在新文件中的变量名"wage_1"更名并加注标签，单击 Continue 返回主对话框。

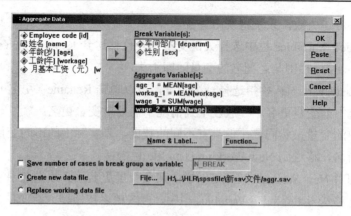

图 2-33　数据汇总主对话框

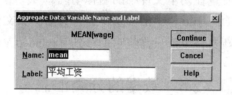

图 2-34　变量更名及加注标签对话框

（3）单击 Function（函数）功能按钮，打开如图 2-35 所示的 Aggregate Data：Aggregate Function 对话框，对这个变量的汇总函数进行设置。

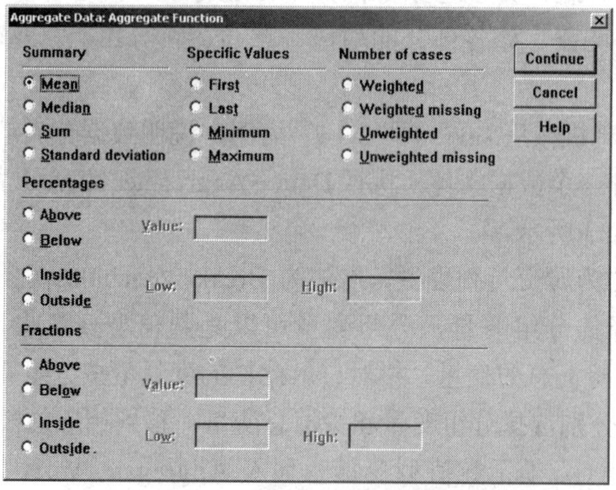

图 2-35　汇总函数对话框

此对话框的第一部分为 Summary（概述函数）栏。各选项的意义分别如下：

Mean of values：算术平均数。　　　　　　Sum：观测值之和。

Median：中位数。　　　　　　　　　　　Standard deviation：观测值的标准差。

第二部分为 Specific Values（特殊值）栏。其中有：

First：第一个观测值。　　　　　　　　　Minimum：最小观测值。

Last：最后一个观测值。　　　　　　　　Maximum：最大观测值。

第三部分为 Number of cases（观测量总数）栏。其中有：

Weighted：汇总计算源变量的有效值中各分组变量的观测量数。此选项仅适合加权的数据文件。

Weighted missing：汇总计算加权的数据文件中源变量的缺失值数。

Unweighted：对未经加权的数据文件，汇总计算源变量的有效观测量中各分组变量的观测量数。

Unweighted missing：汇总计算未经加权的数据文件中源变量的缺失值数。

第四部分为 Percentage（百分比）栏。其中有：

Above：观测值大于指定值的观测量数占全组观测量总数的百分数。

Below：观测值小于指定值的观测量数占全组观测量总数的百分数。

选上述两个选项时，在右边被激活的 Value 小框中键入指定值。

第四部分为 Fractions（小数）栏。其中有：

Above：观测值大于指定值的观测量数所占的全组观测量总数的比率。

Below：观测值小于指定值的观测量数所占的全组观测量总数的比率。

选上述两个选项时，在右边被激活的 Value 小框中键入指定值。

Inside：观测值界于两个指定值之间的观测量数占全组观测量总数的百分数。

Outside：观测值界于两个指定值之外的观测量数占全组观测量总数的百分数。

选上述两个选项时，在右边被激活的 Low（下限）和 High（上限）小框中键入指定值。需注意输入 Low 框中的值必须小于 High 框中的值。

函数选择确定后，单击 Continue 返回主对话框。主对话框下面还有：

（1）选择选项 Save number of case in break group as variable，将在生成的汇总文件中建立一个变量保存各分组中的观测量数。同时可以在其后面的矩形栏里为这个变量命名，系统默认的变量名"N_BREAK"。

（2）选择选项 Create new data file（建立新数据文件），单击 File 按钮，打开 Aggregate Data：Output File Specification（指明输出文件保存位置）对话框，指定文件名、路径保存，系统默认的汇总结果文件名为"AGGR.sav"，需要观看汇总结果，重新打开它即可。

（3）选择 Replace working data file（替代工作文件），则建立的汇总结果文件将替代当前工作文件显示于数据窗口里。

上述各项全部选择完毕，单击主对话框 OK 按钮执行汇总功能。

对文件"机械厂.sav"，选择 sex（性别）为分组变量，wage（工资）为汇总变量。并按照图 2-30 分别汇总全厂男、女职工的平均工资、工资总额、最低工资、最高工资、工资标准差、工资在 350 元以上占的比重以及工资在 250～400 元占的比重等，结果如图 2-36 所示。

	sex	mean	total	min	max	sd	above350	interval	n_brea
1	0	312.08	39946.65	200.00	508.00	67.06	25.00	75.00	128
2	1	361.23	108730.30	200.00	550.00	81.46	55.48	62.13	301

图 2-36　汇总结果文件

2.7   选择观测量

一般地说，记录在数据文件里的大量的数据资料，并不一定全有用，也未必都适于统计分析的要求。因此，常需要根据统计的目的和要求，从数据文件中选取需用的观测量作为样本参与分析。SPSS 提供了观测量选择的功能。

打开如图 2-37（左图）所示的数据文件，该文件保存着某班级学生的性别、年龄、身高、体重等数据。可按以下步骤进行观测量的选择。

	id	name	sex	age	bodyhigh	weight
1	1	刘敬	1	25	172.50	59.50
2	2	李华	1	21	170.00	57.00
3	3	朱毅均	1	20	170.50	58.20
4	4	王贵	1	23	168.50	56.00
5	5	吴军	1	23	168.00	56.80
6	6	万志远	1	23	174.00	62.50
7	7	刘宇	0	20	165.00	52.50
8	8	赵玉萍	0	26	163.50	49.80
9	9	郭晓琴	0	20	166.00	55.50
10	10	张强	1	22	167.00	54.50

	id	name	sex	age	bodyhigh	weight	filter_$
1	1	刘敬	1	25	172.50	59.50	1
2	2	李华	1	21	170.00	57.00	0
3	3	朱毅均	1	20	170.50	58.20	1
4	4	王贵	1	23	168.50	56.00	0
5	5	吴军	1	23	168.00	56.80	0
6	6	万志远	1	23	174.00	62.50	1
7	7	刘宇	0	20	165.00	52.50	0
8	8	赵玉萍	0	26	163.50	49.80	0
9	9	郭晓琴	0	20	166.00	55.50	0
10	10	张强	1	22	167.00	54.50	0

图 2-37   选择观测量前后的数据文件

执行 Data→Select Cases（选择观测量）命令，打开如图 2-38 所示的 Select Cases 对话框。

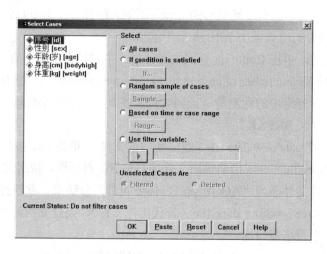

图 2-38   选择观测量主对话框

在 Select 栏里设置选择观测量的方式，栏内选项意义为：

- All cases（选择全部观测量）为系统默认选项。选此选项相当于不执行 Select Cases 命令。

- If condition is satisfied：选择满足条件的观测量。选择此项，单击 If...按钮打开条件设置对话框，如图 2-39 所示。

在表达式栏里输入选择观测量的条件表达式（参见本书 3.1 节），如输入表达式 "bodyhigh >= 165 & weight >=58"，即选择 "身高大于等于 165 而且体重大于等于 58" 的观测量。单击 Continue 按钮返回主对话框，单击 **OK** 执行观测量选择。

　　系统将自动产生一个名为"filter_$"的变量，凡被选中的满足条件的观测量，该变量对应的值为 1（其值标签为 Selected），否则为 0（值标签为 Not Selected），并在观测量序号列上将未选中的划上斜线"／"作为标记。未选中的观测量将在接着进行的统计分析中暂时被关闭。按照设置的选择条件，选中的观测量如图 2-37（右图）所示。

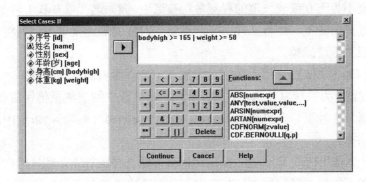

图 2-39　设置选择条件对话框

- Random sample of cases：　随机抽取观测量样本。如果选此项，单击 Sample 按钮打开 Select Cases：Random Sample（选择随机样本）对话框，如图 2-40 所示。

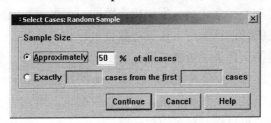

图 2-40　样本大小设置对话框

　　在此对话框里设置选择样本的大小或范围。其中 Approximatel % of all cases（随机选取占全部观测量接近___%的观测量），选择此项并输入一个数值，系统将自动产生伪随机数随机地选取接近于指定数目的观测量作为样本。选择 Exactly____cases from the first ____cases，在前后两个小文本框中输入两个整数（前一个数值小，例如 15，后一个数值大，例如 50），表示从前 50 个观测量中随机选择恰好 15 个观测量作为样本。

- Based on time or case range：　按时间或观测量范围选择。如果选此项，单击 Range 按钮打开 Select Cases：Range 对话框，如图 2-41 所示。

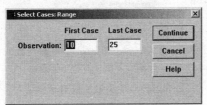

图 2-41　样本范围设置对话框

在 Observation 后面的矩形栏里输入选取样本的范围，例如，输入 First Case：10，Last Case：25，点击 Continue 按钮返回主对话框。单击 OK 执行观测量选择，系统将把第 4 号到第 25 号的观测量选取为样本。

- Use filter Variable：使用过滤器变量。选择此选项，从变量列表框中选择一个数值型变量作为过滤器变量移至矩形框中，单击 OK 执行选择。对于过滤器变量，凡其数值不等于 0 或缺失值的观测量均被选中。例如选择取 0 和 1 两个值的变量 sex 作为过滤器变量，则将文件中全部男学生对应的观测量选中，而将全部女学生对应的观测量过滤掉。

Unselected Cases Are 栏，用于确定对未被选中的观测量的处理方式。

Filtered（过滤）为系统默认选项，选择此项，未被选中的观测量仍保留在数据文件里，在其对应的观测量序号上划上斜线加以标记。选择 Deleted（删除），未选中的观测量将从数据文件中删除掉。

需要指出，凡使用选项 Filtered，无论用何种方法选择的样本，都只能在当前的窗口工作中起作用，即不能将选择的样本保存起来，除非选择选项 Deleted（删除）。

2.8　观测量加权

权重是统计学里的重要概念之一。所谓权重即同一个观测量值在大量观察和试验中出现的次数，或频数。在统计计算里常常需要对数据进行加权处理。

在记录有大量数据的文件里，可能多次测量到同一观测量值（变量值）。例如同性别、同年龄的人有许多个，这意味对不同的人，变量 sex 的值、变量 age 的值却是相同的。如果在建立数据文件时能定义一个频数变量，也称为权变量，用它代表相同观测量出现的次数，在调用统计分析或图形过程时将可简化计算。

SPSS 中使用数据加权处理功能，定义一个权变量后，这个变量的信息将自动地保存于数据文件中，在以后调用统计分析过程时使用。观测量加权实际上就是为工作文件定义一个权变量。

定义频数变量或权变量的具体步骤如下：

打开一个数据文件，执行 Data→Weight cases（观测量加权）命令，打开 Weight cases 对话框，如图 2-42 所示。

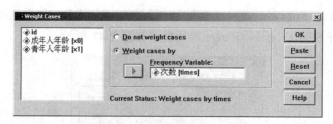

图 2-42　观测量加权对话框

对话框中单选项 Do not weight cases（不对观测量加权）为系统默认选项；第二个单选

项为 Weight cases by（对观测量加权），选择此项时激活 Frequency variable（频数）矩形框，从源变量列表中选择一个加权变量移入此框中，单击 OK，该数据文件的权变量便定义好了。

需要指出，一旦为数据文件定义了权变量，则称这个文件为加权数据文件，其中权变量的信息将一直有效，除非改选用别的变量作为权变量，或者关闭它。此外，如果权变量的值中有 0、负数或缺失值，它便不能在分析中应用。

加权数据文件和未经加权的数据文件从数据窗口来看没有任何变化，它们的差异只有在调用统计分析过程后才可显现出来。例如某校招收的一年级新生 590 人，他们的年龄分布如图 2-43 所示。

文件加权前，调用 Analyze 菜单下的 Descriptives（描述统计）命令，计算平均年龄等指标值，观测量总数为 6，使用简单算术平均公式得到平均年龄 19.5 岁；如果以变量 freq 作为加权变量，观测量总数为 590，计算平均年龄则使用加权算术平均公式得到 19.42 岁，得到的结果如表 2.6 所示，显然，利用加权变量计算的结果才是正确的。

	age	freq
1	17	45
2	18	122
3	19	159
4	20	118
5	21	95
6	22	51

图 2-43 年龄分布

表 2.6 使用未经加权和加权的数据文件统计比较

	AGE 年龄	Valid N (listwise)		AGE 年龄	Valid N (listwise)
N	6	6	N	590	590
Minimum	17		Minimum	17	
Maximum	22		Maximum	22	
Sum	117		Sum	11459	
Mean	19.50		Mean	19.42	
Std. Deviation	1.87		Std. Deviation	1.40	

习 题

2.1 指出下列哪些是不合法的变量名？为什么？

a. Educ12yr	b. &ab345	c. fund_$
d. my_	e. With-1	f. Student's
g. My age	h. 论文数量	i. grade02

2.2 为下列变量指定其类型、测度水平，并为适合定义值标签的变量定义相应的值标签。

a. 公交公司年载客量	b. 每天上网的小时数
c. 某市的行政区划	d. 某地每日的平均气温
e. 对待电视节目中武打片的态度	f. 10～11 时内到汽车站候车人数
g. 血液中白细胞数量	h. 库存物资种类
i. 某市日啤酒消耗量	j. 运动会比赛项目

2.3 搜集数据，建立一个数据文件记录你所在班级学生下列情况：学号、姓名、年龄、籍贯、民族、家庭电话号码、出生年月日、评定成绩等级（优、良、中、可、差）等，给出正确的变量名、变量类型、标签及值标签、测度水平。

2.4 试对一个数据文件的部分变量和全部变量作转置练习，指出：

（1）在转置后的文件中，系统产生的新变量有何特征？

（2）文件转置后原来文件中的变量的哪些信息将会丢失？

2.5 下面的表，分别为某企业 1991 年～1995 年 5 年中各季度计划完成和实际完成的产量（单位：万吨）数据资料，试建立一个 SPSS 数据文件保存这两个表中的数据。

年份	一季度		二季度		三季度		四季度	
	计划数	实际数	计划数	实际数	计划数	实际数	计划数	实际数
1991	14	12.5	18	21.4	18	18.5	20	20.4
1992	17	17.2	18	19.8	17	19.2	20	22.5
1993	16	16.5	20	16.8	18	17.7	21	19.6
1994	18	18.4	20	19.2	20	20.5	22	20.8
1995	20	20.5	21	25.8	25	22.5	25	24.5

然后对建立的数据文件调用 Aggregate 命令分别按季度、年汇总各季度和各年度的计划产量和实际完成的产量、平均产量.

2.6 某地区农科所为了研究该地区种植的两个小麦品种"中麦 9 号"、"豫展 1 号"产量的差异，从该地区的两个村庄各选 5 块田地，分别种植两个品种小麦，使用相同的田间管理，收获后，测得各个地块生产的小麦的千粒重（g）数据资料如下表。

id	甲村		id	乙村	
	中麦 9 号	豫展 1 号		中麦 9 号	豫展 1 号
1	43.11	48.91	6	43.87	44.75
2	42.15	45.63	7	36.71	45.67
3	37.59	41.59	8	43.95	43.15
4	38.23	44.23	9	40.83	46.71
5	40.19	37.43	10	42.51	39.55

为了使用 Data→Aggregate 命令，分别按照"小麦品种"和"村"对小麦的千粒重（g）进行分类汇总，试定义有关变量，并建立数据文件，完成分类汇总工作。

2.7 某地 20 家企业的情况如下：

编号	部门	所有制类型	年产值（万元）	职工人数（人）	年工资总额（万元）
1	工业	国有	2805.58	1235	812.63
2	交通	国有	1265.40	605	435.60
3	商业	集体	256.50	105	68.58
4	交通	个体	26.88	20	14.00
5	工业	集体	560.00	223	156.07

6	工业	国有	800.50	568	256.74
7	邮电通信	国有	2580.98	890	854.40
8	商业	个体	125.45	65	65.16
9	交通	个体	590.60	148	130.24
10	工业	国有	950.00	325	268.13
11	工业	集体	1556.00	485	394.20
12	交通	个体	950.00	354	257.90
13	工业	国有	335.00	105	82.43
14	工业	集体	2455.08	680	639.20
15	商业	股份制	1780.58	646	471.25
16	邮电通信	国有	2500.00	485	486.98
17	工业	国有	775.00	354	272.58
18	工业	股份制	3305.00	1015	912.00
19	商业	国有	498.08	202	139.20
20	交通	国有	965.58	246	159.95

根据上述资料建立数据文件，并完成下列统计整理工作，并回答有关问题：

（1）调用 Sort Cases 命令分别对年产值、职工人数和年工资总额进行排序。许多 SPSS 文件中都定义一个表示观测量序号的 id 变量，按照自己的体会指出这个 id 变量的作用。

（2）调用 Aggregate 命令分别按部门和所有制类型作分类汇总。

（3）首先调用 Sort Cases 命令分别按部门；按所有制类型；按部门和所有制类型进行排序。再执行 Analyze→Descriptives Statistics→Descriptives，对年产值、职工人数和年工资总额进行描述。

（4）首先调用 Split File 命令分别按部门和所有制类型将文件分组，再重复（3）的操作，比较二者的差异。

2.8　针对一个数据文件（如对习题 2.6 建立的数据文件）作选择观测量练习，并回答下列问题：

（1）选择随机抽样方法，抽取约 30%的观测量作为样本，将此执行两次，所得到的样本是否相同？

（2）将随机选择的部分观测量能否作为样本加以保存？下一次打开这个文件要使用上次选择的随机样本作统计分析，应执行何种操作？

2.9　下表列出 3 个民族的血型分布数据，为了统计各个民族和各种血型的人数，选择合适的结构将此组输入到 SPSS 数据窗口建立数据文件。（提示：定义人数为权变量）

人数　血型 民族	A	B	O	AB
傣　族	112	150	205	40
佤　族	200	112	135	73
土　家　族	362	219	310	69

2.10 下表是某大学一个系的学生按照年级、性别和年龄复合分组的人数的资料。

年龄分组	一年级		二年级		三年级		四年级	
	男	女	男	女	男	女	男	女
17-19	85	54	48	28	0	0	0	0
20-22	20	8	28	10	30	15	18	6
22-25	1	1	11	2	49	23	66	34
25 以上	0	0	1	0	1	2	1	1

为了解全系学生各个年级、不同性别和年龄段人数的分布，计算全系学生的平均年龄等统计量，研究如何定义一个恰当的 SPSS 数据文件，以便完成这个统计任务。

（提示：例如，可以选择如下一种方法，定义 4 个数值型变量：

grade：年级，取值为 1，2，3，4 分别代表 4 个年级；sex:性别，取值为 1，2 分别代表男性和女性；age：年龄，取各组组中值 18，21，24，26 分别代表 4 个年龄段；numbers：人数，并定义此变量为加权变量，但需注意输入数据时，凡年龄段人数为 0 者皆莫输入。）

第3章 变量计算及转换

统计工作中经常要根据一些已知的统计指标计算新的指标，例如，根据历年的产量的数据资料计算产量的发展速度，根据人口数据计算人口出生率、死亡率，根据统计工作的任务需要转换变量的类型，需要给变量赋于新的数值等，这些工作都可以应用 SPSS 的 Tansform(转换)菜单中提供的各项功能来完成，这一章介绍 SPSS 的变量转换功能。

3.1 SPSS 内部函数

3.1.1 SPSS 基本运算及表达式

1. SPSS 基本运算

SPSS 基本运算有：算术运算（即数学运算）、关系运算、逻辑运算。这些运算是通过相应的操作运算符来实现的。运算符及意义列于表 3.1 中。

表 3.1 运算符及其意义

算术运算符及意义		关系运算及意义		逻辑运算符及意义	
+	加法	=（EQ）	等于	&（AND）	与
−	减法	>（GT）	大于	│（OR）	或
*	乘法	<（LT）	小于	~（NOT）	非
/	除法	>=（GE）	大于等于		
**	乘幂	<=（LE）	小于等于		
（ ）	括号	~=（NE）	不等于		

注意：表 3.1 中括号内的关键字与括号外的运算符等价。

2. SPSS 表达式

利用运算符将常量、变量、函数连接在一起而形成的式子称为表达式。根据表达式中连接运算符的不同分成算术表达式、关系表达式、逻辑表达式。

（1）算术表达式。

算术表达式，即数学中的数学表达式，例如，$LG10(ABS(X*Y))+EXP(X+Y)/2$，$2*Exp(-x)+3*Sin(x)-1$。算术表达式的结果为数值型变量. 算术表达式中运算的优先顺序依次为：括号、函数、幂(乘方)、乘或除、加或减. 运算中乘除法属同一级运算，加减法属同一级运算，在同一优先级中计算按从左至右的顺序执行。

（2）关系表达式。

关系表达式，也称比较表达式，它用关系运算符将两个量(或表达式)连接起来，建立起它们之间的比较关系。例如，"$X > = 0$"，"$B**2 -4*A*C \text{ GE } 0$" 等。如果比较关系成立，比较表达式的值为 "True(真)"，否则为 "False(假)"。参与比较的两个量必须是同类型的量，无论这两个量是数值型还是字符型，比较结果都是逻辑常量。例如，如果 x = 5，y = 3，则表达式 x >= y =1；如果 x = 3，y = 5，则表达式 x >= y = 0。

（3）逻辑表达式。

逻辑运算符，即布尔（Boolean）运算符。逻辑运算符与逻辑型的变量或其值为逻辑型的比较表达式构成逻辑表达式。逻辑表达式的值为逻辑型常量。在逻辑表达式中，运用逻辑运算符时，括号内外的算符等价，例如 "A | B" 等价于 "A OR B"。逻辑运算的真值表如表 3.2 所示。

表 3.2　逻辑运算真值表

逻辑运算	逻辑值			
A	1	1	0	0
B	1	0	0	0
A & B	1	0	0	0
A	B	1	1	1	0
~A	0	0	1	1

由表 3.2 知道，只有当 A、B 的逻辑值均为 True （真)时，逻辑表达式 "A & B" 的值才为 True。例如，逻辑表达式 "A >= B & C > 0"，如果 A = 8，B = 5，而且 C > 0.6，则其逻辑值为 True，表达式的值为 1。

逻辑表达式 "~A"（非 A）是取逻辑值的反值，如 A 为 True，则 "~ A" 的逻辑值为 False。例如，逻辑表达式 "~A = 0"，即 A 不等于 0。如果 A = 0，表达式的逻辑值为 False；而若 A 不等于 0，则其值为 True。

与算术表达式一样，可以使用几个逻辑运算符及括号构成较复杂的逻辑表达式，在逻辑运算中优先级的规定如下：

①最高级为 NOT，其次为 AND，最后为 OR。
②同一级运算中，按照从左至右的顺序执行。
③表达式中有括号时，括号内最优先。

3.1.2　SPSS 内部函数

SPSS 11.0 有约 180 个内部函数，其中包括数学函数、逻辑函数、缺失值函数、字符串函数、日期函数等。函数表达方法是在函数名（即函数的几个关键字）后的括号中列出自变量和参数，不同的函数对自变量和参数的要求是不同的，调用之前必须明确对自变量和参数的要求，要给参数赋以恰当的数值。我们将 SPSS 函数列于书末的附录中供用户参考。下面仅就其中最大的一类数学函数（125 多个）作简要介绍。

SPSS 的数学函数均为数值型函数。各函数的自变量可以是符合取值范围要求的数值表达式。数学函数（设 arg 表示自变量）中包括：

（1）算术函数，如三角和反三角函数、指数和对数函数、四舍五入函数 RND(arg)、截尾函数 $TRUNC$(arg)、求余函数 MOD(arg，modulus)等。设自变量 arg = -5.6，则四舍五入函数 RND(-5.6) = -5、截尾函数 $TRUNC$(-5.6) = -4。又如 arg =75，则 MOD(75, 10) = 5。

（2）统计函数，即数理统计中的统计量，SPSS 有 7 个统计函数，用于计算实变量的均值 $Mean$(arg1, arg2, ...)、标准差 Sd(arg1, arg2, ...)、变异系数 $CFVAR$(arg1, arg2, ...)等。

（3）概率函数，SPSS 11.0 中，给出了概率统计中几乎所有常见的随机变量的分布函数、密度函数、逆分布函数、随机数生成函数、非中心分布函数等。SPSS 提供了数量约 80 个概率函数，它们以函数名的前缀来区分，各种前缀列于表 3.3 中。

表 3.3　概率函数中的前缀

前缀	$CDF.rv\_name(q, a...)$	随机变量的累积分布函数
	$IDF.rv\_name(p, a...)$	连续型随机变量的逆分布函数
	$PDF.rv\_name(p, a...)$	随机变量的概率（或密度）函数（SPSS 11.0 新增）
	$RV.rv\_name(a...)$	随机数生成函数
	$NCDF.rv\_name(q, a...)$	非中心分布函数
	$NPDF.rv\_name(q, a...)$	非中心概率密度函数（SPSS 11.0 新增）

表中 rv_name 代表随机变量名，$CDF.rv\_name(q, a, …) = P(\xi < q) = p$，即对指定的自变量值 q，它返回到服从相应概率分布的随机变量 $\xi < q$ 的概率 p。前缀为"IDF"的称为逆分布函数，即分布函数的反函数。离散型随机变量没有逆分布函数。前缀为"PDF"的称为概率函数(离散型随机变量)或概率密度函数。同名分布函数和概率密度函数的关系是：

$$CDF.rv\_name(q, a, …) = \sum_{k<q} PDF.rv\_name(k, a, ...)　（离散型随机变量情况下）$$

$$CDF.rv\_name(q, a, …) = \int_{-\infty}^{q} PDF.rv\_name(x, a, ...) \cdot dx　（连续型随机变量情况下）$$

同名逆分布函数与累积分布函数的关系是：

如果 $CDF.rv\_name(q, a, …) = p$，那么 $IDF.rv\_name(p, a, …) = q$。

例如，函数

$$PDF.NORMAL(q, a, b) = \frac{1}{\sqrt{2\pi b^2}} exp\{-\frac{(x-a)^2}{2b^2}\}$$

$$CDF.NORMAL(q, a, b) = \frac{1}{\sqrt{2\pi b^2}} \int_{-\infty}^{q} exp\{-\frac{(x-a)^2}{2b^2}\}dx$$

分别是均值为 a，标准差为 b 的正态分布的概率密度函数和累积分布函数。其他概率函数的数学表达式，读者可以从概率统计方面的相关书籍中查阅。

前缀为"$NCDF$"的分布函数，称为非中心分布函数，它返回到服从非中心概率分布的随机变量 $\xi < q$ 的概率 p。非中心分布是多元统计分析中研究的课题，非中心分布只有非

中心的贝塔分布、χ^2 分布、Student t 分布和 F 分布等。

各种概率函数中都依赖于数目不等的分布参数，不同分布的参数有不同的取值范围，因此在调用分布函数时，必须给它们赋以恰当的数值。而且同名的累积分布函数、概率密度函数、逆分布函数的参数取值是完全一致的。

形如 *RV.rv_name*(*a*, ...)，括号内的 "*a*, ..." 为分布参数，其取值与相应的累积分布函数的参数一致，功能是生成服从相应概率分布的独立观察值，即随机数。例如，对正态随机生成函数 *RV. NORMAL*(*a,b*) 来说，当指定了参数值以后可以产生一列按数据文件中观测量序号排列的服从正态分布的随机数。

3.2 变量计算及其应用

3.2.1 变量计算

统计中，建立的数据文件中包含的数据可能来自统计调查的原始测量结果，统计分析要通过研究变量之间关系来揭示现象的内在数量规律。例如，统计学中大量的相对指标的指标值是不可能通过实际测量得到的，而需要利用有联系的变量的比值计算出来，计算所得的数值就成为新变量的观测值。SPSS 提供了强大的 Compute（计算）功能，新变量的计算可以利用 Compute 对话框方便地求得。

用 Compute 命令计算新变量步骤如下：

（1）打开数据文件，执行 Transform（转换）→Compute 命令，打开 Compute Variable（计算变量）对话框，如图 3-1 所示。

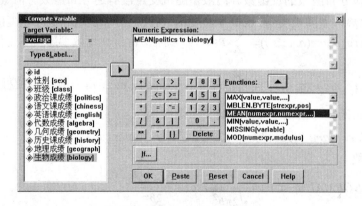

图 3-1 计算变量主对话框

（2）输入计算表达式。使用计算器板（Colculator Pad）或键盘将计算表达式输入到 Numeric Expression（数值表达式）栏中，表达式中需要的 SPSS 函数可从 Function（函数）栏中选择，通过双击鼠标左键或单击该栏上方的箭头按钮将选中者移入表达式栏。这时，栏中函数的自变量和参数用 "?" 提示，自变量必须选用当前工作文件中的变量，可以从源变量清单栏中选择，选中后用鼠标双击它，或单击栏边的箭头按钮输入表达式中。

计算器板上的数字、运算符按钮以及 Delete 按钮与计算机键盘上相应的按钮等效。

（3）定义新变量及其类型。在 Targe（目标）框中定义目标变量名，它可以是一个新变量名，也可以是已经定义的变量名，甚至可以是表达式中使用的自变量本身，用于接受表达式的计算值。单击 Type & Label（类型和标签）按钮，打开如图 3-2 所示的类型和标签对话框。

图 3-2　新变量类型和标签次级对话框

- Label：在框中给目标变量加注标签。
- Use expression as label：使用计算目标变量的表达式作为标签，这有利于统计分析时清晰地了解新变量的意义及运算关系。

在此对话框里，还可以对新变量的类型及宽度进行选择。选择确定后，单击 Continue 按钮，返回主对话框。

（4）条件表达式（If...）及其对话框的使用。有时候，仅仅需要对一些符合某些特定条件的自变量的观察值来进行计算。例如，在记录某年级 3 班和 6 班学生成绩的数据文件中，我们只需要了解 3 班女同学的学习情况，需要计算她们各门功课平均成绩，即需选择满足条件“sex = 0 ＆ class = 3”（即三班女学生）的观测值来计算。当条件表达式“sex = 0”和“class = 3”同时为真时，计算平均成绩。对使表达式为假的或缺失的观测量就不计算这个值，对应于这些观测量，新变量的值为系统缺失值。

在 Compute Variable 对话框中单击 If...按钮，打开 If Cases 条件对话框，如图 3-3 所示。

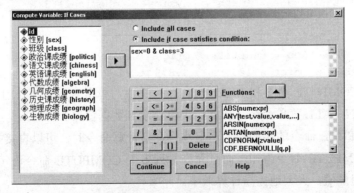

图 3-3　条件表达式对话框

对话框上方有两个单选项：

- Include all cases：对所有观测量计算新变量值，相当于不设条件，为系统默认的选项。

- Include if cases satisfies condition：对满足条件的观测量计算新变量值。此时，源变量清单栏、表达式栏、函数栏同时被激活，将条件表达式输入表达式框。

单击 Continue 按钮对设定的条件表达式加以确认，返回 Compute Variable 主对话框。条件表达式的建立规则是：条件表达式中至少要包括一个关系运算符，也可以使用逻辑运算符，并且可以通过关系（或逻辑）运算符连接多个条件表达式。

各项选择确认后，单击 OK。系统将根据表达式和条件计算新变量的值，并且将其结果显示到数据窗口的工作文件中。

3.2.2 COMPUTE 和 IF 命令

在 Compute 对话框中定义了计算表达式、目标函数，以及设置了计算条件后，单击主对话框的 Paste 按钮，系统随即打开 Syntax 窗口，该窗口显示如下格式的命令语句。

（1）未设置计算条件情况下，COMPUTE 命令语句：

```
COMPUTE  变量名 = 计算表达式 .
EXECUTE.
```

其中：

- 命令关键字 COMPUTE。
- 变量名即定义的目标变量名，它既可以是在主对话框 Taget 框中新定义的变量名，也可以是当前工作文件中已经存在的变量。
- = 等号。
- 计算表达式，表达式后接一个点 "." 表示语句中止。计算表达式中的变量必须是工作文件中存在的变量。
- "EXECUTE." 为执行语句。

例如，假设表达式中的变量都是当前工作文件已经定义过的变量，则下列语句都是合法的 COMPUTE 命令：

```
COMPUTE  average = (math + physical + chemical)/3.
COMPUTE  average = mean(score1 to score5).
COMPUTE  age = 2002 - birthday.
COMPUTE  sales = quantity * price.
COMPUTE  predict = 123.55 + 0.875 * x1 / (1 + 0.025 * EXP(-x2)) .
```

用鼠标将 COMPUTE 命令和 EXECUTE 命令选中，单击 Syntax 窗口工具条中的箭头按钮或执行 RUN→ALL 菜单命令，计算结果将显示到数据窗口。

掌握 COMPUTE 命令的结构后，需要执行变量计算命令时，可以直接打开 Syntax 窗口自行编写 COMPUTE 命令语句。而且允许并列多个 COMPUTE 命令语句，这样可以一次计算多个新变量值，大大地提高计算效率。

（2）设置计算条件情况下，IF 命令语句：

```
IF(关系表达式或逻辑表达式) 新变量 = 计算表达式.
EXECUTE.
```

表示在关系表达式或逻辑表达式为真的条件下计算新变量值。

例如，下列语句都是合法的 IF 命令：

```
IF (sex =1) salary = 0.95 * salary + 125.
IF (score >= 90 or total >450) grade = 1.
IF (age >= 15 & age <= 20) count = age + 3.
IF (b**2-4 * a* c GE 0 and a NT 0) root =(-b + SQRT(b**2-4 * a* c))/ 2 / a.
```

用鼠标将 IF 命令行到 EXECUTE 命令行选中，单击窗口中的箭头按钮或执行 Run→All 菜单命令，计算结果将显示到数据窗口。与（1）相同也允许同时并列多个 IF 命令语句，也可以和 COMPUTE 命令语句并列，执行新变量的计算。

SPSS 的每个统计功能对话框中都设有 Paste 按钮，当对话框内选项设置确定以后，单击该按钮，系统按照设定的选项将需执行的命令以 SPSS 语法程序显示在 Syntax 窗口，在该窗口可以进一步地编辑，然后执行 Run→All 菜单命令，或者选择其中部分程序语句，执行 Run→Select 菜单命令。输出结果或显示于数据窗口，或显示于 Output 窗口。要深入了解 SPSS 语法命令，建议读者在每次运行 SPSS 命令时，都遵照上述做法进行即可，本书将不再介绍其他语法命令。

3.2.3　变量计算在统计中的应用

统计学中利用已知变量计算新变量的值是经常进行的工作，下面我们应用 SPSS 提供的变量计算方法解决几个统计学中的问题。

例 3.2.1　输出标准正态分布函数表。

统计计算和统计分析中，常需查标准正态分布表得到相关的概率值。作为例子，应用 SPSS 变量计算功能输出一张标准正态分布函数值表。计算步骤如下：

（1）定义变量并建立新的数据文件。打开 SPSS 数据窗口，定义变量 x1，作为计算分布函数值的自变量。

（2）输入观测量数值。对变量 x1 输入 0.01, 0.02,⋯, 0.20 观测值，步长为 0.01。

（3）计算标准正态分布函数值。执行 Transform→Compute 命令，打开 Compute Variable 主对话框。

在 Target 框中输入目标变量 fv1。从函数列表框中选择标准分布函数 CDFNORM(q)，将其输入表达式框中。该框显示的表达式是 CDFNORM(?)。从变量列表框中选择变量 x1 将它输入表达式，替代"?"，显示在表达式框中的表达式为 CDFNORM(x1)。

由于计算是对所有观测值执行的，所以不用打开条件表达式对话框。单击 OK 或回车，变量 fv1 的数值便输出到当前的数据文件之中。

接下来，再一次打开计算变量对话框，在目标变量框里输入 x2，在表达式框中输入：x1 + 0.2，单击 OK；再打开计算变量对话框，在表达式框中输入 CDFNORM(x2) 并单击 OK；依次重复上述过程，最后得到如图 3-4 所示的标准正态分布函数值表。

可用同样的做法，输出其他函数值表。读者一定会感到用这种方法，一次次地打开计算变量对话框，输入一个表达式，计算一个变量有些太麻烦。可以打开 Syntax 窗口，在该窗口中编写如下简单程序：

	x1	fv1	x2	fv2	x3	fv3	x4	fv4	x5	fv5	x6	fv6	x7	fv7	x8	fv8
1	.01	.5040	.21	.5832	.41	.6591	.61	.7291	.81	.7910	1.01	.8438	1.21	.8869	1.41	.9207
2	.02	.5080	.22	.5871	.42	.6628	.62	.7324	.82	.7939	1.02	.8461	1.22	.8888	1.42	.9222
3	.03	.5120	.23	.5910	.43	.6664	.63	.7357	.83	.7967	1.03	.8485	1.23	.8907	1.43	.9236
4	.04	.5160	.24	.5948	.44	.6700	.64	.7389	.84	.7995	1.04	.8508	1.24	.8925	1.44	.9251
5	.05	.5199	.25	.5987	.45	.6736	.65	.7422	.85	.8023	1.05	.8531	1.25	.8944	1.45	.9265
6	.06	.5239	.26	.6026	.46	.6772	.66	.7454	.86	.8051	1.06	.8554	1.26	.8962	1.46	.9279
7	.07	.5279	.27	.6064	.47	.6808	.67	.7486	.87	.8078	1.07	.8577	1.27	.8980	1.47	.9292
8	.08	.5319	.28	.6103	.48	.6844	.68	.7517	.88	.8106	1.08	.8599	1.28	.8997	1.48	.9306
9	.09	.5359	.29	.6141	.49	.6879	.69	.7549	.89	.8133	1.09	.8621	1.29	.9015	1.49	.9319
10	.10	.5398	.30	.6179	.50	.6915	.70	.7580	.90	.8159	1.10	.8643	1.30	.9032	1.50	.9332
11	.11	.5438	.31	.6217	.51	.6950	.71	.7611	.91	.8186	1.11	.8665	1.31	.9049	1.51	.9345
12	.12	.5478	.32	.6255	.52	.6985	.72	.7642	.92	.8212	1.12	.8686	1.32	.9066	1.52	.9357
13	.13	.5517	.33	.6293	.53	.7019	.73	.7673	.93	.8238	1.13	.8708	1.33	.9082	1.53	.9370
14	.14	.5557	.34	.6331	.54	.7054	.74	.7704	.94	.8264	1.14	.8729	1.34	.9099	1.54	.9382
15	.15	.5596	.35	.6368	.55	.7088	.75	.7734	.95	.8289	1.15	.8749	1.35	.9115	1.55	.9394
16	.16	.5636	.36	.6406	.56	.7123	.76	.7764	.96	.8315	1.16	.8770	1.36	.9131	1.56	.9406
17	.17	.5675	.37	.6443	.57	.7157	.77	.7794	.97	.8340	1.17	.8790	1.37	.9147	1.57	.9418
18	.18	.5714	.38	.6480	.58	.7190	.78	.7823	.98	.8365	1.18	.8810	1.38	.9162	1.58	.9429
19	.19	.5753	.39	.6517	.59	.7224	.79	.7852	.99	.8389	1.19	.8830	1.39	.9177	1.59	.9441
20	.20	.5793	.40	.6554	.60	.7257	.80	.7881	1.00	.8413	1.20	.8849	1.40	.9192	1.60	.9452

图 3-4　标准正态分布函数值表

```
COMPUTE   fv1 = CDFNORM(x1).
COMPUTE   x2 = x1 + 0.2.
COMPUTE   fv2 = CDFNORM(x2).
COMPUTE   x3 = x2 + 0.2.
COMPUTE   fv3 = CDFNORM(x3).
…
COMPUTE   x8 = x7 + 0.2.
COMPUTE   fv8 = CDFNORM(x8).
EXECUTE.
```

执行 Run→All 菜单命令，即可得到图 3-4 所示的标准正态分布表。

例 3.2.2　输出离散型随机变量的分布律。

设随机变量 X 服从参数 $\lambda = 4$ 的普阿松分布，试计算概率 $P(X = k)$，其中 $k = 0, 1, \cdots, 30$。并验算 X 的数学期望等于 4。由于普阿松分布的随机变量的取值为所有非负整数，我们只能计算随机变量 X 取其部分数值的概率。

计算步骤如下：

（1）新建数据窗口，定义变量 x，输入 x 的值为 0, 1, $\cdots$, 30。

（2）执行 Transform→Compute 命令，打开 Compute Variable 对话框。在 Target 框中输入目标变量名 p。从函数列表框中选择普阿松函数 PDF.POISSON (q, mean)，在表达式框中输入：

PDF.POISSON $(x, 4)$（或者输入：CDF.POISSON $(x, 4)$ $-$ CDF.POISSON $(x-1, 4)$）

单击 OK 或回车，变量 p 的数值便输出到当前的数据文件之中，并将输出的变量的小数位改为 6，计算结果（局部）如图 3-5 所示。

（3）为了计算 X 的数学期望，按照离散型随机变量数学期望的定义，再执行 Transform →Compute 命令，打开 Compute Variable 对话框。在表达式框中输入：x * p，并在 Target 框中输入目标变量名 ex，单击 OK。变量 ex 的值便输出到当前的数据文件之中，并将输出的变量的小数位改为 6，计算结果（局部）如图 3-5 所示。

	x	p	ex
1	.00	.018316	.000000
2	1.00	.073263	.073263
3	2.00	.146525	.293050
4	3.00	.195367	.586100
5	4.00	.195367	.781467
6	5.00	.156293	.781467
7	6.00	.104196	.625174
8	7.00	.059540	.416783

图 3-5 普阿松分布律

（3）执行 Analyze→Descriptive Statistics→Descriptives 菜单命令，打开 Descriptives（描述）对话框，从源变量清单中选择 ex 移入 Variables 框中。单击 Options 按钮，在打开的选项对话框中选择 Sum，返回主对话框，单击 OK。在 Output 窗口中输出如下表格：

Descriptive Statistics

	EX	Valid N (listwise)
N	31	31
Sum	4.000000	

根据此表可以看到，随机变量 X 的数学期望 EX=4.000000。使用类似的方法可以计算随机变量 X 的方差以及高阶矩。

关于 Descriptives 菜单命令的详细内容参见第 5 章的 5.2 节。

例 3.2.3 计算时间序列的速度指标值。

研究现象的发展速度是统计工作者的经常性工作。如果现象发展的时间较长、指标较多，可能形成一个庞大的数据文件，徒手计算现象的发展速度指标值计算量太大。使用 SPSS 变量计算功能极为容易。

假如表 3.4 给出的某地区 1978～1992 年粮食产量的时间序列资料，要求计算各年度粮食产量的环比发展速度和定基发展速度。

表 3.4　某地区 1978～1982 年粮食产量情况

年份	粮食产量（万吨）	年份	粮食产量（万吨）
1978	181.25	1986	215.92
1979	165.56	1987	218.44
1980	189.56	1988	223.56
1981	188.48	1989	230.67
1982	197.00	1990	238.42
1983	203.50	1991	245.66
1984	205.35	1992	258.78
1985	213.78		

运用 SPSS 的变量计算功能来计算，其步骤如下：

（1）定义变量、输入数据资料并建立数据文件。

依次定义变量 year、food 分别代表年份、粮食总产量。将表 3.4 的资料按变量输入，建立名为 foods.sav 的数据文件并指定路径存盘。

（2）计算各指标（变量）速度指标。

统计学中定义的现象发展速度有环比发展速度和定基发展速度，如以 $X_i\,(i=0,1,...,n)$，代表某指标在第 i 期的发展水平，即第 i 期的变量值，那么各期环比发展速度和定基发展速度的计算公式分别为：

第 i 期环比发展速度 $=\dfrac{X_{i+1}}{X_i}$，$\quad i=0,1,\cdots$；第 i 期定基发展速度 $=\dfrac{X_i}{X_0}$，$\quad i=1,2,\cdots$。

此外，第 i 期环比（定基）增长速度 = 第 i 期环比（定基）发展速度-1。

根据这些公式，在 SPSS 中可以按以下方法计算发展速度及增长速度。

执行 File→New→Syntax 命令，打开语法窗口，编写如图 3-6 中所示的 SPSS 程序。

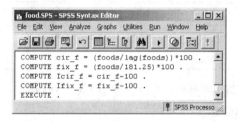

图 3-6　计算发展速度的程序

执行 Run→All 菜单命令，或者用鼠标将全部语句选中，单击菜单栏上的箭头按钮。各变量的计算结果如图 3-7 所示。

在计算粮食生产环比发展速度时，输入的表达式：

```
(food / LAG(food))* 100.
```

表达式中使用了滞后函数 LAG（arg）。这个函数的作用实际上是将各观测量的数据按时间延迟一个时段，从显示屏看相当于顺次向下移动一个单元格。因此，表达式(food / LAG(food))＊100 正好符合环比发展速度计算公式。表达式中乘 100 是因为统计学的要求，速度指标需用百分数来表示。

	year	foods	cir_f	fix_f	icir_f	ifix_f
1	1978	181.25	.	100.00	.	.00
2	1979	165.56	91.34	91.34	-8.66	-8.66
3	1980	189.56	114.50	104.58	14.50	4.58
4	1981	188.48	99.43	103.99	-.57	3.99
5	1982	197.00	104.52	108.69	4.52	8.69
6	1983	204.50	103.81	112.83	3.81	12.83
7	1984	205.35	100.42	113.30	.42	13.30
8	1985	214.78	104.59	118.50	4.59	18.50
9	1986	215.92	100.53	119.13	.53	19.13
10	1987	218.44	101.17	120.52	1.17	20.52
11	1988	224.56	102.80	123.90	2.80	23.90
12	1989	230.67	102.72	127.27	2.72	27.27
13	1990	238.42	103.36	131.54	3.36	31.54
14	1991	245.66	103.04	135.54	3.04	35.54
15	1992	258.78	105.34	142.78	5.34	42.78

图 3-7　速度指标计算结果

例 3.2.4　统计指数的计算。

统计指数是统计学里最重要的概念之一，它是反映复杂现象总体变化状况的综合指标。如社会商品零售物价指数，多种产品生产的产量指数等。指数计算的特点是计算工作量大，尤其当掌握多期的多种产品的价格和产量，需要计算依次各期的指数，形成指数序列时，更是如此。利用 SPSS 可以比较方便地计算统计指数。

设有某化工批发站两个年度销售的主要产品数量和价格的资料，如表 3.5 所示。要求计算产量指数和价格指数，以研究该厂两个年度产品销量和价格综合变动的情况。

表 3.5　某化工批发站基期与报告期产品销量及价格资料

产品名称	单位	基期产量	基期价格（万元）	报告期产量	报告期价格（万元）
硫酸	吨	3500.00	.6430	3850.00	.6400
硝酸	吨	300.80	.4000	400.00	.4115
盐酸	吨	1265.50	.3654	1500.00	.3500
纯碱	吨	1156.43	.1154	1208.00	.1170
烧碱	吨	300.00	.1085	450.00	.1200

统计学里定义的综合指数有拉斯贝尔（E.Laspeyres）指数和派许（H.Paasche）指数，它们各有两种形式。本例中仅计算拉斯贝尔产量指数和派许价格指数，计算公式为

$$\text{拉斯贝尔产量指数：} K_q = \frac{\sum q_1 p_0}{\sum q_0 p_0}，\quad \text{派许价格指数：} K_p = \frac{\sum q_1 p_1}{\sum q_1 p_0}$$

公式中 $q_0, q_1; p_0, p_1$ 分别为基期与报告期的产量和价格。计算步骤如下：

（1）定义变量、输入数据资料并建立数据文件。

定义变量 product、uni、$q0$、$q1$、$p0$ 和 $p1$ 分别代表产品名称、计量单位、基期和报告期产量、价格，根据表 3.5 的数据形式定义各变量类型、宽度、标签等。输入数据并建立数据文件，指定路径并以文件名"指数分析.sav"保存。如图 3-8 所示。

（2）计算新变量，打开 Syntax 窗口，并在窗口内编写程序：

```
compute q0p0 = q0*p0.
compute q1p0 = q1*p1.
compute q1p0 = q1*p0.
execute.
```

	product	uni	q0	p0	q1	p1
1	硫酸	吨	3500.0	.6430	3850.00	.6400
2	硝酸	吨	300.80	.4000	400.00	.4115
3	盐酸	吨	1265.5	.3654	1500.00	.3500
4	纯碱	吨	1156.4	.1154	1208.00	.1170
5	烧碱	吨	300.00	.1085	450.00	.1200
6	合计		.	.	.	.

图 3-8　指数分析.sav 文件

执行 Run→All 菜单命令，依次计算 $q0p0$、$q1p1$、$q1p0$，得到图 3-9 所示的计算结果。

（3）对列于工作文件上的这 3 列计算结果，执行转置。

执行 Data→Transpose 命令，对变量列 $q0p0$、$q1p1$、$q1p0$ 执行转置，转置结果取代原工作文件。

对这个文件执行 Transform→Compute 命令，展开 Compute 对话框，从函数列表栏里选择求和函数 Sum （numexpr, numexpr,...），将它移至表达式栏，并将表达式按如下格式输入：Sum（var001 to var011），计算变量 var001 到 var005 的和（SPSS 容许用 "to" 连接若干个属性相同的变量），并将和值赋给目标变量 var006。单击 OK 执行变量运算，结果得到变量 var006 的值依次为 2999.24、3348.94、3371.88。这 3 个值正是计算指数的公式中所需的 $\sum q0p0$，$\sum q1p1$ 和 $\sum q1p0$ 的值。如图 3-10 所示。

q0p0	q1p1	q1p0
2250.50	2464.00	2475.55
120.32	164.60	160.00
462.41	525.00	548.10
133.45	141.34	139.40
32.55	54.00	48.83

图 3-9　计算结果

	case_lbl	var001	var002	var003	var004	var005	var006
1	Q0P0	2250.5	120.32	462.41	133.45	32.55	2999.24
2	Q1P1	2464.0	164.60	525.00	141.34	54.00	3348.94
3	Q1P0	2475.6	160.00	548.10	139.40	48.83	3371.88

图 3-10　选中 3 列转置并计算和的结果

（4）再执行 Data→Transpose 命令，选中当前文件的所有变量列转置。打开 Syntax 窗口，并在窗口内编写程序：

```
compute kqp =(q1p1/q0p0)*100.
compute kq =(q1p0/q0p0)*100.
compute kp =(q1p1/q1p0)*100.
execute.
```

执行 Run→All 命令，得到最终结果，如图 3-11 所示。

	case_lbl	q0p0	q1p1	q1p0	kqp	kq	kp
1	VAR001	2250.50	2464.00	2475.55	109.49	110.00	99.53
2	VAR002	120.32	164.60	160.00	136.80	132.98	102.88
3	VAR003	462.41	525.00	548.10	113.53	118.53	95.79
4	VAR004	133.45	141.34	139.40	105.91	104.46	101.39
5	VAR005	32.55	54.00	48.83	165.90	150.00	110.60
6	VAR006	2999.24	3348.94	3371.88	111.66	112.42	99.32

图 3-11　指数计算的最终结果

易见，图 3-11 中被置亮的 3 个数值分别为销售额总指数 111.66%、销量指数 112.42%、价格指数 99.32%。说明销量报告期比基期提高了 12.42%，价格下降了 0.68%。

3.3　设定随机数种子

在观测量随机抽样中，两次执行同一个随机抽样命令，会得到不同的随机样本。两次调用同一个随机数生成函数将生成不同的两列随机数，而这些都依赖于赋给系统的伪随机数发生器的随机数种子，要得到两列相同的随机数，必须事先赋给伪随机数发生器相同的随机数种子。设定随机数种子的步骤如下：

执行 Transform→Random Number Seed（随机数种子）命令，打开 Random Number Seed 对话框，如图 3-12 所示。

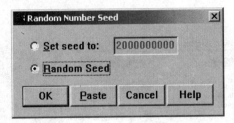

图 3-12　随机数种子对话框

对话框中有两个单选项：

● Set seed to：每次产生随机数之前，选择此选项，在矩形框中键入 1～2,000,000,000 之间的任意一个整数作为指定的随机数种子。要得到两列相同的随机数，必须指定同一个随机数种子。

● Random Seed：随机确定随机数种子，每次执行时由系统随机地产生一个随机数种子，这是系统默认的选项。

选项确定后，单击 OK。

例如，图 3-13 中，rnormal1 和 rnormal2 两列标准正态分布的不同随机数是在系统默认的选项 Random Seed 下，利用 Compute 框两次调用函数 RV.NORMAL(0, 1)计算输出的随机数。Rnormal3 和 rnormal4 两列标准正态分布的相同随机数，是事先在随机数种子对话框的 Set seed to 矩形框中指定随机数种子 888，再利用 Compute 框两次调用函数 RV.NORMAL(0, 1)计算输出的随机数。

	id	rnormal1	rnormal2	rnormal3	rnormal4
1	1	1.50	-.31	-.63	-.63
2	2	1.98	.56	-1.34	-1.34
3	3	-.70	2.22	.34	.34
4	4	.75	-.31	-1.49	-1.49
5	5	1.18	1.34	-1.43	-1.43
6	6	1.18	-.46	-.39	-.39
7	7	.73	-.87	1.29	1.29
8	8	-.49	1.23	1.90	1.90
9	9	-2.59	-.26	-.56	-.56
10	10	.35	1.06	-.99	-.99

图 3-13　两种设置下的正态随机数比较

3.4　特定变量值计数

统计工作中，常常需要计算一些变量在同一个观测量中满足要求的特定变量值出现的次数，称为特定变量值计数。

打开一个需要对变量列中满足某些条件的观测量计数的数据文件。SPSS 计数功能将产生一个新变量保存计数的结果。变量值计数步骤如下：

（1）执行 Transform→ Count（计数）命令。打开 Count Occurrences of Values within Cases （对观测量内的特定值出现次数计数）对话框，如图 3-14 所示。

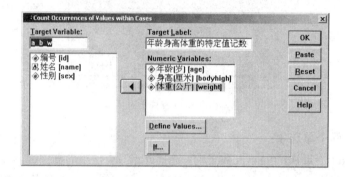

图 3-14   计数功能对话框

在对话框的 Target 框中输入目标变量名，用于保存计数结果。在 Target label 框中输入目标变量的标签。

（2）从源变量列表中选择准备计数的变量移至 Numeric 栏中。这里需要注意，凡移送入该栏的变量必须具有相同的类型，当移入变量为数值型变量时，该栏标题改为 " Numeric Variables"，移入变量为字符型变量时，标题改为 "String Variables"。

（3）如要按变量值来计数，鼠标选中 Variables 框中的变量，单击 Define Values（确定值）按钮；打开 Count Values within Cases：Values to Count 对话框，如图 3-15 所示。

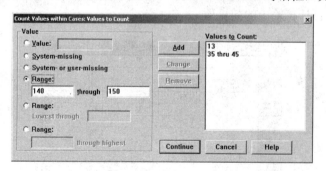

图 3-15   按指定值或范围计数对话框

对话框 Value 栏中有 6 个单选项，凡移送到 Variables 框中的每个变量，确定计数的变量值或变量取值范围，并按 Add 按钮移入 Value to Count（按指定值计数）框里。系统将按照设定凡与设定值或值范围相匹配的就计数一次，并给目标变量增加数值 1。

6 个单选项的意义分别为：

- Value：按变量的指定值计数。
- System-missing：按系统缺失值计数。
- System or user-missing：按系统或用户缺失值计数。

- Range：按变量的指定范围计数，在被激活的栏内输入从___到___的两个值，将对这两个值之间的数值计数。
- Range lowest：从变量的最小值到指定值计数，在被激活的栏内输入一个值，将从最小值到这个指定值范围之间的数值计数。
- Range_ through highest：从变量的指定值到最高值计数，在被激活的栏内输入一个值，将从这个值到最高值计数。

选择确定后，单击 Add 按钮移送到 Value to Count 框里，如需改变选择，可以单击按钮 Change 更改或单击按钮 Remove 移出。最后，单击 Continue 按钮返回主对话框。

（4）如要按指定的条件来计数单击 If...按钮，在随即打开的条件对话框中，设置计数条件。单击 Continue 返回主对话框。单击 OK 执行计数。

作为例子，我们对如图 3-16 所示的数据文件中的变量进行计数。按照图 3-14、图 3-15 中的设置，对 age（年龄）为 13 岁、weigth（体重）在 35 到 45 公斤、bodyhigh（身高）在 140～150 厘米的学生进行计数统计。计数结果如图 3-16 所示。

	id	name	sex	age	bodyhigh	weight	a_b_w
1	1	孙励耘	男	13	153.00	47.50	1.00
2	2	龚学科	男	14	152.60	37.80	1.00
3	3	孙丽丽	女	13	145.00	38.80	3.00
4	4	金国梁	男	15	160.30	42.00	1.00
5	5	原亦鹏	男	13	158.50	35.60	2.00
6	6	李 霞	女	14	150.00	41.80	2.00
7	7	贺苍琴	女	14	154.00	42.50	1.00
8	8	紫 兰	女	13	148.50	39.50	3.00
9	9	林娟娟	女	13	154.80	38.90	2.00
10	10	谷琳霞	女	14	155.40	40.50	1.00
11	11	张建军	男	14	158.90	45.80	.00
12	12	李玉虎	男	15	156.60	43.50	1.00
13	13	郑 斌	男	13	153.40	39.00	2.00
14	14	蓝思忠	男	13	166.20	36.80	2.00
15	15	葛爱萍	女	13	160.20	44.50	2.00

图 3-16　数据文件及计数结果

从计数结果可以看出，学号为 3、8 的两个学生同时满足所有条件。所以变量"a_b_w"的值均为 3。学号为 11 的学生，所有条件皆不符合，变量值为 0。其余变量值的意义读者可以自行分析。

3.5　变量重新赋值

在统计分析中，经常会遇到为变量重新赋值或重新编码的问题。例如统计分组中，将学生的成绩分为"59 分以下"、"60～70 分"…、"90 分以上"的不同分组，并按统计学规定以各组的组中值作为每组的代表值，这类工作可以使用 SPSS 的变量重新赋值的功能来完成。

打开需对变量重新赋值的数据文件。SPSS 的变量重新赋值功能可以将原有变量的旧值更换为新值，或者产生新的变量来记录为原变量赋予的新值。变量重新赋值的步骤如下：

（1）执行 Transform→Recode→Into Same Variables（重新赋值给同一个变量）命令；

另一个是 Into Different Variables（重新赋值给不同变量）命令。选择其中任意一个，打开 Recode 对话框，分别如图 3-17 和图 3-18 所示。

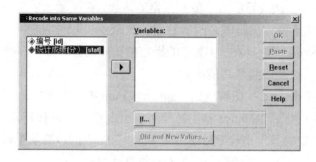

图 3-17 赋值给同一变量主对话框

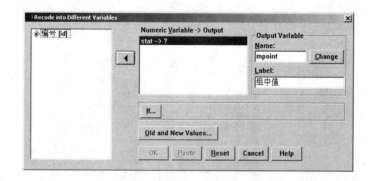

图 3-18 赋值给一个不同变量主对话框

  这两个选项的对话框设置方法基本相同。不同点就是 Into Same Variables 对话框中没有 Output Variable（输出变量）栏，从而不产生新变量，需要重新赋值的原变量的旧值将被指定的新值取代。我们仅以图 3-18 的 Into Different Variables 对话框说明，它将产生一个新的变量接纳为原变量重新赋予的新值。

  （2）对话框中间框的标题为"Input Variables->Output Variables"，选择源变量列表中的数值型（字符型）变量移入该框时，栏标题改为"Numeric Variables（String Variables）->Output Variables"。同时，Output Variable 栏被激活，在这里可以为输出变量确定新变量名和标签。

  从源变量清单中选择一个变量移至"Input Variables->Output Variables"框中，框内显示出"变量名->？"，在被激活的 Output Variable 栏中 Name 矩形框里输入新变量名，单击 Change 按钮，新变量名便取代"？"。在 Lebal 矩形框里输入标签（可缺省）。需要注意，移入"Input Variables->Output Variables"栏的变量如有多个，它们的变量类型必须相同。

  （3）单击 If...按钮，打开 If 对话框，确定赋值条件。

  （4）单击 Old and New Values（新旧变量）按钮打开如图 3-19 所示的新旧变量对话框。

  在 Old Value 栏中选中一选项，将原变量的有效值或原值的范围输入被激活的矩形框，在 New Value 栏中，可以对将要给新变量赋予的新值作出如下选择：

- 在 Value 框里键入新值，单击 Add 按钮添加到 Old->New 显示框中，框里显示出
"原值（原值的范围）->新值"。

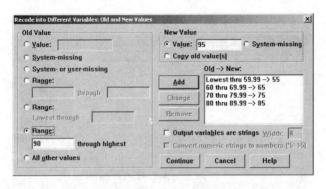

图 3-19　新旧变量值对话框

- System-missing：单击 Add 按钮移入 Old->New 栏，表明原变量的旧值被定义为新变量的系统缺失值。
- Copy old value(s)：表明在 Old Value 栏中指定的原变量旧值仍作为新变量的值予以保留，而那些没有指定的值将不再包括在新变量的值之中，作为系统缺失值。
- Output Variables are string variables：选择此项，无论原变量是数值型或字符型，新变量都赋值为字符型变量，并可在 Width 框中指定新变量的宽度。
- Converts numeric string to numbers（'5' → 5）：当主对话框选择要重新赋值的变量为字符型变量时，这个选项才会被激活，它可以将以数值作为字符串的字符型变量转换成为数值型变量。

	id	stat	midpoint
1	1	75	75.00
2	2	65	65.00
3	3	78	75.00
4	4	86	85.00
5	5	78	75.00
6	6	75	75.00
7	7	85	85.00
8	8	78	75.00
9	9	82	85.00
10	10	75	75.00

各选项确定后，单击 Continue 按钮返回主对话框，单击 OK 执行原变量的重新赋值。

作为例子，我们打开一个保存着某班级统计课成绩的数据文件，对变量 stat（统计成绩）进行重新赋值。分别按图 3-18 和图 3-19 所示的选择对主对话框和新旧变量值对话框进行设置，执行后得到如图 3-20 所示的结果。

图 3-20　变量重新赋值结果（局部）

3.6　连续变量离散化

统计工作中常常需要将取值连续的变量转化为离散的分类变量，以满足不同统计分析的需要，利用 3.5 节中介绍的重新赋值功能，可以实现这种转化。SPSS 提供的 Categorize Variables（变量分类）功能可以更快捷地将连续变量的数据转化成分类变量的离散数据，并产生一个包含分类数据的新变量，这种分类是按照百分比进行的。例如，要将一个连续型变量的取值分为 4 类，则变量范围内 1%～25% 的观测量归入第一类，将 25%～50% 的观测量归入第二类，依此类推，使每一类内包含大致相等数量的观测量。

连续变量离散化的步骤如下：

（1）执行 Transform→Categorize Variables...命令，打开如图 3-21 所示的 Categorize Variables 对话框。

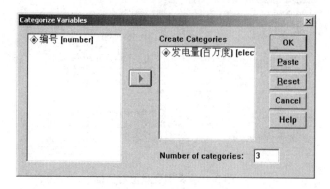

图 3-21　变量分类对话框

（2）从源变量列表框中选择一个或几个连续型数值变量移入 Create Categories（产生分类）框中，在 Number of categories 右边的小框内输入一个整数，作为分类数，系统默认的分类数是 4，然后单击 OK 即可。

变量分类后，系统将产生一个在原变量名前添加一个字母"n"的新变量记录分类结果。图 3-22 是对某省 10 个电厂年发电量（百万度）分为 3 类的结果，nelectri 为产生的新变量。

	number	electric	nelectri
1	1	6.16	2
2	2	2.76	2
3	3	1.74	1
4	4	8.25	3
5	5	3.84	2
6	6	9.40	3
7	7	10.59	3
8	8	5.60	2
9	9	1.84	1
10	10	.68	1

图 3-22　年发电量分类

3.7　观测量求秩

3.7.1　秩的概念

"秩"（Rank）是数理统计学中的一个重要概念，是非参数统计中常用的统计量。观测量的秩，其意义是将观测值 X_1, X_2,…, X_n，按从小到大的次序或者从大到小的次序排列后，第 i 个观测值 X_i 如果排在第 R_i 位上，就称 R_i 为 X_i 在观测值 X_1, X_2,…, X_n 中的秩。

直观上看，秩就是对观测量排序后指定的"名次"。例如观测量的值依次为：3.2，1.5，

0.3，−5.5，2.5，它们按从小到大的次序排序后为：−5.5，0.3，1.5，2.5，3.2，各观测的秩分别为：5，3，2，1，4。

3.7.2　观测量求秩步骤

打开需要对观测量求秩的数据文件，观测量求秩步骤如下：

（1）执行 Transform→Rank Cases（观测量求秩）命令，打开 Rank Cases 对话框，如图 3-23 所示。

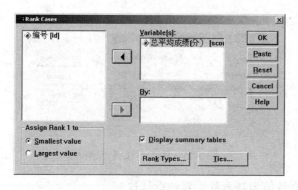

图 3-23　观测量求秩主对话框

（2）从源变量清单中选择一个或几个变量移至 Variable(s) 框，如图 3-23 选择 score 移到 Variable(s)栏，系统将对选中变量产生一个新的秩变量，它是在该变量的前面添加"r"而成。

（3）Assign Rank 1 to 选项栏用于指定求秩顺序，其中：

- Smallest Value：从最小值开始按升序对观测值排序。
- Largest Value：从最大值开始按降序对观测值排序。

（4）选择分组变量进入 By 变量栏。系统将按所选的 By 变量对观测量排序求秩。不设定 By 变量，将对所有观测量求秩。

（5）Ties（结）处秩的确定。当变量值中有相等的，按"秩"的概念，这些相等的观测量的秩便不能惟一确定。例如变量的观测值为(1.2，3.5，1.2)，排序后为(1.2，1.2，3.5)，它们的秩究竟应该是(1，3，2)还是(2，3，1)呢？数理统计学中，把这种现象称为"结"，1.2 处产生了一个"结"。理论上，结的存在会给统计带来许多麻烦，因此需要对出现"结"处的秩进行处理。

单击 Ties 按钮，打开 Rank Cases：Ties（"结"处秩处理）对话框，如图 3-24 所示。

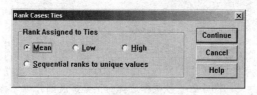

图 3-24　"结"处秩处理方式对话框

- Mean："结"处的秩确定为排序后结处各秩次序的均值，这是系统默认的"结"处的秩处理方式。
- Low：将"结"处的秩确定为排序后结处各秩次序的最小值。
- High：将"结"处的秩确定为排序后结处各秩次序的最大值。
- Sequential ranks to unique values：指各观测量的秩从 1 开始连续排列到不同的观测值的个数 D，且"结"处的秩次取第一个出现的秩次值。

（6）秩类型选择。单击 Rank Types...（秩类型）按钮，打开 Rank Case：Types 对话框，如图 3-25 所示。

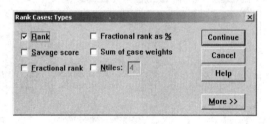

图 3-25　秩类型选择对话框

- Rank：秩变量值为基本秩，系统默认选项。
- Savage score：秩变量取值为根据指数分布得到的 Savage 得分。
- Fractional rank：小数秩，秩变量值为秩除以非缺失的观测值权重之和的商。
- Fractional rank as %：百分数秩，秩变量值为秩除以有效观测值数的商乘以 100 后的值。
- Sum of case weight：权重和，秩变量值为各观测值权重之和。对同一分组中的所有观测值，秩变量取值为一个常数。
- Ntiles：在矩形栏里填入一个大于 1 的整数，系统将按照输入的数值对观测值作百分位数分组，新变量值为百分位数分组的组序号。例如，按系统默认的数 4 作百分位数分组，一组大约包含了 25% 的观测值，各组中观测值的秩分别为所在组的组序号。

如果同时选择其中几个选项，系统将产生几个新变量，分别保存相应于各选项的不同类型的秩。

单击对话框中的"More>>"按钮，将图 3-25 的对话框向下扩展，扩展部分如图 3-26 所示。

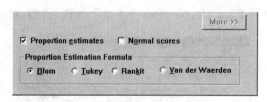

图 3-26　秩类型选择对话框扩展部分

其中包括：

● Proportion estimates：比例估计。

● Normal scores：正态得分。

Proportion Estimation Formula（比例估计公式）选项栏。选择比例估计选项，并配合选择栏内的一种比例估计公式可以产生基于这些选项的相应秩。

● Blom：公式为 $(r + 3 / 8) / (n + 1 / 4)$。

● Rankit：公式为 $(r + 1 / 2) / n$。

● Tukey：公式为公式 $(r + 1 / 3) / (n + 1 / 3)$。

● Van der Waerden：公式为 $r / (n + 1)$。

以上各公式中的 n 为观测值个数，r 为各观测量值从 1 到 n 排序后的秩。

（7）主对话框中，系统默认的 Display summary tables 选项，将在输出窗口里显示概括原变量和新变量的摘要信息表。

各选项确定之后，单击 OK。系统对指定变量、分组变量按所选选项计算秩，并产生新变量保存它们。对于图 3-24 中选定的变量 score，按 4 种不同方式处理"结"，产生的 4 个秩变量：rscore_m、rscore_l、rscore_h、rscore_s 的变量值如图 3-27 所示。这 4 个秩变量名是将系统给出的秩变量更改而成的，系统默认的秩变量类型为 F9.3。

	id	score	rscore_m	rscore_l	rscore_h	rscore_s
1	1	75	2.500	2.000	3.000	2.000
2	2	65	1.000	1.000	1.000	1.000
3	3	85	5.500	5.000	6.000	4.000
4	4	80	4.000	4.000	4.000	3.000
5	5	85	5.500	5.000	6.000	4.000
6	6	75	2.500	2.000	3.000	2.000

图 3-27　按不同方式处理"结"的秩变量

3.8　变量自动重新赋值

在 SPSS 的一些统计分析过程中不能使用字符型变量，对分类变量还需要连续整数。SPSS 的自动重新赋值功能可以把数值型和字符型变量值自动地转换成连续整数。

自动重新赋值功能可以将变量的定义了的值和值标签自动地赋值给新变量。对原变量的那些没有定义值标签的值，重新赋值给新变量时将作为其标签使用。自动重新赋值后，系统会输出一张罗列新旧变量的值和值标签的表格。

打开一个需要对变量重新赋值的数据文件。变量自动重新赋值功能的操作步骤如下：

（1）执行 Transform→Automatic Recode（自动重新赋值）命令，打开 Automatic Recode 对话框，如图 3-28 所示。

（2）从源变量列表里选择准备重新赋值的变量，移至 Variable->New Name 框，框内出现"选中变量名 -> ????????"，在 New Name 的矩形框里输入新变量名，单击 New Name 按钮，新变量名就将替代 Variable ->New Name 栏里的"????????"。

（3）对话框的 Recode Starting from（从__开始自动重新赋值）栏里有两个单选项：

● Lowest value：从最小值开始自动重新赋值，此选项为系统默认的选项。

- Highest value：从最大值开始自动重新赋值。

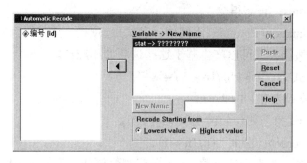

图 3-28　变量自动重新赋值对话框

各选项确定后，单击 OK 执行。新变量值将显示在当前数据窗口中，同时，在 SPSS 的输出窗口列出原变量值和赋予新变量的值及值标签的信息。

仍然针对图 3-20 所示的数据文件，给变量 stat 进行自动重新赋值，假定新变量命名为 newstat，选择默认的赋值起点，重新赋值的结果和输出窗口的信息分别如图 3-29 和图 3-30 所示。

	id	stat	newstat
1	1	75	10
2	2	65	4
3	3	78	12
4	4	86	18
5	5	78	12
6	6	75	10
7	7	85	17
8	8	78	12
9	9	82	14
10	10	75	10
11	11	56	2
12	12	85	17
13	13	78	12
14	14	72	9
15	15	70	8
16	16	72	9
17	17	78	12

STAT Old Value	NEWSTAT New Value	统计成绩(分) Value Label
52	1	52
56	2	56
62	3	62
65	4	65
66	5	66
68	6	68
69	7	69
70	8	70
72	9	72
75	10	75
76	11	76
78	12	78
80	13	80
82	14	82
83	15	83
84	16	84
85	17	85
86	18	86
87	19	87
88	20	88
90	21	90
93	22	93

图 3-29　自动赋值结果（局部）　　　　图 3-30　新变量值与值标签

最后需要指出：
- 对字符串变量重新赋值是按字母顺序进行的，且大写字母优先于小写字母。
- 新变量对原变量的缺失值的处理是：将非缺失值赋予连续整数后，缺失值按其从小到大的顺序接于其后。比如，假设原变量共计有 10 个不同的变量值，其中有效值有 8 个，两个缺失值，赋予新变量的值是依次为 1, …, 8, 9, 10 的 10 个值。其中 9，10 便是对应于原变量观测值里的一小一大的缺失值。

3.9　产生新时间序列

时间序列是指观测或记录到的一列按时间顺序排列的统计数据。实际数据的时间序列展示了研究对象在一段时期内发展变化的过程，对时间序列的分析与研究，寻找现象内在的发展变化特征、趋势和规律是统计工作的重要内容之一。

建立包含时间或日期的数据文件，需要定义日期变量，假如，时期范围很长，通过键盘输入日期或时间变量数值的工作量很大，SPSS 提供了方便快捷地定义日期型时间变量的功能。根据已有的时间序列数据文件，SPSS 还提供了产生新时间序列的功能。

3.9.1　定义日期型时间变量

时间序列从数学理论的角度是一个随时间或日期变化的变量，要生成时间序列有时必须首先定义成日期型时间变量。SPSS 提供了定义时间变量的功能，定义时间变量的操作步骤如下：

（1）打开一个数据文件，在这个文件中观测量数量和需要的定义的时间变量长度相等，执行 Data→Define Dates（定义日期）命令，打开 Define Dates 对话框，如图 3-31 所示。

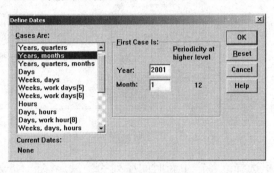

图 3-31　定义日期型时间变量对话框

（2）对话框的 Cases Are 框中列出用于产生日期型变量而确定时间周期的格式，右边 First Case Is 栏为指定起始时间栏。

从 Cases Are 栏内选择需要的时间格式。右边 First Case Is 栏里便显示出需要用户指定时间初始值的矩形框，删除框内系统默认值，输入初始值，它是将产生的时间变量的第一个变量值，其后各观测值按指定的时间周期顺次排列。例如，选择"Year，month"格式，则时间序列的周期为一个月，系统将产生 3 个新变量 year_、month_和 date_，各变量名的后面都有一个下划线，其中 year_和 month_为数值型变量，date_为字符型变量。选项确定后，单击 OK 执行。

作为示例，按图 3-31 的选择，执行定义时间功能得到如下结果，如图 3-32 所示。

	id	year_	month_	date_
1	1	2001	1	JAN 2001
2	2	2001	2	FEB 2001
3	3	2001	3	MAR 2001
4	4	2001	4	APR 2001
5	5	2001	5	MAY 2001
6	6	2001	6	JUN 2001
7	7	2001	7	JUL 2001
8	8	2001	8	AUG 2001
9	9	2001	9	SEP 2001
10	10	2001	10	OCT 2001
11	11	2001	11	NOV 2001
12	12	2001	12	DEC 2001

图 3-32　定义时间变量

3.9.2   产生新时间序列

打开一个已经建立好的记录有时间序列资料的数据文件。SPSS 提供的产生新的时间序列功能的操作方法及步骤如下：

（1）执行 Transform→Create Time Series（产生时间序列）命令，打开 Create Time Series 对话框。如图 3-33 所示。

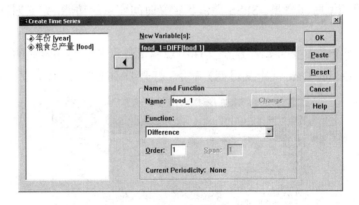

图 3-33   产生时间序列对话框

（2）从源变量框里选择准备产生新时间序列的变量，移至 New Variable(s)框中，这时新变量框里显示出形如"变量名_1=转换函数简名（变量名，n）"格式的表达式。其中"变量名"为选定变量名或者它的前 6 个字符，n 为 Order（阶数）或 Span（时段长）。

在 New and Function 栏中：

- Name 矩形框中显示系统默认的变量名，更名后需单击 Change 按钮确认。
- Function 下的矩形栏中显示系统默认的函数 Difference（变差）。Order（阶数）为 1。如果满意系统默认的设置，单击 OK 执行，系统将在数据窗口内显示出默认的新变量依照变差函数计算出来的各变量值，这一列变量值就是新产生的时间序列。

如果需要使用其他转换函数计算新变量的值，可单击 Function 框展开下拉菜单进行选择。Function 框的下拉菜单中包括如下时间序列转换函数：

①Difference（变差）函数，产生原变量值序列的相邻值之间的变差，指定 Order（阶数）框的数值（≥1 的整数），可以计算相应阶的变差。

设变量值序列为 $X_1, X_2, \cdots, X_n$。则变差的计算公式为：

一阶变差即序列的后项减前项之差：$\nabla_{1i} = X_{i+1} - X_i,\ \ i = 1, 2, \cdots, n$，

二阶变差：$\nabla_{2i} = \nabla_{1i+1} - \nabla_{1i},\ \ i = 1, 2, \cdots, n$，

其余类推。对新变量来说，每计算一阶变差要失去一个观测值，因此如果要计算二阶变差，则新变量的前两个观测值将缺失。

②Seasonal difference（季节变差）函数，适用于具有季节性变动的时间序列。在建立的数据文件中，运用本节介绍的定义日期型变量的功能，定义具有一定周期的日期变量（例

如，一年的 12 个月，或者一年的 4 季），并输入某项指标变量的各个观测值，产生反映指标变量随时间或季节变动的时间序列。季节变差函数将产生原时间序列相距一定周期值的观测量之间的变差。

③Centered moving average（中心移动平均）函数，将原变量值序列的观测值以指定的 Span（时段长）进行移动平均，产生移动平均时间序列。

移动平均公式为：$S_t = \dfrac{X_t + X_{t-1} + \cdots + X_{t-l+1}}{l}$，$t = l, l+1, \cdots$，其中 l 即为 Span，统计学里，一般指定它的数值为大于或等于 3 的奇数。

如指定 Span 值为奇数 n，选择居中移动平均后，产生的新序列首尾将各减少 $(n-1)/2$ 个数值；Span 值为偶数 n，选择中心移动平均后，需要将产生的平均值序列的每相邻的两个值再平均一次，产生的新序列首尾将各减少 $n/2$ 个数值。

④Prior moving average（向前移动平均）函数，将原变量值序列的观测值以指定的 Span 进行移动平均，各平均值顺着时间向前的方向列在新变量列里，产生新的时间序列。新变量列中观测值向前移动的时段长正好等于指定的 Span 值。

⑤Running median（移动中位数）函数，与居中移动平均相同。只不过是将原变量值序列的观测值以指定的 Span 确定其中位数，列在新变量列里，产生新的时间序列。

⑥Cumulative sum（累积和）函数，从原变量值序列的第一个值开始逐项累积求和，求和所得到的数值依次作为新变量值，产生新的时间序列。

⑦Lag（延迟）函数和 Lead（前移）函数，分别将原变量序列的各项观测值按指定的 Order（阶数）向前和向后平移。对于新变量，首尾将减少与 Order 值数量相等的观测值作为缺失值对待。

⑧Smoothing（平滑）函数是按照一种称之为 T4253H 的方法对原变量序列的各项数据进行平滑或修匀，产生新的时间序列。

当对选择的转换函数、Order 值或 Span 值的设置进行更换后，都需要单击 Change 按钮确认，新变量栏里的显示结果只有这样才能得到更换。

（3）各选项确定以后，单击 OK，系统将产生的新时间序列输出到数据窗口里。

作为例子，我们对实例3.2.3的时间序列资料，对变量food（粮食总产量）产生新的时间序列。打开数据文件"food.sav"，选择Transform下拉菜单中的Create Time Series选项，打开如图3-33所示的对话框。

选择变量 food 移入新变量栏，分别选择：变差函数、Order 值为1；中心移动平均函数、Span 值为5；累计和函数以及平滑函数，新变量名分别为 food_1、food_2、food_3、food_4，产生的 4 个新时间序列如图 3-34 所示。

本例中，变量转换表达式分别为：food_1=DIFF（food，1）、food_2=MA（food，5）、food_3 =CSUM（food）、food_4=T4253H（food）。

现将变量转换函数及其转换函数简名列于表 3.6 中。

	year	food	food_1	food_2	food_3	food_4
1	1978	181.25		.	181.25	180.97
2	1979	165.56	-15.69	.	346.81	182.39
3	1980	189.56	24.00	184.37	536.37	186.29
4	1981	188.48	-1.08	189.02	724.85	191.33
5	1982	197.00	8.52	196.98	921.85	196.87
6	1983	204.50	7.50	202.02	1126.35	202.46
7	1984	205.35	.85	207.51	1331.70	207.55
8	1985	214.78	9.43	211.80	1546.48	212.14
9	1986	215.92	1.14	215.81	1762.40	215.83
10	1987	218.44	2.52	220.87	1980.84	219.44
11	1988	224.56	6.12	225.60	2205.40	224.43
12	1989	230.67	6.11	231.55	2436.07	230.80
13	1990	238.42	7.75	239.62	2674.49	238.25
14	1991	245.66	7.24	.	2920.15	247.39
15	1992	258.78	13.12	.	3178.93	258.36

图 3-34   由变量 food 产生 4 个时间序列

如果熟悉这些函数，可以打开语法窗口，编写如下计算程序，输出所有新时间序列。

表 3.6   变量转换的函数简名一览表

转换函数	函数简名	转换函数	函数简名
Difference	DIFF	Cumulative sum	CSUM
Seasonal difference	SDIFF	Lag	LAG
Centered moving average	MA	Lead	LEAD
Prior moving average	PMA	Smoothing	T4253H
Running median	RMED		

3.10   缺失值的替代处理

观测值缺失往往会给统计分析带来一些麻烦，尤其在时间序列分析中更是如此。时间序列里如果存在缺失的观测值，可能导致一些变量计算不能进行。如 3.2 节里计算环比和定基发展速度的时候，假若时间序列里有缺失值（系统将数据文件数值型变量的缺失值以 0 对待），计算中会出现 0 做除数的情况导致运算不能进行。因此有必要对时间序列里的缺失值做出替代处理，以保证统计计算和分析得以顺利进行。

打开一个有缺失值的数据文件，SPSS 的缺失值替代功能对含有缺失值的变量，使用系统提供的替代方法产生一个新的时间序列。这项功能的操作步骤如下：

（1）执行 Transform→Replace Missing Values（缺失值替代）命令，打开 Replace Missing Values 对话框，如图 3-35 所示。

（2）从源变量框中选择含有缺失值并且需要替代缺失值的变量，移至 New Variable(s) 框中，新变量框里显示形如 "变量名_1=替代的估计方法简名(变量名, n)" 格式的变量转换表达式。其中 "变量名" 为所选变量的名称或者它的前 6 个字符，n 为 Span of nearby points（相邻点跨度数）（注：对有些方法没有这个 n）。

在 New and Method 栏中：

●   Name 矩形框中显示系统默认的变量名，更名后需单击 Change 按钮确认。

● Method（估计方法）矩形框中显示系统默认的 Series mean（序列平均）法。

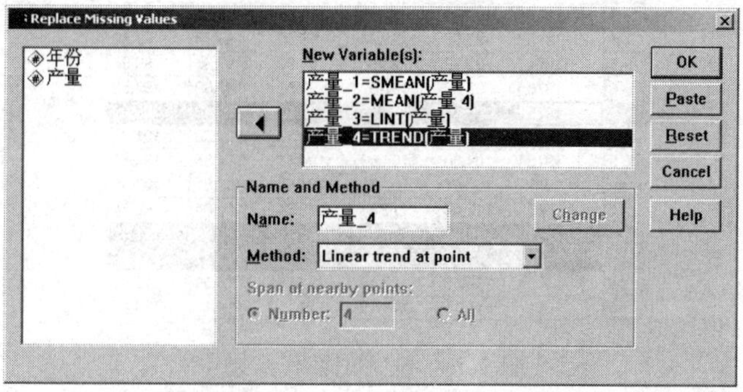

图 3-35　缺失值替代对话框

如果满意系统默认的设置，单击 OK 执行。系统将依照默认的估计方法计算出估计值，用它替代序列中的缺失值，并将替代后的时间序列作为新变量的观测值显示于数据窗口内。

如果要使用其他估计方法计算缺失值的估计值，可单击 Method 的矩形框展开下拉菜单进行选择。Method 的下拉菜单中包括如下估计方法：

①Series mean：用整个序列有效数值的平均值作为缺失值的估计值。

②Mean of nearby points：选此方法，Method 栏中的 Span of nearby points 栏的两个单选项 Number（缺失值邻近点的点数）和 All（全部观测值）被激活。如选择前者，输入 Number 数值指定缺失值上下邻近点的点数，则将这些点数的有效数值的均值作为缺失值估计值，如邻近点的点数达不到指定的数值，则缺失值仍然保留。选择后者，则用全部有效观测值的均值作为缺失值的估计值，效果与选用 Series mean 法相同。

③Median of nearby points：选择此法与②一样将用缺失值上下邻近点指定 Span（间隔）范围内的有效数值或全部有效数值的中位数作为缺失值的估计值。

④Linear interpolation：对缺失值之前最后一个和其后第一个有效值使用线性插值法计算估计值。如果序列的第一个或最后一个观测值缺失，则不能用这种方法替代这些缺失值。

⑤Linear trend at point：选择此法，对原序列以序号为自变量，以选择变量为因变量求出线性回归方程，再用回归方程计算各缺失值处的趋势预测值，并用预测值作为替代相应的缺失值。

当选择的替代方法、Number 值等项设置进行更换后，都需要单击 Change 按钮确认。

新变量名、替代缺失值的估计方法确定以后，单击 OK 提交系统执行。

作为例子，对图 3-36 中调用的数据文件，假定变量"产量"1976 年、1981 年和 1982 年的观测值缺失。选择图 3-35 所示的的各种替代方法得到相应的替代结果。

需注意，在"产量_2"的输出结果中，12、13 号变量值仍然缺失，这是因为所选择的替代方法为"MEAN（产量 4）"，即需要用缺失值上下邻近的 4 个值的均值来替代，可是它们的下面仅有两个有效值。

缺失值替代估计方法及方法简名列于表 3.7 中，表中 Var 表示选中的变量。

	年份	产量	产量_1	产量_2	产量_3	产量_4
1	1970	70.54	70.54	70.54	70.54	70.54
2	1971	77.75	77.75	77.75	77.75	77.75
3	1972	87.86	87.86	87.86	87.86	87.86
4	1973	93.58	93.58	93.58	93.58	93.58
5	1974	93.98	93.98	93.98	93.98	93.98
6	1975	97.62	97.62	97.62	97.62	97.62
7	1976	.	97.95	99.92	99.46	96.99
8	1977	101.30	101.30	101.30	101.30	101.30
9	1978	104.88	104.88	104.88	104.88	104.88
10	1979	107.51	107.51	107.51	107.51	107.51
11	1980	112.64	112.64	112.64	112.64	112.64
12	1981	.	97.95	.	112.96	111.41
13	1982	.	97.95	.	113.27	114.29
14	1983	113.59	113.59	113.59	113.59	113.59
15	1984	114.15	114.15	114.15	114.15	114.15

图 3-36　缺失值替代结果

表 3.7　缺失值替代估计方法表

缺失值替代估计方法	方法简名
Series mean	SMEAN(Var)
Mean of nearby points	MEAN (Var, Number (All))
Median of nearby points	MEDIAN(Var, Number(All))
Linear interpolation	LINT(Var)
Linear trend at point	TREND(Var)

习　题

3.1　修改下列命令语句的语法错误：
```
total = part1 + part2 + part3 .
Compute salary1 = base * 1.25 + award - tax .
   / salary2 = base + award - tax .
  if (math >= 90) Compute grade = 1.
```

3.2　在 Compute 对话框中，假定定义目标变量是一个字符型变量，表达式框中输入字符串表达式，单击 Paste 按钮，在 Syntax 窗口中，观察对应的 Compute 命令语句和 IF 命令语句的格式。

3.3　设数据文件中定义了一个变量 x，变量值为 0，1，…，90，试应用 SPSS 的 Compute 功能输出一个 0° ～ 90° 角的正弦、余弦、正切和余切的函数值表。

3.4　试给出用 SPSS 输出自变量 x 值为 0.1，0.2，…，10 的指数函数 e^x 和 $\log_3(x)$ 值表的操作过程。

3.5　假定下列表达式中的自变量皆为 SPSS 数据文件中已定义的变量，试将它们写成 SPSS 表达式：

（1）$|\, 2x + \cos y \sin z\,|$；（2）$\dfrac{3x}{1 + \dfrac{2y}{1 + e^{-x}}}$；（3）$\dfrac{-b \pm \sqrt{b^2 - 4ac}}{2a}$，$(a \neq 0, b^2 - 4ac \geq 0)$

3.6　设离散型随机变量 X 服从参数 $n = 10$，$p = 0.85$ 的二项分布，试利用 SPSS 的二项累积分布函数 CDF.BINOM(q, n, p) 计算 X 的概率分布。并计算随机变量 X 的数学期望和方差。

3.7　设 100 件产品中有 10 件次品，从中随机地抽出 15 件，求其中的次品数 X 的分布律。并计算随机变量 X 的数学期望和方差。

（提示：使用 SPSS 的超几何分布函数 CDF.HYPER(X, total, sample, hits)，其中 total 为产品总数，sample 为抽取的样本数，hits 为全部产品中的次品数，X 的取值为 0, 1, 2,…, 10）。

3.8　利用 SPSS 的 Compute 功能或编写程序，对 α = 0.1, 0.05, 0.025, 0.01, 0.005：

（1）调用标准正态分布的逆分布函数 PROBIT（prob），输出一张的标准正态分布的上侧 α 分位点表，即 $P\{X > z_\alpha\} = \alpha$。

（2）调用 T 分布的逆分布函数 IDF.T(p, df)，输出一张自由度从 1～45 的 T 分布的上侧 α 分位点表，即 $P\{t(n) > t_\alpha(n)\} = \alpha$。

类似地调用 χ^2 分布和 F 分布的逆分布函数，输出卡方分布和 F 分布的上侧 α 分位点表。

3.9　如下图（局部）所示的文件中记录了某公司职工 workage（工龄）、wage（月基本工资）、dutyday（出勤天数）、w_e_fee（应扣水电费）等项数据的资料，公司财务规定，工资按照下列原则发放：

	id	name	sex	branch	workage	wage	dutyday	w_e_fee
1	1	陆　玲	女	办公室	25	585.00	22	30.60
2	2	张玉林	男	计划处	28	697.45	19	47.40
3	3	孙兰平	男	财务处	12	429.65	19	34.00
4	4	郭东立	男	总务处	22	526.50	21	35.09

（1）出满勤 22 天或以上者，按照"日基本工资×出勤天数 ＋ 工龄×1.8－应扣水电费"计算；

（2）出勤 15 天或以上，20 天以下者，按照"日基本工资×出勤天数 ＋ 工龄×1.2－应扣水电费"计算；

（3）出勤 15 天以下者，按照"日基本工资×出勤天数 ＋ 工龄－应扣水电费"计算。

其中"日基本工资=月基本工资/22.5"，试编写一个计算输出职工当月实发工资的 SPSS 语法程序。

3.10　某厂产品和成本资料如下表：

产品	计量单位	产　量		单位成本（元 /.)	
		基　期	报告期	基　期	报告期
A	件	1005	1100	10.00	9.50
B	只	400	500	9.50	10.50
C	米	800	750	8.20	7.80
D	公斤	2500	2650	4.20	4.00
E	吨	85	80	585.00	560.00

试计算该厂产品的产量指数、单位成本指数以及总成本指数。

3.11　设有某地区 1978 年～1990 年粮食总产量（万吨）、蔬菜总产量（万吨）、年末总人口数（万人）、国民生产总值（亿元）等经济指标的历史资料，如下表所示。

定义变量 year、food、veg、popul、GDP 代表各项指标，建立数据文件，并使用 SPSS 的 Compute 命令计算：

（1）人均粮食产量、人均蔬菜产量、人均国民生产总值；

（2）表列各项指标的环比发展速度、定基发展速度；

（3）表列各项指标的环比增长量、定基增长量。或者调用 SPSS 的 Create Time Series（产生时间序列）命令，选用一阶变差计算环比增长量、定基增长量。

年份	粮食总产量	蔬菜总产量	年末总人口	国民生产总值
1978	81.55	307.45	130.00	35.55
1979	85.58	350.56	145.00	39.00
1980	89.88	388.45	150.00	39.36
1981	98.46	393.88	156.00	43.33
1982	97.06	423.02	157.00	49.90
1983	103.50	429.00	168.00	53.10
1984	105.35	433.55	172.00	56.00
1985	112.22	440.00	178.00	59.65
1986	118.98	455.79	183.00	66.00
1987	118.46	460.58	190.00	72.50
1988	125.56	455.33	195.00	76.00
1989	125.85	465.60	198.00	77.50
1990	131.25	465.25	203.00	83.65

3.12　假设有一个记录某厂全体职工年龄（age）、工资（wage）的数据文件，现需要将年龄和工资分别按下列规定划分：

age	老年 age>50	中年 35<age≤50	青年 age≤35

wage	高 wage>800	较高 600<wage≤800	中等 400<wage≤600	较低 200<wage≤400	低 wage≤200

（1）试用 SPSS 的重新赋值功能为这两个变量分别赋予适当的变量值，使它们成为分类变量。

（2）假定这个数据文件为去年编辑的，今年职工的年龄均增加了一岁，工资也都按照规定有所变化，要更改年龄和工资应使用 SPSS 的哪个功能来实现？

第4章 统计分析报告

前两章中我们介绍了数据文件的建立、编辑和整理，经整理后的数据文件可用于统计分析。SPSS 11.0 for Windows 提供了丰富多样的统计分析过程，统计分析结果需要用统计表格形式表现出来。本章介绍 SPSS 输出统计分析报告的功能。

4.1 分层报告过程

SPSS 的 OLAP Cubes（在线分析过程）可以对一个或几个分类变量的每个分组形成分层的表格，报告分析变量在各组中的相关统计信息，所以也称为分层报告过程，这种分层报告的表格具有信息量大、形式简洁、便于查看的特点。

4.1.1 分层报告过程

分层报告过程的操作步骤如下：

（1）打开数据文件，执行 Analyze→Reports→OLAP Cubes 命令，打开 OLAP Cubes 对话框，如图 4-1 所示。

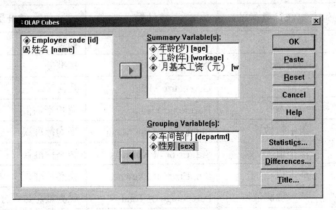

图 4-1　OLAP Cubes 过程主对话框

①从源变量清单中选择一个或多个需要分析的变量移至 Summary Variable(s) 概述变量框。

②选择一个或者多个分组变量移送到 Grouping Variable(s) 分组变量栏。

概述变量必须是数值型变量（最好是 Scale 测度水平定义的连续型变量），分组变量应选用分类变量，无论它是数值型的或是短字符型变量均可。

（2）单击 Statistics 按钮，打开 OLAP Cubes: Statistics（统计量）对话框，如图 4-2 所示。

对话框左边的统计量清单框中，列出供选择使用的各种统计量。右边 Cells Statistics 框，接纳用户选择的统计量，凡选入此栏的统计量在输出的分层报告表的单元格里显示它们的数值。图 4-2 中显示的是系统默认的统计量，用户可以从统计量清单中选择其他的统计量移送到 Cells 框中。统计量选定后，单击 Continue 按钮返回主对话框。

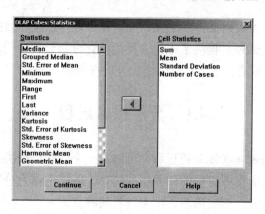

图 4-2　统计量选择对话框

统计量清单中列出 20 多个统计量，大部分统计量意义简单明确，计算公式可以从普通概率统计或统计学教科书中查到，列于表 4.1 中。

表 4.1　统计量表

统计量	统计量意义	统计量	统计量意义
Sum	和	Skewness	偏态
Number of cases	观测量数	Standard Deviation	标准差
Mean	均值	Geometric Mean	几何平均值
Median	中位数	Harmonic Mean	调和平均值
Grouped median	组中位数	Std. Error of the Mean	平均标准误
Minimum	最小值	Std. Error of Kurtosis	峰态标准误
Maximum	最大值	Std. Error of Skewness	偏态标准误
First	第一观测值	Percentage of Total N	观测量总数百分比
Last	最末观测值	Percentage of Total Sum	观测量值总和百分比
Range	极差	Percentage of N in	组变量观测量总数占百分比
Variance	方差	Percentage of Sum in	组变量观测量值占总和占百分比
Kurtosis	峰态		

（3）单击 Differences（差）按钮，打开如图 4-3 所示的 OLAP Cubes: Differences 对话框。

此对话框用于设置计算主对话框中选择的概述变量之间、分组变量的各个分组之间的百分数差和算术差。

①Differences for Summary Statistics（差值的概述统计）栏。

- ● None：系统默认选项，不计算差值。
- ● Differences between Variables：计算变量对之间的差值，选此选项之前，必须在主对话框中选择至少两个概述变量。
- ● Differences between groups：计算由分组变量定义的组对之间的差值，选此选项之前，必须在主对话框中选择一个或者多个分组变量。

②Type of Differences（差值类型）栏。

- ● Percentage difference：计算百分数差，即输出一配对变量中的第一个变量值减去第二个变量值的差值与第二个变量值的百分比。
- ● Arithmetic difference：计算算术差，即输出一配对变量中的第一个变量值减去第二个变量值的绝对差。

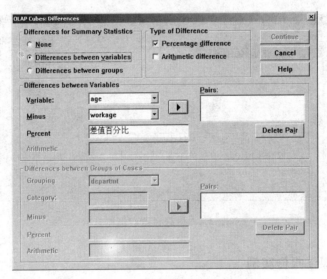

图 4-3　计算差值对话框

③Differences between Variables 子栏。

当在差值的概述统计栏中选择选项 Differences between Variables 时，此栏才可被激活。

从 Variable（变量）框和 Minus（减）框边的下拉式列表中分别选一个变量配对，在 Percent 框和 Arithmetic 框中键入配对计算的差值在输出表中的标签（可以缺省），单击箭头按钮移入 Pairs（配对）框。单击 Delete Pair 按钮可以将配对变量移出该框。

以第 2 章 2.2.3 节中引用的数据文件"机械厂.sav"为例，按图 4-1 的选择概述变量和分组变量，按图 4-3 选择 age（年龄）和 workage（工龄）配对，在 Percent 框中键入"差值百分比"字样，单击箭头按钮移入配对框，框内显示"age-workage （差值百分比）"字样。这里差值百分比为：(年龄(岁)-工龄(年))/工龄(年)*100%。

当在差值类型栏中同时选择 Arithmetic difference 选项，栏内 Arithmetic 框被激活，在该框内也可输入输出表中的标签。

④Differences between Groups of Cases 子栏。

当在差值的概述统计栏中选择选项 Differences between goups 时，此栏才可被激活。

在 Grouping 框内选择一个分组变量，在 Category 框和 Minus 框内分别输入分组变量的两个不同变量值。栏内其余选项与前相同。

例如，选择 departmt（部门）为分组变量，在 Category 框内输入 0，在 Minus 框内输入 1，则在输出的层报告表中添加该厂行政管理机关与机加工车间各概述统计量差值百分数。

选项选定后，单击 Continue 按钮返回主对话框。

（4）单击 Title（标题）按钮，打开 OLAP Cubes: Title 对话框，如图 4-4 所示。

在此对话框的 Title 框中为要输出的分层报告拟定标题。在 Caption（副标题或脚注文本）框里输入相关文本，对报告的内容作进一步的说明，也可在此栏里输入诸如制表时间、制表人姓名、单位名称等附带说明。这些文本将显示在分层表的下面。

返回主对话框后，单击 OK 提交系统执行。

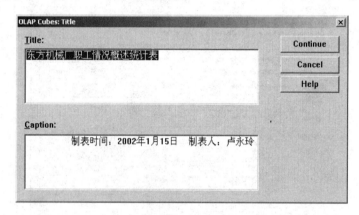

图 4-4　标题设置对话框

4.1.2　分层概述报告实例

以 2.2.3 节（图 2-12）的数据文件"机械厂.sav"为例说明分层概述报告功能。

打开数据文件，分别按照图 4-1～图 4-4 中所示进行对话框设置，单击 OK 执行，输出结果包括如下两部分：

（1）观测量概述表，如表 4.2 所示。表中列出参与概述分析的有效观测量数、被排除在外的观测量数以及全部观测量数和它们所占的百分比。

表 4.2　观测量概述表

	Included		Excluded		Total	
	N	Percent	N	Percent	N	Percent
年龄(岁)*车间部门*性别	429	100.0%	0	.0%	429	100.0%
工龄(年)*车间部门*性别	429	100.0%	0	.0%	429	100.0%
月基本工资(元)*车间部门*性别	429	100.0%	0	.0%	429	100.0%

（2）分层概述分析报告表，双击表格，显示出如表 4.3 所示的分层概述表。

表 4.3　东方机械厂职工情况概述统计表

车间部门	Total ▼
性别	Total ▼

	Sum	Mean	Std. Deviation	N
年龄(岁)	15754	36.72	8.810	429
工龄(年)	6504	15.16	10.147	429
月基本工资（元）	148676.95	346.5663	80.57275	429
差值百分比	142.2%	142.2%	-13.2%	.0%

制表时间：2002年1月15日　制表人：卢永玲

　　分层报告表分上下两部分构成，上面为选定分组变量，下面列出对概述分析变量计算的统计量值。上方小表隐藏着各分组变量的值或值标签。表 4.3 中显示的是根据概述分析变量的全部观测值计算的统计值，如全厂职工年龄总和 15754，平均年龄 36.72 岁，标准差 8.81，职工总人数 429 人等，不妨称这张表为分层报告总表。

　　需要查看分组变量的各分组的统计量信息时，单击上面箭头按钮，展开一个下拉式列表，单击其中分组变量值或值标签，此时，下面表中就显示出该分组的统计量值。例如表 4.4 所示，当选中变量 Departmt（车间部门）的"行政管理机关"和变量 Sex（性别）的"女"时，下面表中就显示出该车间女性职工的年龄、工龄和月基本工资的各统计量值。

　　需要观看其他分组的统计量结果，重复上述操作即可。

表 4.4　东方机械厂部门职工情况概述统计表

车间部门	行政管理机关 ▼
性别	女 ▼

	Sum	Mean	Std. Deviation	N
年龄(岁)	398	30.62	8.617	13
工龄(年)	115	8.85	8.552	13
月基本工资（元）	3848.00	296.0000	79.94634	13
差值百分比	246.1%	246.1%	.8%	.0%

制表时间：2002年1月15日　制表人：卢永玲

4.2　观测量概述

　　SPSS 的观测量概述过程允许用户对文件中的全部观测量或部分观测量进行概述。

4.2.1　观测量概述过程

　　打开数据文件，观测量概述过程的操作步骤如下：

　　（1）打开数据文件，执行 Analyze→Reports→Cases Summarize 命令，打开 Summarize Cases 对话框，如图 4-5 所示。

　　从源变量清单中选择一个或几个概述变量移至 Variable(s)框，选择分组变量移至 Grouping Variable(s)框中。对话框左下方有 4 个选项：

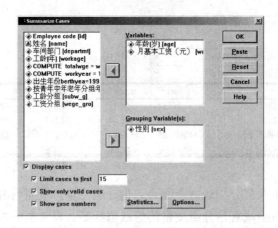

图 4-5　观测量概括过程对话框

- 选择 Display cases，下面 3 个并列选项方可被激活，且在输出表中显示参与概述的观测量序号；不选择该项，输出表中则仅显示文件中全部观测量按各分组变量计算的统计量值。
- Limit case to：限制参与概述的观测量数，在其后的矩形框里输入数字（系统默认的示数字为 100，假若不改动它系统就只选择前 100 个观测值进行统计概述）。
- Show only valid case：仅显示有效观测值，即将缺失值排除在外。
- Show case numbers：将被选中的观测量在文件中的序号也显示在概述表中。

（2）单击 Statistics 按钮，打开 Statistics 对话框，这个对话框与图 4-2 完全相同，只是 Cell Statistics 框中，系统默认的统计量仅有 Numbers of Cases（观测值数值）。

（3）单击 Options 按钮，打开 Options（选项）对话框，如图 4-6 所示。

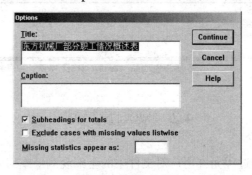

图 4-6　选项对话框

此对话框的 Title 框和 Caption 框的意义与分层概述报告完全相同。下面有 3 个选项：

- Subheadings for totals：输出的概述表中显示各分组的总和。
- Excludes cases with missing value listwise：将概述变量的缺失值全部予以排除。
- Missing statistics appear：在矩形框中键入字符、文字或者短语标记缺失值。需要注意，如果选择此选项，那么在主对话框不能选择 Show only valid case 选项。

各选项确定以后，返回主对话框，单击 OK 按钮提交系统执行。

4.2.2　观测量概述实例

仍以数据文件"机械厂.sav"为例，说明观测量概述过程的操作步骤。

（1）在概述过程主对话框里，选择概述变量 wage 和分组变量 sex。为了使得输出的表格不至于太大，选择文件的前 15 个观测量进行概述，并将其余选项全部选中。

（2）在 Statistics 对话框里，选择 Sum、Mean、Std. Deviation 三个统计量移入 Cell 框中。

（3）在 Option 对话框的 Title 框里输入标题"东方机械厂部分职工工资按性别概述表"。

（4）单击 OK 提交系统运行，输出窗口里显示出如下结果：

①限定的观测量表，与表 4.2 形式相同。

②按分组变量显示的观测量概述表，如表 4.5 所示。

分组概述表里分别按分组变量 Sex（性别）的两个取值依次列出 15 个观测量中职工年龄和月基本工资的概述结果。从表 4.5 中看到前 15 人中，有 4 名女性职工，表的右面 3 列分别列出她们的序号、年龄以及工资。表中 Total 之后，列出这四名女职工年龄和月基本工资的平均值、总和及标准差。

表的最后 3 行列出 15 名职工的年龄和月基本工资的平均值、总和及标准差。在输出的概述表中，凡是总计的数据皆用粗体字显示。

表 4.5　按分组变量显示的观测量概述表

东方机械厂部分职工情况概述表 [a]

				Case Number	年龄（岁）	月基本工资（元）
性别	女	1		6	24	253.00
		2		7	28	259.00
		3		8	30	263.00
		4		14	26	243.00
		Total	**N**		4	4
			Mean		27.00	254.5000
			Std. Deviation		2.582	8.69866
	男	1		1	49	450.00
		2		2	52	536.50
		3		3	34	330.50
		4		4	45	405.00
		5		5	36	336.00
		6		9	55	485.50
		7		10	35	287.50
		8		11	45	345.00
		9		12	28	281.00
		1 0		13	43	405.00
		1 1		15	24	237.00
		Total	**N**		11	11
			Mean		40.55	372.6364
			Std. Deviation		9.913	92.51678
Total		**N**			15	15
		Mean			36.93	341.1333
		Std. Deviation			10.491	95.15354

a   Limited to first 15 cases。

4.3   观测量按行概述报告

SPSS 的按列概述报告功能与行概述报告功能意义基本相同，区别仅在于输出的概述统计量值按行和按列排列的形式不同。

4.3.1   行概述报告过程

观测量行概述报告过程的操作步骤如下：

（1）打开数据文件，执行 Analyze→Reports→Report Summaries in Rows（观测量按行概述报告）命令，打开 Report Summaries in Rows 对话框，如图 4-7 所示。

（2）从源变量清单中选择要报告的变量移送到 Data Column（数据列）框中。

在 Data Column 栏中一次选择一个变量，单击 Format（格式）按钮，打开 Data Column Format for（变量的数据列格式）对话框，如图 4-8 所示。

①在 Column Title 栏内输入输出变量的列标题。在框下的矩形框中选择标题对齐方式，其中有 Left（左对齐）、Center（居中）和 Right（右对齐）。在 Column Width 的矩形栏中输入一个数值指定列宽。

②Value Possition within Column 栏中的选项，用于指定列内变量的位置。

● 在 Offset from right / Offset from left 矩形框内输入数值，作为变量或值标签的缩进量。

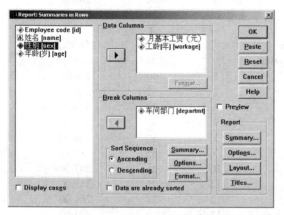
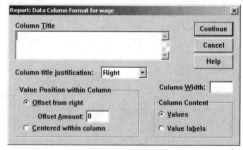

图 4-7   行概述报告主对话框   图 4-8   输出变量格式对话框

如果选中变量为数值型，该项显示为 Offset from right，则从右开始缩进。选中变量为字符型，则显示为 Offset from left，则从左开始缩进。

● 选择 Centered within column，变量值或值标签位于列中央。

③设置 Column Content 栏中选项。

- Values：输出中显示变量值，这是系统默认选项。
- Values labels：输出中显示变量的值标签。

（3）从源变量清单中选择分组变量移至 Break Columns（分组变量列）框。

在 Break Column 框中选中一个的变量，下面的 3 个按钮 Summary、Options、Format 同时被激活。

①单击 Summary 按钮，打开 Summary Lines for（对分组变量按行概述）对话框，如图 4-9 所示。在其中选择分组后每组变量的概述统计量，各选项意义为：

- Sum of values：组中变量值之和。
- Mean of values：组中变量值的均值。
- Minimum values：组中的最小变量值。
- Maximum values：组中的最大变量值。
- Number of cases：组中观测量数。
- Standard deviation：标准差。
- Kurtosis：峰度。

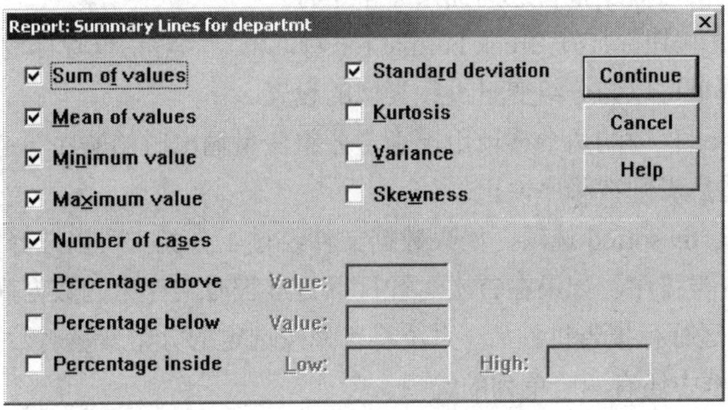

图 4-9　各分组概述统计量选择对话框

- Variance：方差。
- Skewness：偏度。
- Percentage above：在 Value 框设定一个变量取值范围内的数值，组中大于该数的观测量占总数的百分比。
- Percentage below：在 Value 框设定一个变量取值范围内的数值，组中小于该数的观测量占总数的百分比。
- Percentage inside：在 Low 和 High 框分别设定变量取值范围内的数值，组中介于两数之间的观测量占总数的百分比。

②单击 Options 按钮，打开 Break Options for departmt（分组变量选项）对话框，如图 4-10 所示。

设置 Page Control 栏选项，指定页面控制。

- 在 Skip lines before break 后的矩形框内输入 0～20 之间的一个数值 k，则输出时各分组之间插入 k 个空行。

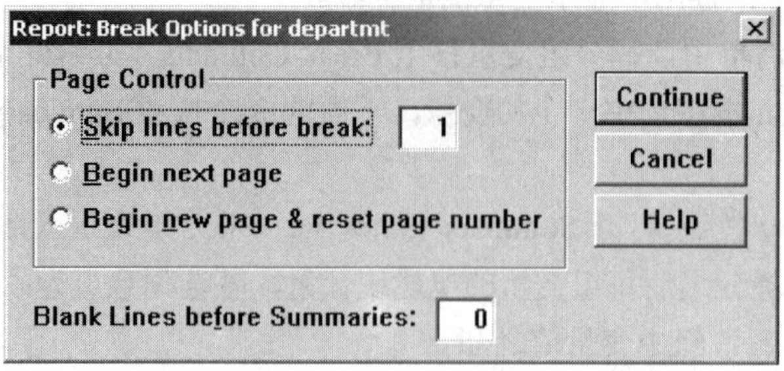

图 4-10　各分组概述的页面控制选项框

- Begin next page：按每组一页、页码连续的格式输出报告；
- Begin new page & reset page number：按每组一页、在新的一页开始时列置概述变量，并重置页码的格式输出。

在 Blank Lines before Summaries 其后的矩形栏内输入 0～20 之间的一个数值 k，输出时在各分组的标签值与概述报告之间插入 k 个空行。

③单击 Format 按钮，打开 Break Format for 对话框，此对话框除标题外与图 4-10 完全相同，在此对话框里可以为分组变量进行类似的设置。

④Sort sequence 栏中的两个选项用于确定分组变量输出时的顺序。选前者按分组变量值的升序输出；选后者则按降序输出。

⑤Data are already sorted 选项，如果数据文件经过了分类，可以选择此选项，SPSS 就不再对数据进行分类排序。如果在首次运行行报告过程时文件中的数据尚未进行过分类排序，不选此选项，运行行报告过程后，系统将首先按选定的分组变量对数据自动进行分类。

（4）主对话框中还有两个单列的选项。

- Display cases：输出的行报告中，各分组的所有观测量值也全部列出，这导致表的规模庞大，如果想要将缺失值标示出来，应选择此选项。
- Preview：将根据当前的各个选择项产生一页预览表，单击 OK 可以查看待输出的报告的效果。

（5）主对话框的 Report 栏中，有 4 个选项按钮，它们的功能旨在对文件的全部数据的总概述结果进行修饰与控制。

①单击 Summary 按钮，打开 Final Summary Lines（行概述总结）对话框，它除标题外与图 4-8 对话框完全相同，可以根据需要选择统计量对全部数据输出行概述报告。

②单击 Options 按钮，打开选项对话框确定缺失值处理方式及输出页码设置，如图 4-11 所示。

- Exclude cases with missing values listwise：将有缺失值的观测量全部排除。
- Missing Values Appear as：并在其后的小框里输入一个符号（只能是一个字符或数字，系统默认的符号为"．"），用于在输出报告中标记缺失值。
- 在 Number Page from 的栏小框里输入 0～99999 之间的一个整数值作为首页页码。

首页页码的默认值为 1。

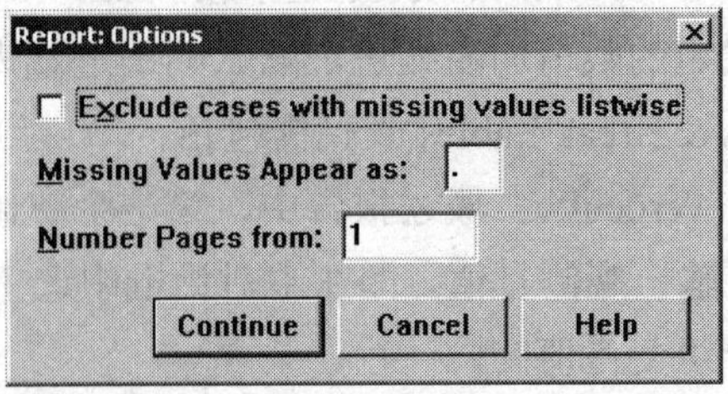

图 4-11　总概述报告选项对话框

③点击 Layout（布局）按钮，打开 Layout 对话框，如图 4-12 所示。

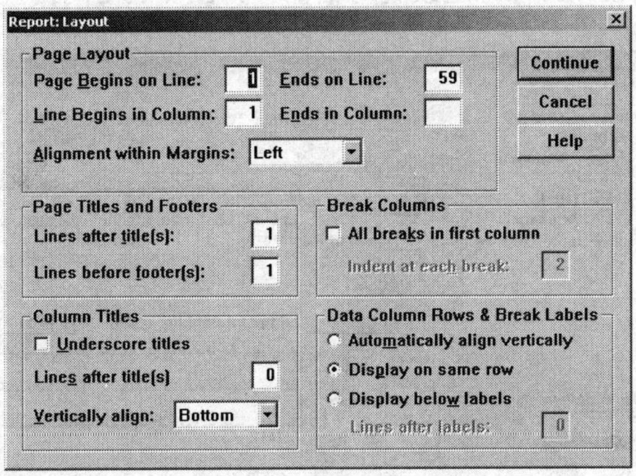

图 4-12　报告布局对话框

- ● Page Layout 为页面布局设置栏，包括：
- ➤ Page Begins on：设置输出报告页的起始行数。缺省时，起始行从 1 开始。
- ➤ Ends on Lines：设置输出报告页的结束行数。结束行数必须大于起始行数。
- ➤ Line Begins in Column：设置输出页码的左页边距。
- ➤ Ends in Column：设置输出报告页码的右页边距，最大数值可达到 255 个字符。
- ➤ Alignment within Margins：设置输出报告页码的左、中、右对齐方式。
- ● Page Titles and Footers 为页标题和脚注设置栏，包括：
- ➤ Lines after title(s)：设置报告标题与报告首行之间的空行数。
- ➤ Lines before footer(s)：设置报告脚注与报告之间的空行数。
- ● Column Titles 为列标题设置子栏，包括：
- ➤ Underscore titles：列标题下加下划线。
- ➤ lines after title(s)：设置列标题与报告首行之间的空行数。
- ➤ Vertically align：设置列标题对齐方式，如选 Top，则各列标题顶部成一线对齐。
  选择 Bottom，则各列标题底部成一线对齐，这也是系统默认的对齐方式。
- ● Break Column 子栏内包括：

- ➤ All Breaks in first column：所有的分组变量都将排在第一列。
- ➤ Indent at each break： 如果所有分组变量都排在第一列，那么对不同水平的分组 变量系统会根据设定的数值向右缩进，默认的缩进量为 2 个空格。
- ● Data Column Rows & Break Lables 子栏内包括：
- ➤ Automatically align vertically：概述报告中，第一个统计量自动排在分组变量值之 后。如果报告中要输出观测量值，即在主对话框中选中 Display Cases 选项，第一 个观测值将列在分组变量值的同一行。
- ➤ Display on same row：第一个统计量排在分组变量值的同一行且隐藏它的标题；在 列表报告中，第一个观测值将排在分组变量值的同一行。
- ➤ Display below labels：设置分组变量值与统计量之间的空白行数。
- ● 单击 Titles 按钮，打开标题设置对话框，如图 4-13 所示。

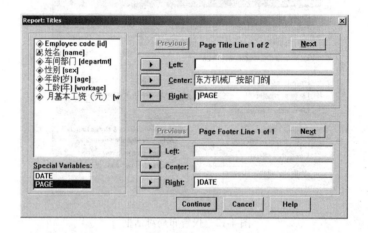

图 4-13　概述报告总标题对话框

在框右面的上下栏内可为报告设置多达 10 行的标题和脚注，可以直接输入也可以从源变量清单中选择变量作为标题或脚注。当输入的标题或脚注满一行后，单击 Next 按钮，接着输入下一行。如需要修改前面输入的文本，单击 Previous 按钮。Page Title Line m of n 表示标题的当前行为 n 行中的第 m 行。

左下角的 Special Variablse 框里有两个特殊的变量：DATE（日期）和 PAGE（页码），也可以作为标题和脚注内容使用，例如选择 DATE 为脚注，程序运行当日的日期将自动地列入输出报告的脚注中。

（6）以上各选项确定后，单击主对话框的 OK 按钮提交系统运行。

4.3.2　行概述报告过程实例

打开数据文件"机械厂.sav"，按照上面的图 4-6～图 4-12 中所示进行选项设置，并以两行形式为报告添加总标题"东方机械厂按部门的工资与工龄概述报告"。提交系统运行后，得到表 4.6 所示的按行形式的概述报告。

表 4.6　实例的行概述报告

东方机械厂按部门的工资与工龄概述报告

车间部门	月基本工资（元）	工龄（年）
行政管理机关		
Sum	15178.60	605
Mean	344.97	14
Minimum	200.00	1
Maximum	550.00	36
N	44	44
Std.Dev	97.17	10

（为节省篇幅此处略去了该厂其他部门的结果）

	月基本工资（元）	工龄（年）
后勤		
Sum	6941.00	261
Mean	301.78	11
Minimum	234.00	1
Maximum	414.00	23
N	23	23
Std.Dev	56.92	7
Grand Total		
Sum	148676.95	6504
Mean	346.57	15
Minimum	200.00	1
Maximum	550.00	89
N	429	429
Std.Dev	80.57	10

15　May　02

从概述报告中看到，概述变量的各统计量值按分组变量的各个分组依照行排列的形式输出。表中 Grand Total 之后的各行为全厂全部观测量的总概述，表中各项数值的意义留给读者自己分析。每个输出页的页脚列出运行日期"15 May 02"，表示 2002 年 3 月 15 日。表 4.6 全部内容分两页输出，为节省篇幅仅截取了其中的部分结果。

4.4　观测量按列概述报告

4.4.1　观测量按列概述

观测量列概述报告主要用来生成按列显示统计量计算结果的报告，同时也可以用它完成许多统计计算。观测量列概述报告的操作步骤如下：

（1）打开数据文件，执行 Analyze→Reports→Report Summaries in Columns（观测量

按行概述报告）命令，打开 Report Summaries in Columns 对话框，如图 4-14 所示。

（2）从源变量清单中选择需要概述的变量移至 Data Column（数据列）框中。选中变量在栏内的显示形式为"变量：sum"，此形式为系统默认的。单击 Summary 按钮，打开如图 4-15 所示的 Summary Lines for wage 对话框。

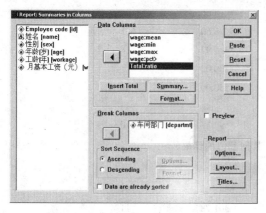
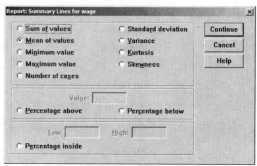

图 4-14   列概述报告主对话框   图 4-15   列变量概述统计量选择对话框

①在对话框里为选中的列变量指定一个概述统计量，各统计量意义与图 4-9 中各项相同，返回主对话框，Data Column 框中显示为"变量：选定统计量"的形式，如图 4-14 所示。

②在 Data Column 框中，一次选择一个概述变量，单击 Format 按钮，打开 Data Column Format for wage 对话框，如图 4-16 所示。

- 在 Column Title 框内输入列标题，从选项 Column title justification 右面的下拉式列表中选择标题的对齐格式，在 Column width 的小框输入数值指定列宽。
- Value Position within Column 栏的选项，意义也与行概述报告中所述完全一样。

③当两个或更多的变量移入 Data Column 栏后，需要对选中变量进行某种算术运算，如和、差、积、商等，单击 Insert Total 按钮，此时，Data Column 框里出现名为 Total 的新变量，接着单击 Summary 按钮，打开如图 4-17 所示的 Summary Column 对话框。

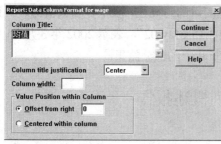
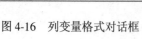
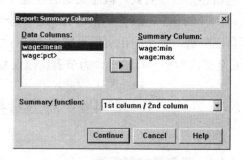

图 4-16   列变量格式对话框   图 4-17   列概述对话框

- 从左边 Data Column 框中选择两个列变量移入 Summary Column 框中。
- 单击 Summary finction（概述函数）框边的箭头，展开的下拉列表中有 8 种函数，各函数的意义为将 Summary Column 框中的两个变量的运算结果赋予变量 Total，概述函数有如下几个：

Sum of columns：两列变量的和。

Mean of columns：两列变量的算术平均值。

Minimum of columns：两列变量中的最小值。

Maximum of columns：两列变量中的最大值。

1st column–2nd column：第一列变量与第二列变量之差。

1st column / 2nd column：第一列变量与第二列变量之比。

% 1st column/2nd column：第一列变量占第二列变量的百分比（即二者的商乘以 100）。

Product of columns：两列变量值的乘积。

概述函数选定后，返回主对话框，Data Column 框中的新列变量为"Total：概述函数名称"。

（3）从源变量清单中选择分组变量，移至 Break Column 框中。在其中选择一个分组变量，单击 Options 按钮，打开如图 4-18 所示的 Break Options for（分组变量选项）对话框。

此对话框用于确定分组变量列标题，分组以及概述统计量之间间隔的的空行数。

①Subtotal（分组小计）栏。

● 选择 Display Subtotl，将显示每一个分组的小计。此时，Label 栏被激活，输入分组变量的标签。

②Page Control 栏作用与行概述报告过程的图 4-10 的对话框作用完全相同。

③选项 Blank lines before Subtotal 用于设置分组小计前的空行数。

（4）主对话框的 Report（报告）子栏中，3 个功能按钮旨在对文件的全部数据的总报告结果进行修饰与控制。单击 Option 按钮，打开 Options 选项对话框，如图 4-19 所示。

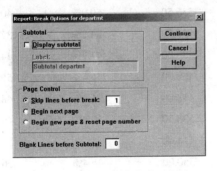
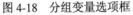

图 4-18 分组变量选项框

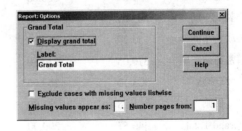

图 4-19 总报告选项框

在 Grand Total（总计）栏里，如果选择 Display grand total（显示总概述表），则 Label 框被激活，输入总计标签（系统默认的标签为 Grand Total）。其余选项为缺失值的处理与标记方式、页码设置。参见行概述报告过程中相应的选项。

Report 栏的另外两个功能按钮及其选项与行概述报告中相应的内容完全一致，不再赘述。

列报告的主对话框中，其他功能选项与行列报告的主对话框相应选项相同。最后，单击 OK 提交系统运行。

4.4.2 观测量按列概述实例

例 4.4.1 对数据文件"机械厂.sav"作出列概述报告。

首先按图 4-14 的对话框选择列变量和分组变量，计算输出月平均工资、最低工资、最高工资、工资高于 350 元的职工占的比重和最低工资与最高工资的比值等项目做出概述报告。列变量为 wage，各统计量选择如图 4-14 所示。对话框中"wage:pct"表示对变量 wage 选择统计量时，在图 4-15 中选 Percentage above，并在激活的矩形栏内输入数值 350 后的效果。对变量 Total 选择的概述函数为第一列变量与第二列变量之比（即 wage:min 与 wage:max 之比）。

在格式对话框里为列变量设置的列标题依次为各统计量名称。在 Report 栏的 Titles 对话框里设置报告的总标题"东方机械厂职工月工资列概述"，脚注 Date（日期）变量。其余选项均为系统默认设置。单击 OK 交系统运行，输出的列概述表如表 4.7 所示，输出结果交由读者自行分析。

表 4.7 实例的列概述报告

东方机械厂职工月工资列概述　　　　　　　　　　　Page　1

车间部门	月基本工资 （元） mean	月基本工资 （元） minimum	月基本工资 （元） maximum	月基本工资 （元） >350	Total
行政管理机关	344.97	200.00	550.00	40.9%	.36
机加工车间	359.99	214.00	544.00	52.4%	.39
维修车间	343.91	214.00	536.50	50.0%	.40
铸造车间	331.59	200.00	536.50	34.0%	.37
装配车间	342.69	214.00	488.00	47.2%	.44
动力车间	353.29	263.00	468.00	46.4%	.56
精密铸造车间	370.05	234.50	488.00	71.4%	.48
汽车队	333.10	263.00	536.50	30.0%	.49
后勤	301.78	234.00	414.00	21.7%	.57
Grand Total	346.57	200.00	550.00	46.4%	.36

15　May　02

例 4.4.2 某市市场管理人员调查了该市九个农贸市场当日番茄的销量和价格的数据，列于下表中，试用观测量列概述报告计算该市当日番茄的平均价格。

sell（销量 kg）	567	665	356	448	804	490	668	256	445
price（单价 元/kg）	2.56	3.34	3.58	4.40	3.82	3.45	3.56	2.96	4.02

计算步骤如下：

（1）建立新文件，定义变量 sell 和 price，输入数据。

（2）执行 Transform→Compute 命令，打开 Compute 对话框，在表达式框中输入 "sell * price"，在 Targe 框中输入变量名 sales，单击 OK，计算出各市场销售额。

（3）打开列概述报告主对话框，选择变量 sales 和 sell 移入 Data Column 框中，单击 Summary 按钮，在 Summary Lines for 对话框中，均选择 "Sum of Values"。

（4）单击 Inset Total 按钮，接着单击 Summary 按钮，在打开的列概述对话框中，将 "sales:Sum" 和 "sell:Sum" 移入 Summary Column 框中，并选择概述函数：1st column / 2nd column，返回主对话框，单击 OK 运行。

（5）输出结果如表 4.8 所示。

表 4.8　番茄平均价计算结果

销售量 Sum	销售额 Sum	Total
Grand Total		
4699	16604.82	3.53

由表中可知，当日番茄的总销量为 4699kg，销售总额为 16604.82 元，平均价格为 3.53 元/kg。

习　题

4.1　编辑一个你班级学生信息的数据文件，定义下列变量：id（学号）、name（姓名）、sex（性别）、group（学习小组）、math（数学考试成绩）、english（英语成绩）等，输入数据，然后做如下工作：

（1）以变量 math 和 english 作为概述变量，以 sex 和 group 作为分组变量，并选择若干描述统计量，输出关于这两门功课考试情况的层分析报告。

（2）使用观测量概述功能，按照 sex 或者 group 作为分组变量，分别输出两门功课考试成绩的观测量概述报告。

（3）使用行概述和列概述功能，分别输出两门功课考试成绩的观测量概述报告。

4.2　比较本章的 4 项概述报告过程的差异，回答下列问题；

（1）可以使用哪些概述报告功能输出各分组概述变量的极差？

（2）统计学中变量的标准差与均值之比称为标准差系数，应该使用哪一种功能才能计算各分组概述变量的标准差系数？

4.3　对习题 3.6 的表列数据建立的数据文件，作出如下的统计分析报告：

（1）按部门和所有制形式选择系统默认选项输出层分析报告，观察各部门和各种所有制企业的年总产值、职工总人数、工资总额；平均产值、企业平均人数、平均工资等。

（2）按部门和所有制形式选择与（1）中相同的统计量，分别输出行概述报告和列概述报告。

（3）根据输出报告中提供的数据，对该地区各部门或各种所有制企业的经济发展水平和职工收益作出简要的分析。

4.4　对于 PU 例 4.4.2 的问题，试分析使用 SPSS 有无更简洁的方法求出平均价格。

4.5　某市市场管理人员调查了该市 6 家百货商店一个月内 29 吋彩电的销售量和销售额的数据，列于下表中，试选用合适的 SPSS 功能计算该市当月 29 吋彩电的平均价格。

sell（销量: 台）	85	60	82	102	93	71
total（万元）	21.83	16.27	22.24	30.22	23.18	18.56

4.6　下列表中列出某地区 1986 年~1995 年（七五－八五计划）粮食产量、人口、工业总产值、国民生产总值的环比发展速度，试选用 OLAP Cubs 或者 Case Summaries 过程，分两个 5 年计划分别输出该地区上述各项指标的平均发展速度，以及全期的平均发展速度。（提示：建立数据文件后，定义一个按 5 年计划分类的分类变量，在概述统计量对话框中选用 Geomitric Mean。）

年份 year	粮食产量 环比速度（%） food_cir	人口发展 环比速度（%） popu_cir	工业总产值 环比速度（%） indu_cir	国民生产总值 环比速度（%） GDP_cir
1986	104.25	102.44.	110.00	104.80
1987	91.34	111.54	114.02	104.38
1988	114.50	103.45	110.81	99.90
1989	99.43	104.00	101.66	100.41
1990	104.52	100.64	107.13	103.79
1991	103.81	113.38	101.41	101.54
1992	100.42	102.25	101.29	103.84
1993	104.59	103.30	101.25	101.45
1994	100.53	103.19	103.59	100.30
1995	101.17	97.94	101.05	100.08

4.7　根据习题 4.6 的数据资料，执行 Transform→Compute 命令，分别计算七五－八五计划期间各项指标的平均发展速度，以及全期的平均发展速度。

4.8　下表所列的是某市 2000 年竣工的 21 幢商品楼所处地段（district）、标定价格（price）和最终出售价格（sale）（单位：元/平方米）资料。

district	price	sale	district	price	sale	district	price	sale
城中心	3300	3540	远郊区	1880	1750	城中心	3050	3200
城中心	3600	3500	卫星城·	1950	1950	远郊区	1670	1650
卫星城	2400	2350	卫星城	1900	1950	远郊区	1680	1650
城中心	3500	3650	近郊区	1850	1780	近郊区	1780	1680
近郊区	2250	2300	近郊区	1780	1650	近郊区	1850	1900
远郊区	1850	1780	近郊区	1840	1700	卫星城	2050	2000
远郊区	1760	1800	城中心	2800	2800	卫星城	2020	2100

　　试建立相应的数据文件调用 OLAP Cube 过程、按行概述报告过程、按列概述报告过程分别输出统计报告，概述各地段楼房价格的平均（标定、实际）价格、价格标准差、最低价格、最高价格等。

　　4.9　SPSS 自带的系统数据文件"world95.sav"记录了世界上 109 个国家和地区经济发展基本情况的数据，文件包含 26 个变量，针对这一数据文件，做如下工作：

　　（1）选择其中：country（国家）、populatn（以千人计人口总数）、lifeexpf（女性人口的平均寿命）、lifeexpm（男性人口的平均寿命）、gdp_cap（人均国民生产总值）和 region（各国所属的区域或经济组织）等 6 个变量建立变量子集。

　　（2）使用这个子集，选择 region 为分组变量，选择 populatn、lifeexpf、lifeexpm 和 gdp_cap 为概述分析变量，执行 OLAP Cubes 过程，输出层分析报告表。报告中特别输出变量 lifeexpf 与 lifeexpm 的差值百分数比。

　　（3）执行行概述报告和列概述报告，比较各种报告的差异。

　　（4）选择文件中其他变量作为概述变量或分组变量重复上述工作。

第 5 章　描述统计过程

描述性统计中，观察变量取值的分布情况是首先需要研究的问题，统计工作者们通过对它的研究，可以对变量的分布特征以及内部结构获得一个直观的感性认识，以便决定应该采用何种分析过程作进一步的统计分析，进而更深入地揭示变量变化的统计规律。描述统计过程可以利用 SPSS 的主菜单 Analyze 中的 Descriptive Statistics 菜单项完成。

5.1　频数分析过程

5.1.1　频数分析过程

频数分析过程的操作步骤如下：

（1）建立或打开一个数据文件，执行 Analyze→Descriptive Statistics→Frequencies 命令，打开 Frequencies（频数）对话框，如图 5-1 所示。

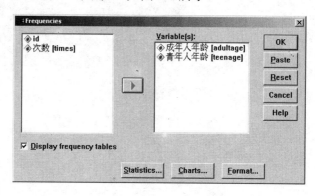

图 5-1　频数分析主对话框

选择分析变量：从源变量清单中选择一个或多个待分析的变量，将它们移至右边的 Variable(s) 选定的分析变量框中。

选择 Display frequency tables 确定是否输出频数分布表。

（2）确定输出选择项。

①单击 Statistics 按钮，打开统计量选择对话框，如图 5-2 所示。此对话框中包括：

- 选择 Percentile Values 栏中的选项，输出所选变量的百分位值。
- ➢ Quartiles：显示 25%，50%，75%的四分位数值。
- ➢ 在 Cut points for ＿ equal groups 的小框内，输入数 k 时，将所选择变量的数值范围 k 等分，输出各等分点处的变量值。
- ➢ 在 Percentile(s) 右边的小框内，键入 0～100 间的一个数之后，单击 Add 按钮添加到下面的方框内，此操作过程可以重复。例如输入 15，30，45 时，输出结果将显示 15%，30%，45％百分位处的变量值。可以单击 Change 和 Remove 按钮，修改或删除框内的数值。

- Dispersion（离差）栏，用于指定输出反映变量值离散程度的统计量。其中有：

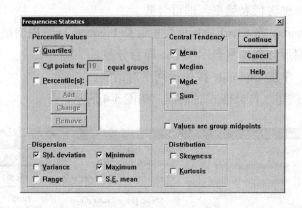

图 5-2　统计量对话框

Std deviation　标准差。	Minimum　最小值。
Variance　方差。	Maximum　最大值。
Range　极差。	S.E. mean　均值的标准误差。

- Central Tendency（集中趋势）栏，用于指定反映变量值集中趋势的统计量。其中有：

Mean　均值，即算术平均数。	Mode　众数。
Median　中位数。	Sum　算术和。

- Distribution（分布特征）栏，用于指定输出描述分布形状和特征的统计量。

Skewness　偏度。	Kurtosis　峰度。

选择这两项将连同它们的标准误差一同显示出来。如果它们的数值接近于 0，表明变量分布接近于正态分布。如果 Skewness 值大于 0，表明变量分布为正偏态的。如果 Kurtosis 值大于 0，则表明数值分布具有比正态分布曲线更尖峭的峰态。

对话框中还有一个选项 Value are group midpoint（组中值），只有当变量数据事前已经经过分组，且变量值确定为组中值时方可选择此项。

选择完毕，单击 Continue 返回主对话框。

②单击 Chart（图形）按钮，打开如图 5-3 所示的统计图对话框，对图形类型等进行设置。

Chart Type（图形类型）包括的 4 个单选项，其中：

- None：不显示图形，它是系统默认选项。
- Bar chart：显示条形图。
- Pie chart：显示饼型图。
- Histograms：显示直方图，此选项只适用于连续型数值变量。当选择了此项后，还可以确定是

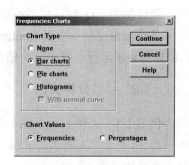

图 5-3　统计图形对话框

否选择 With normal curve，如选择它，则在显示的直方图中附带正态曲线，有助
　于判断数据是否呈正态分布。

当选择 Bar charts 或 Pie charts 时，Chart Values 栏才可以被激活。

如果选择 Bar charts，在 Chart Values 栏里选择 Frequencies，图的纵坐标轴代表频数。
选择 Percentages，纵轴将代表频率，即百分数。

如果选择 Pie charts，在 Chart Values 栏里选择 Frequencies，图的扇形分割片表示频数。
选择 Percentages，扇形分割片将表示频率，即百分数。

各选项确定后，单击 Continue 按钮返回主对话框。

③单击 Format 按钮，打开格式对话框，如图 5-4 所示。

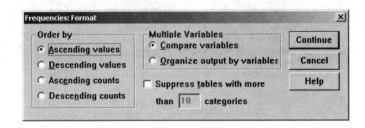

图 5-4　频数分析格式对话框

● 　Order by 排序组栏，用于指定频数表中变量中的排序。

➢ 　Ascending values：统计表中变量值按升序排列，它是系统默认的选项。

➢ 　Descending values：变量值按降序排列。

➢ 　Ascending counts：按频数的升序排列。

➢ 　Descending counts：按频数的降序排列。

➢ 　Multiple Variables 栏，用于指定多个变量的安排方式。

➢ 　Compare Variables：系统默认选项，选择此项，统计表中变量的各项分析结果将
　　在一张表中并列显示，便于结果对照比较。

➢ 　Organize output by variables：按各个变量组织输出，输出结果将按每个变量一张
　　表的形式显示。

此对话框选项 Suppress tables with more than n categories 的意义是当变量分类多于 n（系
统的默认值为 10）时，可以不输出数组大于 n 的表格。

各选项确定后，单击 Continue 按钮返回主对话框。单击
OK 提交系统运行，频率分析结果在输出窗口中显示出来。

5.1.2　频数分析实例

例 5.1.1　文件 sample.sav 中，记录了一组 35 个中年人
和一组 30 个青年人的年龄资料，如图 5-5 所示，试观察他们
的频数分布。

此问题的解决步骤如下：

	id	adultage	teenage
1	1	42	24
2	2	41	17
3	3	42	20
4	4	38	25
5	5	36	20
6	6	40	17
7	7	43	19
8	8	46	18
9	9	43	15
10	10	36	14

图 5-5　数据文件（局部）

（1）打开数据文件 sample.sav。

（2）执行 Analyze→Descriptive Statistics→Frequencies 命令，打开 Frequencies（频数）对话框。

（3）按图 5-1 至图 5-4 所示进行各选项设置。

（4）单击 OK 提交系统运行，得到如下结果。输出结果包括 3 部分：

①Statistics（统计量）汇总表，如表 5.1 所示。表中显示按照图 5-2 设置的各选项对应的统计量值。如两组人数 N 分别为 35 人和 30 人，在同一个数据文件中，变量"teenage"（青年人组年龄）对应于 31～35 号的观测量值为缺失值，统计中系统将它们排除。

②Frequencies（频数）分布表，分别用两个变量输出它们的值频数分布、累积分布等。为节省篇幅，仅列出青年人组年龄的频数分布表，见表 5.2 所示。

表 5.1　Statistics（统计量）表

		ADULTAGE 成年人年龄	TEENAGE 青年人年龄
N	Valid	35	30
	Missing	0	5
Mean		40.63	18.80
Std. Deviation		4.72	3.33
Minimum		35	13
Maximum		49	25
Percentiles	25	35.00	15.00
	50	40.00	19.00
	75	45.00	21.00

表 5.2　频数分布表

TEENAGE　青年人年龄

		Frequency	Percent	Valid Percent	Cumulative Percent
Valid	13	1	2.9	3.3	3.3
	14	2	5.7	5.7	10.0
	15	3	8.6	10.0	20.0
	16	2	5.7	5.7	25.7
	17	4	11.4	13.3	40.0
	18	2	5.7	5.7	45.7
	19	2	5.7	5.7	53.3
	20	6	17.1	20.0	73.3
	21	2	5.7	5.7	80.0
	22	1	2.9	3.3	83.3
	23	2	5.7	5.7	90.0
	24	1	2.9	3.3	93.3
	25	2	5.7	5.7	100.0
	Total	30	85.7	100.0	
Missing	System	5	14.3		
Total		35	100.0		

从表中可以看到，变量"teenage"仅有 30 个有效值，其中 20 岁的 6 人，占总数的 20%，不超过 20 岁的人占总数的 73.3%。

③Bar plot（条形图）如图 5-6 所示。这两张条形图我们进行了简单的编辑，将各种年龄的人出现的频数标示在条形块上。

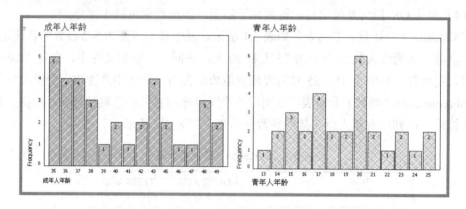

图 5-6   两类人年龄分布的条形图

例 5.1.2   从一化工厂某日生产的一大批袋装产品中随机地抽查了 100 袋，测得各袋中杂质的含量（单位：克）的数据列于表 5.3 中。试根据测量数据计算样本的数字特征，绘制直方图观察杂质含量的分布状况。

表 5.3   杂质含量数据表

1.55	1.49	1.45	1.52	1.46	1.45	1.47	1.42	1.46	1.50	1.42	1.45	1.49
1.44	1.46	1.42	1.42	1.47	1.42	1.51	1.29	1.32	1.43	1.49	1.27	1.38
1.31	1.35	1.47	1.47	1.42	1.39	1.46	1.46	1.42	1.44	1.52	1.43	1.55
1.39	1.47	1.43	1.31	1.49	1.62	1.37	1.36	1.49	1.52	1.47	1.49	1.34
1.52	1.41	1.44	1.37	1.48	1.37	1.42	1.45	1.38	1.40	1.38	1.48	1.43
1.39	1.49	1.47	1.49	1.56	1.58	1.39	1.54	1.49	1.44	1.32	1.40	1.39
1.40	1.34	1.38	1.59	1.47	1.52	1.44	1.40	1.42	1.48	1.36	1.50	1.38
1.40	1.44	1.44	1.34	1.42	1.35	1.44	1.38	1.42				

问题的解决步骤如下：

（1）建立数据文件：定义数值型变量"impurity"，标签"杂质含量"。

（2）打开频数分析主对话框，确定选项：

①将变量"impurity"移入 Variables 框中。

②在 Statistics 对话框中选择 Quartiles，Mean、Midian、Mode 和 Std. Deviation。

③在 Chart 对话框选择输出 Histogram 和 With Normal Curve（附带正态曲线）。

④Format 对话框里的选项取系统默认格式。

（3）单击 OK 提交系统运行，输出结果包括 3 部分：

①统计量值表，如表 5.4 所示。

表 5.4　IMPURITY 统计量值表

N	Valid	100
	Missing	0
Mean		1.4377
Median		1.4400
Mode		1.42
Std. Deviation		.0564
Percentiles	25	1.3900
	50	1.4400
	75	1.4800

表中显示变量有效观测量为 100，杂质均值为 1.4377 克，中位数为 1.44 克，众数为 1.42 克，标准差为 0.05639 克，其全部数据的 25%，50%，75%分位点处的杂质含量依次为 1.39 克、1.44 克、1.48 克。

②按变量 impurity 的频数、频率表，如表 5.5 所示。

表中第二列给出变量 impurity 的各个不同的有效值，以后各列分别列出变量各取值的频数、频率、有效频率及累积频率。

③杂质含量分布直方图如图 5-7 所示。

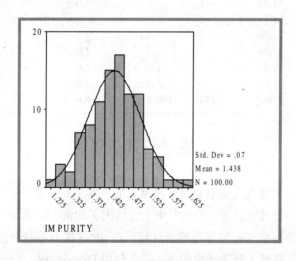

图 5-7　杂质含量的分布直方图

在图 5-7 中，纵轴为频数，各条形块显示了各个含量频数。图的右侧显示了标准差、平均值和样本总数。从该图可看出该日产品中杂质含量的分布大致呈正态分布。由于偏度和峰度值皆接近于 0，也可以判断杂质含量的分布大致是正态的。

表 5.5　impurity 频数分布表

		Frequency	Percent	Valid Percent	Cumulative Percent
Valid	1.27	1	1.0	1.0	1.0
	1.29	1	1.0	1.0	2.0
	1.31	2	2.0	2.0	4.0
	1.32	2	2.0	2.0	5.0
	1.34	3	3.0	3.0	9.0
	1.35	2	2.0	2.0	11.0
	1.36	2	2.0	2.0	13.0
	1.37	3	3.0	3.0	15.0
	1.38	5	5.0	5.0	21.0
	1.39	5	5.0	5.0	25.0
	1.40	5	5.0	5.0	31.0
	1.41	1	1.0	1.0	32.0
	1.42	11	11.0	11.0	43.0
	1.43	4	4.0	4.0	47.0
	1.44	8	8.0	8.0	55.0
	1.45	4	4.0	4.0	59.0
	1.46	5	5.0	5.0	64.0
	1.47	9	9.0	9.0	73.0
	1.48	3	3.0	3.0	75.0
	1.49	9	9.0	9.0	85.0
	1.50	2	2.0	2.0	87.0
	1.51	1	1.0	1.0	88.0
	1.52	5	5.0	5.0	93.0
	1.54	1	1.0	1.0	94.0
	1.55	2	2.0	2.0	95.0
	1.56	1	1.0	1.0	97.0
	1.58	1	1.0	1.0	98.0
	1.59	1	1.0	1.0	99.0
	1.62	1	1.0	1.0	100.0
	Total	**100**	**100.0**	**100.0**	

5.2　描述统计量过程

统计量是研究随机变量变化综合特征（参数）的重要工具，它们集中描述了变量变化的特征，所以常称它们为描述统计量。SPSS 中主要给出了均值、算术和、标准差、最大值、最小值、极差和平均数标准误差等常用的统计量，在 SPSS 的众多统计过程中都可以输出变量的统计量值。如果仅需要了解统计量的值，那么使用 Descriptives 过程计算更加简便快捷。

5.2.1　描述统计量过程

描述统计量过程的基本操作步骤如下：

（1）建立或打开一个数据文件，执行 Analyze→Descriptive Statistics→Descriptives（描述）命令，打开 Descriptives 对话框，如图 5-8 所示。

（2）从源变量清单中选择一个或多个分析变量移至 Variable(s)栏中。

对话框左下方有一个选项 Save standardized value as variables（将标准化值作为新变量保存），选择此项，系统将根据选定变量的观测值产生一个相应的标准化变量，称为原变量的 Z 得分，并在数据窗中产生相应的新变量，新变量名是在原变量名前加前缀 Z 而成。例如，原变量 age 相应的新变量名为 Zage。

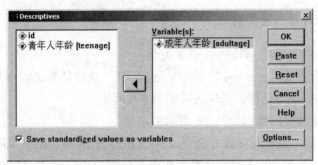

图 5-8　描述统计量主对话框

Z 得分的数值按下列公式计算：$Z_i = \dfrac{X_i - \overline{X}}{S}$，其中 X_i 为原变量的第 i 个观测值，$\overline{X}$ 为该变量所有观测值的平均数（Mean），S 为标准差（Std.deviation）：

$$\overline{X} = \frac{1}{n}\sum_{i=1}^{n} X_i\,,\qquad S = \sqrt{\frac{1}{n-1}\sum_{i=1}^{n}(X_i - \overline{X})^2}$$

（3）单击 Options 按钮，打开 Options 对话框，如图 5-9 所示。

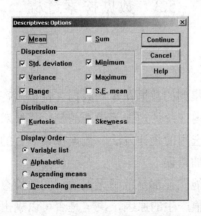

图 5-9　描述统计量选项对话框

对话框中，Mean、Std. Deviation、Minimum、Maximum 等 4 个选项为系统默认选项。

对话框上端有描述变量集中程度的选项：Mean、Sum。Dispertion 离差选项栏设置描述变量离散程度的统计量选项，各选项的意义不再赘述。Distribution 分布参数选项栏与频数分析相应选项栏内容相同。

Display Order 显示顺序选项栏中包括：

- Variable list：按选入分析变量栏中的各个变量的排列顺序显示输出结果。
- Alphabetic：按变量名起头字母的顺序显示输出结果。
- Ascending means：按平均值升序显示输出结果。
- Descending means：按平均值降序显示输出结果。

单击 Continue 按钮返回主对话框。单击 OK 或回车提交系统运行。

5.2.2　描述统计量过程实例

我们仍用例 5.1.1 中的数据文件为例来说明。

（1）选择分析变量"adultage"（成年人年龄）。选择计算 Z 得分选项。

（2）打开 Options 对话框，选项选择如图 5-9 所示。

（3）提交系统运行，得到如表 5.6 所示的结果。

由表列数值可知，成年人总数为 35 人，年龄极差为 14 岁，最小和最大年龄分别为 35 岁和 49 岁，平均年龄为 40.63 岁，标准差和方差分别为 4.72 年和 22.299（年^2）。如返回到数据窗口观察，可以看到，选择要计算 Z 得分的两个变量，它们的 Z 得分 zage 和 zworkage 值已经全部输出到工作数据文件里了。

表 5.6　Descriptive Statistics（描述统计量）表

	N	Range	Minimum	Maximum	Mean	Std. Deviation	Variance
ADULTAGE 成年人年龄	35	14	35	49	40.63	4.72	22.299
Valid N（listwise）	35						

5.3　数据探索过程

5.3.1　数据探索的意义

统计原理告诉我们，搜集到的数据在建立数据文件以后，并非立即投入统计分析，因为数据结构、数据中隐含的内在统计规律等尚不清楚，需要对数据进行考察或探索。通过初步的探索，以便确定应该选用的统计方法，数据探索的目的主要有以下两点：

- 检查或发现数据中的错误

载入数据文件的数据不能保证都是准确无误的，需要检查一下其中有无异常数值，找出这些异常值，分析这些数值产生的原因，决定是否可以剔出或修改，异常值主要包括错误数据、与绝大多数数值相比过大或过小的数据等。文件包含错误的异常数据，必然会影响分析结果，掩盖变量变化的真实规律和特征。

- 探索变量变化的分布特征

不同的随机变量服从不同的分布规律，需要采用不同的统计分析方法。例如，来自非正态分布的数据使用正态分析方法，自然不会得到期望的结果。因此，需要通过数据的探索对变量可能服从的分布类型加以确定。另外，对两组来自正态分布的数据，研究二者之间的差异，进行参数估计、假设检验等项统计工作时，需要确定它们的方差齐性。通过数据探索，可以使我们获得对变量统计规律的初步认识。

5.3.2 数据探索过程

数据考察探索过程的基本操作步骤如下：

（1）建立或打开一个数据文件后，执行 Analyze→Descriptive Statistics→Explore（数据探索）命令，打开 Explore 对话框，如图 5-10 所示。

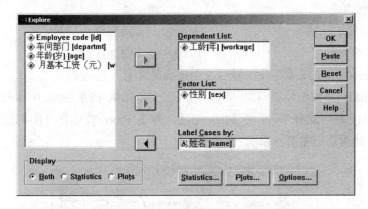

图 5-10 数据探索主对话框

①从源变量清单中选择一个或几个数值型变量移至 Dependent List（因变量）框中，若此时单击 OK，即可获得所有系统默认的选项下做出的数据探索结果，它们包括：针对选定分析变量的基本描述统计量的值、箱式图、茎叶图等。

②从源变量清单中选择一个或几个分组变量移至 Factor List（因素）框，若此时单击 OK 即可获得因变量按各分组变量进行的各项系统默认的分组探索结果。

③从源变量清单中选择一个变量作为观测量的标识变量移至 Label Cases by（观测量标记）框，选择标识变量的作用在于，当系统在数据探索时发现了奇异值，便可利用标识变量加以标记，以便于用户查找这些奇异值。如果不选择它，系统默认以 id 变量作为标识变量。

（2）确定输出选择项。

①Display 选项栏中有 3 个单选项，选择 Statistics 时，Statistics 功能按钮处于激活的状态（Plots 按钮关闭），输出时仅显示描述统计量表；选择 Plots 时，Plots 功能按钮处于激活的状态（Statistics 按钮关闭），输出时只显示图形；选择 Both 则二者同时显示，这是系统默认的选项。

②选择 Display 栏中的 Both 或 Statistics 选项，单击 Statistics 按钮打开统计量选择对话框，如图 5-11 所示。

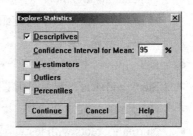

本对话框有 4 个复选项：

● **Descriptives**：输出结果显示均值、中位数、

图 5-11 数据考察过程统计量对话框

　5%调整平均数等描述统计量值。

　Confidence Interval for Mean 将显示总体均值的 95%置信区间，95%为系统默认的置信概率。改变此数值，其取值范围为 1～99。

- M-estimators：输出结果显示 4 种描述集中趋势的稳健极大似然估计量，这些估计量的值是在应用于观测值时分配于不同的权重而得到的，极端值得到的权重小于接近于中心的观测值得到的权重，对具有长尾的对称分布，或者数据中有极端值时，M-estimators 给出比平均数或中位数更好的均值估计值。这 4 种稳健估计量分别为：

　Huber：稳健估计量　　　　　　　　　Hampel：非降稳健估计量
　　Andrew：波估计量　　　　　　　　　Tukey：复权重估计量

- Outliers：输出结果将分别显示 5 个最大的和最小的观测值。
- Percentiles：输出结果将显示 5%, 10%, 25%, 50%, 75%, 90%, 95%的百分位数。

　③在 Display 栏中选择 Both 或 Plots 选项，单击 Plots 按钮打开图形选择对话框，如图 5-12 所示。此对话框中有 3 部分：

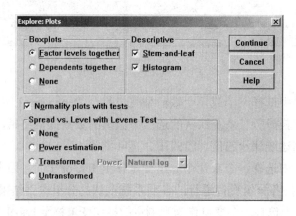

图 5-12　数据考察过程图形对话框

- Boxplots（箱图）选项栏。其中有 3 个单选项：
- Factor levels together：将每个因变量对于不同分组的箱图并列显示，利于比较各组在因变量同一水平上的差异。如果在主对话框中，未指定分组变量，只输出全部数据的一个箱图，它是系统默认的选项。
- Dependents together：对每个分组变量，将不同因变量的箱图并列显示，便于比较不同因变量在同一个特定组的值。
- None：不显示箱图。
- Descriptives 栏中包含两个复选项：
- Stem-and-leaf：显示茎叶图，它是系统默认选项。
- Histogram：显示直方图。
- Normality plots with test：显示附检验的正态概率图和无趋势概率图。
- Spread vs Level with Levene Test 栏用于设置附 Levene 检验的散布－水平图以及数

据变换控制方面的选项。对所有的散布—水平图，显示方差齐性的 Levene 检验。

➢ None：不产生散布—水平图和 Levene 检验，此选项为系统默认。

➢ Power estimation：幂估计，对每组数据产生一个四分位数间隔的自然对数对中位数的自然对数的散点图，以及产生为达到数据的等方差而进行的幂变换的估计。

➢ Transformation：从 Power 框选择幂次，系统将根据确定的幂次对数据进行转换，并产生转换后的数据的四分位间隔和中位数的散点图。Power 框可供选择的幂值有：Natural Logarithm（自然对数）、Square（平方）、Square root（平方根）、Reciprocal of square root（-1/2 次方）、Cube（立方）等。

➢ 选择 Untransformation 不进行数据转换。

④在主对话框中，单击 Options 按钮打开选项对话框，如图 5-13 所示。

➢ Exclude cases listwise：剔出分析的因变量观测值中的缺失值，它是系统默认选项。

➢ Exclude cases Pairwise：凡有缺失值的观测量全部剔出。

➢ 选择 Report Value，将分组变量中的缺失值归结为一组，输出时作为附加组列出。

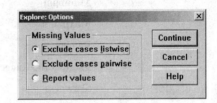

图 5-13　数据探索过程选项对话框

（3）选项全部选定后，单击 OK 提交系统运行。

5.3.3　数据探索实例

例 5.3.1　对数据文件"机械厂.sav"的中的变量 Workage 作数据探索。

（1）数据探索步骤如下：

①打开数据文件"机械厂.sav"，选择分析变量 Workage（工龄），选择 Sex（性别）为分组变量，选取 Name（姓名）为标记变量。如图 5-10 所示。

②3 个子对话框中的选项按照图 5-11、图 5-12、图 5-13 所示进行选择。

③单击 OK 提交系统运行。

（2）输出结果如下：

①观测量概述表，如表 5.7 所示。

表 5.7　观测量概述表

Case	SEX 性别	Valid		Missing		Total	
		N	Percent	N	Percent	N	Percent
WORKAGE	0	128	100.0%	0	.0%	128	100.0%
工龄	1	301	100.0%	0	.0%	301	100.0%

②描述统计量表如表 5.8 所示。

表 5.8 变量 Workage 的描述统计量表

			SEX 性别	
			0	1
Statistic	Mean		11.45	15.74
	95% Confidence	Lower Bound	9.97	15.56
	Interval for Mean	Upper Bound	12.92	17.92
	5% Trimmed Mean		10.82	15.19
	Median		10.00	17.00
	Variance		71.273	108.333
	Std. Deviation		8.44	10.41
	Minimum		1	1
	Maximum		52	89
	Range		51	88
	Interquartile Range		13.00	12.00
	Skewness		1.245	1.907
	Kurtosis		3.154	10.857
Std. Error	Mean		.75	.60
	Skewness		.214	.140
	Kurtosis		.425	.280

表列结果中，"Statistic"为分析变量 workage 按 sex 分组后的描述统计量值。从上至下依次为均值、均值的 95% 置信区间下限、上限、5% 调整平均值、中位数、方差、标准差、最小值、最大值、极差、内四分位数间距、偏度和峰度。"Std.Error"为标准误差值，依次为均值、偏度和峰度的标准误差。

观察这些数值发现，该厂男职工中，工龄最短 1 年，最长 89 年，这无疑使人感到文件中原始数据恐怕会有错误，因为不可能有长达 89 年的工龄，错误的数据在何处呢？输出的箱图里将显示出奇异值出现的确切位置。

③变量值的正态性检验表，如表 5.9 所示。

表 5.9 Tests of Normality（正态性检验）表

	SEX 性别	Kolmogorov-Smirnov[a]		
		Statistic	df	Sig.
WORKAGE 工龄	0	.108	128	.001
	1	.078	301	.000

a Lilliefors Significance Correction

表中列出变量 Workage 按 Sex 分组，各组变量值的 Kolmogorov-Smirnov（柯尔莫格洛夫－斯米尔诺夫）检验统计量值、自由度和显著性水平。对女职工，显著性水平 Sig=0.001；对男职工，显著性水平 Sig=0.000，都远小于 0.05，从而拒绝变量 Workage 服从正态分布的假设，即认为两组数据分布都是非正态的，从输出的直方图清楚地看到这个事实。

④直方图如图 5-14 所示。

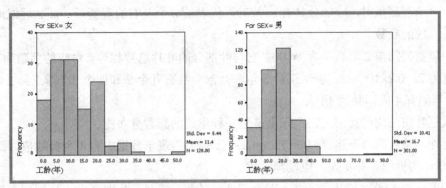

图 5-14　变量 workage 分组数据的直方图

⑤茎叶图（Stem and leaf plot）如图 5-15 所示。输出结果中，根据分组有两张茎叶图，此处略去了女职工工龄分布的茎叶图。

```
工龄(年) Stem-and-Leaf Plot for SEX= 男

Frequency    Stem &  Leaf

   16.00       0 . 1111111111111111
   14.00       0 . 22222222223333
    3.00       0 . 455
   22.00       0 . 6666666666777777777777
   13.00       0 . 8888888899999
   18.00       1 . 000000000001111111
   39.00       1 . 222222222222222222222222333333333333333
   19.00       1 . 4445555555555555555
   15.00       1 . 666677777777777
   33.00       1 . 888888888888899999999999999999999
   23.00       2 . 00000000000000001111111
   27.00       2 . 222222222222223333333333333
   12.00       2 . 444444445555
   13.00       2 . 6677777777777
   11.00       2 . 88888888999
    6.00       3 . 000001
    4.00       3 . 2223
    4.00       3 . 4455
    4.00       3 . 6677
    1.00       3 . 8
    4.00 Extremes    ( >= 40 )

Stem width:  10
Each leaf:   1 case(s)
```

图 5-15　男职工工龄分布茎叶图

首先解释一下茎叶图。茎叶图由 3 部分组成：最左边一列为频数；中间小数点左边一列数值称为"茎"，茎表示数值的整数部分；右边一列称为"叶"，叶部分的每一个数字表示数值的小数部分。表中倒数第二行 Stem width 为"茎宽"，这张茎叶图的茎宽为 10；最后一行 each leaf：n case(s) 表示每片叶代表 n 观测量，本图中 n = 1，即一片叶代表一个观测量。

频数、茎、叶三者的关系是：

● 茎的数字连带小数点和叶的一个数字合在一起乘以茎宽表示分析变量的一个实

际观测值的近似值。

● 当一片叶代表 1 个观测量时，叶片个数恰好等于频数，如果一片叶代表 n（≥2）个观测量时，叶部分共有 m 片叶，代表 $m \cdot n$ 个左右的观测量，$m \cdot n$ 近似地等于相应的频数。

如频数列的第 2 个数字为 14.00，它与叶部分的叶片总数相等。对应的茎数为 0，叶片的数值为 2，$0.2 \times 10 = 2$，表示工龄 2 年，叶部分共有九个 2 和四个 3，即工龄 2 年的有 9 人，3 年的有 4 人，共计 14 人。

从茎叶图结构可看出，它实际上是另一种形式的频数分布图。

此外，频数列最下端"4.00 Extremes（>=40）"表示数据中有 4 个极端值，即工龄不小于 40 年的男职工有 4 人，应属异常值。

⑥正态 Q–Q 图。输出结果中，对分组变量的每一个值，分别产生一张刻划变量数值是否是正态分布的图形，即正态 Q–Q 图，图中散点越接近于图上的斜线，表明数值的分布越接近于正态分布，否则表明数据的分布相对于正态分布有显著的差异。如图 5-16 所示为男职工工龄分布的正态 Q–Q 图。

可以看到，图中有几个远离斜线的点，而其他点都散布在斜线附近，有理由认为这几个点对应的数据属于异常值。

输出中还包括一种无斜向正态 Q–Q 图（Detrended Normal Q-Q Plot），如图 5-17 所示。此图的意义与正态 Q–Q 图相同。

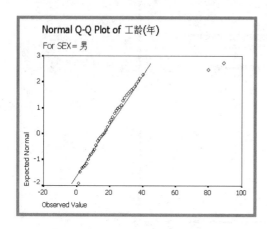
图 5-16　男职工工龄分布的正态 Q-Q 图

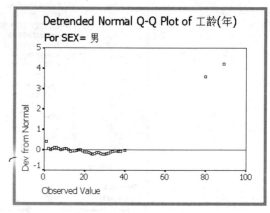
图 5-17　无斜向正态 Q-Q 图

⑦箱图如图 5-18 所示。

箱图是按分组变量值并列显示，箱图的结构如下：

● 矩形框为箱图主体，箱的上边线与下边线之差称为箱长，也称为"内四分位限"（国内一些统计书中称为"百分位差"），它包含了变量约 50% 的数值，系统以默认的红色显示，箱体矩形框上、中、下 3 条平行线依次表示变量的 75%、50%、25% 分位数。

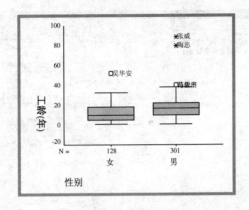

图 5-18 工龄按性别分布的箱图

- 触须线，即中间的竖线。它向上触及和向下触及的两条横线分别表示变量本体的最大值和最小值。本体由除去奇异值和极端值以外的变量值组成，也称为本体值。
- Outlier（奇异值），位于箱本体上下用圆圈标记的点，指从箱的上下边沿算起，对应的变量值超过箱长的 1.5 倍的那些值。由于选定的标识变量为 Name，所以奇异值旁边标注姓名。
- Extreme（极端值），系统默认用" * "标记。它们指从箱的上下边沿算起，其对应的变量值超过箱长的 3 倍以上的那些点。

从图 5-18 可以看出，在左边的箱图中，姓名为吴华安的女职工的工龄属奇异值，此数接近于 60。男职工中，张威、陶忠的工龄属极端值，工龄都达 80 年以上，这显然是不可能的。因此，针对发现的奇异值和极端值，返回数据窗口进行修正处理。

5.4　多维交叉表过程

交叉表过程可以显示两个或多个变量的联合频数分布表，简称列联表或交叉表。例如想了解不同工作性质的人群（例如技术人员、行政人员、教师、工人等）有多少人认为电脑有益于孩子的学习，有多少人认为无益于孩子的学习。可以利用该过程形成一个二维统计表，以显示对待电脑的不同态度上不同职业的人数的频数分布情况，并可选择适宜的方法进行检验。

一般选择离散型变量或分类变量来形成交叉表。如果要使用连续型变量必须事先对变量进行组距式分组，例如要选择收入作为分析变量，研究不同收入的人对待电脑的态度，必须使用变量重新赋值的方法将收入进行适当的分组，而后再形成交叉表进行频数分析。

5.4.1　交叉表分析过程

交叉表分析过程的基本操作步骤如下：

（1）建立或打开一个数据文件，执行 Analyze→Descriptive Statistics→Crosstabs（交叉表）命令，打开 Crosstabs 对话框，如图 5-19 所示。

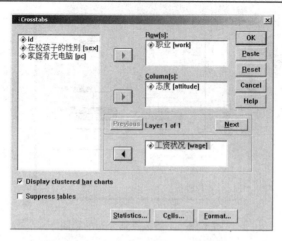

图 5-19　交叉表过程主对话框

①从源变量清单中选择一个或几个变量移至 Row 框中，作为交叉表的行变量；选择一个或几个变量移至 Column(s)框中，作为交叉表的列变量。

此时，单击 OK 按钮提交系统执行，系统将按默认的选项输出二维交叉表。

②选择控制变量移入 Layer 框中，以决定交叉表频数分布的层，称这个变量为层变量。可以选择多个控制变量，通过 Next 按钮依次移入，单击左边的 Previous 按钮可选择前面已经选定的变量。如果不选择层变量，则对全部数据形成交叉表。

③选择 Display clustered bar charts，将对每个层变量分类中每一个行变量和列变量的组合输出一张分簇的条形图。

④选择 Suppress tables 则表示不输出多维分布表。

（2）单击 Statistics 按钮，打开 Statistics 对话框，如图 5-20 所示。

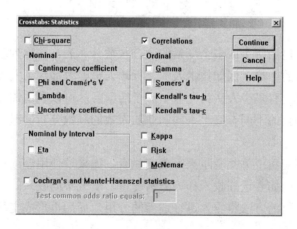

图 5-20　交叉表过程的统计量对话框

● Chi-square：对行变量和列变量的独立性进行卡方检验，包括皮尔逊卡方检验、Likelihood-ratio（似然比）检验、Linear-by-Linear Association（依线性的线性关联）检验等。

- Correlations：计算 Pearson 相关系数，用于检验两个变量的线性相关程度；计算 Spearman 相关系数，用于检验秩排序之间的关联度。二者的取值都在-1（完全负相关）和+1（完全正相关）之间，如果取值为 0，则表示二者不存在线性相关关系。

Nominal 栏，对定类测度或名义测度的数据资料，可选择此栏选项。

- Contingency coefficient：列联系数，根据卡方统计量计算的关联测度，其值严格大于 0，小于 1，如果这个系数的值接近于 0 或接近于 1，分别表示行、列变量之间无关联或高度关联。列联系数的大小与表中行列的数目有关。

- Phi and Cramer's V：φ 系数和克拉美值，是根据卡方统计量经修改计算得到的反映变量关联测度的值，其中 Phi 系数的值等于卡方统计量除以样本容量后的平方根。Cramer 值也是根据卡方统计量计算得到的。

- Lambda：λ 系数，反映当用自变量值预测因变量值时的误差比率。值为 1 时，意味自变量值可以很好地预测因变量的值；值为 0 时，则表示自变量值无助于预测因变量的值。

- Uncertainty coefficient：不定系数，反映当用一个变量值预测另一个变量值时的误差比率。

Ordinal 栏，若数据属定序测度的数据资料，可选择此栏选项。

- Gamma：伽马系数，反映两个定序测度变量的对称关联程度，其值在-1 与 1 之间。Gamma 值按绝对值接近于 1 表明两个变量之间具有高度线性关系，接近于 0 表明变量之间有低度或无线性关系。对二维表显示 0 序 Gamma 值，对三维或三维以上的交叉表将显示条件 Gamma 值。

- Somers' d：Somer 系数是 Gamma 系数的非对称性推广，其意义与 Gamma 系数基本相同，不同点仅仅在于它包括与自变量不相关的成对数据。

- Kendall's tau-b：肯德尔 tau-b 系数，反映相关的定序变量或秩变量的非参数关联程度，其值在-1 与 1 之间。系数的符号反映相关方向，其绝对值越大表明变量的相关程度越高，系数值±1 只可能在正方形表中得到。

- Kendall' tau-c：肯德尔 tau-c 系数，反映忽略定序变量之间相关关系的非参数关联程度，其取值范围和意义与 Kendall' s tau-b 系数一致。

Nominal by Interval 栏，选项 Eta 系数反映行列变量的关联程度，其值在 0 与 1 之间。值越接近于 1 表明变量的关联程度越高，反过来，值越接近于 0，变量的关联程度越低。适用于一个名义测度（例如，性别）变量与定比测度（例如，工资收入）的变量之间关联程度的检验。

- Kappa：Kappa 系数，用来检验两个评估人对同一对象进行评估时是否具有相同的态度。其值为 1 表明二者态度完全相同，0 表明二者没有共同点。Kappa 系数只用于正方表，即两个变量有相等数量的分类。

- Risk：相对风险比率系数。计算 Risk 系数反映一个因素与发生的某一特定事件之间的关联程度，此统计量的置信区间包含 1，表示因素与事件无联系。

- McNemar：McNemar 系数，适用于对二维交叉变量的非参数检验，用于探索在"验前－验后"试验设计由于试验的干扰而引起的变化。

- Cochran's and Mentel-Haenszel statistics：选项检验二值因变量与二值应变量之间的独立性。

（3）单击 Cells 按钮，打开 Cell Display（单元格显示）对话框。如图 5-21 所示。

- Counts 栏用于选择交叉表单元格中频数显示格式。
- Observed：显示观测值频数，这是系统默认的选项。
- Expected：如果行、列变量在统计意义下相互独立或不相关，显示期望的或预测的观测值频数。
- Percentages 栏用于选择交叉表单元格中百分比显示格式。

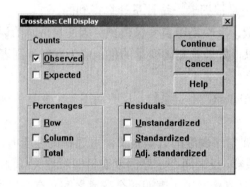

图 5-21　单元格显示对话框

- Row：观测值数占该行观测值总数的百分比。
- Column：观测值数占该列观测值总数的百分比。
- Total：观测值数占全部观测值总数的百分比。
- Residuals 栏用于选择交叉表单元格中残差显示格式。
- Unstandardized：非标准化残差，即单元格中的观测值与预测值之差。
- Standardized：标准化残差，即均值为 0、标准差为 1 的 Pearson 残差。
- Adj. standardized：调整的标准化残差，即观测值与预测值之差除以标准差的值。

（4）单击 Format 按钮，打开表格格式对话框，如图 5-22 所示。

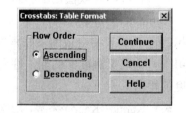

Row Order（行顺序）栏有两个单选项：

- Ascending：以升序显示，这是系统默认的选项。
- Decending：以降序显示。

选项全部确定后，单击 OK 提交系统运行。

图 5-22　表格式对话框

5.4.2　交叉表过程实例与分析

例5.4.1　某中学为了解电脑对学生学习的影响，组织学生家长进行问卷调查，在收到的答卷中随机地抽查了30份答卷，根据答卷的项目选择其中的部分数据资料组织建立数据文件quiz.sav，如表5.10所示。

表 5.10　数据文件 quiz.sav 的数据

id	job	attitute	salary	id	job	attitute	salary
1	干部	无所谓	400 元-600 元	16	医生	有益	400 元-600 元
2	教师	有益	600 元-800 元	17	医生	无所谓	600 元-800 元
3	教师	有益	400 元-600 元	18	工人	有益	400 元-600 元
4	科技人员	有益	400 元-600 元	19	科技人员	有益	600 元-800 元
5	干部	无益	小于 400 元	20	干部	有益	400 元-600 元
6	工人	无益	小于 400 元	21	教师	有益	800 元以上
7	医生	无所谓	400 元-600 元	22	科技人员	无益	600 元-800 元
8	工人	无所谓	600 元-800 元	23	科技人员	有益	800 元以上
9	科技人员	无所谓	800 元以上	24	医生	无所谓	600 元-800 元
10	教师	无益	600 元-800 元	25	其他职业	无益	600 元-800 元
11	教师	有益	400 元-600 元	26	教师	无所谓	400 元-600 元
12	干部	有益	800 元以上	27	其他职业	无益	400 元-600 元
13	科技人员	无所谓	400 元-600 元	28	工人	有益	600 元-800 元
14	科技人员	无益	600 元-800 元	29	干部	无所谓	小于 400 元
15	其他职业	有益	小于 400 元	30	教师	无所谓	600 元-800 元

根据表中数据使用交叉表过程分析不同月收入的家长中，职业与对待电脑是否影响孩子学习的态度之间的关系。

建立的数据文件、变量名、标签以及值标签列于下表：

变量及标签	job （家长职业）	attitute （对电脑的态度）	salary （月薪水）
值与值标签	1　干部 2　科技人员 3　教师 4　工人 5　医生 6　其他职业	1　有益 2　无所谓 3　无益	1　小于 400 元 2　400 元-600 元 3　600 元-800 元 4　800 元以上

为了简化输出结果，我们按照图 5-19～图 5-22 所示选择选项，确认后单击 OK 执行。输出结果如下：

（1）Case Processing Summary（观测量概述）表，是关于文件观测量情况的概述表，包括使用的有效观测量数、缺失值数等，此处略去。

（2）交叉表，如表 5.11 所示。

从此表中可以看到不同工资收入的家长按职业和对待电脑是否影响孩子学习的态度的频数分布情况。例如在工资收入 400 元～600 元组中，共计 11 人，认为电脑对孩子学习有益的有 6 人，认为无所谓的有 4 人，认为无益的有 1 人，在全部的 18 个（6 行 3 列）单元格中显示这 11 个人的具体分布状况。

表 5.11　示例文件的 Crosstabulation（交叉）表

JOB * ATTITUDE * SALARY Crosstabulation

	SALARY			ATTITUDE 1	2	3	Total
Count	1	JOB	1		1	1	2
			4			1	1
			6	1			1
		Total		1	1	2	4
	2	JOB	1	1	1		2
			2	1	1		2
			3	2	1		3
			4	1			1
			5	1	1		2
			6			1	1
		Total		6	4	1	11
	3	JOB	2	1		2	3
			3	1	1	1	3
			4	1	1		2
			5		2		2
			6			1	1
		Total		3	4	4	11
	4	JOB	1	1			1
			2	1	1		2
			3	1			1
		Total		3	1		4

　　如果在 **Cells Display** 对话框内还选择其他选项，相关的结果也将在各个单元格中加以显示，在该对话框里选择的选项越多，交叉表的规模将越大、越复杂。

　　（3）Symmetric Measures（对称测度）表，如表 5.12 所示。

表 5.12　Symmetric Measures（对称测度）表

JOB 工资			Value	Asymp. Std. Error	Approx. T	Approx. Sig.
1	Interval by Interval	Pearson's R	-.569	.337	-.977	.431
	Ordinal by Ordinal	Spearman Correlation	-.500	.510	-.816	.500
	N of Valid Cases		4			
2	Interval by Interval	Pearson's R	.342	.313	1.092	.303
	Ordinal by Ordinal	Spearman Correlation	.207	.348	.635	.541
	N of Valid Cases		11			
3	Interval by Interval	Pearson's R	.040	.309	.120	.907
	Ordinal by Ordinal	Spearman Correlation	-.037	.350	-.111	.914
	N of Valid Cases		11			
4	Interval by Interval	Pearson's R	.000	.289	.000	1.000
	Ordinal by Ordinal	Spearman Correlation	.000	.385	.000	1.000
	N of Valid Cases		49			

表中给出了对应于选项 Correlations 的结果，其中有：皮尔逊相关系数 R、斯皮尔曼相关系数。从表中的相关系数值来看，层变量 salary 的 4 个分组中，相关系数的绝对值都很小或者在 0.5 上下。可以看出，不同职业的家长与他们对待电脑对孩子学习的影响的态度之间没有显著的相关关系。这反映在电脑尚未普及到家庭，计算机教学在多数学校的教学中还处于空白的现实状况下，人们尚未认识到电脑对学生学习的影响。

应该指出，分析结果只是根据一个小样本数据得出的，结果的准确性值得怀疑。在实际统计工作中可扩大样本容量进行更深入的分析，再对问题下一个较准确的结论。

（4）分簇的条形图。本过程输出按层变量 Salary 分组的分簇的条形图，如图 5-23 所示。

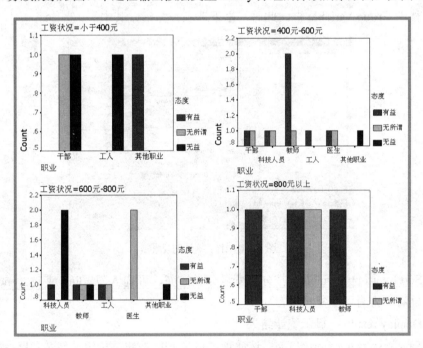

图 5-23　分簇条形图

条形图的结构是：横轴为行变量——Job（职业），纵轴为对待电脑是否影响孩子学习所持态度的各职业的人的频数。各种"态度"，即变量 Attitude 的不同值（图中以值标签显示）分别用不同颜色的图例来区别。

不难看出，分簇条形图是交叉表里层变量分组中频数分布的直观显示。在处理具有大量数据的此类问题的时候，这样的一张图有时胜过千言万语。

5.5　比率统计过程

比率统计（Ratio Statistics）过程是 SPSS 11.0 for Windows 新增的统计分析功能，它将给出两个具有 Scale 测度的变量之比的概述统计表，以反映两个变量数量上的对比关系和一致性。

5.5.1 比率统计过程

比率统计过程的操作步骤如下:

(1) 建立或打开一个数据文件,执行 Analyze→Descriptive Statistics→Ratio(比率)命令,打开 Ratio Statistics 对话框,如图 5-24 所示。

①从源变量清单中选择一个变量移至 numerator(分子)框,选择变量移至 Denominator(分母)框,这两个变量必须是取正值的 Scale(比例)测度的变量。

②选择一个名义测度(Nominal)或者定序测度(Ordinal)的分类变量(数值型或短字符型)移入 Group Variable 框。此时,框下选项被激活,其中:

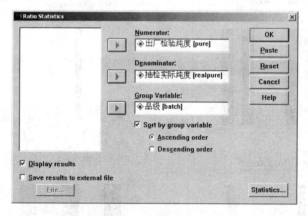

图 5-24 比率统计对话框

- Sort by group variable:按分组变量分类排序,可选 Ascending 或 Descending。

对话框右下方有两个复选项:

- Display results:显示统计结果。
- Save results to external file:选此项,单击 File 按钮,指定文件名和路径将统计结果保存到一个外部文件中去。

(2) 单击 Statistics 按钮,打开如图 5-25 所示的统计量对话框。

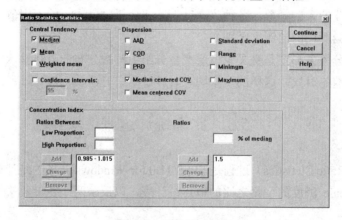

图 5-25 统计量对话框

其中包括下列统计量：

①Central Tendency 栏，设置反映比率集中趋势的统计量。

- Median：比率中位数。
- Mean：比率算术平均值。
- Weighted mean：以分母变量加权计算的加权比率平均值。
- Confidence intervals：比率的 95% 置信区间，可以改变置信概率值。

②Dispersion 栏，设置反映比率的离差的统计量。

- AAD（Average Absolute Deviation）：比率关于中位数的绝对平均差。
- COD（Coefficient of Dispersion）：离差系数，即比率绝对平均差与中位数的百分比。
- PRD（Price-related Differential）：递减指数，均值除以加权平均值的商。
- Median centered COV（Median-Centered Coefficient of Variation）：向中位数集中的变异系数。以上 3 项为系统默认选项。
- Mean centered COV：向均值集中的变异系数，即比率标准差与均值之比。
- Standard Deviation：比率标准差（关于比率均值）。
- Range：极差。
- Minimum：最小比率值。
- Maximum：最大比率值。

③Concentration Index（集中指数）栏，计算用户指定的范围或在中位数占的百分比。

- Ratios Between：在 Low Proportion 框和 High Proportion 框中分别键入一个数值，单击 Add 添加到下面的框中，表示落在指定的最低和最高比率之间的区间内的比率所占的百分比。
- Ratios Within：在 "% of Median" 左边的小框中输入一个 0～100 之间的数值 k，单击 Add 添加到下面的框中。则指定了一个区间，其上下限为 $(1 \pm 0.01 \cdot k) \cdot median$，表示落在这个区间内的比率数所占的百分比。

统计量确定后，返回主对话框，单击 OK 交系统运行。

5.5.2　比率统计实例与分析

例 5.5.1　质量检验部门从某厂生产的 4 种等级产品中随机抽查 18 个样品，检测产品的纯度，与厂家给出的纯度进行比较，数据如下表所示。

batch	pure	realpure	batch	pure	realpure	batch	pure	realpure
4	.9670	.9320	1	.9812	.9875	4	.9695	.9640
4	.9640	.9465	3	.9805	.9865	1	.9833	.9835
3	.9760	.9795	3	.9810	.9705	1	.9832	.9725
4	.9650	.9435	2	.9815	.9622	2	.9822	.9750
2	.9775	.9710	2	.9822	.9835	2	.9815	.9741
1	.9815	.9822	2	.9816	.9735	3	.9795	.9625

使用比率统计过程对检测结果进行分析。

本问题解决步骤如下：

（1）建立数据文件，定义变量 batch 为产品的品级，pure 为厂家给出的产品纯度，realpure 为质量检验部门检测的产品纯度。

（2）按照图 5-25 和图 5-26 设置选项，运行后得到如下结果：

①Case Processing Summary（观测量概述）表，见表 5.13。

表中列出样品中各品级样本的数量和百分比。

②Ratio Statistics for PURE / REALPURE（变量 pure 与 realpure 的比率统计）表，如表 5.14 所示。

表中列出各品级产品纯度比率的均值、中位数、离差系数、向中位数集中的变异系数和落在两个指定区间内的比率所占的百分比。

从计算结果可以看出，厂家给出的产品纯度普遍略高于质检部门检测的产品纯度，特别是四级品的比较结果更为显著，仅有 25%的比率落入比率均值上下 1.5%区间内，厂家测量结果与质检部门测量结果不太一致。

表 5.13 观测量概述表

		Count	Percent
BATCH	1	4	22.2%
	2	6	33.3%
	3	4	22.2%
	4	4	22.2%
	Overall	18	100.0%
	Excluded	0	
	Total	18	

表 5.14 Ratio Statistics for PURE / REALPURE 表

Group	Mean	Median	Coefficient of Dispersion	Coefficient of Variation Median Centered	Coefficient of Concentration Percent between 0.985 and 1.015 inclusive	Within 1.5% of Median inclusive
1	1.001	1.000	.004	.7%	100.0%	100.0%
2	1.008	1.007	.004	.7%	83.3%	100.0%
3	1.005	1.004	.009	1.1%	75.0%	100.0%
4	1.021	1.021	.009	1.3%	25.0%	75.0%
Overall	1.009	1.007	.008	1.1%	72.2%	88.9%

习 题

5.1 下列数据记录的是 30 名大学生每周上网的时间数（以小时计）：0，0，1，1，1，1，1，1，1，2，2，2，2，2，2，3，3，3，3，4，4，4，4，5，5，6，8，8，9,10 。试填写如下的统计表。

Statistics TIME 上网时间

	N		Sum	Mean	Median	Mode	Std. Deviation
	Valid	Missing					
TIMES	30	0	98				2.664

5.2 某公司所属企业月销售额（万元）的条形图如下图所示，根据图填写统计量表中的缺项数值。

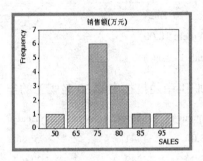

Statistics SALES

N		Mean	Median	Mode	Std. Deviation	Minimum	Maximum	Sum
Valid	Missing							
	0				10.328			

5.3 对同一个分析变量执行频数分析过程，分别输出条形图和直方图，比较二者的区别。

5.4 下列频数表是对一份关于被调查者对自己职业满意程度的社会调查数据资料，执行频数分析过程输出的频数表。其中定义 opinion 为数值型变量，标签为"对工作的满意程度"，值为 1、2、3、4。试填写表中空格处的数值。

opinion 对工作的满意程度

		Frequency	Percent	Valid Percent	Cumulative Percent
Valid	1（非常满意）		15.7		17.4
	2（比较满意）	77	33.8	35.3	
	3（不太满意）	75		34.4	87.2
	4（很不满意）	28	12.3	12.8	100.0
	Total	218	95.6	100.0	
Missing	System	10			
Total			100.0		

5.5　调查 100 名健康女大学生的血清总蛋白含量（g%）如下表，试作频数表分析。

7.43　7.88　6.88　7.80　7.04　8.05　6.97　7.12　7.35　8.05　7.95　7.56　7.50　7.88　7.20　7.20　8.43
7.20　7.43　7.12　7.20　7.50　7.35　7.88　7.43　7.58　6.50　7.43　7.12　6.97　6.80　7.35　7.50　7.50
7.20　6.43　7.58　8.03　6.97　7.43　7.35　7.35　7.58　7.58　6.88　7.65　7.04　7.12　8.12　7.50　7.65
7.04　6.80　7.04　7.20　7.65　7.43　7.65　7.76　6.73　7.20　7.50　7.43　7.35　7.95　7.35　7.47　7.04
6.50　7.65　8.16　7.54　7.27　7.27　6.72　7.65　7.27　7.04　7.72　6.88　6.73　6.73　6.73　7.27　7.72
7.58　7.35　7.50　7.27　7.35　7.35　7.27　8.16　7.03　7.43　7.35　7.95　7.04　7.65　7.27

5.6　考虑下列 25 个人的年龄：21，23，23，24，25，25，30，30，32，34，34，35，35，35，35，37，37，40，40，41，41，42，42，45，75，完成下列茎叶图。

AGE Stem-and-Leaf Plot

Frequency	Stem	&	Leaf
	2	.	
	3	.	
	4	.	
	Extremes		

Stem Widch: 10.00

Each leaf: 1 case(s)

5.7　下图为从某厂全部职工中随机抽出的 30 名职工的年工资（元）分布的茎叶图：

Frequency	Stem	&	Leaf
3.00	41	.	5566
5.00	42	.	23344
5.00	43	.	556668
8.00	44	.	02455688
4.00	45	.	1458
.00	46	.	
3.00	47	.	356
1.00	Extremes		(>= 8850)

Stem Width :　100.00

Each leaf:　1 case(s)

（1）根据茎叶图列出这 30 个人的年工资额，定义变量建立数据文件，使用 Compute 对话框，计算年工资的 Z 得分；

（2）建立记录工资的数据文件，输出该公司职工工资的描述性统计表。指出全厂职工年工资的均值、标准差、95% 置信区间等。

5.8　试根据某个班级会计、统计、管理 3 门功课考试成绩的箱图（下图）回答下列问题：

（1）估计该班各科考试成绩的中位数。

（2）估计管理成绩的内四分位数界。

（3）从会计成绩的奇异值的位置估计该学生的会计成绩。

（4）哪一门功课成绩的变异程度最大？哪一门成绩的变异程度最小？

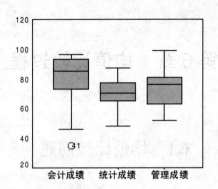

5.9　下表是从住房和社区服务问题调查中抽出的容量为 18 的样本，调查住户的住房是自购还是租用（1 = "自购"，2 = "租用"）以及对社区服务的满意程度（1 = "不满意"，2 = "满意"，3 = "很满意"）。

person	owner	approve	person	owner	approve
1	1	1	9	2	1
2	2	2	10	2	3
3	1	1	11	2	1
4	1	1	12	2	1
5	2	2	13	1	3
6	1	2	14	1	2
7	1	1	15	2	1
8	1	1	16	1	3

填写如下交叉表，并调用 SPSS 的交叉表过程，进一步分析人们对城市服务的满意程度。

OWNER * APPROVE　　Crosstabulation

			APPROVE			
			1	2	3	**Total**
OWNER	1	Count				
	2	Count				
Total		Count				

5.10　针对习题 4.8 建立的数据文件，调用 Ratio 统计过程，分析各地段的商品楼的标定价格与实际销售价格比率变化的分布情况，各地段价格比率是否均匀或一致？

第 6 章 均值比较过程

6.1 均值比较问题

6.1.1 均值比较问题的意义

根据从未知总体中抽出的随机样本，对未知总体的分布特征进行统计推断是统计学的基本任务之一。这种推断常常表现对总体所依赖的参数的推断。在所有数字特征中，均值是反映总体一般水平的最重要的特征，调查得来的样本，能否认为是来自于某个确定均值的总体？就需要比较样本均值与总体均值之间的差异。例如根据过去的资料，已知某灯泡厂生产的灯泡寿命的平均值为 1500 小时。该厂为了提高产品的质量，采用新工艺组织生产，为了解采用新工艺后，是否提高了的灯泡寿命，从新工艺下生产的灯泡中随机抽查了若干只灯泡，测得它们的寿命，并计算平均寿命，我们需要根据样本的均值来推断，新工艺是否导致产品质量的提高。这类问题属于数理统计学的假设检验问题，其实质仍然可以归结为均值比较问题。

对来自于两个或者多个总体的样本的均值的比较，研究各总体之间的差异。例如两个教师分别教授两个平行班级的同一门功课，比较这两班学习的差异；根据使用不同仪器多次测量同一指标的结果，判断不同仪器测量结果之间的差异；对纺织厂生产的同一种布匹，在几种不同的温度水平下进行缩水率试验，研究温度对布的缩水率的影响等都属于均值比较问题。

均值比较问题是最常见的统计分析问题。数理统计中，正态总体参数估计、参数的假设检验以及单因素的方差分析两部分内容基本上都属于均值比较问题。

SPSS for Windows 提供的 Compare Means（均值比较）过程可用于解决这类问题。

6.1.2 均值比较过程使用条件

1. 数据的要求

在统计学里把一个统计指标（随机变量）X 视为一个总体，通过观察或试验取得的观察值视为样本，把从几个独立的分组里取得的几组观察值视为几个独立样本。

用 SPSS 的均值比较过程作统计分析，它对可使用的数据有一些要求。在此过程中将上述的指标视为因变量，即分析变量，T 检验中又称为检验变量，它必须是数值型变量；把依分组变量分类出来的不同组的观测值视为的不同样本，称分组变量为自变量，它们可以是数值型变量或者短字符型变量。

2. 假设条件

SPSS 针对各组观测值计算的统计量如均值、标准差等都是基于正态分布理论的，因此认为数据资料都应该是来自于正态总体的。如使用稳健性统计量，如中位数、极差等进行均值比较，则对样本是否来自正态总体可不作要求。

使用 T 检验法对两个独立样本的均值进行比较，除要求这两个样本都来自正态总体，还要对两个正态总体的方差是否相等加以区分，即需要确定两个正态总体是否具有方差齐性。因为方差相等与不相等时计算 T 统计量值的计算公式是不同的。

假设 σ_1^2 和 σ_2^2 分别为两个正态总体的方差。又设 n_1，n_2 分别为两个样本的容量，$\overline{X}_1$，$\overline{X}_2$ 分别为两个样本的均值，S_1^2，S_2^2 分别为两个样本的样本方差，如果两检验总体均值相等，则计算 T 统计量值的公式为：

当方差未知，但认为方差相等时，即 $\sigma_1^2 = \sigma_2^2$ 时，$t = \dfrac{\overline{X}_1 - \overline{X}_2}{S_w \sqrt{\dfrac{1}{n_1} + \dfrac{1}{n_2}}} \sim t(n_1 + n_2 - 2)$ 分布，

其中：$S_w = \dfrac{(n_1 - 1)S_1^2 + (n_2 - 1)S_2^2}{n_1 + n_2 - 2}$。

当方差不等时，即 $\sigma_1^2 \neq \sigma_2^2$ 时，$t = \dfrac{\overline{X}_1 - \overline{X}_2}{\sqrt{S_1^2 / n_1 + S_2^2 / n_2}}$，此时 t 统计量的分布近似的视为标准正态分布。

为了判断两总体是否具有方差齐性需使用假设检验中的 F 检验法。首先提出零假设 H_0：$\sigma_1^2 = \sigma_2^2$。执行检验过程，若 p 值小于 0.05 则需在给定的显著性水平下拒绝 H_0 而认为方差不等；否则认为两总体方差无显著差异。

F 检验中计算 F 统计量值的计算公式为：$F = \dfrac{\text{MAX}(S_1^2, S_2^2)}{\text{MIN}(S_1^2, S_2^2)} \sim F(n_1 - 1, \ n_2 - 1)$ 分布，

这里 $n_1 - 1$ 为 $\text{MAX}(S_1^2, S_2^2)$ 的自由度，$n_2 - 1$ 为 $\text{MIN}(S_1^2, S_2^2)$ 的自由度。

若进行单因素方差分析过程（One-Way ANOVA procedure），也需要假定各组样本都是来自等方差的正态总体。如需要检验方差齐性，可使用 Levene 方差齐性检验法来检验。

如果经检验认为样本呈非正态的，则需使用非参数检验过程进行统计分析。非参数检验过程的内容参见第 10 章。

6.1.3　均值比较过程的主要内容

SPSS 提供的均值比较过程包括以下具体内容。

1. MEANS 过程

MEANS 过程按分组变量计算因变量的描述统计量值，如均值、方差、标准差、偏度、峰度等，并将计算结果并列显示，提供用户比较分析各组变量值的差异。

2. T 检验法

假设检验是统计推断的基本方法之一。根据样本所提供的有关未知总体的信息，检验事先给出的关于总体的假设是否正确。假设检验分为参数假设检验和非参数假设检验，主要取决于作出的假设是针对总体参数的还是针对总体分布类型的。SPSS 提供了根据正态总体的样本对总体均值的参数假设检验方法——T 检验法以及非参数检验方法。

（1）单个样本的 T 检验过程。

One-Sample T-test（单个样本的 T 检验）过程，相当于数理统计中单个总体均值的假设检验，根据样本观测值，检验抽样总体的均值与指定的常数之间的差异程度，即检验零假设 H_0： $\mu = \mu_0$。

设 n 为样本容量，$\overline{X}$ 为样本均值，检验使用 T 统计量。在原假设成立的条件下，T 统计量表达式为：

$$t = \frac{\overline{X} - \mu_0}{S/\sqrt{n}} \sim t(n-1) \text{ 分布，其中 } S = \sqrt{\frac{1}{n-1}\sum_{i=1}^{n}(X_i - \overline{X})^2} \text{ 为样本标准差。}$$

有些检验结果里显示 Std. Error Mean（平均标准误差），它的计算公式为：$S/\sqrt{n}$。

（2）独立样本的 T 检验过程。

Independent-Samples Test（独立样本的 T 检验）过程用于检验两个独立样本是否是来自于具有相同均值的总体，相当于检验两个独立正态总体的均值是否相等，即检验假设 H_0：$\mu_1 = \mu_2$。

例如，对两个教学班的同一门课程使用了不同的教学方法，假定两个班级的考试成绩是相互独立的，需要通过考试成绩来比较判断两种教学方法的差异，即需要判断两个班的考试成绩是否可以看成是来自于同一个正态总体的。

（3）成对样本的 T 检验过程。

Paired-Samples T Test（配对样本的 T 检验）过程用于检验两个相关的样本是否是来自于具有相同均值的正态总体，如果我们设来自两个正态总体的配对的样本为：(X_1, Y_1)，(X_2, Y_2)，…，(X_n, Y_n)。令 $D_i = X_i - Y_i$，$i = 1,2,\cdots,n$，相当于检验样本 D_i，$i = 1,2,\cdots,n$ 是否是来自于均值为零的正态总体，即检验假设 H_0： $\mu = \mu_1 - \mu_2 = 0$。

例如，在一组高血压患者中，让每位患者分别服用甲、乙两种降压药，观察两种药品的降压效果。测量并记录每位患者服用了两种药后的血压值，得到一组成对的数据，使用成对样本的 T 检验法检验两种药物的降压效果是否相同。

成对样本的 T 检验实际上是先求出每对观测量值之差，然后求各差值的均值。检验成对变量是否具有显著的差异，其实质就是检验差值的均值与零均值之间差异的显著性。如果差值均值与零无显著性差异即表明成对变量均值之间无显著性差异。

以上 3 种检验均使用 T 统计量进行检验，但是对数据文件结构的要求也不相同，调用该过程的菜单命令也不相同。

3. 单因素方差分析过程

One-Way Analysis of Variance（单因素方差分析，或称一元方差分析）过程用于检验多个独立样本是否是来自于具有相同均值的正态总体，相当于检验假设

H_0:　$\mu_1 = \mu_2 = \cdots = \mu_n = \mu$

例如，对同一种原料制成的一批布，使用了 k 种不同的染整工艺进行处理后，从每种工艺处理过的布中各抽选数块布样，进行缩水率试验，根据试验结果判断不同染整工艺对缩水率的影响。这里考察的对缩水率的影响因素只有一个，即染整工艺，因此称之为单因素方差分析。

在数理统计中，方差分析实质上是多个总体均值比较的假设检验问题，它的内容多归结为线性模型理论中，所以在普通数理统计书籍中将它单独成章加以论述。SPSS 中将 One-Way Analysis of Variance（单因素方差分析）过程作为 Compare Means 菜单下的一个功能项。

4. 检验的显著性概率

假设检验中，接受或者拒绝原假设都依据检验的显著性概率，在 SPSS 中，根据样本计算的检验统计量的数值，并计算双尾显著性概率 Sig.(2-tailed)，再与默认的显著性水平 $\alpha = 0.05$ 相比较，如果 Sig. $\geq$ 0.05，则接受原假设，否则拒绝原假设。

在 T 检验过程中，一般计算 T 统计量值，在双总体问题中检验方差齐性时，计算 F 统计量值，显著性概率 Sig.的意义如图 6-1 的 A、B 所示。

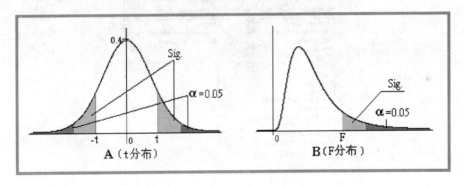

图 6-1　显著性概率 Sig.的示意图

6.2　均值比较过程

6.2.1　均值比较过程

Means 过程的步骤如下：

（1）打开数据文件，执行 Analyze→Compare Means→Means 命令，打开如图 6-2 所示的 Means 对话框。

（2）从源变量清单中选择一个或几个因变量，移入 Dependent 栏，最好选择连续型的

数值变量作为因变量。

选择分组变量移入 Independent List 栏，选择分组变量，有两种方法，一种是直接选择一个或几个移入自变量栏，不点击 Next 按钮，输出报告中将对按每个自变量产生一张均值比较结果表；另一种方法是选择一个或几个移入自变量栏后，单击 Next 按钮，形成层控制变量，在每一层里进一步划分样本，按层报告的的形式输出结果。如果每层里仅有一个自变量，则对每个自变量以复合表的形式输出结果。

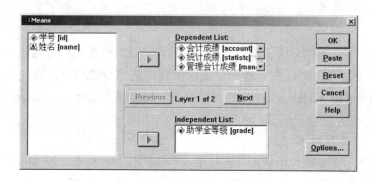

图 6-2　均值比较过程对话框

（3）单击 Options 按钮，打开统计量选项对话框，如图 6-3 所示。

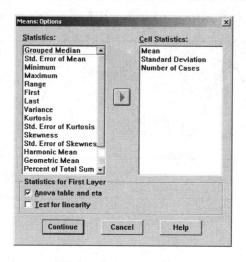

图 6-3　统计量选项对话框

对话框左边描述统计量清单框中有二十余个统计量，这些统计量与 OLAP Cube 过程的 Statistics 对话框中所列各统计量相同，此处不再列出。其中 Mean、Number of Cases 和 Standard Deviation 为默认输出的统计量。

根据统计要求选择适当的统计量移入 Cell Statistics 框，输出报告的单元格里将按 Cell 框中选入统计量的顺序显示出它们的计算结果。

在 Statistics for First Layer（第一层变量统计）栏中有两个选项：

● Anova table and eta：将在第一层里输出一元方差分析表，并计算 eta 和 eta 平方的值。这里 eta 和 eta 平方为第一层中每一个自变量的关联性测度，eta 平方是因变量中通过各组中差异来解释的方差比率，它的值为组间平方和与总平方和的比值。

● Test for linearity：将计算平方和、自由度、与线性和非线性部分关联的均方、F 比、Pearson 相关系数 R，以及可决系数 R^2，用于测度线性模型拟合的优度。如果自变量为短字符型变量，这些统计量值均不计算。

选项确定后，单击 OK 执行。

6.2.2　均值比较过程实例及分析

例 6.2.1　设有某校统计专业一个班各门功课期末考试成绩的统计资料，保存在文件 Score1.sav 中，试用均值比较过程比较分析该班男女学生考试成绩之间的差异。

（1）打开数据文件，如图 6-4 所示。

	id	name	sex	account	statistc	manege	grade
1	1	苏永年	1	87	82	93	1
2	2	郭宁毅	1	79	80	77	2
3	3	权志伟	1	90	66	93	2
4	4	傅玲玲	0	67	67	79	2
5	5	孙建芹	1	82	77	89	1
6	6	祁丽萍	0	83	65	81	1
7	7	龚力	0	93	79	86	2
8	8	李升平	1	83	68	89	1
9	9	张志强	1	91	74	76	2
10	10	张艳丽	0	94	73	81	1

图 6-4　数据文件 Score1.sav（局部）

（2）按照图 6-1 所示，选择 3 门功课的成绩变量（account、statistc、manege）移入因变量框，为使输出结果简单起见，选择性别 sex 为自变量置于第一控制层中，选择享受助学金等级 grade 置于第二控制层中。

（3）如图 6-2 所示选择计算统计量和选项，返回主对话框，单击 OK 执行。

（4）主要的输出结果及其统计分析如下：

①观测量概述表，此处略去。

②均值比较报告，见表 6.1。

表 6.1 中显示按性别分组、按助学金等级计算的各门功课的平均成绩、标准差和学生人数。

③第一层变量的方差分析表，如表 6.2 所示。

对第一层变量的方差分析表，从表中看到，各门功课成绩按性别分组计算的 F 比的值都比较小，不同性别引起的考试成绩的组间差异远小于由于随机误差引起的学生成绩的组内差异，且显著性水平 Sig.的值都比 0.05 大得多，说明该班级男女学生 3 门功课的考试成绩之间都没有显著的差异。

表 6.1　成绩按助学金、性别分组的均值比较报告表

SEX 性别	GRADE 助学金等级		ACCOUNT 会计	STATISTC 统计	MANEGE 管理
0	1	Mean	88.77	70.31	76.69
		Std. Deviation	8.633	11.627	11.521
		N	13	13	13
	2	Mean	74.80	69.75	75.80
		Std. Deviation	16.572	11.550	12.735
		N	10	10	10
	Total	Mean	82.70	70.07	76.30
		Std. Deviation	14.252	11.331	11.788
		N	23	23	23
1	1	Mean	86.45	71.64	77.32
		Std. Deviation	9.543	7.201	12.732
		N	11	11	11
	2	Mean	78.33	69.79	69.76
		Std. Deviation	14.048	8.558	11.575
		N	21	21	21
	Total	Mean	81.13	70.42	72.36
		Std. Deviation	13.117	8.048	12.330
		N	32	32	32
Total	1	Mean	87.71	70.92	76.98
		Std. Deviation	8.937	9.671	11.825
		N	24	24	24
	2	Mean	77.19	69.77	71.71
		Std. Deviation	14.723	9.426	12.092
		N	31	31	31
	Total	Mean	81.78	70.27	74.01
		Std. Deviation	13.496	9.462	12.155
		N	55	55	55

表 6.2　ANOVA Table（对第一层变量 sex 的方差分析表）

			Sum of Squares	df	Mean Square	F	Sig.
ACCOUNT 会计 * SEX 性别	Between Groups		33.012	1	33.012	.178	.674
	Within Groups	(Combined)	9802.370	53	184.950		
	Total		9835.382	54			
STATISTC 统计 * SEX 性别	Between Groups		1.702	1	1.702	.019	.892
	Within Groups	(Combined)	4832.707	53	91.183		
	Total		4834.409	54			
MANEGE 管理 * SEX 性别	Between Groups		208.259	1	208.259	1.421	.239
	Within Groups	(Combined)	7769.987	53	146.604		
	Total		7978.245	54			

据表 6.1 看，事实确实如此，从全班学生成绩来看，会计课成绩女生平均成绩为 82.70 分，男生的平均成绩为 81.13 分，平均成绩相差仅仅只有 1 分多，标准差分别为 14.25 和 13.12，二者也相差无几。都反映了不同性别的学生会计课程的成绩没有显著的差异。

④关联性测度表，如表 6.3 所示。

Measures of Association（关联性测度）表给出 Eta 和 Eta Squared 值。

表 6.3　Measures of Association（关联性测度）表

	Eta	Eta Squared
ACCOUNT 会计 * SEX 性别	.058	.003
STATISTC 统计 * SEX 性别	.019	.000
MANEGE 管理 * SEX 性别	.162	.026

当选择 sex 为第一层变量时，会计成绩的 Eta 值等于 0.058，Eta Squared 为 0.003。Eta 值是一个刻划因变量与自变量之间联系密切程度的统计量，其值越接近于 1，则说明二者之间的联系越密切。本例中，Eta Squared 的值等于 0.003，这个值非常小，说明学生会计课程的考试成绩与性别之间没有密切的关系。同理，统计和管理课程的考试也与性别没有密切的关系。

如果要了解考试成绩与学生享受的助学金等级之间有没有关系？可以在主对话框中重新设置，将变量 grade 作为第一层变量，这时将输出对变量 grade 的方差分析表和关联性测度表。

6.3　单个样本 T 检验过程

6.3.1　单个样本的 T 检验

单个样本的 T 检验法的步骤如下：

（1）打开或建立数据文件，执行 Analyze→Compare Means→One-Sample T Test（单个样本 T 检验）命令，打开如图 6-5 所示的 One-Sample T Test 对话框。

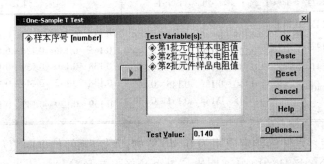

图 6-5　单个样本 T 检验对话框

①从源变量清单中选择一个或几个数值型变量移入 Test Variables（检验变量）框。

②在该框下的 Test Value 框里输入一个指定值（即假设检验值 μ_0），这相当于假设检验问题中提出的原假设 H_0：$\mu = \mu_0$。T 检验过程将对每个检验变量分别检验它们的平均值与这个指定数值之间的差异。

（2）单击 Options 按钮，打开选项对话框，如图 6-6 所示。在此对话框里可以设置置信概率及缺失值的处理方式。

①在 Confidence Interval（置信区间）栏里输入 1~99（%）中的一个数值，输出结果将给出样本均值与指定的检验值之差的置信水平该数值的置信区间。系统默认的置信水平为95%。

②在 Missing Values 栏中有两个选项：

● 选择 Exclude cases analysis by analysis，只排除分析变量的缺失值。

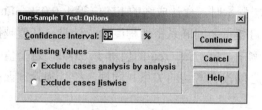

图 6-6　T 检验选项对话框

● 选择 Exclude cases listwise，将剔除有缺失值的所有观测量。

（3）选项确定后，单击 OK 提交系统运行。

6.3.2　单个样本 T 检验实例与分析

例 6.3.1　从某厂第一季度生产的 3 批同型号的电子元件中分别抽取了 15 个、25 个和30 个样品测量了它们的电阻（单位：欧姆），以判断各批产品的质量是否合格，数据资料如表 6.4 所示。

表 6.4　3 批元件的样品电阻测量值

	第一批元件样本			第二批元件样本				第三批元件样本					
电	0.140	0.145	0.142	0.135	0.140	0.142	0.136	0.134	0.144	0.134	0.133	0.129	0.150
阻	0.145	0.142	0.144	0.138	0.140	0.145	0.139	0.145	0.136	0.136	0.134	0.137	0.143
值	0.145	0.141	0.142	0.144	0.143	0.145	0.137	0.138	0.140	0.139	0.140	0.144	0.137
	0.144	0.140	0.136	0.140	0.139	0.145	0.145	0.138	0.142	0.144	0.145	0.138	0.142
	0.144	0.142	0.138	0.145	0.144	0.141	0.140	0.139	0.139	0.143	0.138	0.136	0.135

按质量的规定，元件的额定电阻为 0.140 欧姆，假定元件的电阻服从正态分布。根据这 3 批元件中抽检的样品的电阻测量值，用 T 检验过程检验，这 3 批产品是否合乎质量要求？

操作步骤如下：

（1）根据表 6.4 资料，定义变量 Ohm1、Ohm2、Ohm3，将这 3 个样本的数据作为 3 个变量的观测值，建立数据文件，并以文件名 Ohm.sav 保存。

（2）按照图 6-5 所示，选择检验变量 Ohm1、Ohm2、Ohm3 移入 Test Variables 框；输入假设检验值为 0.140。

（3）由于 3 个检验变量的样本容量互不相同，在选项对话框里，缺失值处理方式选择 Exclude cases analysis by analysis。置信水平采用系统默认的 95%。

（4）单击 OK，提交系统运行。

（5）输出结果及其统计分析如下。

①单个样本的统计量表，如表 6.5 所示。表中分别给出 3 个样本的容量(N)、均值、标准差和平均标准差。

表 6.5　One-Sample Statistics（单个样本的统计量）表

	N	Mean	Std. Diviation	Std. Error Mean
OHM1 第 1 批元件样本电阻值（欧姆）	15	0.14200	.002673	.000690
OHM2 第 2 批元件样本电阻值（欧姆）	20	0.14115	.003249	.000726
OHM3 第 3 批元件样本电阻值（欧姆）	30	0.13907	.004495	.000821

②一个样本均值的 T 检验表，如表 6.6 所示。

表 6.6　One-Sample Test（单个样本的检验）表

	Test Value = 0.140					
	t	df	Sig. (2-tailed)	Mean Difference	95% C. I of the Difference	
					Lower	Upper
OHM1 第 1 批元件样本电阻值（欧姆）	2.898	14	.012	.00200	.00052	.00348
OHM2 第 2 批元件样本电阻值（欧姆）	1.583	19	.130	.00150	-.00037	.00267
OHM3 第 3 批元件样本电阻值（欧姆）	-1.137	29	.265	-.00093	-.00261	.00075

从表 6.6 看到，对于第一批元件样本电阻测量值，有

- T 统计量值 t = 2.898；
- Df（自由度）为 14，自由度等于样本容量减 1；
- 双尾 T 检验的显著性概率（Sig.（2-tailed），其意义如图 6-1 所示）为 Sig. = 0.012< 0.05，说明第一批元件的平均电阻与额定电阻值 0.140 有显著的差异。
- Mean Difference（均值差），即样本均值 $\bar{X}$ 与检验值 0.140 之差为 0.00200。
- 样本均值与检验值偏差的 95% 置信区间（95% Confidence Interval of the Difference）为（0.00052，0.00348），置信区间不包含数值 0，则说明以 95% 的置信概率样本值与检验值偏差大于零。

根据上述结果，对第一批元件样本，应拒绝原假设，即认为第一批元件的电阻不符合质量要求。与额定电阻值 0.140 相比，这批产品的电阻显著地大了些。对于第二批和第三

批元件，显著性概率 Sig. > 0.05，所以接受原假设，认为这两批元件的电阻与额定值无显著差异，即认为产品合乎质量要求。

需要指出，单个样本的 T 检验法中，给出的置信区间是样本均值与检验值偏差的 95% 置信区间，并非总体均值的 95% 置信区间。要求出总体均值的置信区间，只要在图 6-5 的对话框的 Test Value 框里输入假设检验值 $\mu_0 = 0$ 即可。

本例中，可以求得 3 批元件总体均值的 95% 置信区间分别为：（0.14052，0.14348）、（0.13963，0.14267）、（0.13739，0.14075）。显然，这些置信区间正是偏差的 95% 置信区间的上下限加上检验值 0.140 的结果。

6.4　独立样本的 T 检验

6.4.1　独立样本的 T 检验

独立样本的 T 检验用于检验来自正态总体的两个彼此独立的样本之间的差异。独立样本的 T 检验的步骤如下：

（1）打开或建立数据文件，执行 Analyze→Compare Means→Independent-Sample T Test（独立样本 T 检验）命令，打开如图 6-7 所示的 Independent-Sample T Tes 对话框。

①从源变量清单中选择一个或几个数值型变量移入 Test Variables 框。

②选择分组变量移入 Grouping Variables 框里，这时框内显示"变量名［？？］"的形式，单击 Difine Groups（定义分组）按钮，打开如图 6-8 所示的对话框。

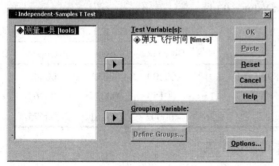
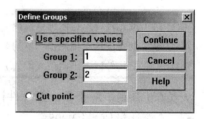

图 6-7　独立样本 T 检验对话框　　　　　　图 6-8　定义分组对话框

选择 Use specified values，表示用分组变量的值进行分组，并在 Group1 和 Group2 框中分别输入指定的分组变量的不同有效值，区分两个独立样本。

如果你选择的分组变量为连续型的数值变量，可选择 Cut point（分割点），在其后的小栏中输入变量取值范围内的一个值，将观测量分成为大于或等于该值和小于该值的两组，产生以此值为分界点的两个独立样本。

（2）单击 Options 按钮，打开选项对话框，设置置信概率及缺失值的处理方式。它与单个样本 T 检验的选项对话框完全相同，参见图 6-6。

（3）单击 OK，提交系统运行。

6.4.2　独立样本的 T 检验实例及分析

例 6.4.1　甲乙两台测时仪同时测量两靶间子弹飞行的时间，测量结果（单位：秒）如下：

仪器甲　12.56　13.62　13.25　11.88　12.35　13.40

仪器乙　13.61　13.24　14.01　12.78　13.50　12.35　12.69

假定两台仪器测量结果服从正态分布。设显著性水平为 0.05，问两台仪器的测量结果有无显著差异？

求解操作步骤如下：

（1）定义变量并建立数文件。

按照所列数据，定义变量 "time"（子弹飞行时间）、"tool"（测量仪器），设变量 tool 的值仅有 "1"，"2"，分别代表仪器甲和仪器乙，输入各变量值。以文件名 flying time.sav 保存。

（2）选择检验变量。

打开独立样本 T 检验主对话框，按图 6-7 所示，选择 time 为检验变量；选择 tool 为分组变量，在定义分组对话框里，在 Group1 和 Group2 框中分别输入 1 和 2。比较甲乙两种仪器测量结果之间的差异。相当于检验假设 $H_0: \mu_1 = \mu_2$。

（3）选项对话框设置。

在 Options 对话框里，按系统默认的选项设置。

（4）单击 OK 提交系统运行。

（5）输出结果及其统计分析。输出的主要结果有：

①分组统计量值表，如表 6.7 所示。

表 6.7　Group Statistics（分组统计量）表

TOOL 测量工具		N	Mean	Std. Diviation	Std. Error Mean
Time	1	6	12.8433	.6827	.2827
子弹飞行时间	2	7	13.1686	.5871	.2219

②独立样本 T 检验结果表，如表 6.8 所示。

表 6.8　Independent SamplesTest（独立样本 T 检验）表

		Levene's Test for Equality of Variances		t − test for Equality of Means						
									95% C. I of the Difference	
		F	Sig.	t	df	Sig. (2-tailed)	Mean Difference	Std. Error Difference	Lower	Upper
TIME 子弹飞行时间	Equal variances assumed	.455	.514	-.925	11	.375	-.3252	.3518	-1.0995	.4490
	Equal variances not assumed			-.913	10.00	.383	-.3252	.3562	-1.1190	.4685

表中显示结果分为两部分：

- Levene's Test for Equality of Variances，为方差齐性检验，在 Equal variances assumed（等方差假设）下，F = 0.455，显著性概率 Sig. = 0.514，远大于 0.05。可以认为两台仪器测量的子弹飞行时间的方差是相等的。

- t-test for Equality of Means 为均值相等的 t 检验，检验结果有：

t 统计量值 t = −0.925；自由度为 11；t 分布的双尾显著性概率 Sig. = 0.375 > 0.05，因此应该接受原假设 $H_0: \mu_1 = \mu_2$，认为仪器甲与仪器乙测量的子弹飞行时间之间无显著的差异。

均值差为−0.3252；均值差标准误为 0.3518；两台仪器测量的子弹飞行时间均值差的 95%置信区间为（-1.0995，0.4490）。

6.5 配对样本的 T 检验

6.5.1 配对样本的 T 检验

配对样本的 T 检验用于检验来自正态总体的两个彼此相关的样本均值之间的差异。成对样本的 T 检验的步骤如下：

（1）打开或建立数据文件，执行 Analyze→Compare Means→Paired-Sample T Test（配对样本 T 检验）命令，打开如图 6-9 所示的 Paired-Sample T Test 对话框。

从源变量清单中选择一对或几对成对数值型变量，移入 Paired Variables（配对变量）框，框内显示出"甲变量-乙变量"，表示这一对变量将作为比较的检验变量。

当从变量清单中选择了一个变量时，栏下 Current Selections（当前选择）状态栏里显示出选中的变量名，再选择另一个变量，对话框中央的箭头按钮方可被激活，这时才允许将它们移入 Paired Variables 框。

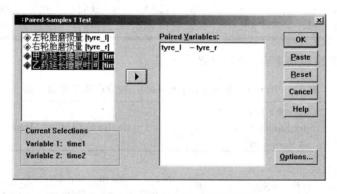

图 6-9 配对样本 T 检验主对话框

（2）单击 Options 选项按钮，打开与图 6-6 完全相同的选项对话框，在这里设置置信水平以及缺失值的处理方式。

（3）选项确定后，单击 OK 提交系统运行。

6.5.2　配对样本 T 检验实例及分析

例 6.5.1　为了比较两种汽车橡胶轮胎的耐磨性, 分别从甲乙两厂生产的同规格的前轮轮胎中随机抽取 10 只, 将它们配对安装在 10 辆汽车的左右轮上, 行驶相同里程之后, 测得各只轮胎磨损量的数据, 如表 6.9 所示。

试用配对样本 T 检验过程检验两种轮胎的耐磨性之间的差异。

表 6.9　配对试验的数据资料

试验序号	1	2	3	4	5	6	7	8	9	10
左轮胎磨损量	490	522	550	501	602	634	766	865	580	632
右轮胎磨损量	493	503	514	487	589	611	698	793	585	605

求解步骤如下:

(1) 根据数据资料建立符合成对样本 T 检验要求的数据文件, 变量定义信息如下:

变量名	变量标签	测度水平
Tyre_L	左轮胎磨损量（克）	Scale
Tyre_R	右轮胎磨损量（克）	Scale

(2) 按配对样本 T 检验主对话框图 6-9 所示, 选择配对变量"tyre_l-tyre_r"移入 Paired Variables 框。

(3) Options 选项框各项均使用系统默认值。

(4) 单击 OK 运行。

(5) 主要输出结果及分析如下:

① 配对样本统计量表, 如表 6.10 所示。

表 6.10 列出两配对样本的均值、样本容量、标准差以及平均标准差, 各项意义明显, 不必再说明了。

② 配对样本相关性检验表如表 6.11 所示。

表 6.10　Paired Samples Statistics（配对样本统计量）表

		Mean	N	Std Diviation	Std. Error Mean
Pair 1	TYRE_L 左轮胎磨损量	614.2000	10	119.6447	36.8350
	TYRE_R 右轮胎磨损量	586.8000	10	98.2512	31.0697

表 6.11 中的 Correlation（相关系数）, 显示配对样本的线性相关性。相关系数为 0.990, 不线性关系的显著性概率 Sig. = 0.000 << 0.05, 说明两种轮胎的磨损量具有高度的线性相关关系。

表 6.11　Paired Samples Correlations（配对样本相关性检验）表

		N	Correlation	Sig.
Pair 1	左轮胎磨损量（克）-右轮胎磨损量（克）	10	.990	.000

③配对样本显著性检验表如表 6.12 所示。

表 6.12 的显示结果为：

- Paired Differences（配对变量数值差）中，列出成对样本数值差的统计量值，有数值差的平均值为 26.4 克、标准差为 26.1457 克、平均标准误为 8.268 克、95%置信区间为（6.6965，45.1035）。
- t 统计量值 t=3.193；自由度为 9。
- T 检验的双尾显著性概率 Sig. = 0.011< 0.05，说明两种轮胎的耐磨性有显著的差异。

表 6.12　Paired Samples Test（配对样本 T 检验）表

Pair 1	Paired Differences							
				95% C.I of the Difference				
	Mean	Std. Deviation	Std. Error Mean	Lower	Upper	t	df	Sig. (2-tailed)
TYRE_L 左轮胎磨损量– TYRE_R 右轮胎磨损量	26.4000	26.1457	8.2680	6.6965	45.1035	3.193	9	.011

习　题

6.1　试组织编辑一个你们班级期末各门功课考试成绩的数据文件，调用 Means 过程，按性别和学习小组分析考试成绩之间的差异。

6.2　设 $X_i(i=1,2,...,n)$ 为取自某个未知方差的正态总体的样本，总体均值 μ 的 $(1-\alpha)$ 100%置信区间为（$\bar{X}-t_{\alpha/2}(n-1)\cdot\dfrac{S}{\sqrt{n}}$，$\bar{X}+t_{\alpha/2}(n-1)\cdot\dfrac{S}{\sqrt{n}}$），考虑怎样利用 SPSS 计算出这个置信区间？SPSS 中也没有给出求总体方差的区间估计的过程，考虑能否自行设计一个计算方差的区间估计的方法？

6.3　从某化工厂生产的两批瓶装无水酒精中，分别抽出 12 瓶和 14 瓶进行检查，据以往经验，假定两批产品中杂质含量均服从正态分布，且两批产品杂质含量相互独立，调用 SPSS 的独立样本 T 检验过程，检验两批产品杂质含量的差异，得到如下分析表，试填写表中的空格，并对结果作出解释。

Group Statistics

	BATCH 批号	N	Mean	Std. Deviation	Std. Error Mean
ALCOHL 酒精中杂质含量	1	12	2.6208	.4707	
	2	14	2.8321		.1383

Independent Samples Test

ALCOHL 酒精中杂质含量

		Equal variances assumed	Equal variances not assumed
Levene's Test for Equality of Variances	F	.005	
	Sig.	.946	
t-test for Equality of Means	t	-1.081	-1.090
	df		23.897
	Sig.（2-tailed）	.290	.287
	Mean Difference		
	Std. Error Difference	.1954	.1939
	95% C. I of the Difference Lower	-.6146	-.6116
	Upper	.1920	.1890

6.4　使用对习题 2.6 建立的两种品种小麦千粒重的数据文件，执行 Analyze→Compare Means→Means 命令，对小麦品种和不同村庄对小麦千粒重的影响进行分析。并与使用 Aggregate 命令汇总的结果作比较。

6.5　设下列样本为取自某未知方差的正态总体的样本：

99.33　　98.75　　100.52　　101.35　　98.65　　99.70　　99.58　　102.15　　100.54　　98.95 104.12　　100.84

对给定 $\alpha = 0.1$，0.05，0.01，计算总体均值 μ 的 $(1-\alpha)100\%$ 置信区间。

（提示：首先定义变量 x 输入样本值，定义变量 p 输入数值 0.95，0.975，0.995，并建立数据文件；执行 Descriptives 命令输出变量 x 的 mean 和 S.E.mean；用 Compute 对话框，调用逆分布函数 IDF.t (p, df) 计算分位点数值；最后再用得到的 mean 和 S.E.mean 值利用 Compute 对话框或者编程计算置信区间上下限。）

6.6　试将例 6.2.1 中所列的 3 批元件样本的测量数据合并，作为同一个变量"Ohm"的观察值，定义变量"batch"（批次）标记各元件所属的批次，建立数据文件，使用独立样本 T 检验过程，两两比较各批次样本的测量电阻均值之间的差异。

6.7　对下列试验进行检验，指出哪个试验应该使用独立样本检验，哪个应该使用配对样本检验？

（1）让一组测试者——自报自己的体重，然后测量他们的体重，得到两组数据。检验自报体重与实际体重之间的差异。

（2）对人造纤维在 60° 和 80° 的水中分别作试验，检验温度对人造纤维缩水率的影响。

（3）从一批产品中抽取部分产品，交由两名检验人员分别测量产品的某项性能指标。检验两人的测量结果是否存在差异。

（4）某商场分别询问了素不相识的 20 位男性顾客和 20 位女性顾客，了解他们对想要购买的电冰箱容量的要求，检验男性和女性顾客对电冰箱容量要求的差异。

6.8　某日从两台机器加工的同一种零件中分别抽取 10 个和 9 个样品，测量其尺寸（单位：cm）：

甲机器：6.25，5.78，6.45，6.00，5.88，5.76，6.00，5.85，5.94，5.79

乙机器：6.08，6.25，5.94，5.94，5.79，6.03，5.85，6.10，5.93

据以往的经验，甲乙机器生产的零件尺寸均服从正态分布。设显著性水平 α = 0.05，问两台机器生产的零件尺寸的均值有无显著差异？使用两种方法定义变量，分别调用单个样本 T 检验和独立样本 T 检验过程进行检验，总结二种检验的适用条件、输出结果的差异。

6.9　让 10 个失眠患者分别服用甲乙两种安眠药，观察延长睡眠时间的情况，得到如下配对数据：

甲药延时量　1.90　0.80　1.10　0.10　-.10　4.40　5.50　1.60　4.60　3.40

乙药延时量　0.70　-1.60　-.20　-1.2　-.10　3.40　3.70　0.80　0.00　2.20

在显著检验性水平 a=0.05 下，试用配对样本的 T 检验过程，检验两种药物的疗效有无显著差异？

6.10　一工厂的两个化验员每天同时从工厂的冷却水中取样，测量一次水中的含氯量（ppm），下面列出 10 天的记录：

化验员 A：1.15　1.86　0.75　1.82　1.14　1.65　1.90　0.89　1.12　1.09

化验员 B：1.00　1.90　0.90　1.80　1.20　1.70　1.95　1.87　1.69　1.92

设各化验员的化验结果服从正态分布，试选用适当的检验过程，检验两个化验员测量的结果之间是否有显著差异？（a= 0.05、0.01）

6.11　SPSS 配带的系统文件 world95.sav 中，保存 1995 年世界上 109 个国家和地区的部分指标的数据，其中变量 "lifeexpf" 和 "lifeexpm" 分别为各国或地区女性和男性人口的平均寿命。

（1）假若将这两个指标数据作为样本，试用配对样本的 T 检验过程检验，女性人口的平均寿命是否确实比男性人口的平均寿命长。

（2）调用 Data→Select Cases 命令，从中抽取部分随机样本，重复（1），进一步证实检验结果。

第7章 方差分析过程

7.1 单因素方差分析

7.1.1 单因素方差分析及其原理

在生产中需要解决不同生产条件对产量和质量的影响问题；在科学研究中，常常要研究不同的试验条件对试验结果的影响问题。为此，需要对试验数据进行科学的分析，以鉴别各种试验条件对试验结果的影响。例如农作物的产量受到选种、施肥量、气温等条件的影响；橡胶生产中，橡胶制品的质量受到不同的促进剂、氧化锌和硫化时间的影响等。我们需要在诸多的影响因素中，分析哪些因素对该事物有显著的影响？影响因素如何搭配可以使其效果最佳？影响因素之间是否有交互作用？方差分析（Analysis of Variance）就是处理这类问题的一种有效的统计分析方法。

首先简要介绍一下单因素方差分析的基本原理。

例7.1.1 某农场为了比较4个不同品种的小麦产量的差异，选择土壤条件基本相同的土地，分成16块，将每一个品种在4块试验田上试种，测得小麦亩产量（公斤）的数据如表7.1所示。

表7.1 小麦产量的实测数据

品种A	A_1	A_2	A_3	A_4
亩产量	277.5	245.2	249.2	273.0
	276.4	249.5	245.2	240.9
	271.0	236.8	252.8	257.4
	272.4	239.0	251.4	266.5

试问不同的品种的小麦的平均产量有无显著差异？

例7.1.2 某灯泡厂使用4种不同材料的灯丝生产了4批灯泡，在每批灯泡中随机地抽取若干只观测它们的寿命（单位：千小时），观测数据如表7.2所示。问这4种灯丝生产的灯泡的使用寿命有无显著的差异？

表7.2 灯泡样本寿命观测值表

灯丝＼灯泡	1	2	3	4	5	6	7	8
甲	1.60	1.61	1.65	1.68	1.70	1.72	1.80	
乙	1.58	1.64	1.64	1.70	1.75			
丙	1.46	1.55	1.60	1.62	1.64	1.66	1.74	1.82
丁	1.51	1.52	1.53	1.57	1.60	1.68		

这两个例子里，将具体试验要考察的目标称为指标，如"亩产量"和"使用寿命"。将影响指标的因素试验条件称为因素（记为 A），如小麦的"品种"和制作灯泡的"材料"，上述两个例子中都仅仅考虑了一个因素，所以，称为单因素试验。如果考察的因素有多个时，称为多因素试验。因素的不同状态称为水平（记为 $A_i, i=1,2,\cdots,r$），如种植小麦的 4 个不同品种和生产灯泡的五种不同材料。例 7.1.1 中，在每个水平下均进行了 4 次试验，称为单因素等重复试验，例 7.1.2 中，在每个水平下进行的试验次数不相等，称为单因素不等重复试验。

由于受考察因素以及各种随机因素的影响，试验所得的数据呈现波动状，造成波动的原因可分成两类，一是试验中施加的对指标形成影响的因素，另一是不可控制的随机因素。方差分析的基本思想是：通过分析试验中不同水平引起的差异和由随机因素造成的差异对总差异程度的贡献大小，确定考察因素对试验结果影响的显著性。

在一个试验中，因素 A 有 r 个水平 $A_1, A_2, \cdots, A_r$，设在水平 A_i 下的试验结果构成一个总体为 X_i，假定 $X_i \sim N(\mu_i, \sigma^2)$，$i=1,\cdots,r$，$\mu_i$，$\sigma^2$ 为未知参数，且设各 X_i 相互独立。在这个水平下作了 n_i 次试验，其观测值 X_{ij}（$i=1,\cdots,r; j=1,\cdots n_i$），看成取自正态总体 X_i 的随机样本，且要求各总体具有方差齐性。

研究因素的影响是否显著可以归结为考察这 r 个总体是否具有相同的正态分布，即就是检验如下的假设：

$$H_0 : \mu_1 = \mu_2 = \cdots = \mu_r$$

当 $r=2$ 时，为两个正态总体均值的比较问题。从而，单因素方差分析问题实质上是两个以上正态总体均值比较问题。

如果检验的结果拒绝 H_0，则意味不同水平下的指标值有显著的差异，所考察因素对试验结果有显著影响，否则认为考察因素对试验结果影响是不显著的。

为了对 H_0 进行检验，重要的是选择检验统计量。方差分析的基本原理认为对同一现象进行重复试验或观测所得到的不同样本数据之间的差异来源于两个方面：

●   完全由于偶然的或不可控制的随机因素造成的差异，称为随机变差或组内变差。

●   由于某些因素的不同水平或不同位级所造成的差异，称为效应变差或组间变差。

进一步研究证明，这两个方面的变差，需要通过对总变差平方和的分解来获得，而且检验统计量的选择也基于这一分解。对总变差平方和分解，得到如下的平方和分解公式：

$$\sum_{i=1}^{r}\sum_{j=1}^{n_j}(X_{ij}-\overline{X})^2 = \sum_{i=1}^{r}\sum_{j=1}^{n_j}(X_{ij}-\overline{X}_i)^2 + \sum_{i=1}^{r}n_j(\overline{X}_i-\overline{X})^2$$

其中

$$\overline{X} = \frac{1}{n}\sum_{i=1}^{r}\sum_{j=1}^{n_j}X_{ij}, \quad n = n_1 + n_2 + \cdots + n_r$$

称为总平均。而

$$\overline{X}_i = \frac{1}{n_i}\sum_{j=1}^{n_i}X_{ij}, \quad i=1,2,\cdots,r$$

称为组平均。通常设平方和分解公式左右两端的 3 个平方和为：

$$S_T = \sum_{i=1}^{r}\sum_{j=1}^{n_j}(X_{ij}-\overline{X})^2 \ , \quad S_E = \sum_{i=1}^{r}\sum_{j=1}^{n_i}(X_{ij}-\overline{X}_i)^2 \ , \quad S_A = \sum_{i=1}^{r}n_i(\overline{X}_i-\overline{X})^2$$

公式表明反映试验全部差异的总平方和 S_T 被分解为两部分：一部分是反映各水平下试验的随机误差 S_E，称为误差平方和或者组内平方和；另一部分反映因素不同水平效应的差异 S_A，称为效应平方和或者组间平方和。从直观上看，如果 S_A 远大于 S_E，说明了因素对指标的影响是显著的，则应该拒绝 H_0。

数理统计中进一步证明了如下结论：

在正态总体 X_i，$i=1,\cdots,r$ 相互独立且等方差的假定下，H_0 为真时，$\dfrac{S_E}{\sigma^2}$ 与 $\dfrac{S_A}{\sigma^2}$ 相互独立，且 $\dfrac{S_E}{\sigma^2}\sim\chi^2(n-r)$ 分布，$\dfrac{S_A}{\sigma^2}\sim\chi^2(r-1)$ 分布，$\dfrac{S_T}{\sigma^2}\sim\chi^2(n-1)$ 分布。

根据 F 分布的定义可得

$$F = \frac{\dfrac{S_A}{\sigma^2}/(r-1)}{\dfrac{S_T}{\sigma^2}/(n-r)} = \frac{S_A/(r-1)}{S_T/(n-r)} \sim F(r-1,n-r) \text{ 分布}$$

数理统计中，对于给定的显著性水平 α，确定临界值 $F_\alpha(r-1,n-r)$，当 $F > F_\alpha(r-1,n-r)$ 拒绝原假设，认为因素 A 的各个水平对试验结果影响是显著的。在 SPSS 中则以计算显著性概率 p 的值来判断，如果 $p < 0.05$，则认为这些因素的影响是显著的，否则认为其影响不显著。

通常，将检验结果列成方差分析表（如表 7.3 所示）显示出来。

表 7.3　方差分析表

方差来源	平方和	自由度	均方	F 比
组间 A	S_A	$r-1$	$S_A/(r-1)$	$F = \dfrac{S_A/(r-1)}{S_E/(n-r)}$
组内 E	S_E	$n-r$	$S_E/(n-r)$	
总和 T	S_T	$n-1$	$F_\alpha(r-1,n-r)$	

当试验数据很多时，用手工方法计算方差分析问题往往涉及大量的数值计算，计算耗时费力，使用 SPSS 解决方差分析问题则十分方便，用户要做的工作只是按照软件的要求合理地组织数据。

至于多因素方差分析原理，读者可参考有关数理统计书籍。One-Way ANOVA（单因素方差分析）过程，在 SPSS for Windows 中置于 Analyze 菜单的 Compare Means 子菜单中。多因素方差分析过程则置于 GLM（一般线性模型）子菜单里。

7.1.2　使用系统默认选项进行单因素方差分析

下面通过解决例 7.1.2 来说明使用系统默认值进行单因素方差分析的步骤。

单因素方差分析的步骤如下：

（1）建立适合于单因素方差分析过程的数据文件。

根据表 7.1 的数据建立适合于方差分析的数据文件需要定义两个变量：

①变量"Filament"（灯丝），标签为"灯泡寿命试验因素"灯丝"水平"，测度水平为 Ordinal。

值	1	2	3	4
值标签	甲种灯丝	乙种灯丝	丙种灯丝	丁种灯丝

这里要求因素变量 Filament 必须是离散型变量，对它的具体取值不作要求，例如你将它的值取作为 1、3、5、7 或者 2、4、6、8 都可以。

②变量"Life"（寿命），标签为"灯泡寿命（千小时）"，测度水平为 Scale。

按定义的变量输入数据并建立文件 lamp life.sav 保存。数据在文件中显示的正确排列格式如图 7-1 所示。

	life	filament			life	filament
1	1.60	1		1	1.60	1
2	1.61	1		2	1.58	2
3	1.65	1		3	1.46	3
4	1.68	1		4	1.51	4
5	1.70	1		5	1.61	1
6	1.72	1		6	1.64	2
7	1.80	1		7	1.55	3
8	1.58	2		8	1.52	4
9	1.64	2		9	1.65	1

图 7-1　适于方差分析的数据文件的显示格式（局部）

（2）执行 Analyze→Compare Means→One-Way ANOVA 命令，打开 One-Way Analysis of Variance 对话框，如图 7-2 所示。

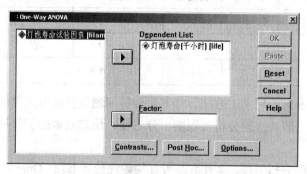

图 7-2　单因素方差分析主对话框

从源变量清单中选择变量 Life 移入 Dependent List（因变量列表）框；选择因素变量 Filament 移入 Factor（因素）框。

（3）按系统默认的选项作单因素方差分析，所以不必单击对话框里的其他选项按钮，直接单击 OK 提交系统运行。

（4）运行结果及分析。

按系统默认的选项作单因素方差分析，只输出灯泡寿命的方差分析表，如表 7.4 所示。表中结果分析如下：

①表中第一列为方差来源（Source），它们是 Between Groups（组间），Within Groups（组内），Total（总平方和）。

②Sum of Squares（平方和），组间平方和为 0.4436，组内平方和为 0.151，总平方和为 0.196。

表 7.4 使用系统默认值的灯泡寿命 ANOVA（方差分析）表

Life 灯泡寿命（千小时）

	Sum of Squares	df	Mean Square	F	Sig.
Between Groups	.04436	3	.01479	2.149	.123
Within Groups	.151	22	.00688		
Total	.196	25			

③df 为自由度，组间平方和、组内平方和以及总平方和的自由度为分别 3、22 及 25。

④Mean Square 为均方，均方等于平方和与自由度之商。组间均方为 0.01479，组内均方为 0.00688。

⑤F 为组间均方除以组内均方的商，F 比的值为 2.149。

⑥Sig.为 F 分布的显著性概率，Sig. = 0.123 > 0.05。0.05 为系统默认的显著性概率，因此应该接受原假设，即可以认为使用 4 种灯丝生产的灯泡的平均寿命无显著的差异。

7.1.3 单因素方差分析选择项设置

单因素方差分析主对话框中有 3 个选项按钮。

（1）在主对话框中，单击 Contrasts（比较或对照）按钮，打开 Contrasts 对话框，如图 7-3 所示。

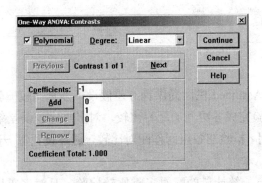

图 7-3 比较对照对话框

　　设置此对话框的选项，可以把组间平方和分成为有倾向性的部分，并且可确定均值的多项式比较，如图 7-3 所示。在选定多项式类型为 Linear（线性多项式）时，输入数值 0、1、0、-1，计算用第二种灯丝生产的灯泡与用第四种灯丝生产的灯泡寿命的均值之差，即计算

$$“　0* mean1+ 1* mean2 + 0* mean3 −1* mean4　”$$

的值，以检验假设 H_0：$\mu_2 = \mu_4$。SPSS 的单因素方差分析过程允许进行从一阶至五阶的均值多项式比较。多项式的系数由用户根据需要自行确定。

　　①选择 Polynomial（多项式），在左边被激活的 Degree（次数或阶数）框中，展开下拉式列表选择需要的次数。可供选择的多项式阶数有 Linear（线性）、Quadratic（二次）、Cubic（三次）、4nd（四次）、5nd（五次）。

　　②在 Coefficients（系数）框里输入比较多项式的系数。输入一个数值并单击 Add 按钮将其添加到下面的框中；接着输入第二个数值，依此类推。

　　需要注意，添加到 Coefficients 框中的数字个数应等于因素变量的分类数，例如在例 7.1.1 中因素变量 Filament 分为 4 类，输入 4 个数值，意味着建立了一个以这 4 个数为系数的比较均值多项式。

　　SPSS 允许输入多达 10 组这样的数值，可以建立多个多项式。当一个多项式的系数输完之后，点击 Next 按钮，清空 Coefficients 下面的方框，接着输入第二个多项式的一组系数。

　　可以通过 Change、Remove 按钮进行修改。需要查看先前已经建好的多项式系数，单击 Previous 按钮。

　　（2）Post Hoc 检验选项对话框。

　　主对话框里单击 Post Hoc 按钮，打开 Post Hoc multiple comparisons（Post Hoc 多重比较）对话框，如图 7-4 所示。此对话框里提供了多种多重比较检验的方法。

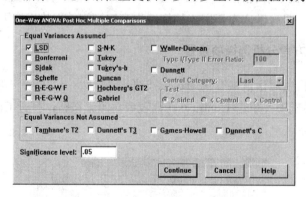

图 7-4　Post Hoc 多重比较检验对话框

　　①Equal Variances Assumed 栏，提供等方差假设下多重比较检验法。

- LSD：用 t 检验完成各组间的配对比较，对多重比较误差率不作调整。
- Bonferroni：用 t 检验在各组间作配对比较，通过设置每一试验对的误差率来控制整个误差率。
- Sidak：是基于 t 统计量的配对多重比较检验，且对多重比较的显著性水平进行调整。

- Scheffe：用 F 分布对所有可能的组合进行同时进入的配对比较，此法可用于检查组均值的所有线性组合，但不是公正的配对比较。
- R-E-G-WF：基于 F 检验的 Ryan-Einot-Gabriel-Welsch 多重递减程序。
- R-E-G-WQ：基于学生氏极差分布的多重递减程序。
- S-N-K：Student-Newman-Keuls 法用学生氏极差分布做出均值间的所有配对比较。
- Tukey：用学生氏极差分布做出组间的所有配对比较，并在所选择的一切配对比较的误差率中给出校正误差率。
- Tukey's-b：用学生氏极差分布做出组间的配对比较，临界值为 Tukey 检验法和 S-N-K 法的相应值的平均值。
- Duncan：据学生氏极差统计量使用按序逐步比较的方法做出配对比较，并对选择检验的误差设置一个警戒水平而不管个别检验的误差率。
- Hochberg's GT2：用学生氏最大模分布进行多重比较和极差检验，与 Tukey 法类似。
- Gabriel：用学生氏最大模分布进行配对比较检验法，当单元格数量不等时，使用这种方法可以做出比 Hochberg's GT2 法更有效的检验结果。
- Waller-Duncan：基于 t 统计量使用贝叶斯（Bayes）逼近的多重比较检验法。
- Dunnett：多重配对比较的 t 检验法，用于一组处理对一个控制类均值的比较。默认的控制类是最后一类，也可选择第一类为控制类。

选择 Dunnett 时，下面的 Test 栏被激活。其中 2-side（双边检验）为默认选项，检验因素的任何一个水平（除控制类外）的均值都不等于控制类均值；选择 <Control，检验因素的任何一个水平的均值都小于控制类均值；选择 >Control，检验因素的任何一个水平的均值都大于控制类均值。

②Equal Variances Not Assumed 栏，提供方差不等的假设下的多重比较检验法。

- Tamhane's T 2：基于 t 检验的一种较为保守的配对比较检验法。
- Dunnett's T3：基于学生氏最大模分布的配对比较检验法。
- Games-Howell：一种较为随意的配对比较检验法。
- Dunnett's C：基于学生氏极差分布的配对比较检验法。

③Significance level 框，确定多重比较检验的显著性水平，系统默认值 $\alpha=0.05$。α 的取值一般地选为 0.10、0.05 和 0.01。

多重比较检验法以矩阵的形式输出检验结果，在确定的显著性水平下，对那些组均值有显著差异的分组用"＊"标记出来。

（3）Options 选项框。

在主对话框里单击 Options 按钮，打开 Options 对话框，如图 7-5 所示。

①Statistics 栏的 5 个选项是：

- Descriptive：输出每一个分组中因变量的有关描述统计量值。
- Fixed and random effects：不变效应模型和随机效应模型的标准差、标准误以及 95%置信区间等。
- Homogeneity of variance test：计算 Levene 统计量值检验各组的方差齐性。

● Brown-Forsythe：计算检验组均值相等假设的 Brown-Forsythe 统计量，在方差齐性假设不成立时，这个统计量比 F 统计量更优越。

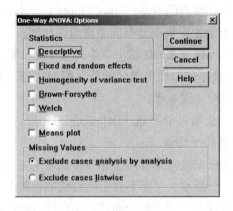

图 7-5　单因素方差分析选项对话框

● Welch：计算检验组均值相等假设的 Welch 统计量，在不具备方差齐性假设时，也是一个比 F 统计量更优越的统计量。

Fixed and random effects、Brown-Forsythe 和 Welch 三种检验是 SPSS 11.0 的新增功能。

②选择 Mean Plot（均值图）选项，将输出反映因素变量各分组均值变化的散点图。

③Missing Value 栏提供缺失值处理选项，与其他均值比较过程中缺失值选项意义相同。

7.1.4　设置选项的单因素方差分析实例及分析

例 7.1.3　仍使用例 7.1.1 中建立的数据文件，对因变量 Life 在因素变量 Filament 的 4 个水平下作进一步的方差分析。

从例 7.1.1 的单因素方差分析结果上来看，4 种灯丝对灯泡的使用寿命的影响没有显著的差异。如果我们仅仅停留在这样一个分析结果的基础上来组织生产，显然是很不够的，必须作更加细致的分析。

为此我们循着如下选项选择作进一步的方差分析。

1．选项设置

（1）确定均值的多项式比较。

在 Contrasts 对话框中，选择线性多项式比较各组的均值，注意到各种灯丝所生产的灯泡寿命的差异，我们按以下 3 种顺序设置线性多项式的系数：

①1，0，0，-1：即 1.0 * mean1 - 0 * mean2 + 0 * mean3 - 1.0 * mean4，检验用第一、第四种灯丝生产的灯泡寿命是否存在显著性差异。

②1，0，-1，0：即 1.0 * mean1 - 0 * mean2 - 1.0 * mean3 - 0 * mean4，检验第一、三种灯丝生产的灯泡寿命是否存在显著性差异。

（2）确定 Post Hoc 检验选项。

为了使得输出结果不过于复杂，仅选择：

①LSD。

②Dunnett' Test 栏中以系统默认的 2-side（双边检验）为选项。

③显著性水平仍为 0.05。

（3）确定 Options 对话框选项。

①选择 Homogeneity-of-variance，作方差齐性检验。

②选择输出均值图。

缺失值处理方式默认。以上各选项确认后，单击主对话框 OK 按钮，提交系统运行。

2. 输出结果及分析

按照上述设置的选项进行单因素方差分析，输出结果中包括以下内容：

（1）方差齐性检验表，如表 7.5 所示。

表 7.5　方差齐性检验表

	Levene Statistic	df1	df2	Sig.
灯泡寿命（千小时）	.594	3	22	.626

表中列出 Levene 统计量值为 0.594；第一自由度和第二自由度分别为 3 和 22，即 F 统计量的两个自由度；显著性概率 Sig. = 0.626 >> 0.05，因此可以认为各种灯丝样本方差相等。

（2）单因素方差分析表，如表 7.6 所示。

表 7.6　单因素 ANOVA 表

Life　灯泡寿命（千小时）

		Sum of Squares	df	Mean Square	F	Sig.
Between Groups	(Combined)	.04436	3	.01479	2.149	.123
	Linear Term Unweighted	.04184	1	.04184	6.081	.022
	Weighted	.03964	1	.03964	5.762	.025
	Deviation	.00472	2	.00236	.343	.713
Within Groups		.151	22	.00688		
Total		.196	25			

表 7.6 与表 7.4 相比，线下 1、5、6 行中所列数据与表 7.4 相同。在组间平方和下增加了一列 Linear Term（线性项），即将组间平方和分解为线性部分平方和和变差部分平方和，以观察样本之间的线性关系。分解结果显示为：

①Unweighted 为未加权线性部分平方和，等于 0.04184，自由度为 1，均方为 0.04184，它与组内平方和的比值，即 F 比（0.04184 / 0.00688）为 6.081，显著性概率 Sig. = 0.022 < 0.05，应该拒绝样本之间存在线性关系的假设。

②Weighted 为加权线性部分平方和，等于 0.03964，自由度为 1，均方为 0.03964，F 比为 5.762，显著性概率 Sig. = 0.025 < 0.05，同样应该拒绝样本之间存在线性关系的假设。

③Deviation 为变差部分平方和，等于 0.00472，自由度为 2，均方为 0.00236，F 比为

0.343，显著性概率 Sig. = 0.713 >>0.05，因此认为组间平方和主要是由于不同的灯丝品种引起的。

（3）均值比较多项式系数值表，如表 7.7 所示。

表 7.7　Contrast Coefficients（均值比较多项式系数）表

Contrast	FILAMENT 灯泡寿命试验因素			
	甲种灯丝	乙种灯丝	丙种灯丝	丁种灯丝
1	1	0	0	-1
2	1	-1	1	-1

表中 Contrast 的 1、2 代表建立的两个均值比较多项式。

（4）均值的多项式比较检验表，如表 7.8 所示。

表 7.8　Contrast Tests（均值的多项式比较检验）表

		Contrast	Value of Contrast	Std. Error	t	df	Sig. (2-tailed)
Life 灯泡寿命 (千小时)	Assume equal variances	1	.1117	.04615	2.420	22	.024
		2	.0859	.06607	1.300	22	.207
	Does not assume equal variances	1	.1117	.03702	3.016	10.896	.012
		2	.04375	.04693	.932	22.89	.370

①Assume equal variances，等方差假设下：

- Contrast 1，检验第一种、第四种灯丝生产的灯泡寿命的差异。Value of Contrast（比较多项式的值）为 0.1117，Std. Error（标准误）为 0.04615，t 统计量值为 2.420，自由度为 22，t 分布双尾显著性概率 Sig. = 0.024 < 0.05，因此应拒绝假设 H_0：$\mu_1 = \mu_4$，认为甲种灯丝与丁种灯丝对灯泡寿命的影响是显著的。

- Contrast 2，检验用第一种、第三种灯丝生产的灯泡寿命的差异。比较多项式的值为 0.0859，标准误为 0.06607，t 统计量值为 1.300，自由度为 22，双尾显著性概率 Sig. = 0.207 > 0.05，因此应该认为甲、丙种灯丝对灯泡寿命的影响不存在显著的差异。

②Does not assume equal variances，不假定方差相等情况下均值多项式比较的结果。

（5）多重比较检验表，如表 7.9 所示。

给出了按 LSD 检验法和 Dunnett 检验法进行多重比较的结果。

①LSD 检验法中显示因素变量 filament 的第 I 个水平与第个 J 水平之间两两配对后，检验它们对灯泡寿命的影响是否存在显著性差异。如果存在显著差异，则配对表中用"＊"号加以标记。

不难发现，甲种灯丝与丁种灯丝之间，它们对灯泡寿命的影响存在显著差异。事实上，

表 7.9 Multiple Comparisons（多重比较检验）表

Dependent Variable： Life 灯泡寿命（千小时）

	(I) 灯泡寿命 因素"灯丝"的 水平	(J) 灯泡寿命 因素"灯丝"的 水平	Mean Difference(I-J)	Std. Error	Sig.	95% Confidence Interval	
						Lower Bound	Upper Bound
LSD	1	2	-.01800	.049	.714	-.08272	.11870
		3	.04375	.043	.319	-.024.28	.13280
		4	.11170 *	.046	.024	.01597	.20740
	2	1	-.01800	.049	.714	-.11870	.08270
		3	.02575	.047	.592	-.07231	.12380
		4	.09367	.050	.076	-.01049	.19780
	3	1	-.04375	.043	.319	-.13280	.04528
		2	-.02575	.047	.592	-12380	.07231.
		4	.06792	.045	.144	-.02498	.16080
	4	1	-.11170 *	.046	.024	-.20740	-.01597
		3	-.09367	.050	.076	-.19780	.01049
		4	-.06792	.045	.144	-.16080	.02498
Dunnett t[a] (2-sided)	1	4	.1117	.046	.061	-.004478	.22780
	2	4	.09367	.050	.178	-.032745	.22010
	3	4	.06792	.045	.317	-0.44828	.18070

*　The mean difference is significant at the .05 level.

a　Dunnett t-tests treat one group as a control, and compare all other groups against it.

丁种灯丝（I）与甲种灯丝（J）之间的均值差（I-J）为– 0.1117，甲种灯丝（I）与丁种灯丝（J）之间的均值差（I-J）为 0.1117，标准误均为 0.046，显著性概率 Sig. = 0.024。因此，在显著性水平 α= 0.05 下，可以认为甲、丁两种灯丝对灯泡寿命的影响确实存在着显著的差异。

SPSS 将这个结论列在表下面对" ＊ "标记的数值所作的注释之中。

②Dunnett t（2-sided）双边检验，将各种类型的灯丝与作为控制组的丁种灯丝进行比较，检验使用各类灯丝所生产的灯泡寿命均值之间的差异。

据输出结果，按这种检验法，可以认为各类灯丝与丁种灯丝都没有显著的差异，不过甲、丁两种灯丝对灯泡寿命检验的显著性概率 0.061 接近于 0.05。与乙、丁两种灯丝，丙、丁两种灯丝检验的结果相比较，可以推断甲、丁两种灯丝生产的灯泡寿命之间存在较为显著的差异。

（6）均值图如图 7-6 所示。

图的横坐标轴表示因素变量 filament，纵坐标轴表示灯泡寿命的均值。从图中可见，甲种灯丝生产的灯泡使用寿命的均值最大，丁种灯丝生产的灯泡使用寿命的均值最小，这两种灯丝对灯泡使用寿命确实存在显著的差异。

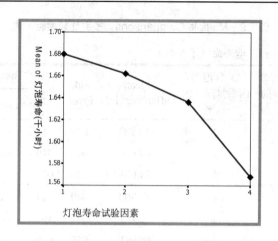

图 7-6　按因素变量分组的灯泡寿命均值图

根据对输出结果的分析，可以提供给决策者，为提高产品的质量在选用灯丝的时候应该考虑在甲、乙和丙 3 种灯丝中做出抉择。

7.2　单变量多因素方差分析过程

线性模型（Linear Model）是数理统计学研究的重要内容之一。线性模型所研究的问题有一个的共同特点，就是研究一个因变量与一个或多个独立自变量或因素之间的关系，而且它们之间的关系通过线性形式的数学结构表现出来。通常，一般线性模型的理论主要包括回归分析和方差分析等内容。

SPSS 的专业版为用户提供了 General Linear Model（一般线性模型，简称 GLM）功能模块，其中包括 4 个菜单功能项：

（1）Univariate（单变量多因素方差分析过程），用于进行一个因变量受一个或多个自变量影响的多元方差分析，可以检验有关一个因变量的各种分组下受其他变量影响的零假设，研究因素之间的交互作用，协变量的影响以及协变量和因素之间的交互作用等。

对于等重复或不等重复试验模型，均可使用 Univariate 方差分析过程。

（2）Multivariate（多因变量方差分析过程），用于进行多个因变量受一个或多个因素变量或者协变量影响的多元回归分析和多元方差分析。

（3）Repeated Measures（重复测量设计过程），对同一因变量进行重复测度的方差分析。

（4）Variance Components（方差组成过程），对于混合效应模型，如像拆分图、一般重复测度以及随机网格设计等，用来估计每个随机影响对因变量方差的贡献。

SPSS 11.0 for Windows 标准版（Standard）仅提供了 Univariate 过程，它与现行大学统计课程中多因素方差分析内容一致，本节介绍 Univariate 过程。

7.2.1　使用系统默认选项进行双因素方差分析

我们使用系统默认的选项，以两个例子说明双因素方差分析的步骤。

例 7.2.1 为了研究火箭燃料和推进器对火箭射程的影响，选用了 4 种不同燃料和 3 种型号的火箭推进器，将它们相互搭配并且在每一种搭配的情况下各作了两次试验，得到火箭射程（海里）的数据，如表 7.10 所示。试分析燃料和推进器这两种因素对火箭射程的影响是否显著。

表 7.10 火箭射程（海里）的数据

推进器 B 燃料 A	B_1	B_2	B_3
A_1	58.20，52.60	56.20，41.20	65.30，60.80
A_2	49.10，42.80	54.10，50.50	51.60，48.40
A_3	60.10，58.30	70.90，73.20	39.20，40.70
A_4	75.80，71.50	58.20，51.00	48.70，41.40

本问题求解过程如下：

（1）建立数据文件。

Univariate 过程对分析数据的要求是因变量和协变量必须是数值型变量，因素变量可以是数值型或者字符型的类型变量。

定义变量：Fuel（燃料）作为因素 A，变量值为 1，2，3，4；Thrus（火箭推进器）作为因素 B，变量值为 1，2，3；Gunshot（火箭射程）作为因变量。数据输入后，数据窗口显示的形式如图 7-7 所示，以文件名 Gunshot.sav 将文件保存。

	fuel	thrus	gunshot
1	1	1	58.20
2	1	1	52.60
3	1	2	56.20
4	1	2	41.20
5	1	3	65.30
6	1	3	60.80
7	2	1	49.10
8	2	1	42.80
9	2	2	54.10
10	2	2	50.50

图 7-7 双因素等重复试验数据输入形式

在 GLM-General Factorial 过程中假定随机样本都是来自于正态总体，并且认为各单元格里的变量值方差相等。如果未知数据是否具有方差齐性，可以使用相关的选项设置进行方差齐性检验。在本例中我们假设样本是来自于具有相等方差的正态总体。

本问题实际上就是检验各因素以及它们之间的交互作用对总体均值的影响是否显著，即检验假设：

H_{0A}： $\alpha_1 = \alpha_2 = \alpha_3 = \alpha_4$；

H_{0B}： $\beta_1 = \beta_2 = \beta_3 = \beta_4$；

$H_{0A \times B}$： $\gamma_{11} = \gamma_{12} = \cdots = \gamma_{43}$

（2）执行 Analyze→General Linear Model →Univariate 命令，打开如图 7-8 所示的

Univariate 对话框。

（3）从源变量清单中选择因变量 Gunshot 移入 Dependent 框，将因素变量 Fuel 和 Thrus 移入 Fixed Factor（s）（不变因素）框。

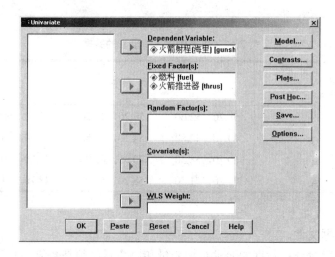

图 7-8　单变量多因素方差分析过程对话框

根据数据的具体情况，可以选择随机因素变量移入 Random Factor(s)框内。如果有协变量，可以将它们移入 Covariate（s）框，协变量是数量性的预测变量，可以使用它和因变量来定义回归分析预测模型。如果变量清单中包含权变量，可将它移入 WLS Weight 框，以进行加权的最小二乘分析。需要注意，假如权变量的值为零、负数或缺失，相应的观测量将被从分析中剔除出去。一个在模型中已经使用了的变量不能再作为权变量。在本例中没有上述 3 种变量。

（4）单击 OK 交系统运行

（5）结果及分析如下：

①主因素变量信息表，包括因素变量名、变量标签、观测量个数 N。如表 7.11 所示。

表 7.11　Between-Subjects Factors（主因素变量信息）表

		N
FUEL 燃料	1	6
	2	6
	3	6
	4	6
THRUS 火箭推进器	1	8
	2	8
	3	8

②双因素方差分析表，如表 7.12 所示。

表 7.12　Tests of Between-Subjects Effects（主效应方差分析）表

Dependent Variable：GUNSHOT　火箭射程（海里）

Source	Type III Sum of Squares	df	Mean Square	F	Sig.
Corrected Model	2401.348 [a]	11	217.304	11.056	.000
Intercept	72578.002	1	72578.002	3675.611	.000
FUEL	261.675	3	87.225	4.417	.026
THRUS	370.981	2	185.490	9.394	.004
FUEL * THRUS	1768.692	6	294.782	14.929	.000
Error	236.950	12	19.746		
Total	75216.300	24			
Corrected Total	2638.298	23			

a　R Squared = .910 (Adjusted R Squared = .828)

　　此表包括：Source 为方差来源；Type III Sum of Squares 为按照系统默认的 III 型平方和计算方法计算的平方和；df 为各平方和自由度；Mean Square 为均方，即平方和与自由度之商；F 比的值，即各种平方和的均方与 Error 误差平方和的均方之比以及接受原假设的显著性概率 Sig.。

- Corrected Model（修正模型）平方和为 2401.348，这个平方和等于因素 FUEL、THRUS 以及交互效应 FUEL*THRUS 的 3 个平方和的和，即 261.675 + 370.981 + 1767.692 = 2401.348，自由度 11，均方 217.304，F 比为 11.056，显著性概率为 0.000。

　　表下对此数据给出注释 "a R Squared = .910（Adjusted R Squared = .828）"，即线性回归的复相关系数 R 的平方等于 0.910，说明了火箭的射程与因素之间存在显著的线性相关关系。

- Intercept（截距平方和）为 72577.002，自由度为 1，截距是指因变量关于因素变量的之间的线性模型的截距。
- 因素 FUEL 离差平方和 261.675，自由度为 3，均方为 87.225，F 比为 4.417，接受假设 H_{0A} 的显著性概率为 0.026 < 0.05，从而应拒绝 H_{0A}，即认为因素 FUEL（燃料）对火箭的射程有显著的影响。
- 因素 THRUS 离差平方和为 370.981，自由度为 2，均方为 185.490，F 比为 9.394，显著性概率为 0.004 < 0.05，从而应拒绝假设 H_{0B}，即认为因素 THRUS（推进器）对火箭的射程也有显著的影响。
- 因素 FUEL 与 THRUS 交互效应平方和为 1767.692，自由度为 6，均方为 294.782，F 比为 14.929，接受假设 $H_{0A \times B}$ 的显著性概率为 0.000，从而应该拒绝假设 $H_{0A \times B}$，即认为因素 FUEL 与 THRUS 之间的交互效应对火箭的射程也有极为显著的影响。
- Error（误差平方和）为 236.950，自由度 12，均方为 19.746。
- Total（总平方和）为 75216.3，它是变量 gunshot 的所有观测值的平方和，这个值等于修正模型总平方和 2637.298 与截距平方和 72577.002 的和，自由度为 24 。

- Corrected Total（修正模型的总平方和）为 2637.298，这个值等于因素 FUEL、THRUSTER、二者交互效应 FUEL*THRUS 平方和以及误差 Error 平方和之和。

据以上结果分析，可以得出火箭使用的燃料、推进器，以及二者的交互效应都对火箭的射程有显著的影响。

7.2.2 单变量双因素方差分析选项项设置

1. 模型选择对话框及其选项

在主对话框中单击 Model 按钮，打开 Model 对话框，如图 7-9 所示。

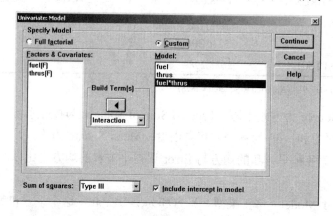

图 7-9 模型选择对话

Specify Model（确定模型）栏包括 4 个部分，最上方有两个单选项：

（1）Full Factorial 为系统默认的模型选项。选择该项建立全模型，它包括所有因素变量的主效应和所有因素的各种搭配下的交互效应，但不包括协变量之间的交互效应。

（2）选择 Custom 允许建立用户定义的方差分析模型。

选择 Custom 选项后，在 Factors & Covariates（因素变量和协变量）框选择变量通过 Build Term(s)（建项）栏中间的箭头按钮移到右边的 Model 框中。

Factors and Covariates 框中所列变量为用户在主对话框里定义过的因素变量（用 F 标记）、协变量（用 C 标记）、随机变量（用 R 标记）。当从该框选一变量移入 Model 框，称为主效应项。

点击 Build Term(s)栏的向下的箭头按钮展开下拉列表，其中列置交互效应类型选择项：

- 系统默认的交互效应类型为 Interaction（交互效应），选择此项允许从 Factors & Covariates 框选择一个、同时选择两个或两个以上的变量移入 Model 栏里，这时被同时选中的变量在 Model 栏里显示为"××"、"××*××"、"××*××*××"的形式，表明建立的模型中需分析变量主效应、变量之间的交互效应，见图 7-12。

- Main effects：主效应，模型将只进行各变量的主效应分析，而忽略变量之间的交互效应。对无交互效应的多因素试验方差分析问题，应该选择这种效应类型进行分析。

- All 2-way～All 5-way，选择这些选项时，可以自动地进行所有选择变量的所有 2

维～5 维交互效应分析。

（3）选择平方和分解方法，对话框下端有 Sum of Squares（平方和分解）方法选项，展开下拉列表，其中列置平方和分解方法有：

- Type I 法适用于均衡 ANOVA 模型。选择此方法，任意一个主效应都将置于任意一个一阶交互效应之前，任意一个一阶交互效应都将置于任意一个二阶交互效应之前，以此类推。多项式回归中任意的低阶项都将置于高阶项之前。
- Type II 法适用于均衡 ANOVA 模型，或只有主因素效应的模型。
- Type III 为系统默认的平方和分解法。它既适用于均衡 ANOVA 模型也适用于非均衡 ANOVA 模型。凡适合于 Type I 和 Type II 方法的模型均可以使用 Type III 方法。
- Type IV 法适合于 Type I 和 Type II 方法的模型、均衡 ANOVA 模型、有缺失单元格的非均衡的 ANOVA 模型。

（4）对话框右下方有一个系统默认的选项 Include intercept in model（模型中包含截距平方和），如果假定数据通过坐标原点，可以不选择此项。

2. 比较对照对话框及选项

在主对话框中单击 Contrasts 按钮，打开 Contrasts（对照）对话框，如图 7-10 所示。

比较对照对话框选项用于对因素变量水平之间差异进行比较，输出结果包括对每一比较对的 F 统计量值和根据 t 分布得出的比较差异的置信区间。

Factors 框列出主对话框里指定的因素变量，变量名之后括号里指示当前的对比方式。初打开此对话框时，变量名后显示 None。如需要改变 Factors 栏中某变量水平的对照方式，选中该变量，然后单击 Change Contrasts（改变对照方法）

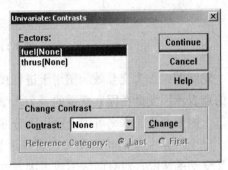

图 7-10　比较对照对话框

栏中 Contrast 框边的箭头按钮，展开下拉式比较对照方法列表，其中列置的比较方法有：

- None：不作比较对照比较。
- Deviation：偏差比较法，比较预测变量和因素变量的每一水平与其他水平（除第一个外）的效应。可选择 Last 和 First 作为忽略的水平。
- Simple：简单比较法，除去作为参考的水平外，预测变量和因素变量的每一水平都与参考水平进行比较。可选择 Last 和 First 作为参考水平。
- Difference：差异比较法，预测变量和因素变量的每一水平，除第一个水平外，与其前面的各水平的平均效应进行比较。与 Helmert 比较法相反。
- Helmert：预测变量和因素变量的每一水平，除最后一个水平外，都与其后面的各水平的平均效应进行比较。
- Repeated：重复比较法，预测变量和因素变量的每一水平，除第一个水平外，都与其前面相邻水平的平均效应进行比较。
- Polynomial：多项式比较法，比较线性、二次、三次等效应，常用于估计多项式趋势。第一自由度包括预测变量和因素变量的每一水平交叉的线性效应，第二自由度包括交叉的二次效应等。假定水平之间具有均匀的间隔。

选择上述的一种对照方法，单击 Change 按钮，Factors 框中选中变量后边括号里指示的比较对照方法就改变为新方法了。

3. 轮廓图对话框及选项

在主对话框中单击 Plots 按钮，打开 Profile Plots（轮廓图）对话框，如图 7-11 所示。

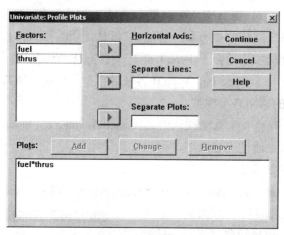

图 7-11   轮廓图对话框

轮廓图或称为交互效应图用于进行模型中边际均值的比较，轮廓图是一种线点图，图中的点表示因变量在因素变量的一个水平上的估计边际均值（Estimated Marginal Mean）。第二个因素变量的水平可用于产生区分线，第三个因素变量的水平可用于产生区分点。

一个因素变量的轮廓图可以直观地显示因变量在因素变量各水平估计边际均值增减交叉变动的情况，对有两因素或多因素的情况，如果轮廓图中的线平行，则说明各因素之间没有交互效应；反之，轮廓图中的线不平行，则说明各因素之间存在交互效应。

从 Factors 框中选择一个因素变量移入 Horizontal Axis（水平轴）框定义轮廓图的横坐标轴。选择另一个因素变量移入 Separate Lines（区分线）框定义轮廓图的区分线。如果需要的话再从 Factors 框中选择一个因素变量移入 Separate Plots（区分图）框定义轮廓图的区分图。

以上选择确定以后，单击 Plots 清单框的 Add 按钮加以确认。需要对加入图清单框的选择结果进行修正，可单击 Change 或 Remove 按钮。

4. 多重比较对话框及选项

在主对话框中单击 Post Hoc 按钮，打开 Post Hoc Multiple Comparisons for Observed Means（观测量均值的 Post Hoc 多重比较）对话框，如图 7-12 所示。

对话框选项用于对均值作 Post Hoc 多重比较检验。如果发现均值之间确实存在差异，Post Hoc 极差检验和配对多重比较可以确定哪些均值之间存在差异。

不难发现，这个对话框与单因素 ANOVA 模型的 Post Hoc 多重比较检验对话框（图 7-4）选项大致相同，各选项意义也一致。

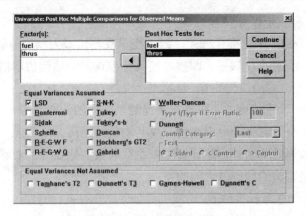

图 7-12　多重比较对话框

在多重比较对话框中，选择检验方法之前，从 Factor(s) 框中选择待检验的因素变量移入到 Post Hoc Test for 栏中，然后按照 Equal Variances Assumed（假设方差相等）和 Equal Variances Not Assumed（假设方差不相等）两种情况，在相应的子栏里选择适当的多重比较检验的方法。

5．预测值保存对话框及选项

在主对话框中单击 Save 按钮，打开 Save 对话框，如图 7-13 所示。用于确定需要保存的预测值、残差以及相关测度值等。

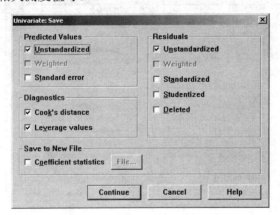

图 7-13　保存预测值对话框

（1）Predicted Values 栏用于设置预测值。

● Unstandardized：未标准化的预测值。

● Standard error：未标准化预测值的标准误差。

● Weighted：加权预测值，如果主对话框中选择 WLS 变量，输出加权未标准化预测值。

（2）Diagnostics 栏用于对模型中自变量和有较大冲突的观测值的诊断检测，诊断方法有：

● Cook's distance：库克距离。

● Leverage values：杠杆值，输出偏心杠杆值。

（3）Residuals 栏用于设置残差。

- Unstandardized：未标准化残差，即因变量观测值减去预测值的差。
- Standardized：标准化残差，即残差被其标准误差的估计值除后所得的商。也称为 Pearson 残差，它的均值为 0，标准差为 1。
- Studentized：学生氏残差，即残差被观测量变化的标准差的一个估计值除后的商，它依赖于自变量的每一个观测值偏离其均值的距离。
- Deleted：被删除的残差，是计算回归系数时被剔除在外的观测值的残差，它是自变量值与经调整的预测值之间的差。
- Weighted：加权非标准残差。

（4）Save to New File（保存为新文件）栏。

选择 Coefficient statistics（系数统计）并单击激活的 File 按钮，打开 Save to File 对话框，指定新文件名和路径后保存。系统运行后，模型的中参数估计协方差矩阵就被保存到指定的新文件中。这个文件可用于其他能够读出 SPSS 文件的程序中。

6. 统计量选项对话框及选项

在主对话框中单击 Options 按钮，打开如图 7-14 所示的 Options 对话框。

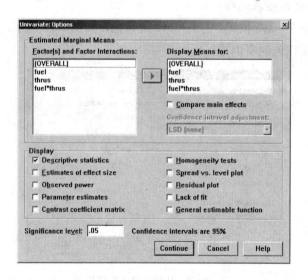

图 7-14　统计量选项对话框

对话框用于指定的效应模型里统计量值，包括：

（1）Estimated Marginal Means 为边际均值估计栏。

Factors and Factor Interactions 框为模型设置中选定的因素变量及因素变量的交互效应，选择需估计均值的因素变量或交互效应移入 Display Means for 框。如选择框中 OVERALL，表示对全部因素变量及其交互效应估计边际均值。

如果选择因素变量主效应移入 Display Means for 框，可以选择 Compare main effects 主效应比较选项，将输出模型中主效应的边际均值之间未经修正的配对比较。此时，该选项下的 Confidence interval adjustment 被激活，展开下拉列表，选择置信区间调整方法：

- LSD：最小显著性差异（Least Significant Difference）调整法。
- Bonferroni 调整法。
- Sidak 调整法。

（2）Display 栏用于设置输出显示选项。

- Descriptive statistics：因变量的描述统计量值。
- Estimates of effect size：每一效应和每一个参数估计的偏差 eta（η^2）平方值，此统计量值描述全部变异中可归结于效应影响部分所占的比例，它是 F 检验中实际效应大小的一个过高的估计值，它的定义是：

$$\eta^2 = \frac{dfh \times F}{dfh \times F + dfe}$$，其中 F 为 F 统计量值，dfh，dfe 分别为它的两个自由度。

- Observed power：功效检验或者势检验。
- Parameter estimates：回归模型参数估计、标准误、t 检验值及置信区间。
- Contrast coefficient matrix：对照系数矩阵（L 矩阵）。
- Homogeneity tests：因变量对因素变量各水平组合之间方差齐性检验。
- Spread-versus-level plot：被观察的单元格均值对于标准差和方差的散点图。
- Residual plot：因变量的观察值对于预测值和标准化残差的散点图。
- Lack of fit test：检查因变量和自变量之间的关系是否可以被模型合理地予以描述，如果此项检验被拒绝，意味当前的模型不能合理地描述因变量和自变量之间的关系，需要在模型中忽略一个变量或者忽略一些极端项。
- General estimable function：显示估计函数的通用表格，任意对照系数矩阵的行都是通用估计函数的线性组合。

（3）在 Significance level 框中输入显著性水平（系统默认值为 0.05）。

指定显著性水平后，Confidence intervals are 后面的数值随即予以调整。

选项全部选定后，单击主对话框中的 OK 按钮提交系统运行。

7.2.3 设置选项的单变量双因素方差分析实例及分析

例 7.2.2 为了熟悉单变量多因素方差分析过程选项的意义，对例 7.2.1 中的双因素试验作选项设置，作出进一步的方差分析。

在例 7.2.1 所作的方差分析中我们知道变量 fuel（燃料）、thrus（推进器）的主效应以及二者之间的交互效应显著。为了更深入地了解燃料、推进器及其交互效应对火箭射程的影响，我们按照图 7-8～图 7-14 所示作选项设置，方差分析结果如下：

（1）因素变量信息表，与表 7.11 的完全相同，略去。

（2）描述统计量表，如表 7.13 所示。

表中列出的均值、标准差、观测量数是表 7.10（火箭射程数据表）的每个单元格里两次试验结果值、各行各列总和以及全部数据的描述统计量值。

（3）Estimated Marginal Means 表，输出包括关于总平均、因素 FUEL、THRUS 以及交互效应 FUEL * THRUS 的边际均值估计，如表 7.14(1)～表 7.14(4)所示。

①总平均值表，表 7.14(1)中 Mean（总平均）值为 54.992，Std.Error（标准误差）为 0.907，总平均的 95%置信区间为（53.015，56.968）。

②燃料因素边际均值表，如表 7.14(2)所示。表中列出因素变量 FUEL 的各单元格里水平均值的估计值、估计标准误差，以及均值的 95%置信区间。例如，对因素变量燃料的水平 1，均值为 55.717，此数值是原始数据表 7.10 中的第一横行的 6 个数据的算术平均值，其余类推。

表 7.13　描述统计量表

Dependent Variable：GUNSHOT 重复试验火箭射程（海里）

燃料	火箭推进器	Mean	Std. Deviation	N
1	1	55.4000	3.9598	2
	2	48.7000	10.6066	2
	3	63.0500	3.1820	2
	Total	55.7167	8.3009	6
2	1	45.9500	4.4548	2
	2	52.3000	2.5456	2
	3	50.0000	2.2627	2
	Total	49.4167	3.8155	6
3	1	59.2000	1.2728	2
	2	72.0500	1.6263	2
	3	39.9500	1.0607	2
	Total	57.0667	14.4876	6
4	1	73.6500	3.0406	2
	2	54.6000	5.0912	2
	3	45.0500	5.1619	2
	Total	57.7667	13.4897	6
Total	1	58.5500	10.9585	8
	2	56.9125	10.6501	8
	3	49.5125	9.5074	8
	Total	54.9917	10.7102	24

表 7.14（1）　总平均值表

Dependent Variable：GUNSHOT 火箭射程（海里）

Mean	Std. Error	95% Confidence Interval	
		Lower Bound	Upper Bound
54.992	.907	53.015	56.968

表 7.14（2）　燃料的边际均值估计表

Dependent Variable：GUNSHOT　火箭射程（海里）

燃料	Mean	Std. Error	95% Confidence Interval	
			Lower Bound	Upper Bound
1	55.717	1.814	51.764	59.669
2	49.417	1.814	45.464	53.369
3	57.067	1.814	53.114	61.019
4	57.767	1.814	53.814	61.719

③火箭推进器因素边际均值表，如表 7.14（3）所示。表中列出因素变量 THRUS 的各单元格水平均值的估计值、估计标准误差以及均值的 95% 置信区间。例如，对火箭推进器的水平 1，均值为 58.550，此数值是原始数据表 7.10 中的 B_1 列的八个数据的算术平均值，其余类推。

④燃料*推进器交互效应边际均值表，如表 7.14（4）所示。表中列出因素变量 FUEL 的第 I 个和 THRUS 的第 J 个交叉单元格中两水平的均值估计、估计标准误差以及均值的 95% 置信区间。

表 7.14（3）　火箭推进器的边际均值估计表

Dependent Variable：GUNSHOT　火箭射程（海里）

火箭推进器	Mean	Std. Error	95% Confidence Interval	
			Lower Bound	Upper Bound
1	58.550	1.571	55.127	61.973
2	56.912	1.571	53.489	60.336
3	49.513	1.571	46.089	52.936

表 7.14（4）　燃料与推进器交互效应的边际均值估计表

Dependent Variable：GUNSHOT　火箭射程（海里）

燃料	火箭推进器	Mean	Std. Error	95% Confidence Interval	
				Lower Bound	Upper Bound
1	1	55.400	3.142	48.554	62.246
	2	48.700	3.142	41.854	55.546
	3	63.050	3.142	56.204	69.896
2	1	45.950	3.142	39.104	52.796
	2	52.300	3.142	45.454	59.146
	3	50.000	3.142	43.154	56.846
3	1	59.200	3.142	52.354	66.046
	2	72.050	3.142	65.204	78.896
	3	39.950	3.142	33.104	46.796
4	1	73.650	3.142	66.804	80.496
	2	54.600	3.142	47.754	61.446
	3	45.050	3.142	37.204	51.896

（4）Post Hoc 多重比较检验，输出包括关于因素 FUEL、THRUS 的多重比较检验表。

①燃料因素比较对照表，如表 7.15(1)所示。

表中列出借助于 t 检验的 LSD 法计算的因素变量 FUEL 的各水平均值的比较对照结果。从表中的数据看到变量 FUEL 的水平 1 与水平 2、水平 2 与水平 3、水平 2 与水平 4 均值之间存在着显著的差异，它们之间均值差等于 0 的显著性概率依次为 0.030、0.011、0.007，均小于显著性水平 0.05，具有显著差异的水平皆以 " * " 号标记出来，并在表下注释指出，这个差异是在显著性水平 0.05 下检验出来的。

如果需要进一步了解比较对照的效果，可以在 Options 选项对话框里选择 Compare main effects 选项，可以输出用 F 检验法得到的这两个因素主效应效果检验的方差分析表，由于我们先前没选择此项，这里便不能得出主效应是否显著的结论。

②火箭推进器因素比较对照表，如表 7.15(2)所示。

此表中数据的意义与表 7.15(1)类似，火箭推进器的水平 1 与水平 3、水平 2 与水平 3 的均值之间存在显著差异，它们之间均值差等于 0 的显著性概率依次为 0.02、0.06，都远小于 0.05。

表 7.15(1)　燃料各水平均值的比较对照表

Dependent Variable：GUNSHOT 火箭射程（海里）　　LSD

(I) 燃料	(J) 燃料	Mean Difference（I-J）	Std. Error	Sig. *	95% Confidence. Interval	
					Lower Bound	Upper Bound
1	2	6.3000 *	2.566	.030	.7102	11.8898
	3	-1.3500	2.566	.608	-6.9398	4.2398
	4	-2.0500	2.566	.440	-7.6398	3.5398
2	1	- 6.3000 *	2.566	.030	-11.8898	-.7102
	3	- 7.6500 *	2.566	.011	-13.2398	-2.0602
	4	- 8.3500 *	2.566	.007	-13.9398	-2.7602
3	1	1.3500	2.566	.608	-4.2398	6.9398
	2	7.6500 *	2.566	.011	2.0602	13.2398
	4	-.7000	2.566	.790	-6.2898	4.8898
4	1	2.0500	2.566	.440	-3.5398	7.6398
	2	8.3500 *	2.566	.007	2.7602	13.9398
	3	.7000	2.566	.790	-4.8898	6.2898

Based on observed means.

　* The mean difference is significant at the .05 level.

表 7.15(2)　火箭推进器各水平均值的比较对照表

(I) 火箭推进器	(J) 火箭推进器	Mean Difference (I–J)	Std. Error	Sig. *	95% Confidence. Interval	
					Lower Bound	Upper Bound
1	2	1.6375	2.222	.475	-3.2034	6.4784
	3	9.0375 *	2.222	.002	4.1966	13.8784
2	1	-1.6375	2.222	.475	-6.4784	3.2034
	3	7.4000 *	2.222	.006	2.5591	12.2409
3	1	-9.0375 *	2.222	.002	-13.8784	-4.1966
	2	-7.4000 *	2.222	.006	-12.2409	-2.5591

Based on observed means.　　* The mean difference is significant at the .05 level.

（5）Profile Plots（轮廓图），如图 7-15 所示。

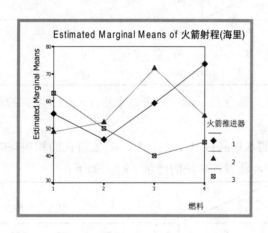

图 7-15　燃料与推进器交互效应下火箭射程变化轮廓图

　　轮廓图的横坐标轴代表燃料因素的各水平，纵坐标轴"EMM"代表边际均值估计，3 条不同颜色的折线反映燃料与火箭推进器的交互效应下，火箭射程的边际均值的增减交叉变动情况。图中折线互不平行，则说明燃料因素与推进器因素交互效应是显著的。

　　在 Save 选项对话框里，选择了 Unstandardized 预测值、Unstandardized 残差值、Cook's distance 和 Leverage values 四个选项。它们的计算结果将输出到当前工作文件中，此处略去。

习　题

　　7.1　根据例 7.2.1 中列出的样本数据，建立数据文件，使用系统默认值进行单因素方差分析，检验不同的品种的小麦的平均产量有无显著差异？

　　7.2　针对习题 2.6 所建立的数据文件，使用系统默认值进行单因素方差分析，分别检验不同的小麦品种和不同的村庄对小麦的千粒重有无显著影响？

7.3　教学研究人员想要检验 3 种不同教学方法的效果，随机地抽取 16 名水平相当的学生，分成 3 组，每组用一种方法教学。一段时间后进行测验，根据测验结果作单因素方差分析，得到如下方差分析表。试填写表中所缺数值，并判断 3 种教学方法的效果有无显著差异？（$\alpha = 0.05$）

SCORE　成绩

	Sum of Squares	df	Mean Square	F	Sig.
Between Groups		2			.025
Within Groups	817.633	14			
Total	1382.235	16			

7.4　为了评比某种型号的电池质量，分别从 A、B、C 三个工厂生产的同种型号电池中各随机地抽取 5 只电池为样本，经试验得到其寿命（小时）如下：

工厂 ＼ 样品	A_1	A_2	A_3	A_4	A_5
A	40	48	38	42	45
B	36	34	30	28	32
C	39	40	43	50	50

假设电池寿命服从正态分布，试在显著性水平 $\alpha = 0.05$ 下，检验电池的平均寿命有无显著差异？

7.5　将 4 个不同的水稻品种 A_1、A_2、A_3、A_4 安排在面积相同的 4 种不同土质的地块 B_1、B_2、B_3、B_4 中试种，测得各地块的产量（kg）如下：

品种 ＼ 地块	B_1	B_2	B_3	B_4
A_1	135	120	147	132
A_2	154	129	125	125
A_3	125	129	120	133
A_4	115	124	119	123

假设水稻品种与地块之间无交互作用，建立适当的数据文件，试用 SPSS 的 Univariate 命令，在显著性水平 $\alpha = 0.05$ 下，检验：

（1）不同的品种对水稻的产量有无显著的影响？（2）不同的土质对水稻的产量有无显著的影响？

7.6　下表给出某种化工产品生产过程在 3 种浓度、4 种温度下得率的数据：

浓度（%）	温度（℃）			
	10	24	38	52
2	14, 10	11, 11	13, 9	10, 12
4	9, 7	10, 8	7, 11	6, 10
6	5, 11	13, 14	12, 13	14, 10

建立适当的数据文件，试用 SPSS 的 Univariate 命令，在显著性水平 $\alpha = 0.05$ 下，检验各因子的主效应与交互作用对得率的影响。

7.7　在一个考察纤维弹性（spring）受收缩率（fac_a）和拉伸倍数（fac_b）的试验中，两因素各取 4 种水平，因素的各种搭配下分别作两次试验，根据试验结果的数据文件，执行 SPSS 的 Univariate 命令得到如下的方差分析表：

Tests of Between−Subjects Effects

Dependent Variable：SPRING　纤维弹性

Source	Type III Sum of Squares	df	Mean Square	F	Sig.
Corrected Model	157.719 [a]	15	10.581	7.874	.000
Intercept	174492.781	1	174492.781	129855.093	.000
FAC_A (收缩率)	70.594	3	23.531	17.512	.000
FAC_B (拉伸倍数)	7.594	3	2.865	2.132	.136
FAC_A * FAC_B	79.531	9	7.837	6.576	.001
Error	21.500	16	1.344		
Total	174673.000	32			
Corrected Total	180.219	31			

　a　R Squared = .881 (Adjusted R Squared = .769)

根据表中的输出结果指出：收缩率和拉伸倍数对纤维弹性有无显著影响，两因素的交互作用对纤维弹性有无显著影响，写出简单的检验报告。（检验的显著性水平 $\alpha = 0.05$）

7.8　下表中记录的是 3 名工人分别在 4 台不同的机器上工作 3 天的日产量。

工人 ＼ 机器	A_1	A_2	A_3	A_4
甲	15，15，17	17，17，17	15，17，16	18，20，22
乙	19，19，16	15，15，15	18，17，16	15，16，17
丙	16，18，21	19，22，22	18，18，18	17，17，17

假定各工人的日产量服从正态分布，建立适当的数据文件，使用 SPSS 的 Univariate 命令，在显著性水平 $\alpha = 0.05$ 下，检验：

（1）工人的操作水平之间有无显著差异？

（2）不同的机器之间有无显著差异？

（3）不同工人的操作水平与不同的机器之间的交互作用是否显著？

7.9　用 3 种栽培技术和 4 种施肥方案相互搭配组成 12 种育苗方案作杨树育苗试验，在每一种方案下培育 3 株杨树苗，测得苗高的数据资料如下表所示：

施肥（B） 栽培技术（A）	B_1	B_2	B_3	B_4
A_1	52，43，39	48，37，29	34，42，38	58，45，42
A_2	53，47，41	50，41，30	44，36，39	60，46，44
A_3	38，42，49	48，47，36	40，32，37	43，56，41

设苗高服从等方差的正态分布，建立适当的数据文件，试用 SPSS 的 Univariate 命令，在显著性水平 $\alpha = 0.05$ 下，检验：

（1）不同栽培技术对苗高有无显著影响？

（2）不同施肥方案对苗高有无显著影响？

（3）二者的交互作用对苗高的影响是否显著？

第8章　相关分析过程

8.1　相关分析的概念

8.1.1　相关分析的概念

我们知道，客观事物之间是相互联系、相互影响和相互制约的，事物之间的这种相互联系反映到数量上，说明相关的变量之间存在着一定的关系。

一般来说，变量之间的关系可以分为两类，一类是确定性关系，即通常的函数关系，例如圆面积 S 与半径 r 的关系，$S = \pi r^2$。又如电流强度 I、电阻 R 和电压 V 之间的关系 $I = V / R$。另一类是非确定性关系，即相关关系，例如人的身高与体重的关系，身高不同的人体重有差异，但是身高相同的人，体重又不一样。同样，体重相同的人，身高也不一致。这说明身高和体重之间不是确定的函数关系。但是人们大概不会怀疑身高越高的人体重越重的这一事实，身高与体重之间的关系就属于相关关系。

统计学中，相关分析是以分析变量间的线性关系为主，是研究它们之间线性相关密切程度的一种统计方法。

8.1.2　描述变量相关关系的统计量

它是通过几个描述相关关系的统计量来确定相关的密切程度和线性相关的方向。这些统计量中包括：

（1）皮尔逊（Pearson）相关系数，通常用 R 表示。如果对变量 X 和 Y 进行观测，得到一组数据：$x_i, y_i (i = 1,2,\cdots,n)$，$X$ 和 Y 之间相关系数的公式为：

$$R_{xy} = \frac{\sum (x_i - \bar{x})(y_i - \bar{y})}{\sqrt{\sum (x_i - \bar{x})^2 \sum (y_i - \bar{y})^2}}$$

其中 $\bar{x}, \bar{y}$ 分别为 x_i，$y_i (i = 1,2,\cdots,n)$ 的算术平均值。

$|R_{xy}| \leqslant 1$。$0 < R_{xy} < 1$，称 Y 与 X 正相关；$-1 < R_{xy} < 0$，称 Y 与 X 负相关；且 $|R_{xy}|$ 越接近于 1，则说明变量 Y 与变量 X 之间的线性关系越显著。如果 $R_{xy} = 0$，则称 Y 与 X 不（线性）相关。当 $|R_{xy}| = 1$ 时，称 Y 与 X 完全（线性）相关。

通常，仅对 Scale 测度水平的变量计算 Pearson 相关系数。

统计学中，称 $\sum (x_i - \bar{x})(y_i - \bar{y})$ 为变量 X 和 Y 的交叉积（Cross-products）；当 $x_i = y_i$ 时，

交叉积变为 $\sum(x_i-\bar{x})^2$ 或 $\sum(y_i-\bar{y})^2$，分别称它们为变量 X （或 Y ）的平方和（Sum of Squares）。

此外，称 $\frac{1}{n-1}\sum(x_i-\bar{x})(y_i-\bar{y})$ 为变量 X 和 Y 的样本协方差（Covariance）。显然，当 $x_i=y_i$ 时，即为样本方差.。

（2）斯皮尔曼（Spearman）和肯德尔（Kendall）秩相关系数，用于反映两个定序或等级变量的相关程度。计算这两种相关系数时，要求先对变量值求秩。对两个配对测量的变量 X 和 Y 的测量值求秩以后，斯皮尔曼相关系数 R_s 的计算公式与皮尔逊相关系数公式相同。如果秩变量排序后没有结（ties），斯皮尔曼相关系数 R_s 的计算公式可简化为：

$$R_s=1-\frac{6\sum d_i^2}{n(n^2-1)}，\text{其中}\quad d_i=x_i-y_i(i=1,2,\cdots,n)。$$

至于肯德尔秩相关系数 τ 的计算公式，此处不再列出。

（3）偏相关（Partial Correlations）系数。它描述的是当控制了一个或几个附加变量的影响时两个变量间的相关性。例如可以控制年龄和工龄两个变量的影响，来研究工资收入与受教育程度之间的相关关系。

设有 n 个变量 $X_1,X_2,\cdots,X_n$，每两个变量间的简单相关系数，即皮尔逊相关系数所构成的相关系数对称阵为：

$$\boldsymbol{R}=\begin{pmatrix} r_{11} & r_{12} & \cdots & r_{1n} \\ r_{21} & r_{21} & \cdots & r_{2n} \\ \cdots & \cdots & \cdots & \cdots \\ r_{n1} & r_{n2} & \cdots & r_{nn} \end{pmatrix}$$

其中 $r_{ij}=r_{ji}$，$i,j=1,2,\cdots,n$，且各 r_{ij} 均按 $\boldsymbol{R}_{xy}$ 的计算公式来计算。如设 Δ 为此矩阵的行列式，即 $\Delta=|\boldsymbol{R}|$，则变量 X_i 与 X_j 之间的偏相关系数为：

$$R_{ij}=\frac{-\Delta_{ij}}{\sqrt{\Delta_{ii}\cdot\Delta_{jj}}}，\text{这里}\Delta_{ij},\Delta_{ii},\Delta_{jj}\text{分别为}\Delta\text{中元素}r_{ij},r_{ii},r_{jj}\text{的代数余子式。}$$

8.1.3　描述变量相似关系的统计量

统计学中，用变量之间或样本之间的 Distances（距离）刻划它们的相似程度、亲疏程度，计算变量或样本之间的距离，确定变量的相似性以对样品或变量值进行聚类处理或因子分析。

在社会经济、生产活动及科学试验中，人们面临的事物往往是错综复杂的，需要对它们进行分类研究，将相似的事物归为一类。例如，在古生物研究中，需要将考古挖掘出来的一些骨骼按形状和大小进行科学的分类。又如在地质勘探中，通过矿石标本的物探、化探指标将标本按其相似程度进行分类。

如果设有 p 个变量 $X_1,X_2,\cdots,X_p$，它们的 m 组观测值数据资料如下表所示。

变量 Case	X_1	X_2	...	X_i	...	X_n
1	x_{11}	x_{12}	...	x_{1j}	...	x_{1p}
$\vdots$	$\vdots$	$\vdots$		$\vdots$		$\vdots$
i	x_{i1}	x_{i2}	...	x_{ij}	...	x_{ip}
$\vdots$	$\vdots$	$\vdots$		$\vdots$		$\vdots$
m	x_{m1}	x_{m2}	...	x_{mj}	...	x_{mp}

为了将变量或观测量（样品）进行分类，通常使用的一种方法是将样品视为 p（或 m）维空间的点，并在该空间定义点与点之间的距离，将距离较近的点归为一类，距离较远的点应视为属于不同的类。多元统计中对距离的定义方法有许多种，而这些定义与变量的数据类型有很大关系，我们仅以间隔测度的变量的距离定义作简要的介绍。

每个样品具有 p 个变量的值，因此可以把它看成 p 维欧氏空间的中的一个点。这样，m 个样品便成为 p 维欧氏空间的中的 m 个点。用 d_{ij} 表示第 i 个与第 j 个样品之间的距离。

一般要求定义的距离必须满足 4 个条件：

①对一切 i,j， $d_{ij} \geqslant 0$；

②对一切 i,j， $d_{ij} = 0 \iff$ 样品 i 和样品 j 的各指标值相等；

③对一切 i,j， $d_{ij} = d_{ji}$；

④对一切 i,j,k 有 $d_{ij} \leqslant d_{ik} + d_{kj}$。

常用的样品之间的距离公式有：

● Euclidean distance（欧氏距离）

$$d_{ij}^{(2)} = \left[\sum_{k=1}^{p} (x_{ik} - x_{jk})^2 \right]^{1/2}, \quad (i,j = 1,2,\cdots,m)$$

● Chebychev distance（切比雪夫距离）

$$d_{ij}(\infty) = max \mid x_{ik} - x_{ij} \mid, \quad (i,j = 1,2,\cdots,m)$$

● Block distance（网格距离，也称为 Manhattan 距离或绝对值距离）

$$d_{ij}(1) = \sum_{k=1}^{m} \mid x_{ik} - x_{jk} \mid, \quad (i,j = 1,2,\cdots,m)$$

● Minkowski distance（闵可夫斯基距离）

$$d_{ij}(q) = \left[\sum_{k=1}^{m} \mid x_{ik} - x_{jk} \mid^q \right]^{1/q}, \quad (i,j = 1,2,\cdots,m)$$

不难看出当 q 的值等于 2、1 时，闵可夫斯基距离分别为欧氏距离和绝对值距离。

　　另一种方法是用相似系数来表示样品之间的亲疏程度。性质越接近的样品，它们之间的相似系数越接近于 1（或-1），而彼此无关的样品之间的相似系数则越接近于 0，将比较相似的样品归入一类，不怎么相似的则归为不同的类。

　　相似系数 C_{ij} 用来表示变量 X_i 与 X_j 之间的相似程度，一般规定相似系数应满足如下关系：

①$C_{ij} = \pm 1 \Longleftrightarrow X_i = aX_j$（$a \neq 0$，$a$ 为一常数）；

②$|C_{ij}| \leqslant 1$，对一切 i, j 成立；

③$C_{ij} = C_{ji}$，对一切 i, j 成立。

$|C_{ij}|$ 越接近于 1，表示变量 X_i 与 X_j 之间的相似程度越高，$|C_{ij}|$ 越接近于 0，则表示它们之间的关系越疏远。对于间隔测度的变量，常用的相似系数计算公式有两个。

● Cosine（夹角余弦）

$$C_{ij} = \frac{\sum_{k=1}^{n} x_{ki} x_{kj}}{\sqrt{(\sum_{k=1}^{n} x_{ki}^2)(\sum_{k=1}^{n} x_{kj}^2)}}$$

它是 n 维空间的两个 n 维向量 X_i 与 X_i 之间夹角 α_{ij} 的余弦。当 $i = j$ 时，$\alpha_{ij} = 0$，从而它的值为 1，说明两个向量极为相似；当两个向量正交时，它的值为 0，则说明二者不相关。夹角余弦的取值范围为[0, 1]区间。

● Pearson correlation（皮尔逊相关系数）

$$R_{ij} = \frac{\sum_{k=1}^{n} (x_{ki} - \bar{x}_i)(x_{kj} - \bar{x}_{kj})}{\left\{ \left[\sum_{k=1}^{n} (x_{ki} - \bar{x}_i)^2 \right] \left[\sum_{k=1}^{n} (x_{kj} - \bar{x}_j)^2 \right] \right\}^{1/2}}$$

此处仍使用 R_{ij} 来代表相关系数 C_{ij}。实际上相关系数只不过是将数据标准化处理后的夹角余弦，它的取值范围为[-1，1]。

　　相关分析与回归分析有密切的关系，通过相关分析发现变量之间确实存在显著的线性相关关系之后，便可以通过回归分析进一步揭示变量之间的统计规律。同样地，通过距离分析发现变量或观测量之间的相似程度或亲疏程度后，可以进一步进行聚类分析、因子分析等来揭示它们之间的统计规律。

8.2　二元变量的相关分析

8.2.1　二元变量的相关分析过程

二元变量相关分析的步骤如下：

（1）执行 Analyze→Correlate→Bivariate（二元变量），打开 Bivariate Correlations 对话框，如图 8-1 所示。

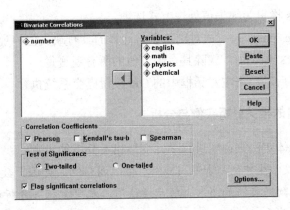

图 8-1　二元变量相关分析对话框

①从源变量清单栏里选择两个或两个以上的变量移入 Variables 框中。

②Correlation Coefficient 栏中 3 个复选项，用于计算变量之间的相关系数。它们是：

- Pearson：两个连续型变量之间的皮尔逊相关系数。
- Kendall's tau-b：两个等级变量或类型变量间的肯德尔秩相关系数（或肯德尔和谐系数）。
- Spearman：两个等级变量或类型变量间的斯皮尔曼秩相关系数。当选择了这两个选项时，系统将会自动对变量值求秩，然后再计算其秩分数间的相关系数。

③Test of Significance（显著性检验）栏中有两个单选项，它们是：

- Two-tailed：双尾假设检验。
- One-tailed：单尾假设检验。

④Flags significante correlations：选择此项后，输出结果中对在显著性水平 0.05 下显著相关的相关系数用一个星号"＊"加以标记；对在显著性水平 0.01 下显著相关的相关系数用两个星号"＊＊"加以标记。

（2）单击 Options 按钮，打开 Options 选项对话框，如图 8-2 所示。

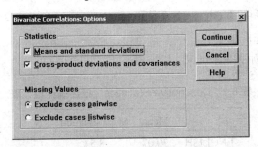

图 8-2　二元变量相关分析选项对话框

①Statistics 栏中的选项只当在主对话框选择皮尔逊相关系数时才会被激活，它们是：

- Mean and standard deviations：将输出选中的各变量的观测值数量、均值和标准差。

- Cross-product deviations and covariances：输出反映选中的每一对变量之间的叉积离差阵和协方差阵。

②Missing Values 栏里为缺失值处理方式选项。

- Exclude cases pairwise：成对剔除参与计算的具有缺失值的观测量。
- Exclude cases listwise：剔除具有缺失值的所有观测量。

上述各选项确定后，单击主对话框中的 OK 按钮提交系统执行。

8.2.2　二元变量的相关分析实例与分析

我们通过两个具体实例来说明进行二元变量相关分析的步骤。

例 8.2.1　从某校学生中随机抽出 15 个学生，调查他们英语、数学、物理和化学等 4 门功课的考试成绩，数据文件如图 8-3 所示。试用二元变量相关分析过程分析各科成绩之间是否存在线性相关关系。

	number	english	math	physics	chemical
1	1	76	75	78	82
2	2	66	65	60	54
3	3	65	78	80	75
4	4	68	86	85	85
5	5	78	80	90	83
6	6	65	75	78	78
7	7	82	85	89	95
8	8	65	78	73	80
9	9	68	82	84	85
10	10	66	75	78	82
11	11	85	76	75	80
12	12	82	85	82	78
13	13	55	78	80	76
14	14	62	67	75	67
15	15	68	70	75	88

图 8-3　某校高中理科班 4 门功课考试成绩表

操作过程及结果分析如下：

（1）打开如图 8-1 所示的 Bivariate Correlations 对话框，选择变量 "english、math、physics、chemical" 移入 Variables 框中，并按照图 8-1 设置选项。

（2）打开 Options 对话框，按照图 8-2 设置选项。

（3）单击主对话框中的 OK 提交系统运行。

（4）输出结果及分析如下：

①描述统计量表，如表 8.1 所示。

表 8.1　Descriptive Statistics（描述统计量）表

	Mean	Std. Deviation	N
ENGLISH	70.07	8.54	15
MATH	77.00	6.28	15
PHYSICS	78.80	7.27	15
CHEMICAL	79.20	9.41	15

表中各行数据分别为 4 门功课的平均成绩、标准差及样本容量。

②相关矩阵表，如表 8.2 所示。

表 8.2   各课程成绩的 Correlations（相关）矩阵

		ENGLISH	MATH	PHYSICS	CHEMICAL
ENGLISH	Pearson Correlation	1.000	.394	.335	.401
	Sig.（2-tailed）	.	.146	.222	.138
	Sum of Squares and Cross-products	1020.933	296.000	291.200	451.800
	Covariance	72.924	21.143	20.800	32.271
	N	15	15	15	15
MATH	Pearson Correlation	.394	1.000	.810**	.672**
	Sig.（2-tailed）	.146	.	.000	.006
	Sum of Squares and Cross-products	296.000	552.000	518.000	556.000
	Covariance	21.143	39.429	37.000	39.714
	N	15	15	15	15
PHYSICS	Pearson Correlation	.335	.810**	1.000	.764**
	Sig.（2-tailed）	.222	.000	.	.001
	Sum of Squares and Cross-products	291.200	518.000	740.400	732.600
	Covariance	20.800	37.000	52.886	52.329
	N	15	15	15	15
CHEMICAL	Pearson Correlation	.401	.672**	.764**	1.000
	Sig.（2-tailed）	.138	.006	.001	.
	Sum of Squares and Cross-products	451.800	556.000	732.600	1240.400
	Covariance	32.271	39.714	52.329	88.600
	N	15	15	15	15

** 显著性水平在0.01下，认为标记的相关系数是显著的。

表下对表中双星号标记的相关系数作出注释，即在显著性水平在 0.01 下，认为标记的相关系数是显著的。

在表 8.2 中，每个行变量与列变量交叉单元格处是二者的相关统计量值。例如，英语成绩与数学、物理、化学成绩之间的相关系数依次为 0.394、0.335、0.401，英语成绩与这几门理科课程的成绩虽有一定的正相关关系，但相关系数普遍较低，说明文理两科之间的差异。数学与物理、化学成绩的相关系数分别为 0.810 和 0.672，物理与化学的相关系数为 0.764，都反映了理科各科课程的成绩之间具有高度的正相关关系。特别地，数学与物理的相关系数为 0.801，说明这两门课程之间有非常密切的关系。

这些结果提供的信息与人们的普遍认识基本一致，反映学生在文理两科的学习上确实存在着一定程度的差异。

用双尾显著性概率 Sig.（2-tailed）的计算值可以同样地说明上述的分析。表中列出的各个交叉积、协方差的意义此处不再解释。

　　例 8.2.2　1990 年中国科协管理科学研究中心在中国公众对科学技术的态度的问卷调查中，列举了 12 种职业，要求被调查者对声望高低和值得信赖程度进行回答，据回收的答卷按照公众对各职业态度的人数排列，取得数据如表 8.3 所示。

　　试根据这些数据资料计算等级相关系数，并检验其显著性。

表 8.3　公众对待 12 种社会职业的评价态度数据表

Job（职业）	Renown（社会声望）	Confide（值得信赖程度）
科学家	1	1
医生	2	2
政府官员	3	7
工程师	6	4
大学教师	5	5
律师	8	6
新闻记者	7	8
建筑设计人员	11	9
银行管理人员	10	10
会计师	12	11
企业管理人员	9	12
中小学教师	4	3

　　操作过程及结果分析如下：

　　（1）建立数据文件，定义变量：Job（职业）、Renown（社会声望）、Confide（值得信赖程度）。各变量的测度水平均定义为 Ordinal，输入数据建立待分析的文件。

　　（2）打开 Bivariate Correlations 主对话框，选择变量 Renown 和 Confide 移入分析变量框，并在 Correlation Coefficients 栏中，选择 Kendall's tau-b 相关系数和 Spearman 相关系数。其余选项缺省。

　　（3）单击 OK 提交系统运行。

　　（4）结果及分析如下：

　　输出结果仅有一个 Nonparametric Correlations（非参数相关系数）表，如表 8.4 所示。

　　从表中可以看到变量 Renown 和 Confide 之间的 Kendall 相关系数为 0.697，它们之间不相关的假设成立的概率为 0.002；Spearman 相关系数为 0.860，假设成立的概率为 0.000。

　　由此可以得出结论，两种方法计算所得的等级相关系数均表明，在显著性水平 0.01 下社会声望和值得信赖程度之间存在显著的正相关关系，也就是说，职业的社会声望越高，值得信赖的程度也就越高。

表 8.4　Correlations（相关系数）表

			Renown 社会声望	Confide 值得信赖程度
Kendall's tau_b	Renown 社会声望	Correlation Coefficient	1.000	.697**
		Sig.（2-tailed）	.	.002
		N	12	12
	Confide 值得信赖程度	Correlation Coefficient	.697**	1.000
		Sig.（2-tailed）	.002	.
		N	12	12
Spearman's rho	Renown 社会声望	Correlation Coefficient	1.000	.860**
		Sig.（2-tailed）	.	.000
		N	12	12
	Confide 值得信赖程度	Correlation Coefficient	.860**	1.000
		Sig.（2-tailed）	.000	.
		N	12	12

**　Correlation is significant at the .01 level (2-tailed).

8.3　偏相关分析

8.3.1　偏相关分析的概念

相关分析通过计算两个变量之间的相关系数，分析变量间线性相关的程度。在多元相关分析中，由于受到其他变量的影响，Pearson 相关系数只是从表面上反映两个变量相关的性质，往往不能真实地反映变量间的线性相关程度，甚至会给人们造成相关的假象。因此在某些场合中，简单的 Pearson 相关系数并不是刻划相关关系的本质性统计量。当其他变量被固定，即将它们控制起来后，给定的任意两个变量之间的相关系数叫偏相关系数。偏相关系数才是真正反映两个变量相关关系的统计量。

例如在研究身高、体重、肺活量 3 者的相关关系时，显然肺活量与身高，肺活量与体重均存在一定的正相关关系。但是当我们将体重固定下来，对相同体重的人分析肺活量与身高的关系时，是否仍然具有身高越高，肺活量越大正相关关系呢？恐怕就不一定了。

偏相关分析用于计算变量间的偏相关系数，以利于更准确地判断变量之间的相关关系和相关程度。

8.3.2　二元变量的偏相关分析过程

二元变量偏相关分析的步骤如下：

（1）执行 Analyze→Correlate→Partial Correlations（偏相关）命令，打开 Partial

Correlations 对话框，如图 8-4 所示。

①从源变量清单中选择两个或两个以上需进行偏相关性分析的数值型变量移入 Variables 框，要求上述变量中每一对变量均为服从二维正态分布的随机变量。

②从源变量清单中至少选择一个控制变量移入控制变量栏。

③Test of Significance 栏中两个单选项为：

● Two-tailed：双尾假设检验。

● One-tailed：单尾假设检验。

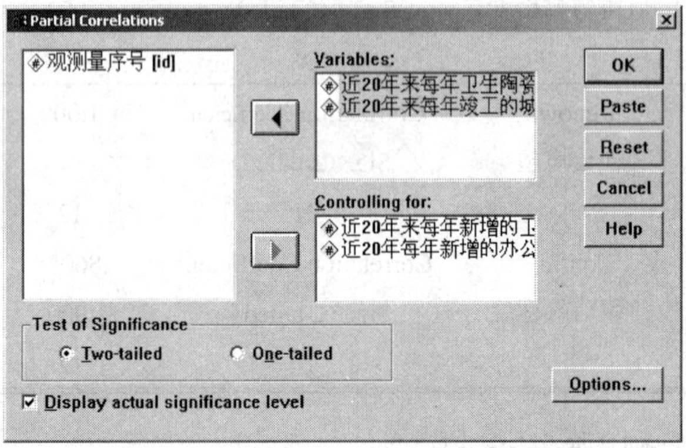

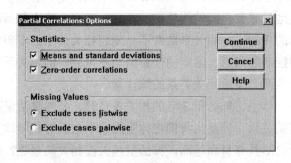

图 8-4　偏相关分析过程主对话框

④Display actual significance level，选择此项，输出结果中，在显示相关系数的同时，也显示每个相关系数的实际显著性概率和自由度。如果不选择此选项，对显著性水平 0.05 下反映显著相关的相关系数用一个星号"*"加以标记；对在显著性水平 0.01 下显著相关的相关系数用两个星号"**"加以标记。

（2）单击 Options 选项按钮，打开 Options 选项对话框，如图 8-5 所示。

图 8-5　偏相关分析过程选项对话框

①Statistics 选项栏中有如下两个选项：

● Means and standard deviations：选择此项结果中将显示所有选中的变量（包括控制变量）的均值、标准差和观测量数。

● Zero-order correlations：选此项将显示附带自由度和显著性概率的零阶相关系数阵，即 Pearson 相关系数矩阵。

②Missing Values 栏里为缺失值处理方式选项。

上述各选项确定后，单击主对话框中的 OK 按钮执行。

8.3.3　二元变量的偏相关分析实例与分析

我们通过两个具体实例来说明进行二元变量偏相关分析的步骤。

例 8.3.1　卫生陶瓷是住宅建筑、宾馆饭店、医院、办公楼等建筑物中不可缺少的建筑材料。卫生陶瓷的生产与这些建筑的竣工面积有直接的联系。为了研究它们之间的相关关系，搜集了我国 20 年卫生陶瓷的年需求量及各类建筑竣工面积方面的历史资料，列于表 8.5 中。

表 8.5　卫生陶瓷的需求量以及各类建筑竣工面积资料

序号	卫生陶瓷 年需求量	年城镇住宅 竣工面积	年新增医疗卫生 机构面积	年新增办公楼等 建筑面积
1	4.00	9.00	1.40	2.90
2	6.00	9.00	1.10	2.80
3	4.00	10.00	1.10	3.10
4	3.00	17.00	1.00	4.10
5	5.00	16.00	1.10	5.00
6	7.00	18.00	1.40	4.50
7	10.00	10.00	0.80	1.80
8	4.00	9.00	0.40	0.60
9	5.00	9.00	0.50	0.80
10	7.00	10.00	0.90	2.10
11	11.00	12.00	1.10	2.10
12	8.00	14.00	2.20	4.00
13	9.00	19.00	2.20	4.00
14	10.00	21.00	2.40	3.60
15	14.00	20.00	2.20	4.20
16	18.00	22.00	2.30	4.60
17	20.00	21.00	2.10	4.00
18	24.00	28.00	2.30	4.30
19	22.00	33.00	2.40	4.70
20	26.00	50.00	2.60	6.00

试分析研究上述几个量之间的相关关系。

操作过程及结果分析如下：

（1）建立数据文件。

定义变量：ceramic（卫生陶瓷年产量）、building（年城镇住宅建筑竣工面积）、medical（年新增医疗卫生机构面积）和 office（年新增办公楼等建筑面积），各变量测度水平均为 Scale，输入表 8.5 中数据，并建立数据文件。

（2）打开 Partial Correlations 主对话框。选择 ceramic 和 building 为分析变量，medical 和 office 为控制变量。主对话框其他选项采用系统默认选项。

（3）打开 Options 选项对话框，选择 Statistics 栏中的两个选项。

（4）返回主对话框，单击 OK 提交系统运行。

得到如下 3 个部分的结果：

①各变量的描述统计量表，如表 8.6 所示。

表 8.6　各变量的描述统计量表

Variable	Mean	Standard　Dev	Cases
CERAMIC	10.8500	7.2857	20
BUILDING	17.8500	10.1581	20
MEDICAL	1.5750	.7181	20
OFFICE	3.4600	1.4121	20

表 8.6 中显示的是所有选中变量的描述统计量的数值。

②零阶相关系数矩阵，如表 8.7 所示。

从表 8.7 中可知，变量 ceramic 与变量 building、medical 以及 office 之间的 Pearson 相关系数分别为 0.8417、0.7527 和 0.5585。根据相关系数的意义可以得出，变量 ceramic 与这几个变量之间均存在显著的或者较显著的正相关关系，即当城镇住宅建筑竣工面积、年新增医疗卫生机构面积和新增办公楼等建筑面积扩大时，卫生陶瓷年需求量会随之增大。

表 8.7　Zero Order Partials（各变量间零阶相关系数）矩阵

	ceramic	building	medical	office
ceramic	1.0000	.8417	.7527	.5585
	(0)	(18)	(18)	(18)
	P= .	P= .000	P= .000	P= .010
building	.8417	1.0000	.7549	.7591
	(18)	(0)	(18)	(18)
	P= .000	P= .	P= .000	P= .000
medical	.7527	.7549	1.0000	.7770
	(18)	(18)	(0)	(18)
	P= .000	P= .000	P= .	P= .000
office	.5585	.7591	.7770	1.0000
	(18)	(18)	(18)	(0)
	P= .010	P= .000	P= .000	P= .

(Coefficient / (D.F.) / 2-tailed Significance)

"." is printed if a coefficient cannot be computed

此外我们还看到，变量 medical、building、office 两两之间也都具有显著的正相关关系。变量 building 和 medical 之间的相关系数为 0.7549；变量 building 和 office 之间的相关系数为 0.7591；而 medical 与 office 之间的相关系数为 0.7770。

尽管这样，我们也不能盲目地下结论，各个变量之间的关系真的存在正相关关系。还需要结合计算偏相关系数值作更深入的讨论。

表下的第一条注释指出，表中所列数据的意义分别为相关系数、括号内数值为自由度以及双尾显著性概率 P 的值。另一条注释指出凡"."号处均为不能计算的数值。

③偏相关系数矩阵，如表 8.8 所示。

表 8.8　变量 ceramic 与 building 之间的偏相关系数

PARTIAL CORRELATION COEFFICIENTS

Controlling for..　MEDICAL OFFICE

	ceramic	building
ceramic	1.0000	.7278
	(0)	(16)
	p=.	p=.001
building	.7278	1.0000
	(16)	(0)
	p=.001	p=.

表 8.8 输出的是当控制变量为 medical 和 office 时，变量 ceramic 与 building 之间的偏相关系数，其值为 0.7278。这个相关系数才真正地反映了卫生陶瓷年需求量与年住宅建筑竣工面积之间的相关关系。由于偏相关系数值为 0.7278，它们不相关的概率为 $p=0.001$，由此可以得到这样的结论：卫生陶瓷年需求量与年住宅建筑竣工面积之间确实具有显著的正相关关系，这个结论无疑是符合实际的。

为了研究变量 ceramic 与其他变量的偏相关系数，可将控制变量分别定义为 building 和 medical、office 和 building，执行相同操作分别可以得到变量 ceramic 与 office、变量 ceramic 与 medical 之间的偏相关系数，如表 8.9 和表 8.10 所示。

表 8.9　变量 ceramic 与 office 之间的偏相关系数

PARTIAL CORRELATION COEFFICIENTS

Controlling for..　MEDICAL　BUILDING

	CERAMIC	OFFICEL
CERAMIC	1.0000	-.4668
	(0)	(16)
	p=.	p=.051
OFFICE	-.4668	1.0000
	(16)	(0)
	p=.051	p=.

表 8.10 变量 ceramic 与 medical 之间的偏相关系数

PARTIAL CORRELATION COEFFICIENTS		
Controlling for.. OFFICE BUILDING		
	ceramic	medical
	1.0000	.5151
ceramic	(0)	(16)
	p=.	p=.029
	.5151	1.0000
medical	(16)	(0)
	p=.029	p =.

从表 8.9 中看到变量 ceramic 与 office 之间的偏相关系数为-0.4668，而它们之间的 Pearson 相关系数 0.5585。偏相关系数说明 ceramic 与 office 之间居然存在负相关关系，与用 Pearson 相关系数所得到的判断相反，但是我们依然不能得出结论：由于年新增办公楼等建筑面积扩大而导致卫生陶瓷年需求量下降。变量 office 的负影响，恰恰说明了变量 office 与变量 building 和 medical 之间存在密切的相关关系，办公楼等建筑面积的扩大受到城镇住宅建筑竣工面积和医疗卫生机构建筑面积扩大的制约和影响。

由此也不难看出计算偏相关系数的必要性，尤其在多元变量的相关分析中，更是如此。

表 8.10 中变量 ceramic 与 medical 之间的偏相关系数的意义留给读者自行分析。

8.4 距离分析

8.4.1 距离分析过程

SPSS 提供的距离分析过程包含相似性和不相似性分析，分析对象又分为观测量之间和变量之间的距离分析。距离分析过程的步骤如下：

（1）执行 Analyze→Correlate→Distances（距离）命令，打开 Distances 对话框，如图 8-6 所示。

①从源变量清单中至少选择一个数值型变量移入 Variables 框内，如果要进行变量之间的距离分析，则必须选择两个以上的变量。选择一个字符型标示变量移入 Label Cases（观测量标记）框内，在输出中将用这个标示变量值对各个观测量加以标记。缺省时，输出中用观测量的序号来标记。

②Compute Distances 栏内选项用于指定计算何种距离。

● Between cases：这个选项为系统默认选项，计算观测量之间的距离。

● Between variables：计算变量之间的距离。

③Measure 为测度类型栏。

● Dissimilarities：这个选项为系统默认选项，系统默认使用欧氏距离测度观测量或变量之间的不相似性。

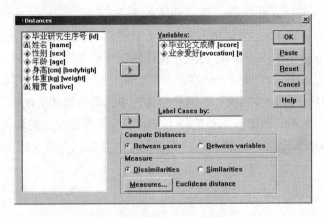

图 8-6　距离分析过程主对话框

- Similarities：选择这一选项，Measures 按钮旁边显示 Pearson Correlation（皮尔逊相关系数），表示系统默认使用 Pearson 相关系数测度观测量或变量之间的相似性。

栏中 Measures 按钮为测度类型选择按钮，对话框打开时，它的旁边显示出 Euclidean distance（欧几里德距离）的字样。

（2）不相似测度选项设置。

如果在主对话框里选择 Dissimilarities，这个对话框的标题为 Dissimilarity Measures（不相似性测度），如图 8-7 所示。

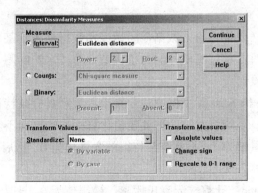

图 8-7　距离分析不相似测度对话框

对话框中包括如下 3 个子选项栏：

①Measure 选项栏。

在选择测度方法时首先要选择数据类型，然后，在选中的数据类型的下拉式菜单中选择适当的测度方法。数据类型及测度方法主要有：

- Interval 为间隔数据，如果在主对话框里选择的分析变量为 Scale 测度水平的变量，应选择此种数据类型。单击栏边的箭头按钮，展开下拉式列表，从中选择测度方法。下拉式列表中包括：
- ➢ Euclidean distance：欧几里得距离，这是系统默认的距离测度方法，其计算公式参见 8.1.3 节。

➢ Squared Euclidean distance：欧氏距离的平方。

➢ Chebychev distance：按切比雪夫距离公式计算观测量或变量之间的距离。

➢ Block distance：按网格距离公式计算观测量或变量之间的距离。

➢ Minkowski distance：按闵可夫斯基距离公式计算观测量或变量之间的距离。此时，选项下面的 Power（幂次）小框被激活，单击箭头按钮为闵可夫斯基距离公式中的幂次 q 指定其数值，可以选择 1，3，4 替代系统默认的幂次值 2。

➢ Customized distance：选择此项将按下面的计算公式自定义距离。

$$d_{ij}(q, p) = \left[\sum_{k=1}^{m} |x_{ik} - x_{jk}|^q \right]^{1/p}, \quad (i, j = 1, 2, \cdots, n)$$

选择此项后，下面的 Power 和 Root（根次数）小框同时被激活，单击箭头按钮选择幂次数值 q 和根次数值 p。

● Count 为计数数据，在主对话框中选择的分析变量为频数计数变量时，应选择此种数据类型。单击栏边的箭头按钮，展开下拉式列表，选择测度方法。下拉式列表中包括：

➢ Chi-square measure：系统默认的测度方法，是基于对两组频数值相等与否进行卡方检验的不相似测度方法。

➢ Phi-square measure：ϕ^2 测度，它等于卡方测度除以联合频数的平方根，将它正规化所得的值。

● Binary 为二元（或称二值）数据，所谓二元数据是表示某种特征有或无的变量。选择这种变量时，程序将对每一对值构造一个 2×2 的附表，利用这个表对每对值计算距离测度。

在被激活的 Present 和 Absent 小框中，分别输入表示具有某特征的有意义的变量值和不具有某特征的变量值。系统将对这两种变量值计算距离测度而不管其他的变量值。系统默认的具有某特征的变量值为 1，不具有某特征的变量值为 0。然后单击箭头按钮，在下拉式列表中选择具体的测度方法：

➢ Euclidean distance：计算二元欧氏距离，最小值为 0，无上限。

➢ Squared Euclidean distance：计算二元欧氏距离的平方，最小值为 0，无上限。

➢ Size difference：大小差异测度是一个非对称指标，其取值范围为 0～1。

➢ Pattern difference：型差异测度，取值范围为 0～1。

➢ Variance：变差测度，取值范围为 0～1。

➢ Shape：形状测度，取值范围为 0～1。

➢ Lance and Williams：兰斯和威廉姆斯非矩阵测度，也称为 Bray-Curtis（布雷-柯蒂斯）非矩阵系数，也是一个取值范围为 0～1 的不相似性测度。

②Transform Values 栏选择数值转换方法。

单击 Standardized 框右边的箭头按钮，在下拉列表中选择数值标准化转换方法，其中包括：

> **None**：不进行标准化，这是系统默认的设置。
> **Z scores**：将每个观测量或变量值标准化到均值为 0，标准差为 1 的 Z 得分。
> **Range -1 to 1**：将每个观测量或变量值都除以观测量或变量值的极差（Range）将它们标准化到-1～1 之间。
> **Range 0 to 1**：将每个观测量或变量值减去它们的最小值，然后除以极差将它们标准化到 0～1 之间。
> **Maximum magnitude of 1**：将每个观测量或变量值除以最大值，然后将它们标准化到最大值 1。
> **Mean of 1**：将每个观测量或变量值除以它们的均值将它们标准化到 1。
> **Standard deviation of 1**：将每个观测量或变量值都除以它们的标准差，然后将它们标准化到 1。

需要指出，在选择标准化方法之后，要在选择框下的两个单选项中做出二中择一的选择：By variable（对变量施行标准化）和 By case（对观测量施行标准化）。

③Transform Measures 栏用于选择测度转换方法。

在距离测度选择完毕后，可以选择本栏选项对距离测度的结果进行测度转换。栏中提供了如下 3 种并列的转换方法：

> **Absolute values**：绝对值转换法，将测度值的负号移去。一般仅当对相关数量感兴趣的时候才使用这种转换法。
> **Change sign**：变号转换法，施行相似性测度和不相似性测度之间的相互转换。选择此项，通过改变符号来颠倒距离测度的顺序。
> **Rescale to 0-1 range**：重新调节测度值到范围 0～1 转换法，采用此法将各距离测度值减去最小距离值再除以其全距，使距离测度标准化。对按有意义方法已经施行了标准化的测度，通常不再使用这种转换法。

（3）相似性测度方法选项。

如果在主对话框的 Measures 栏中选择 Similarities，并单击 Measures 按钮，打开 Similarity Measures（相似性测度）对话框，如图 8-8 所示。

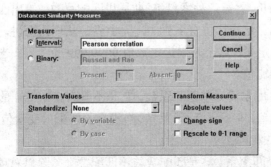

图 8-8   距离分析的相似性测度对话框

对话框中包括 3 个子选项栏：

①Measure 选项栏。在此栏里选择测度方法时，先选择数据类型，然后，在选中的数据类型的下拉式菜单中选择适当的测度方法。数据类型及测度方法主要有：

- Interval 为间隔数据，在主对话框里选择了测度水平为 Scale 的分析变量时，应选择此种数据类型，计算结果为向量之间的相似系数。单击栏边的箭头按钮，在展开的下拉式列表中选择测度方法。下拉菜列表中包括：

  ➢ Pearson correlation：此测度方法为系统默认的。它是数据经过标准化处理后两个向量之间的皮尔逊相关相似系数。

  ➢ Cosine：两个向量之间的夹角余弦值。

以上两种测度相似系数的计算公式参见 8.1.3 节。

- Binary Data 为二元数据，二元数据的意义与不相似性测度中所述完全相同。

在选择测度方法前，先在被激活的 Present 和 Absent 小栏里分别输入表示具有某特征的有效变量值和不具有某特征的有效变量值。再单击箭头按钮展开下拉列表，选择相似性测度方法。各种方法计算的结果统称为相似系数。但按照系数计算的特征，相似系数又分成匹配系数、条件概率测度和可预测性测度等。可供选择的方法有：

  ➢ Russell and Rao：罗素-劳二元内积法，这种方法给与匹配和不匹配的变量值相等的权重。此法是系统默认的二元相似性测度法。

  ➢ Simple matching：简单匹配测度，它是匹配数与总变量值数之比，给与匹配的和不匹配的变量值相等的权重。

  ➢ Jaccard：杰卡德相似比，它将不具有指定特征的变量值排除在外，并给与匹配的和不匹配的变量值相等的权重。

  ➢ Dice：戴斯匹配系数，将不具有指定特征的变量值排除在外，并给与匹配的变量值以双倍权重，也称为 Czekanowski 或 Sorensen（捷卡诺夫斯基或苏润生）测度。

  ➢ Rogers and Tanimoto：罗杰斯-谷本匹配系数，给与不匹配的变量值以双倍权重。

  ➢ Sokal and Sneath 1：第一种索科尔-斯尼思匹配系数，它给与匹配的变量值以双倍权重。

  ➢ Sokal and Sneath 2：第二种索科尔-斯尼思匹配系数，它将不具有指定特征的变量值排除在外，给与不匹配的变量值以双倍权重。

  ➢ Sokal and Sneath 3：第三种索科尔-斯尼思匹配系数，给出匹配的变量值与不匹配的变量值之比。这个比值有下界 0，无上界。从理论上讲，当没有不匹配的变量值时，比值无定义，这个时候指定数值 9999.999 为上界。当比值大于这一数值时也以此数值为比值。

  ➢ Kulczynski 1：库尔津斯基匹配系数，它是不具有指定特征的变量值与所有不匹配变量值数的比值，有下界 0，无上界。当没有不匹配的变量值时，处理方式与 Sokal and Sneath 3 法相同。

  ➢ Hamann：哈曼匹配系数，是匹配数与不匹配数之差除以总项数的商，其取值范围为-1～1。

  ➢ Kulczynski 2：库尔津斯基条件概率测度，是一种基于条件概率来计算的相似性测度，当一个特征在一项中出现，确定这个特征在另一项中出现的条件概率，每一项的个别值都作为预测因子平均地计算别的值。

➢ Sokal and Sneath 4：条件概率测度，也是一种基于条件概率来计算的相似性测度，确定在一项中出现的特征与另一项的特征值匹配的条件概率，每一项的个别值都作为预测因子平均地计算别的值。

这两种方法称为条件概率测度。

➢ Lambda：λ 系数，它相当于用一项在两个方向上预测另一项的误差降低比率（PRE），其取值范围是 0~1。这个比率也称为 Goodman（古德曼）和 Kruskal（克鲁斯科尔）λ 系数。

➢ Anderberg's D：安德伯格 D 系数，与 λ 系数法相似，它是用一项在两个方向上预测另一项的实际误差降低率，其取值范围是 0~1。

➢ Yule's Y：尤利 Y 综和系数，它是 2×2 表的交叉率的函数，且与边际总和独立，其取值范围是 -1~1。

➢ Yule's Q：尤利 Q 综和系数，它是古德曼和克鲁斯科尔 γ 系数的特例，是 2×2 表的交叉率的函数，且与边际总和独立，其取值范围是 -1~1。

这几种测度称为可预测性测度。除上述各种相似性测度外，还有几种特殊的相似性测度。

➢ Ochiai：对二元数据的余弦测度，其取值范围是 0~1。

➢ Sokal and Sneath 5：正逆匹配的条件概率的几何平均数的平方，取值范围是 0~1。

➢ Phi 4-point correlation：ϕ 四点相关系数是皮尔逊相关系数的二元形式，其取值范围为-1~1。

➢ Dispersion：离中趋势测度，其取值范围为-1~1。

②Transform Values 数值转换选择栏中选项与 Dissimilarity Measures 对话框中相应选项栏各项意义相同。

③Transform Measures 测度转换选项栏中各选项意义与不相似性测度对话框中相应选项栏各项相同。

（4）各选项选择完毕，返回主对话框，单击 OK 提交系统运行。

8.4.2　距离分析过程实例及分析

例 8.4.1　现有某大学 8 名博士生的数据文件资料，如图 8-9 所示。试根据文件中有关变量数据作距离分析。

	id	name	sex	age	bodyhigh	weight	score	hobby
1	1	朱　红	0	28	168.00	61.00	3	1
2	2	孙　刚	1	27	175.00	69.00	2	3
3	3	赵　娟	0	29	159.00	52.00	1	4
4	4	王　平	1	26	166.00	58.00	2	2
5	5	李　斐	1	28	178.00	72.00	3	3
6	6	吴玉霞	0	28	163.00	62.00	2	4
7	7	林国安	1	27	169.00	66.00	3	1
8	8	宋林凡	1	30	170.00	65.00	3	2

图 8-9　数据文件

解决步骤如下：

（1）选择 Score（毕业论文成绩）和 hobby（业余爱好）为分析变量。主对话框里其余选项均采用系统默认的选项，测度观测量之间的不相似性。单击 OK 运行得到如下结果：

①观测量概述表，列出文件中观测量数（略）。

②亲疏性矩阵，如表 8.11 所示。

亲疏性矩阵为一个对称阵，矩阵中列出了变量 score 和 hobby 的每一对观测量与另一对观测量之间的欧氏距离。例如第 1、2 号观测量之间的欧氏距离为 2.236，它是二维空间的点 (3, 1) 与 (2, 3) 之间按欧氏距离公式计算出来的值，即 $\sqrt{(3-2)^2+(1-3)^2} = \sqrt{3} = 2.236$。通过表中各个数值所代表的样品之间距离的大小，可以分析各对样品之间的亲疏关系。

表 8.11　Proximity Matrix（亲疏性矩阵）

| | \multicolumn{8}{c|}{Euclidean Distance} | | | | | | | |
	1	2	3	4	5	6	7	8
1		2.236	3.606	1.414	2.828	3.162	2.000	1.000
2	2.236		1.414	1.000	1.000	1.000	1.000	1.414
3	3.606	1.414		2.236	1.000	1.000	2.236	2.828
4	1.414	1.000	2.236		1.414	2.000	1.414	1.000
5	2.828	1.000	1.000	1.414		1.414	2.000	2.236
6	3.162	1.000	1.000	2.000	1.414		1.414	2.236
7	2.000	1.000	2.236	1.414	2.000	1.414		1.000
8	1.000	1.414	2.828	1.000	2.236	2.236	1.000	

这是一个不相似性矩阵

从表中看到 1、3 号观测量之间的欧氏距离最大，等于 3.606，说明这两个样品之间的关系最疏远，从原始数据中发现事实确实如此。

（2）对变量 score（毕业论文成绩）和 hobby（业余爱好）按变量进行相似性测度分析。主对话框的测度栏里选择 Similarities。在相似性测度对话框的测度子栏里，选择 Interval（间隔数据）的 Cosine（夹角余弦），其余选项均缺省。

系统运行后得到如下结果：

①观测量概述表，列出文件中观测量数（略）。

②变量 score 和 hobby 的夹角余弦相似系数，即亲疏性矩阵，如表 8.12 所示。

表 8.12　变量 Score 与 hobby 的夹角余弦相似系数

| | \multicolumn{2}{c}{Proximity Matrix} | |
| | \multicolumn{2}{c}{Cosine of Vectors of Values} | |
	SCORE 毕业论文成绩	HOBBY 业余爱好
SCORE 毕业论文成绩		.814
HOBBY 业余爱好	.814	

这是一个相似性矩阵

从表中看到两个变量之间的夹角余弦值为 0.814，说明研究生们的论文成绩和业余爱好之间关系最为相似。

（3）对变量 age（年龄）、high（身高）、weight（体重）和按变量进行相似性测度分析。主对话框的测度栏里选择 Similarities，在相似性测度对话框的测度子栏里，分别选择 Interval 数据的 Pearson correlation。其余选项均缺省。

系统运行后得到如下结果：

①观测量概述表，列出文件中观测量数（略）。

②按指定的 3 个变量进行相关系数分析，如表 8.13 所示。

从表 8.13 中可知，3 个变量对 age 与 high、age 与 wight、high 与 wight 之间的皮尔逊相关系数依次为-0.159，-0.106，0.931，3 对变量中以身高和体重之间的线性相关关系最为显著，其余两对均显示为负相关，相关系数按绝对值都很小，表明它们之间的线性相关关系很微弱。

表 8.13　选定 3 个变量两两之间的相关系数

Proximity Matrix		
Correlation between Vectors of Values		
	Age 年龄	High 身高（cm）	Wight 体重（kg）
Age 年龄		-.159	-.106
High 身高（cm）	-.159		.931
Weight 体重（kg）	-.106	.931	

这是一个相似性短阵

习　题

8.1　对下列各对变量，判断它们之间是否存在相关关系，相关系数为正、负、还是零？

（1）每日卡路里的摄入量与体重。

（2）海拔与平均气温。

（3）国内生产总值与新生婴儿的死亡率。

（4）家庭的总收入与文化生活的服务支出。

（5）结婚年龄与受教育的时间。

（6）每日的吸烟数量与肺功能。

8.2　调用 SPSS 的系统数据文件 world95.sav，针对文件中的变量：

（1）男性人口的平均寿命（lifeexpm）、女性人口的平均寿命（lifeexpf）以及每天卡路里摄入量（colories）；

（2）男性人口的平均寿命（lifeexpm）、女性人口的平均寿命（lifeexpf）以及人均国民生产总值（gdp_cap）；

（3）男性人口的平均寿命（lifeexpm）、女性人口的平均寿命（lifeexpf）以及识字率（literacy）；

（4）成人识字率（literacy）、人均国民生产总值（gdp_cap）。

分别执行 Bivariate（二元相关）命令，分析变量之间的相关关系。

8.3　下表中列出某地区九个市县社会商品零售总额（亿元）、城市居民年平均收入（万元）、农民年平均收入（万元）的数据，分别记为变量 retail、townsman、farmers。

市县编号	1	2	3	4	5	6	7	8	9
retail	58.75	18.29	15.29	12.58	11.24	15.60	15.09	14.36	15.14
townsman	0.468	0.375	0.410	0.370	0.430	0.379	0.350	0.360	0.370
farmers	0.166	0.135	0.151	0.149	0.154	0.125	0.104	0.119	0.159

执行 Bivariate（二元相关）命令，分析变量之间的相关关系。

8.4　某医院研究某种代乳粉的营养价值时，用大白鼠作试验，得大白鼠进食量（克）和增加体重（克）之间的关系的原始数据如下表，用 x 表示大白鼠进食量和用 y 表示大白鼠增加体重，试作 x 与 y 之间的相关分析。

进食量 x（克）	820	780	720	867	690	787	934	679	639	820
增加体重 y（克）	165	158	130	180	134	167	186	145	120	158

8.5　下表中列出某班 10 名学生高一（x）和高二（y）数学期末考试的成绩。

id	1	2	3	4	5	6	7	8	9	10
x	74	71	75	68	76	73	67	75	70	74
y	76	72	71	70	76	79	65	79	77	72

执行 Bivariate（二元相关）命令，分析变量之间的相关关系。

8.6　4 位教师对 6 名学生的作文竞赛评定的名次如下表。

学生	评定教师			
	1	2	3	4
1	3	4	2	1
2	4	3	1	3
3	2	1	3	4
4	6	5	6	5
5	1	2	4	2
6	5	6	5	6

执行 Bivariate 命令，计算斯皮尔曼和肯德尔相关系数分析评定结果之间的相关关系。

8.7　两位评酒师对 20 种酒的等级（1～10）进行评定，评定结果如下表所示。

drink	A	B	drink	A	B
1	6	8	11	6	9
2	4	5	12	8	5
3	7	4	13	4	2
4	8	7	14	3	3
5	2	3	15	6	8
6	7	4	16	9	10
7	9	9	17	9	8
8	7	8	18	4	6
9	2	5	19	4	3
10	4	3	20	5	5

建立数据文件，回答下列问题：

（1）执行 Bivariate 命令，计算斯皮尔曼和肯德尔相关系数分析评定结果之间的相关关系。

（2）执行 Distances 命令，分析评定结果之间的相似关系。

（3）执行 Distances 命令，计算观测量之间的欧几里得距离，分析观测量之间的亲疏关系。

8.8 在图 8-7 的距离分析不相似测度对话框中，Transform Values（值转换）栏提供了数值转换方法，针对各种方法给出相应的数学计算公式。在数据窗口任意定义一个变量，并赋予若干变量值，应用 SPSS 的 Compute 对话框，用建立的计算公式对该变量执行数值转换，观查转换的结果。

第9章 回归分析过程

9.1 线性回归分析

9.1.1 回归分析概念

1. 回归分析（Regression Analysis）问题

相关分析与回归分析有密切的关系，它们都是研究变量之间线性关系的统计分析方法，但是二者又有区别。

相关分析中研究的变量视为随机变量，仅研究变量之间是否存在线性关系；而回归分析中研究的变量分为因变量与自变量，因变量是随机变量，自变量也称为因素变量，是可以加以控制的变量。

回归分析一般解决以下问题，第一，确定因变量与若干个因素变量之间联系的定量表达式，通常称为回归方程式或数学模型，并确定它们联系的密切程度；第二，通过控制可控变量的数值，借助于求出的数学模型来预测或控制因变量的取值和精度；第三，进行因素分析，从影响因变量变化的因素变量中寻找出哪些因素对因变量的影响最为显著，哪些因素的影响不那么显著，以区别重要因素和次要因素。

回归分析主要研究变量之间的线性相关关系时，称为线性回归分析，否则称为非线性回归分析。又按照影响因变量的因素变量的多少分为一元线性回归和多元线性回归。

SPSS 专业版提供了多种回归分析功能项，而 SPSS 11.0 标准版仅提供最常用的 Linear（线性回归）和 Curve Estimation（曲线估计）过程，这些内容恰与现行概率统计教材的内容相一致，本章首先介绍这些回归分析过程。考虑到实际应用中，常常遇到非线性回归问题，特别将 SPSS 专业版提供的 Nonlinear（非线性回归）过程也加以介绍。

2. SPSS 的线性回归过程及数据要求

线性回归过程中包括一元、多元线性回归、多元逐步回归。可以给出所求回归方程的回归系数估计值（即回归系数参数估计和区间估计）、协方差矩阵、复相关系数 R、因变量的最佳预测值、方差分析表等。还可以输出变量值的散点图等。

线性回归过程对数据的要求是：自变量和因变量必须是具有 Scale 测度的数值型变量；标志或范畴变量（Categorical Variables），如宗教、专业等，必须记录为二元的哑变量（虚拟变量）或者其他类型的对立变量。

对于因变量的所有观测值（样本）应该认为是来自于相互独立的等方差的正态总体，并且因变量与各个自变量之间应具有一定的线性关系。

假定对一组变量 $x_1, x_2, \cdots, x_p, Y$ 作了 n 次观测，得到观测值为

$$x_{i1}, x_{i2}, \cdots, x_{ip}, y_i, \quad i = 1, 2, \cdots, n$$

其中，$x_{i1}, x_{i2}, \cdots, x_{ip}$ 分别为第 i 次观测时自变量 $x_1, x_2, \cdots, x_p$ 的取值；y_i 为因变量 Y 的观测值，线性回归的一般数学模型是：

$$Y_i = \beta_0 + \beta_1 x_{i1} + \cdots + \beta_p x_{ip} + \varepsilon_i, \quad i = 1, 2, \cdots, n$$

假定 ε_i （$i = 1, 2, \cdots, n$）相互独立，且均服从同一正态分布 $N(0, \sigma^2)$ 的随机变量，σ^2 为未知常数。

根据这个数学模型可知，因变量 Y_i（$i = 1, 2, \cdots, n$）也相互独立，且它们都服从正态分布 $N(\beta_0 + \beta_1 x_{i1} + \cdots + \beta_p x_{ip}, \sigma^2)$。回归分析需要对模型中的未知参数 $\beta_0, \beta_1, \cdots, \beta_p$ 以及 σ^2 做出估计，并且对建立的回归方程进行显著性检验，即检验假设 H_0：$\beta_i = 0$（$i = 1, 2, \cdots, n$）。如果检验拒绝 H_0，则认为回归方程有效，可用于对因变量的值的预测。

回归分析之前，需要对所掌握的样本资料是否满足要求进行判断。可以先使用相关分析的方法确定自变量与因变量之间的相关系数，相关系数值接近于 1，则说明变量之间存在较为显著的线性关系。或者运用 SPSS 的 Graghs 菜单的 Scatter（散点图）功能，产生直观的散点图，观察因变量随自变量变动的情况。

9.1.2　线性回归过程

在建立或打开符合要求的数据文件后，线性回归分析过程的基本步骤如下：

（1）执行 Analyze→Regression→Linear 命令，打开 Linear Regression 对话框，如图 9-1 所示。

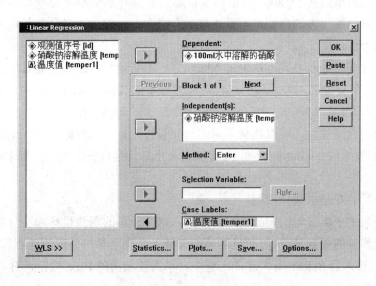

图 9-1　线性回归分析过程对话框

①从源变量清单中选择一个数值型变量作为因变量移入 Dependent 框中，选择一个或多个变量作为自变量移入 Independent 框中。

如果需要对于同一个因变量建立不同的自变量的回归方程，每次在一组自变量选择完毕后，单击 Independent 框上方的 Next 按钮，选定的这一组自变量将被系统自动地保存于一个自变量块（Block）中。接下来选择另一组自变量，单击 Next 按钮将它们保存于第二个自变量块中。重复以上操作，可以保存若干个自变量块。回归分析中若需要输出以哪一组变量为自变量的回归方程，可以通过单击 Previous 按钮和 Next 按钮来选择。

当仅选择了一个自变量时，就是一元线性回归。

②选择回归模型中自变量的进入方式。

在因变量和自变量组选定后，单击 Method 框边的箭头按钮展开下拉式列表，从中选择回归模型中自变量的进入方式：

- Enter：所有选择的自变量全部进入回归方程，Enter 方式为系统默认的方式。
- Stepwise：逐步回归方式，系统根据在 Options 选项对话框里所设定的 F 检验统计量的概率标准进行逐步回归，从所有可供选择的自变量中逐步地选择加入或者剔除单个自变量，直到建立起最优的回归方程为止。
- Remove：移除法，在建立的回归方程中，根据设定的条件剔除部分自变量。
- Backward：向后剔除法，首先将所有自变量都引入方程，然后根据在 Options 对话框里设定的 F 统计量的概率标准值（作为移出标准），从与因变量的偏相关系数最小的自变量开始，一次一个顺序从方程中移出，直到所建立的回归方程中不再含有可剔除的变量为止。
- Forward：向前剔除法，首先将与因变量的偏相关系数绝对值最大的自变量引进方程，然后根据在 Options 对话框里设定的 F 统计量的概率标准，再加入偏相关系数绝对值第二大的自变量，直到将所有符合条件的自变量全部都加入到回归方程中后为止。

无论哪一种变量进入方式，凡引进入回归方程中的变量，都必须通过默认的容许水平 0.0001，如果一个变量进入方程后引起已经在方程中的其他变量的容许水平下降，这个变量就不会被选入方程。

对于不同的自变量块，可以选择不同的自变量进入方式。例如，对一个自变量块的变量使用逐步回归；用 Previous 按钮和 Next 按钮选择另一个自变量块后，可选择别的变量进入方式。

③参与分析的观测量选择规则。

选择观测量的子集参与回归分析，将未选入这个子集的观测量排除在分析之外。选择参与分析的观测量的规则是：从源变量清单中选择一个决定参与分析的观测量的参照变量，例如 Id 变量，移入到 Selection Variable 框中，单击被激活的 Rule 按钮，打开 Set Rule 对话框，如图 9-2 所示。

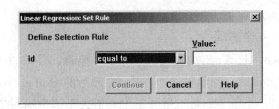

图 9-2　选择观测量子集对话框

对话框中 Define Selection Rule（定义选择规则）下有两个小矩形框，在右边 Value 框中指定一个数值，单击左框边上的箭头按钮，从展开的列表中选择一种规则或关系，凡满足关系的观测量将被选入参与分析的观测量子集，其中有：

equal to：等于　　　　　　　　less than or equal：小于或等于

not equal to：不等于　　　　　　greater than：大于

less than：小于　　　　　　　　greater than or equal：大于或等于

④从源变量清单中选择一个指示变量加到 Case Labels（观测量标签）矩形框里，这个变量将用于在散点图中标记所选中的观测量所对应的点，它可以是字符型变量。

（2）选项按钮的功能设置。

回归分析过程主对话框中包括 5 个选项按钮，可以根据需要单击相应按钮进行选择。

①单击 WLS（Weighted Least-Squares）按钮，主对话框下面边缘向下扩展，增加一个 WLS Weight 小矩形框。可以选择一个权重变量移入该框，输出一个加权最小平方模型，观测量值将得到以观测量方差的倒数为权重的权重值，这意味着使具有较大方差的观测量对分析的影响小于具有较小方差的观测量对分析的影响。

②单击 Statistics 按钮，打开如图 9-3 所示的 Statistics 对话框。

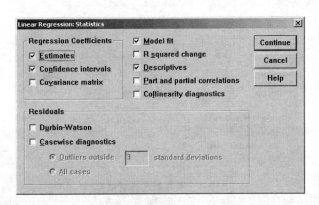

图 9-3　统计量选项对话框

● 对话框的 Regression Coefficients 栏用于选择输出与回归系数有关的统计量：

➢ Estimates：回归系数 B 的估计值、标准误差、标准化系数 beta、t 统计量值以及 t 分布的双尾显著性概率等。

➢ Confidence intervals：回归系数的 95%置信区间。

- ➢ Covariance matrix：协方差矩阵。
- ● 残差栏有以下几个选项：
- ➢ Durbin-Watson：杜宾-瓦特森检验，即 DW 检验，残差的序列相关性检验。
- ➢ Casewise diagnostics：观测量诊断方式，在激活的 Outliers outside 边上输入一个正的标准差数值，系统将对标准残差的绝对值大于这个输入值的观测量进行诊断，系统默认的标准差值是 3。如选择 All cases 则对所有观测量进行诊断。
- ● 其他统计量：
- ➢ Model fit：模型拟合，输出 Goodness-of-fit Statistics（拟合优度统计量值），如复相关系数 R、可决系数 R^2、经校正的 R^2、估计标准误、方差分析表等。
- ➢ R squared change：R^2 交换、F 交换及其显著性。
- ➢ Descriptives：回归分析中各变量的描述统计量值。
- ➢ Part and partial correlations：相关系数与偏相关系数。
- ➢ Collinearity diagnostics：多重共线性诊断，输出各变量随方差扩大因素（VIF）以及容许公差显示比例特征值、非中心叉积矩阵、方差分解比例等。

③单击 Plots 按钮，打开 Plots 对话框，如图 9-4 所示。

对话框提供绘制散点图、直方图等功能。通过观察这些图形有助于确认样本的正态性、线性性和等方差性，也有助于发现和察觉那些异常观测值和超界值。

- ● 选择散点图变量，从左边变量框中选择变量决定绘制何种散点图。

DEPENDNT：因变量   ADJPRED：经调整的预测值

ZPRED：标准化预测值   SRESID：学生化残差

ZRESID：标准化残差   SDRESID：学生化剔除残差

DRESID：剔除残差

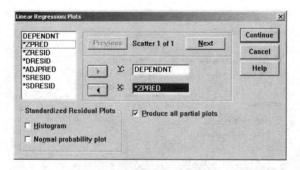

图 9-4   散点图选择对话框

选择变量分别移入 **Y** 和 **X** 边上的矩形框，决定散点图的 Y 坐标轴和 X 坐标轴。选定以后可单击 Next 按钮，再设置另一张散点图的坐标轴。

- ● 选择 Standardized Residual Plots 栏选项，决定是否输出标准化残差图，其中有：
- ➢ Histogram：标准化残差的直方图。
- ➢ Normal probability plot：标准化残差分布与正态概率比较图。
- ● 对话框另有一个 Produce all partial plots 选项，选择它将输出每一个自变量对于因变量残差的散点图。

（3）单击 Save 按钮，打开 Save 对话框，如图 9-5 所示。

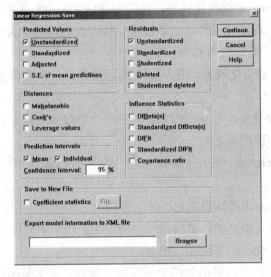

图 9-5　预测值保存对话框

选择此对话框的选项，决定将预测值、残差或其他诊断结果值作为新变量保存于当前工作文件或保存于新文件。对话框各栏中选项的含义如下：

①Predicted Values 为预测值栏，选择输出回归模型每一观测值的预测值。

➢　Unstandardized：未标准化预测值。

➢　Standardized：标准化预测值。

➢　Adjusted：经调整的预测值。

➢　S.E. of mean prediction values：平均预测值的标准误差。

②Distances 为距离栏，决定将自变量的异常观测值和对回归模型产生较大影响的观测值区分出来。

➢　Mahalanobis：马哈拉诺比斯距离，简称为马氏距离，是一个测量自变量观测值中有多少观测值与所有观测量均值不同的测度，把马氏距离数值大的观测量视为极端值。

➢　Cook's：库克距离，如果一个特殊的观测值被排除在回归系数的计算之外时，库克距离用于测量所有观测量的残差将会有多大的变化。库克距离数值大的观测量被排除在回归分析的计算之外，会导致回归系数发生实质性变化。

➢　Leverage values：杠杆值，用于测度回归拟合中一个点的影响。中心化杠杆值范围从 0 到（N-1）/N，拟合中如没有影响则杠杆值为 0。

③Prediction Intervals 为预测区间栏。

➢　Mean：均值预测区间的上下限；

➢　Individual：因变量的单个观测量预测区间的上下限；

➢　Confidence：在小框中输入 1～99.99 中的一个数值，作为预测区间的置信概率，通常选用的置信概率值为 90%，95%和 99%，系统默认值为 95%。

④Residuals 为残差栏。

➢ Unstandardized：未标准化残差，即因变量的实际值与预测值之差。

➢ Standardized：标准化残差，是未标准化残差被估计标准误除后的数值，即所谓的 Pearson 残差，其均值为 0，标准差为 1。

➢ Studentized：学生化残差，是从一个观测量到另一个观测量的残差被估计标准差除后的数值。

➢ Deleted：剔除残差，是从回归系数的计算中剔除的观测量的残差，等于因变量的值与经调整的预测值之差。

➢ Studentized Deleted：学生化剔除残差，是一个观测量的剔除残差被它的标准误差除后的数值。

⑤Influence Statistics 为统计影响栏。

➢ DfBeta(s)：Beta 值之差，是排除一个特定观测值所引起的回归系数的变化。

➢ Standardized DfBeta：标准化 DfBeta 值。

➢ DfFit：拟合值之差，是由于排除一个特定观测值所引起的预测值的变化。

➢ Standardized DfFit：标准化 DfFit 值，是拟合值的标准差。

➢ Covariance ratio：协方差比率，是一个被从回归系数计算中剔除的特定观测值的协方差矩阵与包括全部观测量的协方差矩阵的比率，如果这个比率接近于 1，说明这个特定观测值对于协方差矩阵的变更没有显著的影响。

⑥Save to New File 为保存为新文件栏。

选择 Coefficients statistics（系数统计），单击 File 按钮，打开 Save of File 对话框，将回归系数或参数估计的值保存到指定的新文件中去。

⑦Export model information to XML file：将模型信息输出到 XML 文件。

（4）单击 Options 按钮，打开 Options 对话框，如图 9-6 所示。

此对话框用于为变量进入方式设置 F 检验统计量的标准值，以及确定缺失值的处理方式。

①Stepping Method Criteria 为逐步回归标准值栏。

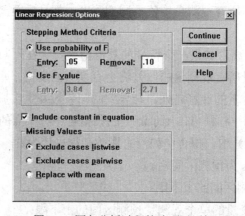

图 9-6　回归分析过程的选项对话框

> ➤ Use probability of F：使用 F 的概率作为决定变量的进入或移出回归方程的标准。在 Entry 和 Remove 框里各输入一个数值，系统默认值分别为 0.05 和 0.10。F 统计量的显著性概率 Sig.≤0.05，变量将被引入回归方程；Sig.≥0.10，变量将被移出回归方程。

> ➤ Use F value：使用 F 统计量值本身作为决定变量的进入或移出回归方程的标准。在 Entry 和 Remove 框里各输入一个数值，这两个值的系统默认值分别为 3.84 和 2.71。F≥3.84，变量将被引入回归方程；F≤2.71，变量将被移出回归方程。

②Include constant in equation：在回归方程里包括常数项，此项为系统默认的选项。如果不选择这一选项将迫使回归通过坐标原点。

③Missing Values 为缺失值处理栏。

> ➤ Exclude cases listwise：只包括全部变量的有效观测值。

> ➤ Exclude cases pairwise：成对地剔除计算相关系数的变量中含有缺失值的观测量。自由度为最小配对数 N。

> ➤ Replace with mean：用变量的均值替代缺失值。

上述各对话框选项确定以后，返回主对话框单击 OK 提交系统运行。

9.1.3　线性回归过程实例与分析

例 9.1.1　在考察硝酸钠(Sodium Nitrate)的可溶性程度时,在不同的温度下观测 100ml 的水中溶解的硝酸钠的重量, 得到如表 9.1 所示的数据。根据经验和理论知道溶解的硝酸钠重量 y_i 与温度 x_i 之间存在线性关系, 试用线性回归过程分析它们之间的关系。

表 9.1　100ml 水中溶解的硝酸钠重量与温度的观测值

序号	1	2	3	4	5	6	7	8	9
温度 x	.00	4.00	10.00	15.00	21.00	29.00	36.00	51.00	68.00
重量 y	66.70	71.00	76.30	80.60	85.70	92.90	99.40	113.60	125.10

这是一个一元线性回归分析问题，分析步骤如下：

（1）建立数据文件，定义变量名：Temper（硝酸钠溶解温度）、Sodium_n（100ml 水中溶解的硝酸钠重量）；为了熟悉回归分析的功能，定义变量 Temper1 作为标签变量，将它定义为字符型变量，其取值为 1、2、…、9，将温度的各个值作为它的值标签，即 0 度、4 度、10 度、…、68 度。输入数据并将文件存盘。

（2）打开主对话框，按照图 9-1 所示选择各参与分析的变量，在选择自变量 Temper 后首先建立一个使用全部观测量的回归模型。选择变量 Temper1 为 Case Labels（观测量标签），对输出的散点图中的散点进行标记。

（3）选项设置，作为示例，为了不至于使输出结果过于复杂，各选项对话框里的选项均按照图 9-3～图 9-6 中所示进行选择。选项确认以后，单击 OK 运行。

（4）输出结果及其分析如下。

①描述统计量表，如表 9.2 所示。

表 9.2　描述统计量（Descriptive Statistics）表

	Mean	Std. Deviation	N
SODIUM_N　溶解硝酸钠重量	90.1444	19.6341	9
TEMPER　硝酸钠溶解温度	26.00	22.53	9

②相关性及检验表，如表 9.3 所示。

表 9.3　相关性（Correlations）及检验表

		SODIUM_N 溶解硝酸钠重量	TEMPER 硝酸钠溶解温度
Pearson Correlation	SODIUM_N　溶解硝酸钠重量	1.000	.999
	TEMPER　硝酸钠溶解温度	.999	1.000
Sig.　（1-tailed）	SODIUM_N　溶解硝酸钠重量	.	.000
	TEMPER　硝酸钠溶解温度	.000	.
N	SODIUM_N　溶解硝酸钠重量	9	9
	TEMPER　硝酸钠溶解温度	9	9

表中给出两个变量之间的皮尔逊相关系数为 0.999，说明两个变量之间高度线性相关。
③变量进入/移出方式表，如表 9.4 所示。

表 9.4　变量进入/移出（Variables Entered/Removed）表

Model	Variables Entered	Variables Removed	Method
1	TEMPER 硝酸钠溶解温度	.	Enter

a　All requested variables entered.　b Dependent Variable: 溶解硝酸钠重量

表中显示进入模型的自变量为硝酸钠溶解温度。表下的注释含义为：a. 选定变量全部进入模型；b. 因变量为 100ml 水中溶解的硝酸钠重量。

④回归模型概述表，如表 9.5 所示。

表 9.5　模型概述（Model Summary）表

Model	R	R Square	Adjusted R Square	Std. Error of the Estimate
1	.999	.998	.998	.9594

a　Predictors: (Constant)，硝酸钠溶解温度
b　Dependent Variable：溶解硝酸钠重量

表中显示相关系数 $R = 0.999$，$R^2 = 0.998$，经调整的 $R^2 = 0.998$，估计标准误为 0.9594。这些数值表明因变量 sodium_n 与自变量 temper 之间存在极为显著的线性相关关系。表下注释的意义是：a 预测因子：（常数），硝酸钠溶解温度；b 因变量为溶解硝酸钠重量。

⑤方差分析表，如表 9.6 所示。

表 9.6 方差分析（ANOVA）表

Model	source	Sum of Squares	df	Mean Square	F	Sig.
1	Regression	3077.540	1	3077.540	3343.824	.000
	Residual	6.443	7	.920		
	Total	3083.982	8			

表中显示方差来源、平方和、自由度、均方、F 比以及显著性水平。

方差来源有 Regression（回归）、Residual（残差）和 Total（总和），各平方和数值见表 9.6。F 比为 3343.824，F 分布的显著性概率为 0.000，即检验假设"H_0：回归系数 B = 0"成立的概率等于 0.000，从而应该拒绝 H_0，说明回归效果极为显著。

⑥线性回归方程系数表，如表 9.7 所示。

表 9.7 模型系数（Coefficients）表

Model		Unstandardized Coefficients		Standardized Coefficients	t	Sig.	95% Confidence Interval for B	
		B	Std. Error	Beta	t	Sig.	Lower Bound	Upper Bound
1	（Constant）	67.508	.505		133.553	.000	66.313	68.703
	硝酸钠溶解温度	.871	.015	.999	57.826	.000	.835	.906

表中显示回归模型中的回归系数是：Constant（常数项，即回归直线截距）为 67.508，自变量 temper（硝酸钠溶解温度）为 0.871，由此可知回归方程为：

sodium_n = 67.508 + 0.871·temper

回归系数的显著性水平皆为 0.000，表明用 t 统计量检验假设"回归系数等于 0 的概率为 0.000"，同样说明了两变量之间的线性相关关系极为显著，建立的回归方程是有效的。表中还给出了回归系数的 95% 置信区间。

⑦残差统计表，如表 9.8 所示。

表 9.8 残差统计（Residuals Statistics）表

	Minimum	Maximum	Mean	Std. Deviation	N
Predicted Value	67.5078	126.7113	90.1444	19.6136	9
Std. Predicted Value	-1.154	1.864	.000	1.000	9
Standard Error of Predicted Value	.3230	.7086	.4371	.1231	9
Adjusted Predicted Value	67.8182	128.6460	90.3130	19.9419	9
Residual	-1.6113	1.6895	-1.1053E-14	.8974	9
Std. Residual	-1.680	1.761	.000	.935	9
Stud. Residual	-2.492	2.054	-.068	1.214	9
Deleted Residual	-3.5460	2.2989	-.1686	1.5535	9
Stud. Deleted Residual	-6.859	3.018	-.451	2.638	9
Mahal. Distance	.018	3.476	.889	1.091	9
Cook's Distance	.000	3.727	.523	1.227	9
Centered Leverage Value	.002	.434	.111	.136	9

表中依次列出预测值、标准预测值、预测值标准误差、经调整的预测值、非标准化残差、标准化残差、学生化残差、标准化学生化残差、剔除残差、标准化剔除残差、马氏距离、库克距离以及中心杠杆值。

横行依次列出上述各值的最小值、最大值、均值、标准差以及参与计算的观测量数目 N。

⑧散点图，如图 9-7 和图 9-8 所示。

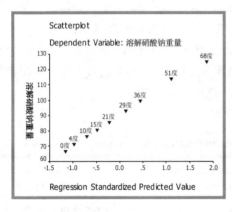
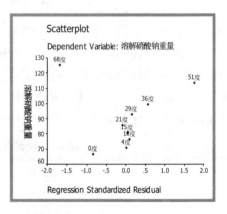

图 9-7　硝酸钠重量的标准化预测值图　　　图 9-8　回归的标准化残差图

图 9-7 的纵坐标为因变量 sodium_n，散点代表了用建立的回归方程计算的各个温度下 100 毫升水中溶解的硝酸钠的重量的标准化预测值，图中各点连线就是建立的回归直线。由于选择了 temper1 作为标记变量，各点均被该变量相应标签标记出来。图的横坐标是 ZPRED（标准化预测值）。

图 9-8 散布的各点为回归的标准化残差，图的纵坐标为因变量，横坐标为残差，图中每一个点的横坐标表示在标记的水温下溶解的硝酸钠重量的标准化残差。例如，图中标记为 36 度的点对应的溶解于 100ml 水中的硝酸钠重量为 99.40，残差为 0.549。

要理解这两张图的含义，返回到数据编辑器窗口，对照被保存下来的预测值和残差值就一目了然了（见图 9-9）。

⑨保存于当前数据文件中的预测值、残差等数值，如图 9-9 所示。

表中各变量的意义依次为 PRE_1（非标准化预测值）、RES_1（非标准化残差）、LMCI_1 和 UMCI_1（因变量 Sodium_n 的均值的 95%置信区间下限和上限）、LICI_1 和 UICI_1（因变量 Sodium_n 的单个观测量的 95%置信区间下限和上限）。

pre_1	res_1	lmci_1	umci_1	lici_1	uici_1
67.50779	-.80779	66.31253	68.70305	64.94365	70.07194
70.99036	.00964	69.90165	72.07906	68.47412	73.50659
76.21420	.08580	75.26747	77.16092	73.75606	78.67234
80.56740	.03260	79.71583	81.41897	78.14431	82.99049
85.79124	-.09124	85.01440	86.56809	83.39340	88.18909
92.75637	.14363	91.99269	93.52004	90.36275	95.14998
98.85085	.54915	98.01506	99.68664	96.43326	101.26843
111.91045	1.68955	110.74255	113.07836	109.3589	114.46196
126.71134	-1.61134	125.03572	128.38697	123.8911	129.53161

图 9-9　保存于当前数据文件中的预测值

例 9.1.2　某地区 1973 年～1990 年水稻产量 Y 和水稻播种面积 X1、化肥施用量 X2、生猪存栏数 X3 以及水稻扬花期降雨量 X4 的数据资料文件如图 9-10 所示。试用回归分析过程对该地区水稻产量寻求一个恰当的回归模型，分析对产量与对它具有显著影响的因素之间的关系。

本例为一个多元线性回归分析问题，分析步骤如下：

（1）建立数据文件。

据表中数据资料定义变量：id（序号）、x1（水稻播种面积）、x2（化肥施用量）、x3（生猪存栏数）、x4（水稻扬花期降雨量）、Y（水稻总产量）以及 year（年份）。输入数据并建立数据文件。

id	x1	x2	x3	x4	y	year
1	1	147.00	2.00	15.0	27.0	154.50	73年
2	2	148.00	3.00	26.0	38.0	200.00	74年
3	3	154.00	5.00	33.0	20.0	227.50	75年
4	4	157.00	9.00	38.0	99.0	260.00	76年
5	5	153.00	6.50	41.0	43.0	208.00	77年
6	6	151.00	5.00	39.0	33.0	229.50	78年
7	7	151.00	7.50	37.0	46.0	265.50	79年
8	8	154.00	8.00	38.0	78.0	229.00	80年
9	9	155.00	13.50	44.0	52.0	303.50	81年
10	10	155.00	18.00	51.0	22.0	270.50	82年
11	11	156.00	23.00	53.0	39.0	298.50	83年
12	12	155.00	23.50	51.0	28.0	229.00	84年
13	13	157.00	24.00	51.0	46.0	309.50	85年
14	14	156.00	30.00	52.0	59.0	309.00	86年
15	15	159.00	48.00	52.0	70.0	371.00	87年
16	16	164.00	95.50	57.0	52.0	402.50	88年
17	17	164.00	93.00	68.0	38.0	429.50	89年
18	18	156.00	97.50	74.0	32.0	427.50	90年

图 9-10　例 9.1.2 的数据文件

（2）对话框选项选择。

①打开主对话框选择 Y 为因变量，x1、x2、x3、x4 为自变量，选择 year 为标记变量。

②选择 Stepwise 作为变量进入方式，即进行逐步回归。

③在 Statistics 对话框里选择 Estimate、Model fit、Discriptives、Durbin-Watson。

④选择 Plots 对话框的残差直方图、残差正态概率图。并要求输出以 ZRESID 为 X 轴，以 DPENDNT 为 Y 轴的散点图。

⑤在 Save 对话框里选择保存未标准预测值、未标准预测值残差、标准预测值、标准预测值残差。

⑥Options 对话框选项选择默认选项。各选项确认以后，交系统运行。

（3）输出结果及分析。

①描述统计量表，如表 9.9 所示。

表 9.9　Descriptive Statistics （描述统计量）表

	Mean	Std. Deviation	N
Y 总产量（万公斤）	284.6944	79.7592	18
X1 播种面积（万亩）	155.1111	4.4707	18
X2 化肥施用量（万公斤）	28.4444	32.8866	18
X3 生猪存栏数（万口）	45.556	14.139	18
X4 降雨量（10mm）	45.667	20.488	18

表中显示各个变量的全部观测量的 Mean（均值）、Std. Deviation（标准差）和观测量总数 N。

②相关系数矩阵表，如表 9.10 所示。

表中显示 5 个自变量两两间的 Pearson 相关系数，以及关于相关关系等于零的假设的单尾显著性检验概率。从表中看到因变量 Y（水稻总产量）与自变量 X1、X2、X3 之间相关系数依次为 0.839、0.913、0.889，反映水稻总产量与播种面积、化肥施用量、生猪存栏数之间存在显著的相关关系。说明肥料（化肥和农家肥料）对粮食作物产量的增长有显著的作用。粮食的产量与播种面积之间的线性相关关系更是显而易见的。

自变量 X4 与因变量 Y 之间的相关系数为 0.136，它与其他几个自变量之间的相关系数也都很小，说明它们之间的线性关系不显著。这反映降雨过程作为完全随机的自然现象，与生产活动中人为控制的自变量之间的关系本来就应该是相互独立的，这个结果无疑是符合常识的。

此外，播种面积与化肥施用量、生猪存栏数之间的相关系数分别为 0.774 和 0.782，这也说明它们之间存在较为显著的相关关系。按照常识它们之间的线性相关关系也是符合事实的。化肥施用量与生猪存栏数之间的相关系数为 0.826，说明这二者相关关系也是显著的。

表 9.10　Correlations（相关系数）矩阵

		Y 总产量（万公斤）	X1 播种面积（万亩）	X2 化肥施用量（万公斤）	X3 生猪存栏数（万口）	X4 降雨量（10mm）
Pearson Correlation	Y　总产量（万公斤）	1.000	.839	.913	.889	.136
	X1 播种面积（万亩）	.839	1.000	.774	.782	.280
	X2 化肥施用量（万公斤）	.913	.774	1.000	.826	-.026
	X3 生猪存栏数（万口）	.889	.782	.826	1.000	-.008
	X4 降雨量（10mm）	.136	.280	-.026	-.008	1.000
Sig. (1-tailed)	Y　总产量（万公斤）	.	.000	.000	.000	.295
	X1 播种面积（万亩）	.000	.	.000	.000	.130
	X2 化肥施用量（公斤）	.000	.000	.	.000	.459
	X3 生猪存栏数（万口）	.000	.000	.000	.	.487
	X4 降雨量（10mm）	.295	.130	.459	.487	.
N	Y　总产量（万公斤）	18	18	18	18	18
	X1 播种面积（万亩）	18	18	18	18	18
	X2 化肥施用量（公斤）	18	18	18	18	18
	X3 生猪存栏数（万口）	18	18	18	18	18
	X4 降雨量（10mm）	18	18	18	18	18

③变量进入/移出方式信息表，如表 9.11 所示。

表 9.11　Variables Entered/Removed（变量进入/移出）信息表

Model	Variables Entered	Variables Removed	Method
1	X2 化肥施用量（万公斤）	.	Stepwise （Criteria: Probability-of-F-to-enter <= .050, Probability-of-F-to-remove >= .100
2	X3 生猪存栏数（万口）	.	Stepwise （Criteria: Probability-of-F-to-enter <= .050, Probability-of-F-to-remove >= .100）

系统在进行逐步回归过程中产生了两个回归模型，模型 1 是按照在 Option 对话框确定的标准概率值，先将与水稻产量 Y 线性关系最密切的自变量 X2（化肥施用量）引入模型，建立 Y 与 X2 之间的一元线性回归模型。而后再逐步引入其他自变量，表中模型 2 表明又将自变量 X3（生猪存栏数）引进了回归模型，建立 Y 与 X2、X3 之间的二元线性回归模型。

④模型概述表，如表 9.12 所示。

回归模型概述表中给出了第一个模型中因变量 Y 与自变量 X2 之间的相关系数 R = 0.913，说明变量 Y 与 X2 之间具有高度显著的线性关系。第二个模型中因变量 Y 与自变量 X2、X3 之间的复相关系数 R = 0.944，反映了变量 Y 与 X2、X3 之间具有高度显著的线性关系。表里还显示了 R^2 以及经调整的 R 值估计标准误差。

对于第二个模型给出了杜宾—瓦特森检验值 $DW = 2.413$，杜宾—瓦特森检验统计量 DW 是一个用于检验一阶变量自回归形式的序列相关问题的统计量，DW 在数值 2 的附近说明模型变量无序列相关。

表 9.12　Model Summary （模型概述） 表 [c]

Model	R	R Square	Adjusted R Square	Std. Error of the Estimate	Durbin-Watson
1	.913[a]	.834	.824	33.4707	
2	.944[b]	.891	.877	28.0110	2.413

a　Predictors：（Constant），X2 化肥施用量（万公斤）

b　Predictors：（Constant），X2 化肥施用量（万公斤），X3 生猪存栏数（万口）

c　Dependent Variable：Y 总产量（万公斤）

⑤方差分析表，如表 9.13 所示。

表 9.13　ANOVA 表 [c]

Model		Sum of Squares	df	Mean Square	F	Sig.
1	Regression	90221.429	1	90221.429	80.534	.000
	Residual	17924.640	16	1120.290		
	Total	108146.069	17			
2	Regression	96376.790	2	48188.395	61.416	.000
	Residual	11769.280	15	784.619		
	Total	108146.069	17			

a　Predictors：（Constant），X2 化肥施用量（万公斤）

b　Predictors：（Constant），X2 化肥施用量（万公斤），X3 生猪存栏数（万口）

c　Dependent Variable：Y 总产量（万公斤）

表中给出两个模型的方差分析结果。对模型 1：F 比等于 80.534，显著性概率 Sig.= 0.000 < 0.05；而对模型 2：F 比等于 61.416，显著性概率 Sig.= 0.000 < 0.05，可以认为水稻总产量（Y）与化肥施用量（X2）、生猪存栏数（X3）之间存在高度显著的线性关系。

⑥模型回归系数表，如表 9.14 所示。

表 9.14   Coefficients（回归系数）表

Model		Unstandardized Coefficients		Standardized Coefficients		
		B	Std. Error	Beta	t	Sig.
1	（Constant）	221.684	10.561		20.991	.000
	X2 化肥施用量	2.215	.247	.913	8.974	.000
2	（Constant）	137.123	31.458		4.359	.001
	X2 化肥施用量	1.369	.366	.564	3.739	.002
	X3 生猪存栏数	2.385	.851	.423	2.801	.013

a   Dependent Variable：Y 总产量（万公斤）

据表中数据非标准化系数 B 的数值可知，逐步回归过程中先后建立的两个回归模型分别是：

模型 1：Y = 221.684 + 2.215·X2

模型 2：Y = 137.123 + 1.369·X2+ 2.385·X3

Std. Error（标准误）列显示的是各系数的估计标准误差。

据表 9.14 中标准化回归系数 Beta 可知，逐步回归过程先后建立的两个标准化回归模型分别是：

模型 1：Y = 0.913·X2

模型 2：Y = 0.564·X2+ 0.423·X3

Beta 的值的公式为：$Beta = B * \dfrac{S_x}{S_y}$，其中 B 为回归方程的非标准化回归系数，S_x 为自变量的标准差，S_y 为因变量的标准差。

在这两个模型中，代入 X1 和 X2 的值，可以计算因变量 Y 的标准化预测值。

t 统计量值和 t 分布的双尾显著性概率 Sig.皆远小于 0.05，可以认为回归系数是显著的。

据表 9.10 中的结果知道，水稻总产量 Y 与水稻播种面积 X1 的相关系数为 0.839，说明二者之间具有显著的线性相关关系，直观上说，水稻产量与播种面积应有密切的线性相关关系，然而，在逐步回归建立的模型中却不含播种面积 X1，这一个结果在本问题中应该视为是合理的，这是因为该地区在这 18 年中播种面积的变化甚微，几乎接近于均值为 155.11（万亩），标准差也仅仅等于 4.47（万亩），因而失去了它对产量影响的重要性。

⑦被剔除的变量信息表，如表 9.15 所示。

表 9.15　Excluded Variables　（被剔除的变量）　信息表 [c]

Model		Beta In	t	Sig.	Partial Correlation	Collinearity Statistics
						Tolerance
1	X1　播种面积（万亩）	.330 [a]	2.315	.035	.513	.401
	X3　生猪存栏数（万口）	.423 [a]	2.801	.013	.586	.318
	X4　降雨量（10mm）	.161 [a]	1.662	.117	.394	.999
2	X1　播种面积（万亩）	.214 [b]	1.518	.151	.376	.337
	X4　降雨量（10mm）	.155 [b]	1.990	.066	.47	.999

a　Predictors in the Model：（Constant），X2 化肥施用量（万公斤）

b　Predictors in the Model：（Constant），X3 化肥施用量（万公斤），生猪存栏数（万口）

c　Dependent Variable：Y 总产量（万公斤）

表中显示逐步回归过程所建立的两个模型中剔除掉的变量信息，包括各变量的 Beta 值、t 统计量值、双尾显著性概率、偏相关系数值以及多重共线性统计（Collinearity Statistics）的容差。

表下注释说明被引入各模型的常数和自变量信息。

⑧残差统计表，如表 9.16 所示。

表 9.16　残差统计（Residuals Statistics）表

	Minimum	Maximum	Mean	Std. Deviation	N
Predicted Value	175.6309	447.0502	284.6944	75.2942	18
Residual	-61.9098	44.1696	$-1.5790E-14$	26.3118	18
Std. Predicted Value	-1.448	2.156	.000	1.000	18
Std. Residual	-2.210	1.577	.000	.939	18

a　Dependent Variable：Y 总产量（万公斤）

本表显示预测值、残差、标准化预测值、标准化残差的最小值、最大值、均值、标准差以及样本容量。根据概率的 3-σ 原则，标准化残差的绝对值的最大值为 2.210<3，说明样本数据中没有奇异数据。

⑨残差分布直方图和观测量累计概率 P-P 图，如图 9-11 和图 9-12 所示。

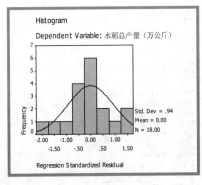

图 9-11　残差分布直方图

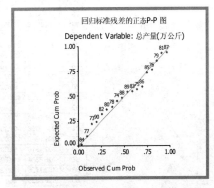

图 9-12　观测量累计概率图

回归分析中，总假定残差 ε 服从正态分布，这两张图就是根据样本数据的计算结果显示残差分布的实际状况，然后对残差分布是否为正态分布的假设作出检验。

- 从回归残差的直方图与附于图上的正态分布曲线相比较，可以认为残差分布不是明显地服从正态分布。尽管这样，也不能盲目地否定残差服从正态分布的假设，因为我们用来进行分析的样本太小，样本容量仅为 18。
- 图 9-12 为观测量累计概率图，也是用来比较残差分布与正态分布差异的图形。图的纵坐标为 Expected Cumulative Probability（期望累计概率分布），横坐标为 Observed Cumulative Probability（观测量累计概率分布）。

图中的斜线对应着一个均值为 0 的正态分布。如果图中的散点密切地散布在这条斜线附近，说明随机变量残差 ε 服从正态分布，从而证明样本确实是来自于正态总体。如果偏离这条直线太远，应该怀疑随机变量 ε 的正态性。

基于以上认识，从图 9-12 的散点分布状况来看，18 个散点大致散布于斜线附近，因此可以认为残差分布基本上是正态的。

输出的图形中还有一个因变量的回归标准化残差图，如图 9-13 所示。

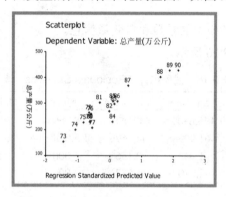

图 9-13　总产量的回归标准化残差图

这个图形的含义与例 9.1.1 中的图 9-8 的意义完全相同。

⑩保存于当前数据文件中的预测值（pre_1）、残差（res_1）、标准化预测值（zpr_1）、标准化残差（zre_1）等，如图 9-14 所示。

year	pre_1	res_1	zpr_1	zre_1
73	175.6309	-21.1309	-1.44850	-.75438
74	203.2315	-3.23150	-1.08193	-.11537
75	222.6621	4.83792	-.82387	.17271
76	240.0609	19.93914	-.59279	.71183
77	243.7930	-35.7930	-.54322	-1.27782
78	236.9703	-7.47032	-.63383	-.26669
79	235.6229	29.87706	-.65173	1.06662
80	238.6921	-9.69205	-.61097	-.34601
81	260.5288	42.97124	-.32095	1.53408
82	283.3814	-12.8814	-.01744	-.45987
83	294.9948	3.50515	.13680	.12513
84	290.9098	-61.9098	.08255	-2.21019
85	291.5942	17.90576	.09164	.63924
86	302.1918	6.80818	.23239	.24305
87	326.8304	44.16956	.55962	1.57686
88	403.7726	-1.27255	1.58150	-.04543
89	426.5823	2.91770	1.88445	.10416
90	447.0502	-19.5502	2.15628	-.69795

图 9-14　保存于数据文件中的预测值、残差（局部）

9.2　曲线估计过程

曲线估计问题，即曲线拟合问题。实际中，变量之间的关系往往不是简单的线性关系，而呈现为某种曲线或非线性的关系。这时，选择适当的曲线拟合可以更准确地反映实际情况。为了决定选择的曲线类型，常用的方法是根据数据资料描绘出散点图，应用必要的专业知识和经验分析变量之间的函数关系。例如在研究生长现象的生物实验中（如细菌培养），每一时刻繁殖的细菌总量 Y 与时间 T 之间呈现为指数函数的关系，即 $Y=ae^{bT}$（其中 a,b 为未知参数）的形式。

在确定了变量间的函数关系后，需要估计函数关系中的未知参数，并对拟合效果进行显著性检验。统计学中，称待建立的曲线方程为曲线回归方程。

SPSS 的 Curve Estimation（曲线估计过程）就是用来解决这类问题的。它提供了 11 种不同的曲线估计回归模型，可以同时选用几种模型进行曲线拟合，然后根据回归统计的结果，以及观察数据散点图，通过对比以确定一个最佳的曲线模型。

9.2.1　曲线估计过程的步骤

曲线估计过程的步骤如下：

（1）执行 Analyze→Regression→Curve Estimation 命令，打开 Curve Estimation 对话框，如图 9-15 所示。

①从源变量清单中选择一个或多个数值型变量作为因变量移入 Dependent(s) 框。选择一个数值型变量作为自变量移入 Independent 栏的 Variables 框中。

如果自变量是时间变量或观测量序号 Id，可以选择 Time，这时，曲线估计产生一个时间变量，观测量之间的时间长度视为均匀的。Time 被选择时，因变量就作为时间序列来测度。

②从源变量清单中选择标签变量移入 Case Labels 框中，用它的值标记散点图里的点。

③在 Models 栏中选择拟合模型。

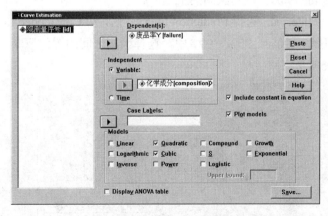

图 9-15　曲线估计过程对话框

此栏里提供的拟合模型有：

- Linear：线性模型　　　　　　　$Y = b0 + b1 \cdot t$
- Quadratic：二次模型　　　　　　$Y = b0 + b1 \cdot t + b2 \cdot t^2$
- Compound：复合模型　　　　　　$Y = b0 \cdot (b1)^t$ 或 $\ln Y = \ln(b0) + \ln(b1) \cdot t$
- Growth：生长曲线模型　　　　　$Y = \exp[b0 + (b1) \cdot t]$ 或 $\ln Y = b0 + b1 \cdot t$
- Logarithmic：对数曲线模型　　$Y = b0 + b1 \cdot \ln(t)$
- Cubic：三次曲线模型　　　　　　$Y = b0 + b1 \cdot t + b2 \cdot t^2 + b3 \cdot t^3$
- S-curve：S 曲线模型　　　　　　$Y = \exp[b0 + (b1) / t]$ 或 $\ln Y = b0 + (b1) / t$
- Exponential：指数曲线模型　　$Y = b0 \cdot \exp(b1 \cdot t)$ 或 $\ln Y = \ln(b0) + b1 \cdot t$
- Inverse：逆曲线模型　　　　　　$Y = b0 + b1 / t$
- Power：幂指曲线模型　　　　　　$Y = b0 \cdot t^{b1}$ 或 $\ln Y = \ln(b0) + (b1 \cdot \ln(t))$
- Logistic：逻辑曲线模型　　　　$Y = 1/(1/u + b0 \cdot (b1)^t)$ 或 $\ln(1/Y - 1/u) = \ln(b0 + \ln(b1) \cdot t)$

选择逻辑曲线模型时，必须在被激活的 Upper bound 框中输入一个数值 u（>0），称这个值为上界，指定 u 的值，必须大于因变量的最大值。

④主对话框里还有如下 3 个选项：

- Include constant in equation：回归方程中包括常数项，这是系统默认的选项。
- Plot models：对选择的模型产生相应的图形。这个选项也是系统默认的。
- Display ANOVA table:对每一个选择模型输出方差分析概述表。

（2）单击 Save 按钮，打开 Save 对话框，如图 9-16 所示。

选择此对话框里的选项，可以将每个选择的模型得出的预测值、残差、预测区间等作为新变量保存于当前数据文件里。

①Save Variables 栏选项用于确定保存预测值、残差等，其中有：

- Predicted Values：预测值。
- Residuals：残差。
- Prediction Intervals：预测区间的上下限。
- Confidence Interval：选择 Prediction Interval 后，从 Confidence Interval 的下拉式列表的置信概率 90%、95%、99%中，选择预测区间的置信概率。系统默认的置信概率为 95%。

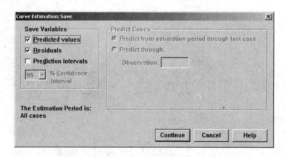

图 9-16　曲线估计过程的变量保存对话框

②Predict Cases 为预测观测量栏。

在主对话框的 Independent 里，选择了 Time 作为自变量时，这栏方可被激活。在这栏的选项中确定一种时间序列的预测周期。

- Predict from estimation period through last case：对估计周期内的所有观测量计算预测值。这个估计周期是事先执行 Data 菜单中 Select Cases 命令，在 Select Cases 对话框的 Range 子对话框中定义的，这个定义过的估计周期显示在对话框的下端。
- Predict through：用来预测时间序列中最后一个观测量之后的值。选择该项后，在下面的 Observation 框内指定一个预测周期限。如果没定义日期变量，也可以指定观测量数目。

各选项确认以后，单击主对话框中的 OK 按钮，提交系统运行。

9.2.2 曲线估计过程示例与分析

例 9.2.1 设某种产品生产过程中的半成品的废品率与它含的一种化学成分有关，经检验观测到一批数据列于表 9.17 中。

表 9.17 例 9.2.1 数据资料表

Id（序号）	Composn（成分）	Failure（废品率）	Id（序号）	Composn（成分）	Failure（废品率）
1	34.00	1.30	9	40.00	0.44
2	36.00	1.00	10	41.00	0.56
3	37.00	0.73	11	42.00	0.30
4	38.00	0.90	12	43.00	0.42
5	39.00	0.81	13	43.00	0.35
6	39.00	0.70	14	45.00	0.40
7	39.00	0.60	15	47.00	0.41
8	40.00	0.50	16	48.00	0.60

试运用曲线估计过程确定变量 Composn 与 Failure 之间的定量关系。

分析步骤如下：

（1）根据表 9.18 的数据资料，定义变量建立数据文件。

（2）打开曲线估计主对话框。

①选择 failure 移入因变量框，选择 Composn 移入自变量框，选择 Id 移入标记变量框；

②在 Model 栏里选择曲线估计模型，根据散点图，选择以下两种模型：Quadratic，Cubic。

③选择 Display ANOVA table，其余选项系统默认。

（3）在 Save 对话框里，选择保存 Predicted Values 和 Residuals。单击 OK，输出结果及分析如下：

①模型拟合结果包括：

- QUADRATI（二次曲线模型）拟合结果如表 9.18 所示。表中各项的意义为：

表 9.18 二次曲线模型拟合结果表

Dependent variable.. FAILURE   Method.. QUADRATI

Listwise Deletion of Missing Data

Multiple R	.93876
R Square	.88126
Adjusted R Square	.86300
Standard Error	.10013

Analysis of Variance:

	DF	Sum of Squares	Mean Square
Regression	2	.96740128	.48370064
Residuals	13	.13034216	.01002632

F = 48.24309   Signif F = .0000

-------------------- Variables in the Equation --------------------

Variable	B	SE B	Beta	T	Sig T
COMPOSN	-.810069	.127429	-11.505280	-6.357	.0000
COMPOSN**2	.009175	.001541	10.773574	5.953	.0000
（Constant）	18.270537	2.619164		6.976	.0000

第一行为因变量 FAILURE，拟合方法为 QUADRATI。

Listwise Deletion of Missing Data，删除包含缺失值的所有观测量，本例中无缺失值。

拟合的二次曲线模型的复相关系数 R 值为 0.93876、R 平方值为 0.88126、经校正的 R 平方值为 0.863，标准误差为 0.10013。根据相关系数值判断因变量 Failure 和自变量 Composn 之间具有较为显著的二次函数关系。

方差分析表中：F=48.24309，显著性概率 Signif F = 0.0000<0.05，说明这两个变量之间存在高度显著的二次函数关系。

Variables in the Equation 表显示回归系数 B 的数值，从而拟合的二次曲线回归方程式为：

$$Failure = 18.270537 - 0.810069 \cdot Composn + 0.009175 \cdot (Composn)^2$$

各系数的 T 分布检验统计量值和对应的显著性概率说明拟合的二次函数的各系数都是极其显著的。

● CUBIC（三次曲线模型）拟合结果，如表 9.19 所示。表中各项意义为：

拟合的三次曲线模型相关系数值为 0.94060，说明用这个模型拟合的效果同二次曲线模型相差不大。

方差分析表中显示的 F 值为 49.88789，F 分布的显著性概率 0.0000 也说明了这两个变量之间存在高度显著的三次函数关系。

根据 Variables in the Equation 中回归系数 B 的各项数值可知，拟合的 3 次曲线方程为：

$$Failure = 13.293534 - 0.438698 \cdot Composn + 7.50370085E-05 \cdot (Composn)^3$$

Variables not in the Equation 为不包含在方程中的变量，显示拟合的三次回归模型中不包含自变量 Composn 的二次项，表下注释 Notes：9 Tolerance limits reached；some dependent variables were not entered，表明由于达到了允许公差限 9，从而有些变量未能进入方程。

表 9.19　三次曲线模型拟合结果表

Dependent variable.. FAILURE　　　Method.. CUBIC

Listwise Deletion of Missing Data

Multiple R	.94060
R Square	.88473
Adjusted R Square	.86699
Standard Error	.09866

Analysis of Variance:

	DF	Sum of Squares	Mean Square
Regression	2	.97120329	.48560165
Residuals	13	.12654015	.00973386
F = 49.88789		Signif　F = .0000	

------------------ Variables in the Equation --------------------

Variable	B	SE B	Beta	T	Sig T
COMPOS_N	−.438698	.063917	−6.230762	-6.864	.0000
COMPOS_N**3	7.50370085E−05	1.2354E−05	5.513768	6.074	.0000
(Constant)	13.293584	1.754417		7.577	.0000

--------------- Variables not in the Equation ---------------

Variable	Beta In	Partial	Min Toler	T	Sig T
COMPOS_N**2	−57.602725	−.270598	2.544E-06	-.974	.3494

Notes:9 Tolerance limits reached; some dependent variables were not entered.

● 　两个拟合模型的图形如图 9-17 所示。

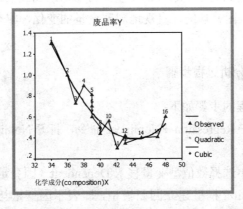

图 9-17　选择模型的拟合图形

最后的输出结果是所选择模型的拟合曲线图像，图的横坐标为自变量 Composn，纵坐标为 Failure。图中用不同颜色和不同的线形显示两条拟合模型的曲线，图右边显示模型曲线形式的图例。观测量原始数据的散点图用折线段连接起来，每一个连接点代表两个变量的一组观测值。

从图中散点分布情况可以看出，散点基本上围绕着二次曲线和三次曲线散布，在自变量的取值范围内，这两条曲线的走向几乎是重合的。

综上所述，可以得出以下结论：因变量 Failure 与自变量 Composn 之间的函数关系用二次函数或者三次函数来刻划较为合理。比较二者的 R 或 R^2 的数值，应该说三次曲线拟合得更好一些。

9.3   非线性回归分析

非线性回归分析（Nonlinear Regression Analysis）是寻求因变量与一组自变量之间的非线性相关模型的统计方法。线性回归限制模型估计必须是线性的，非线性回归可以估计因变量与自变量之间具有任意关系的模型。非线性回归分析中参数的估计是通过迭代的方法获得的。

例如某种生物种群繁殖数量随时间变化表现为非线性的关系，便可以借助非线性回归分析过程寻求一个特殊的估计模型（比如根据经验，选择逻辑斯蒂生长曲线模型等）刻划它们的关系，进而利用它进行分析和预测。

使用非线性回归分析过程建立估计模型时，要求因变量和自变量必须是数值型变量，分类变量，必须是二元变量或者其他类型的对照变量。此外，建立非线性模型时，仅当指定一个描述变量关系的准确的函数时结果才有效，在迭代中选定一个好的初始值也是非常重要的，初始值选择的不合适可能导致迭代发散或者可能得到一个局部的最优解而不是整体的最优解。

对许多呈现非线性关系的模型，如果可以转化成线性模型，应尽量选择线性回归进行分析。比如 $Y = A + BX + CX^2$，我们可以令 $X_1 = X$，$X_2 = X^2$，将模型转化成线性模型 $Y = A + BX_1 + CX_2$。如果不能确定一个适当的模型，可以借助曲线估计过程进行预分析，或者借助于 Scatterplot（散点图）功能，直观地观察变量的变化，将有助于确定一个恰当的函数关系。

9.3.1   非线性回归分析过程步骤

非线性回归分析过程的步骤如下：

（1）执行 Analyze→Regression→Nonlinear 命令，打开 Nonlinear Regression 对话框，如图 9-18 所示。

①从源变量对话框中选择数值型变量移入 Dependent（因变量）框。

②在 Model Expression 框里建立回归模型，即表示因变量与当前数据文件中的自变量关系的数学表达式，模型中可以包含待估计的未知参数，也可以引用 Functions 框中

的函数。

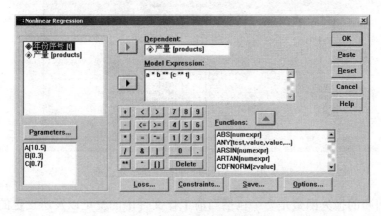

图 9-18 非线性回归对话框

③模型参数的设置。参数是非线性回归过程模型的组成部分，参数可以是加在模型中的常数、系数、指数等，分析需要为每个参数都指定一个初始值。为此，单击 Parameters 按钮，打开如图 9-19 所示的参数设置对话框。

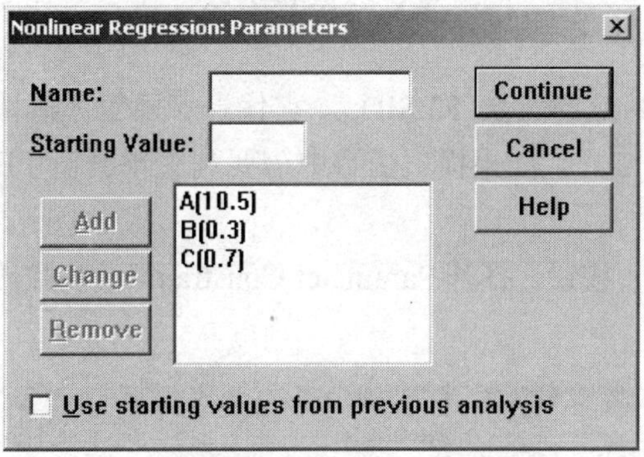

图 9-19 参数设置对话框

- 在 Name 框里输入参数名，这个参数名必须是表达式框里设置于表达式中的有效参数。
- 在 Starting Value 框里为参数指定一个初值，这个值应该尽可能地接近于最终期望值。单击框下 Add 按钮加以确认。然后接下来再为第二个参数命名和设初值，以此类推。单击 Remove 按钮或者 Change 按钮可以删除或更正设置的参数初值。单击 Continue 按钮返回主对话框，定义好的参数便显示在 Parameters 清单框里。
- Use starting values from previous analysis：选择此项表示使用前一次分析确定的初始值。当算法的收敛速度减慢时，可选择它继续进行搜索。在主对话框的参数清单栏里的参数在以后的分析中一直有效，直到更换了模型，它的作用才被取消。

（2）确定损失函数。单击 Loss 按钮，打开 Loss Function 对话框定义损失函数，如图 9-20 所示。

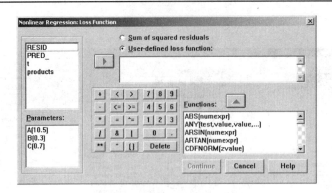

图 9-20　非线性回归的损失函数对话框

非线性回归的损失函数是一个包括当前工作文件中的变量以及所设定的参数的通过算法使之最小化的函数。在系统默认的情况下，非线性回归过程根据算法将残差平方和最小化。如果需要将其他统计量最小化，允许用户自定义损失函数。

- Sum of squared residuals：最小化的统计量是残差平方和是系统默认的选项。
- User-defined loss function：如果需要最小化其他统计量，可以选择这个选项，利用计算板、工作文件中的变量、参数和函数，在表达式文本框中编辑损失函数表达式。

多数损失函数包括特定的变量 RESID_，它代表着残差（默认情况下的残差平方和损失函数即就是 RESID_**2）。如果损失函数中需要利用预测值 PESID_，它等于因变量减去残差。

（3）单击 Constraint 按钮，打开 Parameter Constraints（参数约束）对话框，如图 9-21 所示。

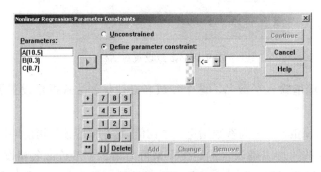

图 9-21　参数约束对话框

参数约束条件是指在非线性回归的迭代过程中对模型参数取值范围的限制。在迭代开始之初线性约束首先被使用，用以防止结果溢出。非线性约束条件则在第一步迭代之后使用。

线性约束式是单个参数或者常数与参数的积，或者是参数的线性组合。非线性约束式是其中至少有一个参数被其他参数相乘、相除或者进行幂运算。

- Unconstrained：无约束条件为系统默认的选项。

- **Define parameter constraint**：定义参数约束条件，在被激活的约束条件文本框进行约束编辑。编辑方法如下：

每一个约束等式或者不等式里都必须至少包括一个模型参数，利用键盘或计算板将运算符、数字、括号等输入表达式，利用框边的箭头按钮选择逻辑运算符<=、=或>=连接，并在右边的小框里输入适当的数值常数。建立好约束等式或者不等式后，单击 Add 按钮加以确认。接下来编辑另一个约束，依此类推。注意：约束中不得包含任何变量。

（4）单击 Save 按钮，打开 Save New Variables 对话框，如图 9-22 所示。

对话框里并列的选项，允许将下列数值作为新变量的观测值保存在当前文件中：

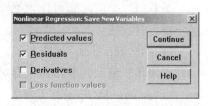

- **Predicted values**：预测值，新变量名为 Pred_ 。
- **Residuals**：残差，新变量名为 Resid。
- **Derivatives**：关于预测模型各个参数的一阶导函数在自变量各取值处的导数值。新变量名为相应参数名的前 6 个字符之前加上前缀"d."构成。

图 9-22　保存新变量对话框

- **Loss function values**：损失函数值，这个选项只有当用户自定义了损失函数的时候才有效。新变量名为 loss_。

（5）单击 Options 按钮，打开 Options 对话框，如图 9-23 所示。此对话框用于控制非线性回归分析的各种特征。

- **Bootstrap estimates of standard error**：自引导估计标准误差算法，这是一种据原始数据集使用重复抽样估计标准误差的方法。它用重复抽样的方法得到许多相同容量的样本作为原始数据集，对其中的每一个样本估计非线性方程，然后计算每一个参数的估计标准误差作为自引导估计的标准差，原始数据的参数估计值都作为每一个自引导样本的初始值。选择此选项需要连续二次规划算法的支持。

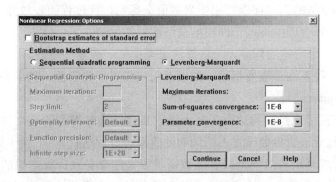

图 9-23　非线性回归的选项对话框

Estimation Method 栏为估计方法栏。

- **Sequential quadratic programming**：连续二次规划算法，这种估计法对约束模型和无约束模型均有效。如果指定了约束模型、自定义损失函数或选择了自引导估计标准误选项，连续二次规划算法将被自动地运用。选择此选项，允许在 Sequential quadratic programming 子栏里为这种估计方法确定一些选项。它们是：

➢ Maximum iterations：最大迭代步数。

➢ Step limit：步限，参数向量长度的最大允许改变量，在右边框里输入一个正数。

➢ Optimality tolerance：最优容许限，即目标函数求解的精度或有效数字位数，假如容许限为 0.000001，目标函数大约有 6 位有效数字，最优容许限必须大于函数精度。

➢ Function precision：目标函数的精确度。当函数值较大时，它作为相对精确度；当函数值较小时，它可作为绝对精确度。它必须小于最优容许限。可以利用下拉清单选择设置。

➢ Infinite step size：无限步长。在参数的一步迭代中的改变量如果大于指定的这个无限步长值，问题作为无界对待，估计过程终止。

● Levenberg–Marquardt（列文博格-麦夸特）算法，这是无约束模型的缺省算法，假如确定了约束模型、自定义损失函数和自引导估计法，此算法无效。

➢ Maximum iterations：最大迭代步数，指定算法的最大迭代步数。

➢ Sum-of-squares convergence：平方和收敛，如果连续迭代失败，可通过这个框边箭头按钮调整比例值来改变平方和使过程终止。

➢ Parameter convergence：参数收敛，如果连续迭代失败，可通过变更这个比例值改变参数值使过程终止。

以上各对话框选项确认之后，在主对话框里单击 **OK** 按钮交系统运行。

9.3.2 非线性回归的结果解释及通用模型

SPSS 的帮助文件中提供有关非线性回归过程结果的解释。非线性回归问题中经常会遇到一些计算上的困难，为此在使用非线性回归分析过程是需要注意以下一些问题：

（1）参数初始值的确定问题。由于参数值会影响迭代过程的收敛性，如果可能的话，应该尽量为参数选择合理的接近于期望的最终解的初始值。

（2）有时对一个特定的问题，一种算法可能比另一种算法更好。因此可在 Options 对话框里，换用另一种算法。需要指出，如果事前定义了损失函数、约束条件等，不能使用 Levenberg – Marquardt 算法。

（3）迭代过程终止是因为达到了最大迭代步数，这时得到的这个"最终"模型未必是最好的解。因此应该给参数设置不同的初始值继续进行迭代。

（4）需进行求幂运算的模型或者因数据量很大都会导致计算结果的数值过大或过小而溢出，可以通过适当选取初始值或者利用参数的约束来避免这种情况的发生。

如果随意选择非线性回归模型，一般来说，是不能很好地拟合数据的。SPSS 提供了一些通用的非线性回归模型，这些模型列于表 9.20 之中，供参考使用。

表 9.20　通用的非线性回归模型表

模型名称	模型的 SPSS 表达式
Asymptotic Regression	b1 + b2 *exp(b3 * x)
Asymptotic Regression	b1 −(b2 *(b3 ** x))
Density	(b1 + b2 * x)**(−1/ b3)
Gauss	b1 *(1− b3 *exp(−b2 * x **2))
Gompertz	b1 *exp(−b2 * exp(−b3 ** x))
Johnson−Schumacher	b1 *exp(−b2 / (x + b3))
Log−Modified	(b1 + b3 * x) ** b2
Log−Logistic	b1−ln(1+ b2 *exp(−b3 * x))
Metcherlich Law of Diminishing Returns	b1+ b2 *exp(−b3 * x)
Michaelis Menten	b1* x / (x + b2)
Morgan−Mercer−Florin	(b1 * b2 + b3 * x ** b4) / (b2 + x ** b4)
Peal−Reed	b1 / (1+ b2 *exp(−(b3 * x + b4 * x **2+ b5 * x **3)))
Ratio of Cubics	(b1 + b2 * x + b3 * x **2+ b4 * x **3) / (b5 * x **3)
Ratio of Quadratics	(b1 + b2 * x + b3 * x **2) / (b4 * x **2)
Richards	b1 / ((1+ b3 *exp(− b2 * x))**(1/ b4))
Verhulst	b1 / (1 + b3 * exp(− b2 * x))
Von Bertalanffy	(b1 ** (1−b4)− b2 * exp(−b3 * x)) ** (1/ (1− b4))
Weibull	b1 - b2 *exp(− b3 * x ** b4)
Yield Density	(b1 + b2 * x + b3 * x **2)**(−1)

9.3.3　非线性回归分析过程示例

例 9.3.1　某企业 1990 年～1998 年年产值统计资料见表 9.21。根据企业设备能力、产品的市场占有率及数据散点图分析，如图 9-24 所示，认为该企业的生产能力已经趋于稳定，假定产品能够全部销售出去。试根据数据资料进行非线性回归分析。

本问题的分析过程如下：

（1）为使运算简单，用 t 代表年份；定义变量 product 表示该厂的年产值，并输入表 9.21 中所列的数据，建立数据文件。

表 9.21　某企业生产数据资料

year	1990	1991	1992	1993	1994	1995	1996	1997	1998
t	1	2	3	4	5	6	7	8	9
Products	4.84	5.21	6.78	8.02	8.75	9.54	9.62	9.90	10.15

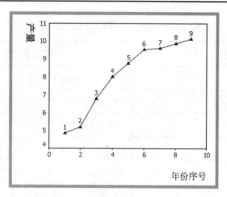

图 9-24　某企业 1990～1998 年年产值变动散点图

（2）选用表 9.20 中的 Gompertz（龚伯兹）曲线为回归模型，为使参数系数简单，将龚伯兹模型 b1 *exp（-b2 *exp（-b3 ** x））中的 exp（-b2）和 exp（-b3）分别用待估系数 b 和 c 替代，即使用

模型：a *b ** (c ** x)，{即 $a \cdot b^{c^x}$}。

（3）在参数对话框里设置初始值依次为 10.5、0.3 和 0.7，在保存对话框里选择 Predicted values、Residuals 和 Derivatives 作为新变量保存，其余选项均默认，提交系统运行。

（4）输出结果及其分析如下。

①迭代过程表，如表 9.22 所示。

表 9.22　非线性回归的迭代过程情况表

All the derivatives will be calculated numerically.

The following new variables are being created:

Name	Label
PRED_	Predicted Values
RESID	Residuals

Iteration	Residual SS	A	B	C
1	.7849195042	10.5000000	.300000000	.700000000
1.1	.6235624243	10.8919560	.286393259	.715878548
2	.6235624243	10.8919560	.286393259	.715878548
2.1	.6190887636	10.8660406	.284790867	.711504680
3	.6190887636	10.8660406	.284790867	.711504680
3.1	.6190692788	10.8735466	.284948196	.712072432
4	.6190692788	10.8735466	.284948196	.712072432
4.1	.6190689868	10.8726729	.284919837	.711995959
5	.6190689868	10.8726729	.284919837	.711995959
5.1	.6190689819	10.8727887	.284923288	.712005810

Run stopped after 10 model evaluations and 5 derivative evaluations.

Iterations have been stopped because the relative reduction between successive

residual sums of squares is at most SSCON = 1.000E-08

- 表中上半部分表示迭代过程中模型关于参数的导数都进行了计算，并产生了两个新变量 PRED_ 和 RESID，标签分别为 Predicted Values 和 Residuals。新变量的数值被输出到了当前文件中。
- 表的下半部分注释表明过程运行经 10 次模型计算后终止，并列表显示出各次计算所得到的 Residual SS（残差平方和）以及 3 个模型参数 A、B、C 数值。第一步迭代时各参数的初始值为设定值。由于过程的估计方法是按照 Levenberg-Marquardt 算法进行的，迭代之所以终止是因为残差平方和的相对减少量已接近于默认的 1.000E-08。迭代数值表里最后一行显示的是迭代终止时的残差平方和以及模型参数的最终结果。

②Nonlinear Regression Summary Statistics（非线性回归概述统计），如表 9.23 所示。

表 9.23　非线性回归概述统计

Dependent Variable　PRODUCTS

Source	DF	Sum of Squares	Mean Square
Regression	3	621.39043	207.13014
Residual	6	.61907	.10318
Uncorrected Total	9	622.00950	
（Corrected Total）	8	32.97660	
R squared = 1- Residual SS / Corrected SS = .98123			

此表是非线性回归分析的方差分析表。Uncorrected Total 为未修正的总误差平方和，其值为 622.00950，自由度是 9；它被分解成回归平方和 621.39043 和残差平方和 0.61907，自由度分别为 3 和 6。Corrected Total 为经修正的总误差平方和，其值等于 32.97660，自由度是 8；表的最后一列是均方。

表最后一行公式：$R^2 = 1 -$ 残差平方和 / 修正平方和 = 0.98123，这个结果表明非线性回归的效果非常好。年产值 PRODUCTS 与时间 t 之间存在高度相关的龚伯兹函数关系。

③模型参数估计表，如表 9.24 所示。

表 9.24　模型参数估计表

Parameter	Estimate	Asymptotic Std. Error	Asymptotic 95% Confidence Interval	
			Lower	Upper
A	10.872788673	.515626498	9.611096084	12.134481262
B	.284923288	.031364372	.208177433	.361669142
C	.712005810	.043298814	.606057428	.817954191

这张表显示的是模型参数的估计值、渐进标准误差（Asymptotic Std. Error）和渐进 95% 置信区间。据参数估计值可知，回归过程建立的预测方程为：

$$\text{products} = 10.872788673 \times (0.284923288)^{0.712005810^{\,t}}$$

可以借助于这个龚伯兹曲线模型对企业未来年产值的发展变化作出预测。

④Asymptotic Correlation Matrix of the Parameter Estimates 为参数估计的渐进相关系数矩阵表，如表 9.25 所示。表中列出了各对参数系数之间的相关系数值。

根据拟合的龚伯兹回归模型输出的预测值、残差，以及关于各个参数的一阶导数值，如图 9-25 所示。从预测值和残差值可以看出，预测模型的拟合效果相当理想。

表 9.25   参数估计的渐进相关系数矩阵

	A	B	C
A	1.0000	.3745	.9126
B	.3745	1.0000	.6614
C	.9126	.6614	1.0000

	t	products	pred_	resid	d.a	d.b	d.c
1	1	4.84	4.45	.39	.41	11.11	-5.58
2	2	5.21	5.75	-.54	.53	10.24	-10.29
3	3	6.78	6.91	-.13	.64	8.75	-13.20
4	4	8.02	7.87	.15	.72	7.10	-14.27
5	5	8.75	8.64	.11	.79	5.55	-13.94
6	6	9.54	9.23	.31	.85	4.22	-12.73
7	7	9.62	9.68	-.06	.89	3.15	-11.08
8	8	9.90	10.01	-.11	.92	2.32	-9.32
9	9	10.15	10.25	-.10	.94	1.69	-7.65

图 9-25   预测值、残差以及导数值

习   题

9.1   现测得变量 x 与 y 的数据如下表：

i	1	2	3	4	5	6	7	8	9	10
x	49.2	50.0	49.3	49.0	49.0	49.5	49.8	49.9	50.2	50.2
y	16.7	17.0	26.8	16.6	16.7	16.8	16.9	17.0	17.0	17.1

（1）建立数据文件，执行二元相关命令，判断变量 x 与 y 之间是否有线性相关关系；

（2）若线性相关，执行 Analyze→Regression→Linear 命令分别求出 y 关于 x 和 x 关于 y 的回归方程；比较二者的不同。

9.2   试根据习题 3.8 中的数据资料，建立下列变量之间的回归方程，分析它们之间的

关系。

（1）分别建立因变量 GDP（国民生产总值）、food、veg、popul 与 year 之间的一元线性回归方程。给出分析报告；

（2）建立因变量 GDP 与 food、veg、popul 之间的多元线性回归方程，给出分析报告。

9.3 某研究所每年的净收益（income）的主要影响因素为该所每年实际研究费用（fee）和研究人员数量（invest），收集近九年来的数据资料如下：

fee（万元）	123.5	123.8	125.6	126.4	127.1	127.3	128.9	130.4	131.8
invest（人）	254	257	275	290	295	296	311	326	341
income（万元）	1600	1630	1660	1690	1720	1750	1780	1840	1870

建立数据文件，求因变量 income 对自变量 fee 和 invest 的线性回归方程，给出分析结果报告。如设自变量 fee 和 invest 取下列各对数值时，求出 income 的预测值。

fee:	135、140、160、188、200
invest:	360、380、400、400、410

9.4 锡克试验阴性率（%）随着年龄的增长而增高，某地区医院调查得到儿童年龄（岁）X 与锡克试验阴性率 Y 的资料如下：

年龄 X（岁）	1	2	3	4	5	6	7
锡克试验阴性率 Y（%）	57.1	76.0	90.9	93.0	96.7	95.6	96.2

建立数据文件，试执行 Regression → Curve Estimation （曲线估计过程） 命令，选用二次、三次和对数曲线模型拟合此组数据。

9.5 研究某地区土壤中所含植物可给磷的情况，得到下列表中的数据：

土壤子样序号	x_1	x_2	x_3	y	土壤子样序号	x_1	x_2	x_3	y
1	0.4	53	158	64	10	10.9	37	111	76
2	0.4	23	163	60	11	12.6	58	112	51
3	0.6	34	157	61	12	11.6	29	173	93
4	1.7	65	123	77	13	23.1	46	114	96
5	1.9	36	143	54	14	23.1	50	134	77
6	9.4	44	46	81	15	21.6	44	73	93
7	3.1	19	37	71	16	23.1	56	168	95
8	4.7	24	59	54	17	26.8	58	202	168
9	10.1	31	117	93	18	29.9	51	124	99

其中：x_1 为土壤中含无机磷浓度；

x_2 为土壤中溶于 K_2CO_3 溶液并受溴化物水解的无机磷浓度；

x_3 为土壤中溶于 K_2CO_3 溶液但不受溴化物水解的无机磷浓度；

y 为种植在 $20^\circ C$ 土壤内的玉米中的可给态磷。

建立数据文件,执行 Analyze→Regression→Linear 命令并选择逐步回归,求 y 关于 x_1、x_2、x_3 的线性回归方程,并给出分析报告。

9.6 维尼纶厂生产牵切纱的工艺流程由牵切、粗纺、细纺三道工序组成,根据经验粗纱的重量不匀率 Z 与牵切条干不匀率 x 及牵切重量不匀率 y 有关,试验测定 20 个样品得到下表中的数据:

序号	$x(\%)$	$y(\%)$	$Z(\%)$	序号	$x(\%)$	$y(\%)$	$Z(\%)$	序号	$x(\%)$	$y(\%)$	$Z(\%)$
1	15.58	1.95	1.34	11	12.74	1.35	0.87	21	10.81	1.32	1.35
2	10.68	1.37	1.27	12	11.73	1.33	1.53	22	17.26	1.31	1.57
3	15.62	2.39	1.56	13	14.84	1.09	1.25	23	14.92	1.42	1.64
4	15.78	1.14	1.48	14	13.73	1.27	2.47	24	18.14	2.13	1.64
5	13.22	1.85	1.40	15	15.12	1.78	1.83	25	18.15	1.20	2.34
6	16.44	1.32	1.82	16	17.88	2.52	2.41	26	10.31	0.98	0.65
7	11.40	2.05	0.85	17	13.38	1.43	1.69	27	11.40	1.27	1.19
8	16.17	1.11	1.40	18	14.21	2.27	1.50	28	12.57	0.87	2.06
9	14.03	1.47	1.15	19	16.80	1.41	1.19	29	17.61	1.21	1.57
10	15.67	1.38	1.89	20	10.81	1.78	2.44				

建立数据文件,求出 Z 关于 x 和 y 的回归方程,根据方程的检验结果,再选用逐步回归法求解。

9.7 测得云杉平均树高 h(米)和平均树径 d(厘米)之间下列数据:

d	15	20	25	30	35	40	45	50	55	60	65
h	13.9	17.1	20.0	22.1	24.0	25.6	27.0	28.3	29.4	30.2	31.4

建立数据文件并调用 Curve Estimation(曲线估计过程)求平均树高 h(米)和平均树径 d(厘米)之间的下列曲线拟合模型:

(1)二次函数 $h = a + b \cdot d + c \cdot d^2$;

(2)幂函数 $h = a \cdot d^b$;

(3)指数函数 $h = a \cdot b^d$;

(4)对数函数 $h = a + b \cdot \ln(d)$。

并分析哪种曲线拟合较好?

9.8 对习题 9.7 的数据,调用 Nonlinier(非线性回归过程)求平均树高 h(米)和平均树径 d(厘米)之间的 4 种曲线回归模型,与 9.7 题的曲线拟合结果进行比较。

9.9 利用本章例 9.3.1 的数据资料,选用表 9.20 中所列的 Verhulst(维尔哈斯特)模型,进行非线性回归分析。

9.10 今搜集到 20 名糖尿病人的血糖(Y, mmol/L)、胰岛素(X1, mU/L))及生长素(X2, μg/L)的测量数据列于下表:

序号	Y	X1	X2	序号	Y	X1	X2	序号	Y	X1	X2
1	12.21	15.20	9.51	8	13.32	10.30	18.89	15	8.49	23.20	3.42
2	14.54	16.70	11.43	9	19.59	5.90	13.14	16	7.71	25.00	7.34
3	12.27	11.90	7.53	10	9.05	18.70	9.63	17	11.38	16.80	12.75
4	12.04	14.00	12.17	11	6.44	25.10	5.10	18	10.82	11.20	10.88
5	7.88	19.80	2.33	12	9.49	16.40	4.53	19	12.49	13.70	11.06
6	11.10	16.20	13.52	13	10.16	22.00	2.16	20	9.21	24.40	9.16
7	10.43	17.00	10.07	14	8.38	23.10	4.26				

试建立数据文件，试进行多元线性回归分析，求变量 Y 与 X1、X2 之间的回归方程。

第 10 章　非参数检验

数理统计中，对所研究对象——总体统计规律的认识总是从两条途径进行的。当对总体有所了解时，例如已知总体服从的分布，但却未知总体分布的参数，需要利用样本资料携带的总体信息，对未知的参数做出估计或者假设检验。SPSS 所提供的均值比较过程以及许多分析过程中涉及的参数假设检验都是处理这类问题的。然而，在许多实际问题中，往往并不知道总体所服从的分布，这时需要根据观测资料来推断总体是否服从某种已知形式的分布。例如，根据抽查的某种化工产品中杂质的含量的样本资料，检验杂质的含量是否服从正态分布或者其他某种形式的分布。显然这类问题具有广泛的实际意义。SPSS 提供的 Nonparametric Tests（非参数检验）的菜单功能用于解决这类问题。

10.1　卡方检验过程

10.1.1　卡方检验的概念

卡方检验（Chi-Square Test）法，也称为卡方拟合优度检验（Chi-Square Goodness-of-Fit Test），它是 K.Pearson 给出的一种最常用的非参数检验方法，用于检验观测数据是否与某种概率分布的理论数值相符合，进而推断观测数据是否是来自于该分布的样本的问题。例如根据掷骰子试验中出现的点数检验骰子是否均匀，即各点出现的概率是否均为 $1/6$。

检验实际观测值的频数（频率）与理论的期望频数（频率）之间的差异是依据 Pearson 给出的服从卡方分布的检验统计量来测度的。理论上讲，假设一个试验得到了某个离散型总体 X 的一组观测值（样本）：$x_1, x_2, \cdots, x_n$，其中取值分别为 $a_1, a_2, \cdots, a_k$ 的频数为 $n_1, n_2, \cdots, n_k$，$\sum n_i = n$。

要判断这个随机变量是否服从某概率分布，首先提出假设 H_0："X 服从某种分布"。如果这个假设为真，那么所得到的观测值中，取值为 a_i 的观测值数量，即频数 n_i 应该和取这个值的理论频数 np_i 比较接近，其中 $p_i = P(X = a_i)$，$i = 1, 2, \cdots, k$。为此，Pearson 引进卡方统计量：

$$\chi^2 = \sum_i^k \frac{(n_i - np_i)^2}{np_i}$$

并证明了当 n 充分大时，它近似地服从自由度为 $k-1$ 的卡方分布 $\chi^2(k-1)$。

对给定的显著性水平 α，如果卡方统计量的显著性概率 Sig $< \alpha$，则应该拒绝原假设，而认为这组样本不是来自于我们假设的总体；反过来，如果 Sig $> \alpha$，则应该接收原假设，可以认为样本确实是来自于这个总体的。

至于总体为连续型随机变量的情况，道理是相同的，此处不再叙述，读者可以查阅数理统计书籍的相关内容。

SPSS 所提供的卡方检验过程将变量值制成分类表的形式并计算卡方统计量值，拟合优度检验比较每一类的观测值频数与期望频数来检验所有各类包含相同的比例值（等可能），或者包含用户指定的比例值。

卡方检验过程对数据的要求是：可以使用测度水平为 Ordinal 或 Nominal 的经排序的或者未经排序的数值型分类变量。如果要将字符型变量转换为数值型变量，可以使用 Transform 菜单下的 Automatic Recode（自动赋值）过程。

非参数检验不需要对分布类型作出假设，但是要求数据必须是随机样本，对每个分类来说期望频数至少为 1，并且期望频数小于 5 的分类不得多于 20%。这是因为如果期望频数值小于 5 的分类太多，卡方统计量中参加求和的各项数值被人为地放大，导致卡方统计量数值变大，增大了拒绝原假设的可能性。为此，如果出现这种情况，应该事先将一些分类合并，确保检验的准确性。

10.1.2　卡方检验过程

卡方检验过程的基本步骤如下：

（1）建立符合卡方检验过程数据要求的数据文件，参见本节的示例。

（2）执行 Analyze→Nonparametric Tests→Chi-Square 命令，打开 Chi-Square Test（卡方检验）对话框，如图 10-1 所示。

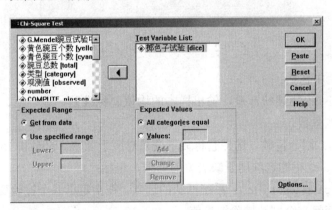

图 10-1　卡方检验过程对话框

①从源变量栏里选择一个或者几个检验变量移入 Test Variable List（检验变量）框中。如果选择了多个检验变量，检验针对每一个变量进行。

②Expected Range（期望检验范围）子栏里包括两个单选项：

- Get from data：系统默认选项，表示将数据中遇到的每个不同的数值定义为一个分类，实际上，即检验范围为原始数据最小值到最大值所界定的范围。
- Use specified range：指定一个特殊的检验范围，选此选项并在下面的 Lower 和 Upper 框里输入整数值作为检验范围的下限和上限。

③Expected Values（期望值）子栏中也包括两个单选项：

● All categories equal：系统默认选项，表示所有各分类有相等的期望值，这意味检验的总体服从均匀分布。

● Values：此选项允许用户指定期望比例，在小框里为检验变量的每一个值一次输入一个大于 0 的比例值（即期望概率值），然后单击 Add 按钮，选定的期望比例值就添加到下面的比例值清单中，并可通过 Change 按钮和 Remove 按钮对已经加入清单的的比例值进行修改。 需要注意，输入比例值的顺序是非常重要的，它应该和检验变量的分类值的升序（从最小值到最大值）一一对应。输入的各个比例值的总和为 1，如果在 Values 小框里输入的是整数值，例如 1、3、4、5、5，比例值将是这 5 个数值分别除以总和 18 所得的分数 1/18、3/18、4/18、5/18、5/18。

（3）单击 Options 按钮，打开如图 10-2 所示的卡方检验的 Options 对话框。

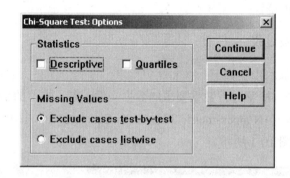

图 10-2　卡方检验的选项对话框

①Statistics 栏中包括：

● Descriptive：描述统计量，输出样本的均值、标准差、最小值、最大值以及非缺失的观测量数。

● Quartiles：四分位数，选择它将显示变量对应于 25%、50% 和 75% 的四分位值。

②Missing Values 栏的选项用于缺失值的处理，包括：

● Exclude cases test-by-test：系统默认的选项，在指定了几个检验变量时，将对每一个检验变量来个别地排除缺失值。

● Exclude cases listwise：选择此项对任何变量中凡具有缺失值的观测量全部从分析中排除。

以上两个选项确定后，单击 OK 按钮交系统运行。

10.1.3　卡方检验过程实例与分析

例 10.1.1　将一颗骰子连掷 120 次，各次所出现的点数顺次如表 10.1 所示，试检验这颗骰子是否均匀？

表 10.1 120 次掷骰子出现的点数

2	5	6	2	6	3	4	5	5	2	1	4	5	1	1	4	2	3	5	2	2	5	6	1
2	2	3	4	1	3	6	2	4	1	5	3	4	5	2	1	3	5	5	6	1	6	2	6
5	3	1	4	6	4	2	3	1	4	6	1	6	2	3	4	6	3	2	6	1	4	6	5
5	3	4	2	3	3	2	4	4	5	3	1	5	1	5	2	3	5	3	2	6	4	5	3
3	1	1	5	1	5	3	6	1	2	4	5	4	2	6	4	6	3	2	1	5	3	2	5

这个问题的实质是检验假设 H_0: $P(X=k) = 1/6$,$(k=1,2,\cdots,6)$。运用卡方检验过程解决本问题的步骤如下:

(1)建立数据文件,定义分析变量。这里只需要定义一个变量即可。定义 dice 为变量名,将出现点数顺次输入文件。

(2)打开主对话框,选择变量 dice 移入检验变量框中,如图 10-1 所示。

(3)单击 Options 按钮,打开选项对话框,选择 Descriptive 和 Quartiles。其余各选项全部缺省。返回主对话框并单击 OK 按钮交系统运行。

(4)输出结果及分析如下。

● Descriptive Statistics(描述统计量),如表 10.2 所示。

表 10.2 描述统计表

N		120
Mean		3.46
Std. Deviation		1.68
Minimum		1
Maximum		6
Percentiles	25th	2.00
	50th (Median)	3.00
	75th	5.00

表中各行顺次列出观测量数 N、均值、标准差等信息。

● Frequencies(频数),如表 10.3 所示。

表 10.3 掷骰子试验频数表

	Observed N	Expected N	Residual
1	19	20.0	-1.0
2	22	20.0	2.0
3	21	20.0	1.0
4	18	20.0	-2.0
5	23	20.0	3.0
6	17	20.0	-3.0
Total	120		

表中按照掷骰子出现的点数 1,…,6 的 6 个分类显示了各类的实际观测量数 N、期望观测量数以及残值(即实际观测量数和期望观测量数之差)。

- Test Statistics（检验统计）结果，如表 10.4 所示。这个表中显示的结果有：卡方统计量值为 1.40，自由度为 5，近似的显著性概率为 0.924，这个值远大于 0.05，因此应该接受原假设认为试验使用的骰子是均匀的。表的下面给出的一段注释：具有期望频数小于 5 的单元格为 0 个，最小期望的单元格的频数为 20。

表 10.4   卡方检验表

掷骰子	Chi-Square	1.400
	df	5
	Asymp. Sig.	.924

a 0 cells (.0%) have expected frequencies less than 5.The minimum expected cell frequency is 20.0.

下面举两个更为一般的应用示例。

例 10.1.2   为了解某条公路的流量，在 50 分钟内，记录每 15 秒钟内通过公路口的汽车的辆数，得到如表 10.5 所示的记录数据，试根据表中数据检验每 15 秒钟内通过公路口的汽车的辆数是否服从泊松（Poisson）分布？

本问题的解决步骤如下：

（1）在数据文件里，定义变量 Car 表示通过路口的汽车辆数，测度水平为 Ordinal。

表 10.5   每 15 秒中内通过某个路口的汽车辆数

辆数（car）	0	1	2	3	4	≥5
频数（freq）	92	68	28	11	1	0

（2）输入变量 Car 的观测数据，按观测量序号在单元格里顺次输入 92 个 0、68 个 1、28 个 2、11 个 3 和 1 个 4。（也可以按照表 11.5 定义数据文件，并执行 Data→Weight Cases... 命令，以"频数"作为加权变量，运用加权的数据文件进行检验。）

（3）现在需要检验的假设是 H_0：通过路口的汽车辆数 Car 服从泊松分布。

由于泊松分布的参数未知，需要事先估计参数值，利用加权算术平均公式计算平均辆数为 0.805，它是泊松分布参数 λ 的无偏估计值。为计算参数 λ 的估计值，需先定义变量 var0，其取值为 0、1、2、3、4。借助主菜单 Transform 下的 Compute 功能项对话框，选择分布函数 CDF.POISSON(?, ?)，按照下列计算公式：

CDF.POISSON(var0, 0.805) - CDF.POISSON(var0 - 1, 0.805)

计算泊松分布的理论概率，得到相应的概率值依次为 0.44709、0.35991、0.14486、0.03887、0.00927（这个值是 ≥4 的概率），这些数值将用于设置期望频数。

（4）打开如图 10-1 所示的 Chi-Square Test 对话框，选择 Car 移入检验变量框，在 Expected Values 子栏里选择 Values，然后如图 10-3 所示，输入期望频数值。

（5）在 Options 对话框里选择 Descriptive 和 Quartiles。其余各选项全部缺省。返回主对话框并单击

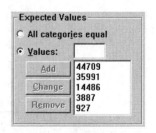

图 10-3   期望频数值设定

OK 按钮交系统运行。

（6）输出结果及其分析如下。

①Descriptive Statistics：描述统计，如表 10.6 所示。

表 10.6　描述统计量表

每 15 秒中内通过某个路口的汽车总辆数	N	200
	Mean	.81
	Std. Deviation	.91
	Minimum	0
	Maximum	4
	Percentiles　25th	.00
	50th (Median)	1.00
	75th	1.00

表中各项意义明确，其中均值为 0.81，它是计算的参数值 0.805 经四舍五入后的近似值、标准差为 0.91 等。

②Frequencies：频数，如表 10.7 所示，此表意义与表 10.3 相同。

③Test Statistics：检验统计结果，如表 10.8 所示。

这个表中显示的结果有：卡方统计量值为 2.056，自由度为 4，近似的显著性概率为 0.725，这个值远大于 0.05，因此应该接受原假设，即认为每 15 秒钟内通过该公路路口的汽车辆数确实服从参数为 0.805 的泊松分布。

表 10.7　每 15 秒中内通过某个路口的汽车辆频数表

	Observed N	Expected N	Residual
0	92	89.4	2.6
1	68	72.0	-4.0
2	28	29.0	-1.0
3	11	7.8	3.2
4	1	1.9	-.9
Total	200		

表 10.8　检验统计结果表

	CAR 每 15 秒通过某路口的汽车量数
Chi-Square	2.056
df	4
Asymp. Sig.	.725

a. 1 cells (20.0%) have expected frequencies less than 5.
The minimum expected cell frequency is 1.9.

表下注释意义指：具有期望频数小于 5 的单元格为 1 个，占 20%，最小期望值单元格的频数为 1.9。

例 10.1.3 抽检某预制件厂生产的一种水泥预制件，检测它们的抗压强度 X，得到表 10.9 所列的 120 个数据（表中单数列的数据为原始数据）。

表 10.9 水泥预制件抗压强度数据表

193	1	211	6	219	8	214	7	213	6	210	5	218	8	206	4	216	7
213	6	211	6	211	6	207	4	208	5	216	7	211	6	213	6	203	3
208	5	214	7	208	5	207	4	206	4	204	3	209	5	206	4	197	1
208	5	220	9	221	9	214	7	217	8	221	9	208	5	207	4	208	5
204	3	211	6	211	6	213	6	214	7	208	5	209	5	200	2	206	4
206	4	203	3	218	8	203	3	201	2	209	5	202	3	198	1	208	5
204	3	216	7	218	8	206	4	212	6	214	7	211	6	200	2	209	5
206	4	224	9	190	1	207	4	206	4	214	7	207	4	202	3	206	4
208	5	211	6	219	8	196	1	211	6	199	2	202	3	203	3	202	3
209	5	209	5	211	6	201	2	212	6	204	3	205	4	208	5	203	3
210	5	218	8	208	5	208	5	216	7	211	6	206	4	216	7	206	4
208	5	214	7	199	2	204	3	206	4	201	2	216	7	206	4	213	6
218	8	207	4	208	5	202	3	222	9	213	6	209	5	219	8	211	6
194	1	219	8	213	6	203	3										

试根据检测数据检验抗压强度 X 是否服从正态分布 $N(\mu, \sigma^2)$，其中 μ，σ^2 未知。

本问题相当于检验假设 $\mathbf{H}_0$：$X \sim N(\mu, \sigma^2)$。检验过程如下：

（1）要解决这个检验问题首先需构造符合检验要求的数据文件，为此，定义变量 strength（抗压强度），数据格式为 F8。将表中的单数据顺次输入。

（2）执行 Transform→Record→Recode into Different Variables（赋值给不同变量）功能项（参见 3.5 节），按照区间间隔等于 3 将 strength 的取值范围分成为 9 个区间，依次为（Lowest，198.5）对应 1，（198.5，201.5）对应 2，…，（219.5，highest）对应 9。并命名新变量为 interval，单击 OK 运行，变量 interval 的各个观测量的数值输出到当前文件中，我们也将它列入表 10.9 中（偶数列数据）。这个新变量 interval 就是检验变量。

（3）由于分布参数 μ 和 σ 均未知，可执行主菜单 Summarize 下的 Descriptives（描述性统计）功能项输出有关变量 strength 的描述性信息，如表 10.10 所示。

表 10.10 抗压强度的描述性信息表

	N	Mean	Std. Deviation	Variance
抗压强度的观测量	120	208.83	6.34	40.258
Valid N（listwise）	120			

据这个表显示的结果将 208.83 和 6.34 分别作为参数 μ 和 σ 的估计值参与计算期望概率。为了计算期望概率，定义变量 Var0，它的观测值令为各区间的上限端点值。

（4）执行 Transform 的 Compute 命令，打开 Compute 对话框，按照如下公式：

CDF.NORMAL（var0,208.83,6.34）- CDF.NORMAL（LAG（var0），208.83,6.34）

计算得到随机变量 X 落入各区间的概率列入表 10.11 中。

表 10.11　检验前的需用数据计算

区间编号	1	2	3	4	5	6	7	8	9
区间上限值 var0	198.5	201.5	204.5	207.5	210.5	213.5	216.5	219.5	–
期望概率值	.0516	.0722	.1235	.1696	.1870	.1654	.1175	.0670	.0462[*]

表 10.11 中区间 9 的概率 $0.462^{*} = 1 - 0.0516 - 0.0722 - \cdots - 0.0670$。

以上各步骤是检验前的准备工作。

（5）打开 Chi-Square Test 对话框，选择 interval 移入检验变量框内，在 Expected Values 子栏里选择 Values，然后将表 10.11 中期望概率值输入。由于对于变量 interval 的各项描述统计不是我们需要的结果，故将其余所有选项均缺省。单击 OK 运行。

（6）输出检验结果及其分析。

①落入相应区间的观测量数表，如表 10.12 所示。

表 10.12　落入相应区间的观测量数

	Observed N	Expected N	Residual
(Lowest, 198.5]	6	6.2	-.2
(198.5, 201.5]	7	8.7	-1.7
(201.5, 204.5]	15	14.8	.2
(204.5, 207.5]	20	20.4	-.4
(207.5, 210.5]	23	22.4	.6
(210.5, 213.5]	22	19.8	2.2
(213.5, 216.5]	13	14.1	-1.1
(216.5, 219.5]	9	8.0	1.0
(219.5, highest)	5	5.5	-.5
Total	120		

表中列出各区间的实际观测频数、期望的理论频数，以及残差值。

②检验统计表，如表 10.13 所示。表中显示的卡方统计量值为 0.835，自由度为 8，近似的显著性概率为 0.999 几乎接近于 1。因此应该接受原假设，即认为该厂生产的预制件的抗压强度显著地服从正态分布。

最后需要指出，按照数理统计原理中阐述的卡方拟和优度检验法，此处对原假设的正态分布的两个未知参数进行了估计，用 R.Fisher 给出的卡方检验统计量它应该近似地服从自由度为 6（而不是 8）的卡方分布，应该用它来决定检验的拒绝域。如果我们按这样的要求检验的话，对给定的显著性水平 α=0.05，查卡方分布表上侧分位点数值为 12.592，而这里卡方统计量的值为 0.835，这个值仍然远小于 12.592，同样应该接受原假设。

表 10.13   检验统计结果表

	区间
Chi-Square	.835
df	8
Asymp. Sig.	.999

a   0 cells (.0%) have expected frequencies
less than 5.The minimum expected cell
frequency is 5.5.

10.2   二项检验过程

10.2.1   二项检验过程

二项分布即指数理统计的 0-1 分布。SPSS 提供的二项检验过程（Binomial Test Procedure）用于对二元变量的两个分类的观测频数与某个具有确定的概率参数的二项分布的期望频数进行比较的假设检验问题。

例如从某家工厂的成品中随机地抽查 200 件产品，结果发现 15 件废品，据此检验该厂全部产品的废品率是否为 5%？

二项检验过程要求检验变量必须是数值型的二元变量（只取两个可能值的变量）。假如变量是字符型的，可以使用 Automatic Recode procedure（自动赋值过程）将其转换为数值型变量；假如变量不是二元变量，需要设置断点将数据分为两部分，将大于断点值的归为一组，其余归为另一组。

10.2.2   二项检验过程步骤

二项检验过程的步骤如下：

（1）建立符合二项检验过程数据要求的数据文件，参见示例。

（2）执行 Analyze→Nonparametric Tests→Binomial...功能项，打开 Binomial Test（二项检验）对话框，如图 10-4 所示。

（3）从源变量栏里选择一个或几个检验变量移入 Test Variable List 框中。如果选择了多个检验变量，检验针对每一个变量分别进行。

（4）Define Dichotomy（定义二元变量）子栏中包括如下两个单选项：

● Get from data：如果检验变量本身就是二元变量选此项，它也是系统默认的选项。系统自动将二元变量值较小的作为一组，较大值的分为另一组。

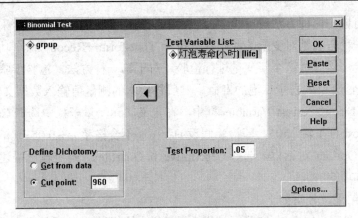

图 10-4 二项检验过程对话框

● **Cut point**：断点，假如检验变量不是二元变量，可在小框里输入一个断点数值，则将观测量值小于或等于断点值的分为一组，其余为另一组。

（5）**Test Proportion**：检验比率，指定检验的零假设，可在小框里输入.001～.999 之间的一个数值，作为待检验的第一组的概率。系统默认的检验概率值为 0.5，按照这个默认值，输出双尾检验结果，否则输出单尾检验结果。

主对话框里按钮 Options（选项）的功能与卡方检验的相应按钮功能完全相同，打开的对话框除标题外与图 10-2 完全相同，这里不再重复。选项设定后交系统运行。

10.2.3 二项检验过程示例

例 10.2.1 某灯泡厂生产的一种特制灯泡按照工艺技术标准的要求，其合格灯泡的寿命必须大于 960 小时。通常在生产稳定的时候，该厂的这种产品合格品率为 95%，为检验产品质量，今从新生产的一大批产品中随机地抽查了 98 只灯泡，测得它们的寿命的数据资料列于表 10.14 中，试根据这些样品数据资料检验该批产品的合格率是否还是 95%？

表 10.14 某种灯泡寿命样品的观测值

1070	1073	958	954	971	972	1075	969	967
964	964	1070	1070	969	970	951	963	967
967	958	1075	969	972	1075	1076	964	1070
968	955	968	969	972	1071	972	1280	1079
957	967	969	965	1071	1076	969	1085	970
962	969	963	967	1077	972	960	1073	1079
969	970	955	965	972	969	1071	958	970
968	967	964	967	964	1078	968	967	1076
1070	963	1070	969	1073	972	968	970	1070
1076	964	972	970	1081	1075	1071	955	1071
967	969	1079	1070	1076	863	969	964	

这个问题可以用两种方法进行检验，一种方法是直接使用原始数据，采用设置断点的方法检验；另一种方法是对变量的原始数据执行 Transform→Recode 命令功能重新赋值产生一个二元变量，然后对这个新变量进行检验。对于第一种方法，检验步骤如下：

（1）定义变量 Life 表示灯泡的寿命。然后将样本的测量值输入数据文件。

（2）选择 Life 移入 Test Variable 框中。在定义二元变量子栏中选择 Cut point，输入数值 960，在 Test 框里输入.05，即检验假设 H_0：p（不合格率）= 0.05。

（3）打开 Options 对话框，选择 Descriptive 和 Quartiles，确定输出描述统计量和四分位数。其余各选项缺省。

（4）输出结果及分析如下。

①描述统计量表，如表 10.15 所示。表中显示样本均值为 1003.5 小时，标准差为 59.8654 小时，最长和最短的寿命分别为 1280 小时和 863 小时，50%分位点（即中位数）是 969 小时。

②Binomial Test（二项检验）结果，如表 10.16 所示。

表 10.15　描述统计量表

		LIFE 灯泡寿命(小时)
N		98
Mean		1003.5000
Std. Deviation		59.8654
Minimum		863.00
Maximum		1280.00
Percentiles	25 th	966.5000
	50 th (Median)	969.0000
	75 th	1071.0000

表 10.16　二项概率检验结果表

		Category	N	Observed Prop.	Test Prop.	Asymp. Sig. (1-tailed)
LIFE 灯泡寿命(小时)	Group 1	<= 960	11	.11	.05	.005 [a]
	Group 2	> 960	87	.89		
	Total		98	1.00		

a　Based on Z Approximation.

由表中输出结果可知由于样本中第一组"<= 960"的观测量共计 11 个，比例为 0.11，Asymp. Sig.（1-tailed）（单尾显著性概率）= 0.005 < 0.05，从而拒绝原假设，可以认为该批产品的合格率远达不到 95%，生产似乎处于不稳定状态。

对于第二种方法，其步骤如下：

（1）执行 Transform→Record→Recode into Different Variables（赋值给不同变量）功能项，打开 Recode into Different Variables 对话框，将变量 Life 更名为 group，单击 Old and New Value 按钮，设置将"<= 960"的赋值"0"，其余赋值"1"。

然后单击 OK 按钮工作文件中出现变量名为 group 的二元变量。

（2）选择 group 移入 Test Variable 框中。在定义二元变量子栏中选择 Get from data 选项，Test 框里仍选定为.05。

其余选项全部默认。单击 OK 按钮，得到如表 10.17 所示的检验结果表。比较两种方法，不难看出二者检验结果基本一致。

表 10.17　对定义的二元变量 Good 检验的结果

	Category	N	Observed Prop.	Test Prop.	Asymp. Sig. (1-tailed)
	Group 1	0	87	.89	.05	.000 [a]
GROUP	Group 2	1	11	.11		
	Total		150	1.00		

a　Based on Z Approximation.

10.3　游程检验过程

10.3.1　游程检验概念

游程检验（Runs Test）是一种利用游程的总个数获得统计推断结论的方法。首先，简要介绍一下游程及游程长度的概念。

设 $X_1, X_2, \cdots, X_m$ 和 $Y_1, Y_2, \cdots, Y_n$ 分别是取自于总体 X 和 Y 的两个随机样本，将这两个样本合并在一起，并按照从小到大的次序排列，得到次序统计量：

$$Z_1 \leqslant Z_2 \leqslant \cdots \leqslant Z_{m+n}$$

对于每一个 Z_i，（$i = 1, 2, \cdots, m+n$），它或者来自总体 X，或者来自总体 Y。如果记

$$u_i = \begin{cases} 0, & \text{如果 } Z_i \text{ 来自总体 } X \\ 1, & \text{如果 } Z_i \text{ 来自总体 } Y \end{cases} \quad (i = 1, 2, \cdots, m+n)$$

这样就得到了一个仅由 0 和 1 两个元素组成的序列，$u_1, u_2, \cdots, u_{m+n}$，我们将连续出现 0 或者连续出现 1 的一组数分别称之为 0 的游程或者 1 的游程。一个游程中包含的 0 或者 1 的个数称为游程长度。例如，在序列

$$1\,1\,0\,0\,0\,1\,0\,0\,1\,1\,0\,0\,1\,1\,1\,0\,0\,1\,1\,1\,0\,0\,0$$

中 11、000、1、00、11、111 都是游程，其中有 0 的游程 5 个，长度为 2 的有 3 个，长度为 3 的有 2 个；有 1 的游程也是 5 个，长度为 1 的有 1 个，长度为 2 的 2 个，长度为 3 的有 2 个。此序列共计有 10 个游程。假如用 U 表示游程总数，此处 $U = 10$。

显然，对于大小为 $m+n$ 的合样本，U 的最小值是 2，最大值是 $2\min(m, n) + 1$。如用 V 代表最大游程长度。U，V 均为统计量。游程检验就是借助于这两个统计量而建立起来的检验两个总体是否相同以及检验一个样本随机性的非参数检验法。

在检验一个样本随机性时，不难理解，如果这个样本之中，具有太多的游程或者具有

太少的游程，都应该认为这个样本不是随机的。比如在剧院的一排的十个座位上看到如下次序的排列："男女男女男女男女男女"或者"男男男男男男女女女女女女"，大概我们不会怀疑这样的排列是人为安排的，而不是随机的排列。

检验的理论以及检验过程可以参考数理统计书籍中详尽的阐述。

SPSS 提供的游程检验过程（Runs Test）可以用于上述的两种检验。游程检验过程对数据的要求是：变量必须是数量型的。如果是字符型变量应该使用 Automatic Recode 进行转换。检验不需要有关分布类型的假设，可使用连续型分布的样本。

10.3.2 游程检验过程步骤

（1）定义变量、输入数据，建立符合数据要求的数据文件。

（2）执行 Analyze→Nonparametric Tests→Runs 命令，打开 Runs Test（游程检验）对话框，如图 10-5 所示。

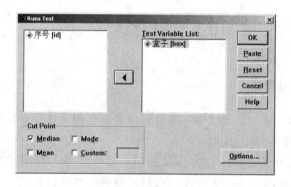

图 10-5 游程检验过程对话框

（3）从源变量栏里选择一个或几个检验变量移入 Test Variable 框中。如果选择了多个检验变量，检验针对每一个分别变量进行。

（4）Cut Point：确定断点。在这个子栏里，对已选择的需检验的二元变量至少确定一个断点，观测量小于断点值的归于一类，其余的归于另一类。系统将对所选择的每一个断点进行检验。可供选择的断点有：

- Median：中位数这是系统默认的断点。
- Mean：均值。
- Mode：众数。
- Custom：自定义，用户可以在小框里自定义一个断点值。

（5）如果需要输出描述统计量、四分位数以及对缺失值进行控制，可以单击 Options 按钮，打开与图 10-2 完全一样的选项对话框进行选择。

最后单击 OK 按钮交系统运行。

10.3.3 游程检验过程示例

例 10.3.1 某种产品一箱的额定重量为 20 公斤，为检验包装机工作是否正常，今从包装车间的包装生产线上抽出连续包装的 30 箱，依次秤得它们的重量为：

20.90	20.50	20.20	20.30	19.50	19.80	19.70	20.20	20.40	20.60
20.50	20.80	19.80	19.50	19.60	20.70	20.60	20.70	20.80	20.20
20.50	20.40	20.60	20.60	19.50	19.60	20.10	20.90	20.50	20.40

使用游程检验过程检验包装机工作是否正常。

包装机工作的意义是包装的产品重量应该随机地围绕额定重量波动，因此这个问题实际上就是检验这个样本的随机性，即需要检验原假设 H_0：样本是随机的。

（1）定义变量 Box 表示一箱产品的重量，变量格式为 F8.2。按顺序输入观测数据。

（2）打开游程检验主对话框，选择 Box 移入检验变量框中。

（3）在确定断点子栏里选择 Custom 并输入额定重量 20 作为断点。

（4）在 Options 对话框里，选择 Descriptive 和 Quartiles，确定输出描述统计量和四分位数。其余各选项缺省。单击 OK 按钮运行。

（5）检验结果及其分析如下。

①描述统计量表，如表 10.18 所示。

表 10.18　描述统计量表

	N	Mean	Std. Deviation	Minimum	Maximum	Percentiles		
						25th	50th (Median)	75th
盒子	30	20.2800	.4514	19.50	20.90	19.8000	20.4000	20.6000

②游程检验结果，如表 10.19 所示。

输出结果各项为：

- Test Value（检验值）为 20。
- Total Cases（观测量总数）为 30。
- Number of Runs（游程总数）为 7。实际上，如果用"＋"表示重量大于 20 的产品，"－"表示重量小于 20 的产品，我们可以看出游程分布为：

　　＋＋＋＋－－－＋＋＋＋＋＋－－－＋＋＋＋＋＋＋＋＋＋－－＋＋＋＋

　　含有"＋"的游程数 m = 4，含有"－"的游程数 n = 3，Number of Runs（游程总数）为 7。

表 10.19　Runs Test（游程检验）表

	BOX 盒子
Test Value	20
Total Cases	30
Number of Runs	7
Z	－2.511
Asymp. Sig. (2-tailed)	.012

a　User-specified.

- Z 检验统计量（是一个渐进正态分布的统计量）值为-2.511。
- Asymp. Sig.（2-tailed）（渐进的双尾显著性概率）为 0.012 < 0.05，因此，应该拒绝原假设，认为游程数太少，表明包装机包装的产品的重量不是随机的，而具有聚群效应。

下面我们用游程检验过程进行两个总体比较的检验。

例 10.3.2   用高蛋白和低蛋白两种饲料喂养大白鼠，以比较饲料对增加大白鼠体重的影响。为此选择 m = 12，n = 11 只大白鼠分别喂养高蛋白和低蛋白两种饲料，得到增加的重量（单位：克）的数据如下表：

饲料种类	增加重量（克）										
高蛋白(X)	134	146	104	119	124	161	108	83	113	129	97	123
低蛋白(Y)	70	118	101	85	107	132	94	135	99	117	126	

使用游程检验过程检验两种饲料对增加大白鼠的体重有无显著差异？

本问题相当于检验原假设 H_0：总体 X 与总体 Y 具有相同的分布。

（1）数据文件编辑。定义变量 weight（增重），数据格式 F8；定义变量 group（组别），变量标签"1"代表高蛋白、"2"代表低蛋白，数据格式 F4。

将资料中两组的增加重量数据顺次输入文件之中。

（2）执行 Data→Sort Cases 命令，打开 Sort Cases 对话框，选择变量 weight 移入 Sort by 框中，按照 Ascending（升序）排序。得到如表 10.20 所示结构的数据资料（这一步骤可省略，如果要了解排序结果，可以加进这一步骤）。

（3）打开游程检验过程对话框，选择变量 group 作为检验变量。由于本例中检验变量的观测值有 1（12 个）和 2（11 个），中位数（Median）和众数（Mode）都是 1，因此不能选中位数和众数作为断点，而应该选均值（Mean）为断点。单击 OK 按钮交系统运行。

表 10.20   经排序后的增加的体重数据表

序号	增加重量	分组	序号	增加重量	分组	序号	增加重量	分组
1	70	2	9	107	2	17	126	2
2	83	1	10	108	1	18	129	1
3	85	2	11	113	1	19	132	2
4	94	2	12	117	2	20	134	1
5	97	1	13	118	2	21	135	2
6	99	2	14	119	1	22	146	1
7	101	2	15	123	1	23	161	1
8	104	1	16	124	1			

（4）输出结果及其分析，表 10.21 为输出结果。

表 10.21　白鼠增重试验游程检验表

	GROUP 组别
Test Value [a]	1.48
Cases < Test Value	12
Cases >= Test Value	11
Total Cases	23
Number of Runs	16
Z	1.292
Asymp. Sig. (2-tailed)	.196

a　Mean

其中各项意义为：

- Test Value（检验值）为 1.48。
- Cases < Test Value（小于检验值的观测量数）为 12，即取自总体 X 的样本数 n。
- Cases >= Test Value（大于检验值的观测量数），即取自总体 Y 的样本数 m。
- Number of Runs（游程总数）为 16。
- Z 统计量值为 1.292。
- Asymp. Sig.（2-tailed）（双尾显著性概率）为 0.196 > 0.05，所以接受原假设 H_0，即认为两种不同的饲料对大白鼠体重的增加无显著的影响。

10.4　单个样本的柯尔莫哥洛夫－斯米尔诺夫检验

卡方拟合优度检验中将样本空间划分为区间或者分类时，包含了较多的人为因素，特别对于连续型总体，有可能会由于区间划分的不同而导致对同一个样本却可得到对立的检验结果。柯尔莫哥洛夫-斯米尔诺夫检验（Kolmogorov-Smirnov Test）在一定程度上克服了卡方检验的缺点。一般地说，柯尔莫哥洛夫-斯米尔诺夫检验（以下简称为 K-S 检验）是比卡方检验更精确的一种非参数检验法。

K-S 检验是将观测量的累计分布函数（即经验分布函数）与某个确定的理论分布函数（如正态分布、均匀分布、指数分布、泊松分布等）相比较，以检验一个样本是否是来自于某指定分布的样本。按绝对值计算两个分布函数之间的最大差异，确定 K-S 检验统计量 Z 的值，进而做出检验的判断结果。

K-S 检验过程要求使用区间或比例测度的数值型变量。假定检验分布的参数是预先确定的，或是由过程根据给定的样本估计的。对于正态分布来说，将样本均值和标准差作为其参数；对均匀分布来说，将样本的最小值和最大值作为其取值范围；对泊松分布和指数分布来说，都将样本均值作为其依赖的参数。

这种检验方法的详细理论读者可以参考有关的数理统计书籍。

10.4.1 单个样本 K-S 检验步骤

单个样本 K-S 检验的步骤如下：

（1）执行 Analyze→Nonparametric Tests→1–Sample K－S 命令，打开 One-Sample Kolmogorov-Smirnov Test（单个 K-S 检验）对话框，如图 10-6 所示。

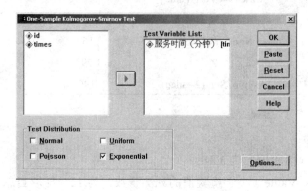

图 10-6 一个样本的 K-S 检验对话框

（2）从源变量栏里选择一个或几个检验变量移入 Test Variable List（检验变量）框中。如果选择了多个检验变量，检验针对每一个变量分别进行。

（3）从 Test Distribution（检验的概率分布）子栏里选择需要检验的概率分布，系统提供了 4 种统计中常见的分布，各分布所依赖的的参数根据检验变量的观测值，即样本，由系统自行估计并参与计算。这几个概率分布是：

● Normal：正态分布是系统默认的检验分布。
● Poisson：泊松分布。
● Uniform：均匀分布。
● Exponential：指数分布。

（4）如果需要输出描述统计量、四分位数以及对缺失值进行控制，可以单击 Options 按钮，打开与图 10-2 除标题之外一模一样的选项对话框进行选择。最后单击 OK 按钮交系统运行。

10.4.2 单个样本的 K-S 检验实例及分析

例 10.4.1 根据例 10.1.3 中给出的预制件抗压强度总体 X 样本，用单个样本的 K-S 检验过程检验抗压强度总体 X 是否确实服从正态分布？

检验过程如下：

（1）打开记载该样本数据的文件。

（2)打开单个样本的 K-S 检验对话框，选择变量 strength(抗压强度)移入 Test Variable List（检验变量）框中。

其他选项全部缺省。单击 OK 按钮运行。

（3）输出结果及其分析如下。

输出结果仅有一个 One-Sample Kolmogorov-Smirnov 检验表格，如表 10.22 所示。

表中各项显示结果的含义如下：

- N（观测量总数）为 120。
- Normal Parameters（正态分布参数）：均值为 208.83，标准差为 6.34.
- Most Extreme Differences（最大的）：Absolute（绝对值）为 0.086、Positive（最大正极端差）为 0.069、Negative（最大负极端差）为 -0.086.
- Kolmogorov-Smirnov Z（K–S 检验统计量 Z 值）为 0.941.
- Asymp. Sig.（2-tailed）（双尾渐进显著性概率）为 0.388。由于此概率值大于 0.05，因此接受原假设，可以认为该厂生产的预制件抗压强度 X 确实服从正态分布。

表 10.22　抗压强度分布的 K-S 检验结果表

		strength 抗压强度
N		120
Normal Parameters[a][b]	Mean	208.83
	Std. Deviation	6.34
Most Extreme Differences	Absolute	.086
	Positive	.069
	Negative	-.086
Kolmogorov-Smirnov Z		.941
Asymp. Sig. (2-tailed)		.338

a　检验分布为正态分布

b　参数值据数据资料计算

例 10.4.2　据一家商场的调查报告，记载了该商场一位售货员在一个工作日内接待的 110 位顾客中花费在每一位顾客的服务时间（单位：秒），如表 10.23 所示。试根据表中数据检验花费在每一位顾客的服务时间是否服从指数分布？

本问题的相当与检验假设 H_0：服务时间 Time 服从指数分布。检验过程是：

（1）定义变量 Time 表示服务时间，变量格式 F8。输入表 10.23 的数据。

（2）打开单个样本的 K–S 检验对话框，选择变量 Time（服务时间）移入 Test Variable List 框中。

表 10.23　例 10.4.2 数据表

10	15	25	40	50	65	85	125	160	225	280
10	20	30	40	55	70	90	125	160	230	300
10	20	30	40	55	70	90	135	165	230	300
10	20	30	40	55	75	90	135	170	240	350
10	20	30	45	55	75	95	135	180	245	350
15	20	30	45	60	75	100	140	185	245	400
15	25	35	45	60	80	110	140	185	250	400
15	25	35	45	60	80	115	140	190	260	450
15	25	35	45	65	80	120	145	210	270	480
15	25	35	45	65	80	125	155	220	280	500

（3）在 Test Distribution（检验的概率分布）子栏里选择 Exponential（指数分布）。

（4）打开 Options 对话框，选择 Descriptive 和 Quartile。其他选项全部缺省。单击 OK 按钮运行。

（5）输出结果及其分析如下。

①Descriptive Statistics：描述统计量表，如表 10.24 所示。

从表中显示结果知道，该售货员为每位顾客的平均服务时间是 117.45 秒，约两分钟，这个数值将作为检验的指数分布的参数参与计算。标准差为 111.78 秒钟。

②指数分布的 K-S 检验结果，如表 10.25 所示。

表 10.24　服务顾客的时间的描述统计量表

	N	Mean	Std. Deviation	Minimum	Maximum	Percentiles		
						25th	50th（Median）	75th
TIMES	110	117.45	111.78	10	500	35.00	75.00	166.25

表 10.25　指数分布的 K-S 检验结果表

		TIMES
N		110
Exponential parameter.[a] [b]	Mean	117.45
Most Extreme Differences	Absolute	.082
	Positive	.052
	Negative	-.082
Kolmogorov-Smirnov Z		.856
Asymp. Sig.（2-tailed）		.456

a　Test Distribution is Exponential.

b　Calculated from data.

根据表中显示的 K-S 检验统计量 Z 值为 0.856，由于 Asymp. Sig.（2-tailed）（渐近显著性概率）值为 0.456 >> 0.05，可以认为该售货员为每位顾客的服务时间显著地服从指数分布。

10.5　两个独立样本的检验过程

在均值比较的两个独立样本的 T 检验过程中，假定了两个样本都是来自于正态总体。然而，在实际中我们往往并不知道所抽取的样本的总体分布形式。在这种情况下，可以使用 SPSS 提供的两个独立样本的检验过程（Two-Independent-Samples Tests procedure）进行检验，来比较两个独立样本是否来自于相同分布，或者说两个总体是否具有相同的概率分布。

两个独立样本的检验过程需使用经过排序的数据资料。检验过程使用的样本必须是独立的随机样本。

10.5.1 两个独立样本检验步骤

两个独立样本的检验过程的步骤如下：

（1）执行 Analyze → Nonparametric Tests → 2 Independent Samples 命令，打开 Two-Independent-Samples Tests（两个独立样本检验）对话框，如图 10-7 所示。

（2）从源变量清单中选择一个或者几个数值型变量移入 Test Variables 框中。

（3）从源变量清单中选择一个分组变量移入 Grouping Variable（分组变量）框中，点击 Define Groups（定义分组）按钮，打开如图 10-8 所示的定义分组对话框。

在对话框的 Group 1 和 Group 2 的小框里分别键入一个整数值，这两个值确定的分组将选择的检验变量的观测值分成两组或者分成为两个样本，并将检验变量的其他数值排除在检验分析之外。

（4）在 Test Type（检验方法类型）子栏里提供了 4 种检验方法，可以选择其中适宜的方法进行检验。这 4 种方法分别是：

- Mann-Whitney U：曼-惠特尼 U 检验法，即为威尔克柯逊（Wilcoxon）秩和检验法，用于检验两个独立样本是否来自于同一总体。这种检验法需用 Ordinal 测度水平的数据。当数据按升序排列后，U 等于第一组中的一个值先于第二组中的一个值出现的次数。这种检验法为系统默认的方法。

- Moses extreme reactions：摩西极端反映检验法，这种检验法需用 Ordinal 测度水平的数据。它适用于期望实验变量在一个方向上影响某些受验者，在相反方向上影响另一些受验者而设计的假设的非参数检验法。

- Kolmogorov-Smirnov Z：柯尔莫哥洛夫－斯米尔诺夫 Z 检验法，用于检验两个独立样本是否来自于同一个分布的总体。方法基于对两个累积分布的最大差异的检验。

- Wald-Wolfowitz runs：瓦尔德-沃尔夫维兹游程检验法，也是一种检验两个样本是否来自于同一总体的非参数检验法。它需要 Ordinal 测度水平的数据，两个样本观测值组合后，按从小到大的次序排序，然后计算同组中的游程。检验法是基于如下事实，即如果两个样本来自于同一个总体，两组中的游程应该在排列中是随机散布的。

图 10-7 两个独立样本检验对话框

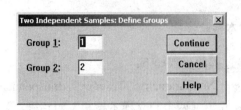

图 10-8　定义分组对话框

（5）如果需要输出描述统计量、四分位数以及对缺失值进行控制，可以单击 Options 按钮，对话框与图 10-2 相同。

最后单击 OK 按钮交系统运行即可。

10.5.2　两个独立样本检验实例

例 10.5.1　*下列表中所列数据是对 A、B 两种材料独立测量所得到的布氏硬度值，以观察研究两种材料硬度之间的差异情况。*

试用两个独立样本检验过程检验这两种材料的布氏硬度值是否有显著的差异？

样本序号	1	2	3	4	5	6	7	8
A 种材料	160	160	162	162	165	165	165	166
B 种材料	163	167	168	168	168	169	170	170
样本序号	9	10	11	12	13	14	15	16
A 种材料	168	168	170	170	171	171	171	
B 种材料	171	171	172	172	172	173	174	175

这个问题实质上就是检验两个样本是否来自同一个总体。检验步骤如下：

（1）建立数据文件。定义变量 material（材料的布氏硬度值），变量格式为 F8。将两组样本数据作为变量 material 的观测值顺次输入。定义变量 Sort（材料类型）作为分组变量，变量格式为 F4。分别用 1 和 2 表示材料类型 Sort 的变量值。

（2）单击主菜单 Data 下的 Sort Cases 功能项，打开观测量分类对话框，选择变量 material 将它的观测值按照升序排列。（这个步骤可以省略）

（3）打开两个独立样本检验对话框，选择变量 material 移入检验变量框中。选择变量 Sort 移入分组变量框中，单击定义分组按钮，在打开的定义分组对话框里，分别设置数值 1 和数值 2 为第一组和第二组。

（4）单击 Options 按钮，在选项对话框中选择 Descriptive、Quarlities，其他选项缺省。

（5）在检验方法类型栏中选择 Mann-Whitney U 和 Kolmogorov-Smirnov Z 检验法。单击 OK 按钮运行。输出结果及其分析如下。

①描述统计量表，如表 10.26 所示。

表中分别检验变量和分组变量显示出它们的描述性统计量值。

表 10.26 描述统计量表

	N	Mean	Std. Deviation	Minimum	Maximum	Percentiles		
						25th	50th （Median）	75th
MATERIAL 材料的布氏硬度值	31	168.31	3.98	160	175	165.00	169.00	171.00
SORT 材料类型	31	1.52	.51	1	2	1.00	2.00	2.00

②曼-惠特尼检验的秩（Ranks）统计量，如表 10.27 所示。

表 10.27 曼-惠特尼检验的秩（Ranks）统计量表

	材料类型	N	Mean Rank	Sum of Ranks
材料的 布氏硬度值	甲种材料	15	11.53	173.00
	乙种材料	16	20.19	323.00
	Total	31		

表中列出两个样本的秩和（Sum of Ranks）以及平均秩（Mean Rank）。

③曼-惠特尼 U 检验结果，如表 10.28 所示。

表中各项是：Mann-Whitney U：曼-惠特尼 U 统计量值等于 53.000；Wilcoxon W：威尔科克斯 W 统计量值为 173.000；Z 值等于-2.663；Asymp. Sig.（2-tailed）：双尾渐进显著性概率为 0.008，这个值远小于 0.05，因此，表明两种材料的布氏硬度值之间存在显著的差异；ExactSig. [2*(1-tailed Sig.)]精确检验显著性概率为 0.007，也表明两种材料硬度的显著性差异。表下的注释 a 的意思是：未对秩的结(ties)做出修正。

表 10.28 曼-惠特尼 U 检验 [b] 结果表

	材料的布氏硬度值
Mann-Whitney U	53.000
Wilcoxon W	173.000
Z	-2.653
Asymp. Sig. (2-tailed)	.008
Exact Sig. [2*(1-tailed Sig.)]	.007 [a]

a 未对秩的结做出修正。

b Grouping Variable：SORT 材料类型

④柯尔莫哥洛夫-斯米尔诺夫 Z 检验结果，如表 10.29 所示。

表 10.29 柯尔莫哥洛夫-斯米尔诺夫 Z 检验结果表

		MATERIAL 材料的布氏硬度值
Most Extreme Differences	Absolute	.471
	Positive	.000
	Negative	-.471
Kolmogorov-Smirnov Z		1.310
Asymp. Sig. (2-tailed)		.065

a Grouping Variable: 材料类型

从表中看出按绝对值计算的最大极端差为 0.471，K-S 检验统计量 Z 值为 1.310，而渐进双尾显著性概率为 0.065。此值略大于 0.05，按照检验结果的判断规则，应接受原假设而认为两种材料的布氏硬度没有显著的差异。但，由于这个值接近于 0.05，考虑到问题给定的样本容量太小，使用 K-S 检验法未必适合。应考虑使用其他检验方法作进一步的判断。

这一结果同时也告诉我们，不同的检验方法之间往往会存在某些检验的差异。特别是非参数的检验方法，来自于总体的可利用的信息较少，检验效率一般较参数的检验低一些，很有可能使用非参数检验不显著，而使用其他较为灵敏的检验方法却会得到完全相反的结论。因此，对使用一种方法所得出的检验结果应该审慎对待，必要的时候可以选择别的方法作进一步的检验。

为此，考虑到数据的特点（样本数据中存在众数），使用游程检验法作进一步的检验，选择中位数（Median）、均值（Mean）、众数（Mode）作为断点，将检验的结果全部汇集在表 10.30 中。

表 10.30　游程检验结果表

材料的布氏硬度值	Median	Mean	Mode
Test Value	169.000	168.31	171.00
Cases < Test Value	15	15	20
Cases >= Test Value	16	16	11
Total Cases	31	31	31
Number of Runs	4	4	4
Z	-4.383	-4.383	-4.280
Asymp. Sig. （2-tailed）	.000	.000	.000

从该表可以看出 3 种断点选择情况下的检验结果完全一致，都表明两种材料的布什硬度之间确实存在着显著的差异。

10.6　多个独立样本检验过程

上一节中，我们介绍了两个独立样本的检验过程，而在实际中我们常常需要比较多个独立样本是否来自于具有相同分布总体的样本。当这些样本都是来自于等方差的正态总体时，可以使用方差分析过程进行检验，如果正态的假定不满足时，便可以使用多个独立样本的检验过程（Tests for Several Independent Samples）来进行检验。

多个独立样本的检验过程需使用经过排序的数据资料。检验过程使用的样本必须是相互独立的随机样本。在使用本过程的 Kruskal-Wallis（克鲁斯凯–沃里斯）H 检验法时，还要求被检验的样本形状相似。

10.6.1　多个独立样本检验步骤

多个独立样本检验过程的步骤如下：

（1）执行 Analyze→Nonparametric Tests→K Independent Samples 命令，打开 Tests for Several Independent Samples（多个独立样本检验）对话框，如图 10-9 所示。

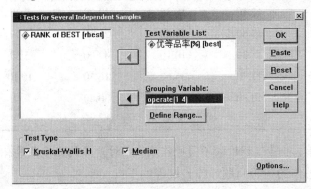

图 10-9　多个独立样本检验对话框

（2）从源变量对话框选择一个或多个数值型变量移入 Test Variable List 框中。

（3）从源变量清单中选择一个分组变量移入 Grouping Variable 框中，单击 Define Range（定义分组）按钮，打开如图 10-10 所示的定义分组对话框。

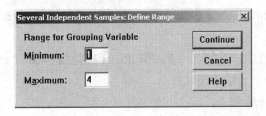

图 10-10　定义分组对话框

在 Range for Grouping Variable（分组变量范围）下面的 Minimum 和 Maximum 小框里分别键入对应于分组变量最低组和最高组的一个整数值，这两个值之间的整数值将检验变量的观测值分成若干个样本，并将其他数值排除在检验分析之外。

（4）在 Test Type 栏里提供了如下两种检验方法：

- Kruskal-Wallis H：克鲁斯凯-沃里斯 H 检验法，它是曼-惠特尼 U 检验法的推广，是类似于单因素方差分析的一种检验法。要求总体是连续性随机变量，至少具有 Ordinal 的测度水平。此种检验法是系统默认的。

- Median：中位数检验法是使用最普遍的一种非参数方法，用于检验多个总体的中位数是否全同，它关于总体的基本假定要比克鲁斯凯-沃里斯 H 检验法更宽松。

（5）如果需要输出描述统计量、四分位数以及对缺失值进行控制，可以单击 Options 按钮，打开选项对话框与图 10-2 相同。最后单击 OK 按钮交系统运行即可。

10.6.2　多个独立样本检验实例

例 10.6.1　从某车间使用的 4 种不同操作方法下生产的产品中，分别抽查若干批进行检验，测得被抽查的各批产品的优等品率（%）数据资料，列于下表之中。

编号	操作方法			
	1	2	3	4
1	12.10	18.30	12.70	7.30
2	14.80	49.60	25.10	1.90
3	15.30	10.10	47.00	5.80
4	11.40	35.60	16.30	10.10
5	10.80	25.20	30.40	9.40
6		8.90		

试用多个独立样本检验过程检验不同操作方法下对产品的优等品率有无显著的影响？

这是 4 个独立总体的检验问题，检验过程如下：

（1）建立数据文件，定义变量 best 代表各种操作方法下产品的优等品率，变量格式为 F8.2，将各批的优等品率数据依次输入。

定义变量 Operate 代表操作方法，变量格式为 F4，测度水平为 Ordinal，其取值为 1、2、3、4 分别代表 4 种操作方法，并对应于变量 best 的数值顺次输入其数值。

（2）打开两个独立样本检验对话框，选择变量 best 移入检验变量框中。

（3）选择变量 Operate 移入分组变量框中，单击定义分组按钮，在 Minimum 和 Maximum 小框里分别键入 1 和 4。

（4）在检验方法栏中，选择 Kruskal-Wallis H 检验法和 Median 检验法。

其他选项缺省。单击 OK 按钮运行。

（5）输出结果及分析如上。

①克鲁斯凯-沃里斯 H 检验结果。

H 检验结果包括两张表：表 10.31 为平均秩表，它是将变量 best 所有观测值求秩以后，再按照各种操作方法分组计算的平均秩。表 10.32 为 H 检验结果表。

● 卡方统计量值为 11.530，自由度为 3。

● 渐进显著性概率为 0.009<0.05。因此可以认为这 4 种不同的操作方法对产品的优等品率有显著的影响。

②中位数检验结果。检验结果包括：频数表，如表 10.33 所示。

表中列出观测量频数中各种操作方法大于和小于等于中位数的观测量频数。中位数检验结果表如表 10.34 所示，其中渐进显著性概率值等于 0.54 略大于 0.5，综合两种检验方法的结果，基本上可以认为 4 种操作方法对产品的优等品率有显著的影响。

表 10.31　平均秩表

	操作方法	N	Mean Rank
优等品率(%)	1	5	10.40
	2	6	13.75
	3	5	15.80
	4	5	3.50
	Total	21	

表 10.32　H 检验结果表[b]

	优等品率(%)
Chi-Square	11.530
df	3
Asymp. Sig.	.009[a]

a　Kruskal Wallis Test.

b　Grouping Variable：操作方法

表 10.33　频数表

优等品率（%）	操作方法			
	1	2	3	4
> Median	2	4	4	0
<= Median	3	2	1	5

表 10.34　中位数检验结果表[b]

	BEST　优等品率(%)
N	21
Median	12.7000
Chi-Square	7.636[a]
df	3
Asymp. Sig.	.054

a. 8 cells (100.0%) have expected frequencies less than 5.
The minimum expected cell frequency is 2.4.

b. Grouping Variable: 操作方法

10.7　两个相关样本检验

两个相关样本检验过程（2 Related Samples Tests Procedure）也是用于比较两个总体分布的非参数检验法。当两个样本是取自于相互独立的正态总体时，可以使用均值比较过程进行检验；当两个总体分布类型未知，而抽出的两个样本为独立样本时，可使用 10.5 节的检验法进行检验。而当两个样本相关时，就可以使用本过程来检验，例如，两个人同时分析同一种物质中某种化学成分的含量；N 件物品使用两台台秤称它们的重量等。

两个相关样本检验过程要求数值型变量是可排序的，对两个总体服从的分布不做要求，但必须是成对数据，通过比较对应样本观测值之间的差异来检验总体的差异，检验假定这些差异是对称分布的。

10.7.1　两个相关样本检验步骤

两个相关样本检验过程的步骤如下：

（1）执行 Analyze→Nonparametric Tests→2 Related Samples 命令，打开 Two Related Samples Tests（两个相关样本检验）对话框，如图 10-11 所示。

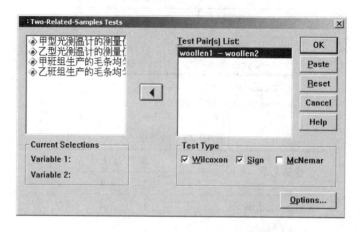

图 10-11　两个相关样本检验对话框

（2）在源变量框中每选中一对数值型变量变量时，变量清单框下的 Current Selections 栏中就显示出选中的两个变量名，单击箭头按钮把它们移入 Test Pair (s) List（成对的检验变量）框。移入该框的每一对变量呈现"variable1-variable2"的形式。然后再重复上述步骤选择第二对变量、第三对变量等。

（3）在 Test Type（检验方法类型）栏提供了 3 种检验法，可以选择其中适宜的方法进行检验。这 3 种方法是：

- Wilcoxon：威尔柯克森符号秩检验法，这是系统默认的检验法。如果变量是连续型的，应该选择这种方法。
- Sign：符号检验法，此种方法也是针对连续型变量的。一般地，由于威尔柯克森符号秩检验法比符号检验法更多地利用了数据信息，因此前者比后者更为有效。
- McNemar：麦克奈梅尔检验法，适用于两个相关的二元变量总体的检验。例如在科学研究中，组织试验设计来探索现象在试验之前和试验之后的反应变化的显著性时，就可以运用这个检验法进行检验。本检验法应用卡方统计量，通常，当显著性概率小于 0.05 时，认为反应的变化是显著的。

（4）如果需要输出描述统计量、四分位数以及对缺失值进行控制，单击 Options 按钮，打开的选项对话框与图 10-2 相同。

最后单击 OK 按钮交系统运行即可。

10.7.2　两个相关样本假设检验过程实例

例 10.7.1　对甲、乙两个生产小组用同一种原料、在同一个工作班次生产的毛条的均匀度进行测量，测得的结果如下表所示。

试问这两个班组生产的毛条的均匀度有无显著的差异？

甲班	14.90	15.00	14.60	15.20	14.90	15.50	14.00	15.30	15.80	14.90
	15.80	14.20	15.00	14.90	15.50	15.30	14.60	14.40	14.30	15.50
乙班	14.50	15.60	14.30	15.40	14.70	15.90	14.50	13.90	14.10	15.10
	15.00	14.80	15.00	14.80	14.90	15.00	14.70	14.80	15.20	14.70

本问题实质上即需检验 H_0：两小组生产的毛条的平均均匀度相等。检验过程如下：

（1）定义变量：分别用 Woollen1、Woollen2 表示甲、乙两个班组生产的毛条的均匀度，变量格式皆为 F8.2。分别输入数据。

（2）打开两个相关样本检验对话框，从源变量框中同时选中变量 Woollen1 和 Woollen2，移入 Test Pair(s) List 框。

（3）在检验方法类型子栏里选择 Wilcoxon 和 Sign 两种检验法。

（4）打开 Options 对话框，选择选项 Descriptive。其他选项全部缺省。单击 OK 按钮运行。

（5）输出结果及其分析：

①描述统计量表，如表 10.35 所示。

从该表的输出结果看出，甲、乙两组生产的毛条均匀度的各项描述性统计量值十分接近，因此，大致可以估计他们所生产的产品均匀度之间无显著的差异，但是这一直观判断还需得到检验过程的输出结果的支持。

②Wilcoxon Signed Ranks Test（威尔柯克森符号秩检验）结果。其中表 10.36 为有关秩的计算结果。

其中有 Negative Ranks（负秩数）、Positive Ranks（正秩数）、Ties（结），注释指出这些秩数的含义，由于正负秩数数量接近，可以断定两组产品的均匀度之间无显著的差异。表中还列出 Mean Rank（平均秩）、Sum of Ranks（秩和）。

表 10.35　描述统计量表

	WOOLLEN1 甲组生产的毛条均匀度	WOOLLEN2 乙组生产的毛条均匀度
N	20	20
Mean	14.9800	14.8450
Std. Deviation	.5117	.4763
Minimum	14.60	13.90
Maximum	15.80	15.90

表 10.36　秩（Rank）计算结果表

		N	Mean Rank	Sum of Ranks
乙组生产的毛条均匀度－ 甲组生产的毛条均匀度	Negative Ranks	10 [a]	10.75	107.50
	Positive Ranks	9 [b]	9.17	82.50
	Ties	1 [c]		
	Total	20		

a　乙组生产的毛条均匀度 < 甲组生产的毛条均匀度

b　乙组生产的毛条均匀度 > 甲组生产的毛条均匀度

c　甲组生产的毛条均匀度 = 乙组生产的毛条均匀度

表 10.37 给出威尔柯克森秩和检验结果：Z 值等于-0.503，渐进的双尾显著性概率为 0.615＞0.05，所以应该接受原假设，即认为两个班组生产的毛条的平均均匀度相同。

③Sign Test（符号检验）结果，如表 10.38 和表 10.39 所示。检验结果与秩和检验一致。

表 10.37　威尔柯克森秩和检验结果表 [b]

	WOOLLEN2 乙班组生产的毛条均匀度- WOOLLEN1 甲班组生产的毛条均匀度
Z	-.503
Asymp. Sig. (2-tailed)	.615

a　Based on positive ranks.　b Wilcoxon Signed Ranks Test

表 10.38　符号检验频数表

		N
乙班组生产的毛条均匀度- 甲班组生产的毛条均匀度	Negative Differences [a]	9
	Positive Differences [b]	10
	Ties [c]	1
	Total	20

a　乙班组生产的毛条均匀度 ＜ 甲班组生产的毛条均匀度
b　乙班组生产的毛条均匀度 ＞ 甲班组生产的毛条均匀度
c　甲班组生产的毛条均匀度 ＝ 乙班组生产的毛条均匀度

表 10.39　符号检验结果表 [b]

	WOOLLEN2 乙班组生产的毛条均匀度- WOOLLEN1 甲班组生产的毛条均匀度
Exact Sig. （2-tailed）	1.000 [a]

a　Binomial distribution used.　b. Sign Test

10.8　多个相关样本检验

多个相关样本检验（Tests for Several Related Samples）是用来比较多个总体分布是否相同的非参数检验方法。

这种检验过程实质上是方差分析中所讨论的无重复无交互作用的双因素试验的方差分析，只不过在这里舍弃了总体服从等方差的正态分布和不存在交互作用的基本假设，亦即总体可以是具有相关关系的。因此，所处理的问题的条件是相当宽松的。

所用的检验方法基本上属于秩和检验法。本过程使用的数据必须是可排序的数值型变量，假设检验并不要求总体的具体分布形式，可以使用独立的或者相关的随机样本。

10.8.1　多个相关样本检验过程步骤

多个相关样本检验过程的基本步骤如下：

（1）执行 Analyze→Nonparametric Tests→K Related Samples 命令，打开 Tests for Several Related Samples（多个相关样本检验）对话框，如图 10-12 所示。

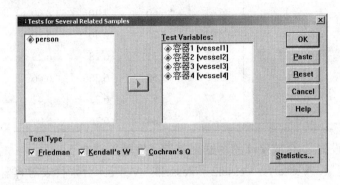

图 10-12　多个相关样本检验对话框

（2）从源变量清单中选择两个或者多个数值型变量移入 Test 检验变量框。

（3）从 Test Type 子栏中至少选择一种检验方法，这里提供的检验方法有以下 3 种：

- Friedman：弗里德曼检验法是对每一个变量的观测值，赋予 1-k 的秩，基于这些秩确定检验的弗里德曼统计量。此项为系统默认的选项。
- Kendall's W：肯德尔检验法，肯德尔的 W 检验统计量是对弗里德曼统计量的正态化，其取值范围为 0～1。
- Cochran's Q：柯赫伦检验法，是一种检验二元变量总体均值是否相等的非参数检验方法，它是麦克奈梅尔检验法在 K 个相关的二元总体检验中的推广。

（4）如需要输出描述统计量、四分位数进行控制，可以单击 Statistics 按钮，打开如图 10-13 所示的 Statistics 对话框进行选择，其中包括两个单选项：Descriptive 和 Quartiles。

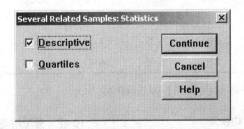

图 10-13　描述统计量选择对话框

最后返回主对话框，单击 OK 按钮交系统运行即可。

10.8.2　多个相关样本检验过程实例

例 10.8.1　使用 4 种不同的容器存放果汁，经过半年的存放以后，请 8 位品尝员品尝，每位品尝员都给这 4 种容器存放的果汁的味道打分，得到的数据如下：

人员 \ 容器	容器 1	容器 2	容器 3	容器 4
1	4.81	5.54	6.55	6.14
2	5.09	5.61	6.29	5.72
3	6.61	6.60	7.40	6.90
4	5.03	5.70	6.40	5.80
5	5.15	5.31	6.28	6.23
6	5.05	5.58	6.26	6.06
7	5.77	5.57	6.22	5.42
8	6.17	5.84	6.76	6.04

试检验原假设 H_0：存放果汁的容器无差异。检验步骤如下：

（1）定义变量：Vessel1、Vessel2、Vessel3、Vessel4 分别代表对容器 1～容器 4 存放的果汁味道的评分，变量格式均为 F8.2，输入数据建立数据文件。

（2）打开主对话框，并从源变量清单中选择变量 Vessel1、Vessel2、Vessel3、Vessel4、依次移入 Test 框中。

（3）从 Test Type 子栏中选择 Friedman 和 Kendall's W 两种检验法。

（4）打开统计量对话框选择 Descriptive 和 Quartiles。

其余选项默认，单击 OK 按钮交系统运行。

（5）输出结果及其分析：

①描述统计量表，如 10.40 所示。

表 10.40　描述统计量表

	N	Mean	Std. Deviation	Minimum	Maximum	Percentiles		
						25th	50th (Median)	75th
容器 1	8	5.4600	.6471	4.81	6.61	5.0350	5.1200	6.0700
容器 2	8	5.7188	.3862	5.31	6.60	5.5475	5.5950	5.8050
容器 3	8	6.5200	.3992	6.22	7.40	6.2650	6.3450	6.7075
容器 4	8	6.0387	.4360	5.42	6.90	5.7400	6.0500	6.2075

②弗里德曼检验结果，如表 10.41 和表 10.42 所示。

表 10.41　平均秩表

	Mean Rank
容器 1	1.63
容器 2	1.75
容器 3	4.00
容器 4	2.63

表 10.42　弗里德曼检验统计量表 [a]

N	8
Chi-Square	17.250
df	3
Asymp. Sig.	.001

a　Friedman Test

表 10.41 给出各变量的平均秩。表 10.42 给出弗里德曼检验统计量的值，由于弗里德曼检验统计量是一个渐进地服从卡方分布的统计量，所以表中列出了 Chi-Square 值为 17.250，自由度为 3，渐进显著性概率为 0.01<0.05，说明不同的容器存放的果汁的味道之间存在显著的差异，即存放容器对果汁味道有显著的影响。因此，应该拒绝本例提出的原假设。

③肯德尔 W 检验结果，如表 10.43 所示。

表 10.43　肯德尔 W 检验结果表

N	8
Kendall's W[a]	.719
Chi-Square	17.250
df	3
Asymp. Sig.	.001

a　Kendall's Coefficient of Concordance

肯德尔 W 检验结果的第一部分与表 10.41 中完全相同。表 10.43 中列出肯德尔 W 检验统计量值为 0.719，表下注释中指出这个值称为肯德尔一致系数。此值是将弗里德曼检验的卡方统计量正态化后的数值，肯德尔 W 检验统计量是一个渐进地服从标准正态分布的统计量，它检验的渐进显著性概率也是 0.01。据此结果，毫无疑问所得结论与前一种检验法相同。

习　题

10.1　在一个正 20 面体的各面上标有 0, 1, 2, …, 9 十个数字，每个数字在两个面上标出。为了检验其匀称性，今将它投掷 800 次，各数字朝上的次数如下：

数字	0	1	2	3	4	5	6	7	8	9
正面朝上的次数	79	92	83	79	73	80	76	75	77	91

试建立适当的数据文件，用卡方检验法检验该正 20 面体是否匀称？

10.2　某炼铁厂在正常生产情况下，记录的 116 炉铁水中含碳量的百分比数据列于下表：

4.57	4.59	4.42	4.68	4.58	4.50	4.52	4.62	4.60	4.53	4.73
4.64	4.44	4.33	4.43	4.59	4.37	4.48	4.57	4.64	4.54	4.67
4.67	4.53	4.51	4.53	4.50	4.54	4.61	4.53	4.58	4.30	4.72
4.59	4.53	4.55	4.57	4.60	4.54	4.61	4.57	4.49	4.43	4.77
4.67	4.65	4.50	4.52	4.57	4.42	4.28	4.66	4.42	4.50	4.52
4.60	4.72	4.51	4.48	4.57	4.48	4.57	4.40	4.57	4.47	4.44
4.81	4.57	4.49	4.50	4.56	4.53	4.78	4.40	4.49	4.43	4.42
4.48	4.39	4.63	4.50	4.47	4.60	4.51	4.61	4.55	4.47	4.59
4.60	4.62	4.65	4.40	4.52	4.60	4.70	4.55	4.52	4.39	4.57
4.60	4.57	4.63	4.66	4.55	4.57	4.61	4.60	4.36	4.60	4.44
4.57	4.54	4.52	4.68	4.50	4.62					

先执行 Frequencies 命令输出直方图,观察铁水中含碳量大致服从何种分布? 再分别用卡方检验法和单个样本的 K-S 检验法检验原假设 H_0:铁水中含碳量服从正态分布。

10.3 某实验室对一个物理参数的值进行了 25 次独立测量,测量结果与该参数的理论值之间的偏差情况如下:(数据已经经过排序)

-2.46　-2.11　-1.23　-0.99　-0.42　-0.39　-0.21　-0.15　-0.10　-0.07　-0.02　0.27　0.40

0.42　0.44　0.70　0.81　0.88　1.07　1.39　1.40　1.47　1.62　1.64　1.76

试用单个样本的 K-S 检验法检验假设 H_0:测量偏差服从正态分布。

10.4 在一大批相同型号的电子元件中随机地抽取 10 只作寿命试验,测得它们的使用寿命(单位:小时)为

　420　500　920　1380　1510　1650　1760　2100　2320　2350

试用单个样本的 K-S 检验法检验假设 H_0:测量偏差服从指数分布。

10.5 从随机数表中抽得 20 个观测数据如下:

0.55　0.80　0.15　0.12　0.21　0.40　0.46　0.17　0.62　0.63

0.71　0.99　0.88　0.30　0.64　0.51　0.68　0.50　0.60　0.77

使用单个样本的 K-S 检验它是否服从均匀分布?

10.6 为检验两台光测高温计所测定的温度读数之间有无系统误差,用这两台光测高温计同时对一热炽灯灯丝作了 10 次观察,得到如下数据(℃):

甲高温计　1050　1028　918　1183　1200　980　1258　1308　1420　1500

乙高温计　1070　1020　936　1185　1211　1002　1254　1330　1425　1545

分别用符号检验法和秩和检验法检验这两台光测高温计所测定的温度之间有无系统误差。

10.7 为了建立白炽灯泡的质量管理,从生产线上连续抽出 32 只灯泡依次贴上序号,然后作寿命试验,得到每只灯泡寿命的数据(千小时)如下:

序号	寿命	序号	寿命	序号	寿命	序号	寿命
1	1.11	9	1.63	17	1.21	25	1.30
2	1.28	10	2.10	18	1.60	26	1.50
3	1.46	11	1.21	19	1.56	27	1.27
4	1.35	12	1.76	20	.73	28	1.56
5	1.06	13	2.41	21	1.26	29	1.15
6	1.25	14	2.08	22	1.51	30	1.94
7	1.44	15	1.50	23	1.77	31	.84
8	1.23	16	1.55	24	1.16	32	1.14

经计算这 32 只灯泡的平均寿命为 1.435 千小时,执行 Transform→Recode→Into Different Variables 命令将比平均寿命大的用 "+" 标记,比平均寿命小的用 "−" 标记,使用游程检验法检验,"+"、"−"号序列是否可以认为是随机的。

10.8 甲乙两分析员同时分析某浆料中硼砂的含量,测得如下数据(%):

甲			13.5	12.1	15.4	10.8		
乙	14.4	13.8	16.4	9.9	11.5	12.2	12.8	14.7	15.2

建立合适的数据文件，选用秩和检验法检验二人分析的结果有无显著差异？

10.9　某轴承厂考虑从生产同一种轴承钢的两家钢厂选一家，购买这家工厂的钢材，搜集了过去一年中每个月两厂产品的合格率（%）数据：

甲厂	92.5	92.0	94.0	95.6	92.5	89.5	95.0	90.8	95.0	95.8	96.2	95.0
乙厂	94.5	96.2	97.0	89.0	95.8	95.5	96.2	98.4	98.0	96.0	96.4	95.0

据这些数据比较两厂钢材有无显著差异，确定应使用哪一种检验方法进行检验？并输出检验结果。

10.10　为了比较 3 种牌号的汽油，进行一项试验，选取载重量和功率都相同的 21 辆汽车，每 7 辆用一种汽油，同时在一条公路上用同样的速度行驶，得到每加仑汽油行驶的里程数据如下（英里）：

牌号 1	14	19	19	16	15	17	20
牌号 2	20	21	18	20	19	19	18
牌号 3	20	26	24	23	23	25	23

试选择合适的方法检验 3 种牌号的汽油有无显著差异？

10.11　根据例 10.8.1 的数据，使用多个相关样本检验过程检验下列原假设：H_0：品尝员的品尝结果无差异。

10.12　预期表面镀铅的钢管比裸钢管的防腐性能好，为此试验考察，将两种钢管成对地埋在 6 种不同的土壤中，经过 8 年取出测量它们重量损失的百分数数据如下：

土壤 钢管	1	2	3	4	5	6
镀铅管	0.18	0.08	0.61	0.44	0.77	1.27
裸管	1.70	0.21	1.21	0.89	0.86	2.64

（1）分析两种钢管的防腐性能有无显著差异？

（2）分析不同土壤对钢管的腐蚀程度有无显著的影响？

第11章 聚类分析与判别分析

聚类分析（Cluster Analysis）与判别分析（Discriminant Analysis）都是用于解决分类问题的多元统计分析方法。SPSS 提供的 Analyze 菜单下的 Classify 的菜单功能项用于解决这类问题。

11.1 快速聚类分析过程

11.1.1 聚类分析的概念

聚类分析也称为群分析，它是研究样品（或指标、变量）分类问题的一种多元统计分析方法。

一般分类问题可以分为两种：一种是事先不知道应将样品或指标分为几类，需根据样品或变量的相似程度，归组并类；另一种是事先已经建立了分类，然后将新样品按照已知类别进行归类。聚类分析用于解决第一种分类问题；而判别分析则是解决第二类分类问题的统计方法。

在实际问题中，存在大量的分类问题，随着生产力和科学技术的发展，分类不断细化，以往仅凭经验和专业知识作定性分类的方法已经不能满足实际的需要，也不能作出准确的分类，必须将定性和定量分析结合起来去分类。例如，气象学中，根据各项气候指标作气候区划；考古学中，根据挖掘出的古生物化石，判断生物类型、生存时代；社会经济领域中，根据各地区的经济指标进行分类，对各地经济发展状况作出综合评价。聚类分析作为分类的数学工具越来越受到人们的重视，在许多领域都得到广泛的应用。

聚类分析的内容十分丰富，按其分类对象的不同分为 Q-型聚类分析（对样品分类），它是根据被观测的样品的各种特征，将特征相似的样品归并为一类；R-型聚类分析（对指标或变量分类）是根据被观测的变量之间的相似性，将特征相似的变量归并为一类。

聚类分析按其分类方法又分为系统聚类法、动态聚类法等。系统聚类分析也称为分层聚类法（Hierarchical Cluster），它是聚类分析中应用最广泛的一种方法。分层聚类的思想是：开始将样品或指标各视为一类，根据类与类之间的距离或相似程度将最相似的类加以合并，再计算新类与其他类之间的相似程度，并选择最相似的类加以合并，这样每合并一次就减少一类，不断继续这一过程，直到所有样品（或指标）合并为一类为止；动态聚类法也称为快速聚类法，或 K-均值聚类法（K-Means Cluster）。快速聚类的思想是：开始按照一定方法选取一批聚类中心(Cluster Center)，让样品向最近的聚心凝聚，形成初始分类，然后按最近距离原则不断修改不合理分类，直至合理为止。

SPSS 提供了上述两种聚类分析方法，二者比较，快速聚类法占用内存少、计算量小、处理速度快，特别适合大样本的聚类分析。

11.1.2 快速聚类过程步骤

快速聚类过程的基本步骤如下：

（1）建立或打开需进行聚类分析的数据文件，参见本节的示例。

（2）执行 Analyze→Classify→K-Means Cluster 命令，打开 K-Means Cluster Analysis
（K-均值聚类分析）对话框，如图 11-1 所示。

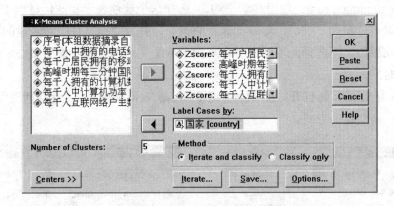

图 11-1 K-均值聚类分析主对话框

①从源变量栏里选择一个或几个分析变量移入 Variables 框中。

②选择一个标记变量移入 Label Case by 框中。

③在 Number of Cluters 小框里输入确定的聚类数。 系统默认的聚类数为 2。

④从 Method 栏中选择一种聚类方法：

- Iterate and classify：系统默认选项，表示在迭代过程中不断地更新聚类中心。

- Classify only：用初始聚类中心对观测量进行聚类，聚类中心始终不变。

⑤单击 "Centers>>"（聚心）按钮，则 K-均值聚类分析对话框向下延展，延展的部分
如图 11-2 所示。 用于从外部数据文件中指定初始聚心。

图 11-2 聚心数据选择和输出

延展部分的 Cluster Centers 栏中包括：

- Read initial from：选择此项并单击右边 File 按钮，打开选择文件对话框，在其中
  选择事先保存着初始聚心数据的文件，该文件中的观测量将作为当前聚类分析的
  初始聚心。

- Write final as：选择此项并单击右边的 File 按钮，打开保存文件对话框，在其中指
  定路径和文件名，将当前聚类分析的最终聚心数据保存到该文件中，提供给别的

样品聚类分析时作为初始聚心数据使用。

（3）单击 Iterate（迭代）按钮，打开如图 11-3 所示的设置迭代参数对话框。

①在 Maximum Iterations 右边的文本框中，输入一个整数限定迭代步数，系统默认值为 10。

②在 Convergence Criterion 右边的文本框中，输入一个不超过 1 的正数作为判定迭代收敛的标准。缺省的收敛标准值为 0.02，表示当两次迭代计算的聚心之间距离的最大改变量小于初始聚心间最小距离的 2% 时终止迭代。

- Use running means：使用移动平均。 选择这个选项表示在迭代过程中，当每个观测量被分配到一类后，随即计算新的聚心，并且数据文件中观测量的次序可能会影响聚心。不选择此项则在所有观测量分配完后再计算各类的聚心，可以节省迭代时间。

（4）单击 Save 按钮打开如图 11-4 所示的 Save New Variables（保存新变量）对话框，从中选择保存新变量的方式。

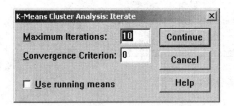
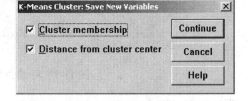

图 11-3 设置迭代参数对话框   图 11-4 保存新变量对话框

- Cluster membership：在工作文件中建立一个名为"gcl_1"的新变量，其值为各观测量的类别，如事先指定的聚类数为 m，则其值为 1，2，…，m。
- Distance from cluster center：在工作文件中建立一个名为"gcl_2"的新变量，其值为各观测量与所属类聚心之间的欧氏距离。

（5）单击 Options 按钮打开如图 11-5 所示的选项对话框。

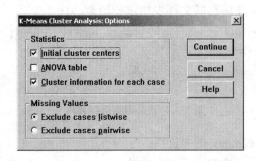

图 11-5 选项对话框

①Statistics 栏用于指定输出统计量值，包括：

- Initial cluster centers：系统默认选项，输出初始聚心表。
- ANOVA table：输出方差分析表。

● Cluster information for each case：显示每个观测量的聚类信息。包括各观测量最终被聚入的类别、各观测量与最终聚心之间的欧氏距离，以及最终各类聚心之间的欧氏距离。

②Missing Values 栏用于指定缺失值处理方式，包括：

● Exclude cases listwise：系统默认的选项。剔除聚类分析变量中有缺失值的观测量。

● Exclude cases pairwise：选择此项凡聚类分析变量中有缺失值的观测量全部予以剔除，分配观测量聚类是根据所有分析变量中皆无缺失值的观测量计算距离来决定的。

以上各选项选定后，返回主对话框单击 OK 按钮运行。

11.1.3　快速聚类过程实例与分析

例 11.1.1　表 11.1 中给出世界上 20 个国家和地区信息基础设施的数据资料:

表 11.1　20 个国家和地区信息基础设施的数据资料

	country	call	movecall	fee	computer	mips	net
1	USA	631.60	161.90	.36	403.00	26073.00	35.34
2	Japan	498.40	143.20	3.57	176.00	10223.00	6.26
3	German	557.60	70.60	2.18	199.00	11571.00	9.48
4	Sweden	684.10	281.80	1.40	286.00	16660.00	29.39
5	Switzerland	644.00	93.50	1.98	243.00	13621.00	22.68
6	Denmark	620.30	248.60	2.56	296.00	17210.00	21.84
7	Singapore	498.40	147.50	2.50	284.00	13578.00	13.49
8	Taiwan	469.40	56.10	3.68	119.00	6911.00	1.72
9	Korea	434.50	73.00	3.36	99.00	5795.00	1.66
10	Brazil	81.90	16.30	3.02	19.00	876.00	.52
11	Chile	138.60	8.20	1.40	31.00	1411.00	1.28
12	Mexico	92.20	9.80	2.61	31.00	1751.00	.35
13	Russian	174.90	5.00	5.12	24.00	1101.00	.48
14	Poland	169.00	6.50	3.68	40.00	1796.00	1.45
15	Hungary	262.20	49.40	2.66	68.00	3067.00	3.09
16	Malaysia	195.50	88.40	4.19	53.00	2734.00	1.25
17	Thailand	78.60	27.80	4.95	22.00	1662.00	.11
18	Indian	13.60	.30	6.28	2.00	101.00	.01
19	France	559.10	42.90	1.27	201.00	11702.00	4.76
20	British	521.10	122.50	.98	248.00	14461.00	11.91

表中各变量意义如下: country: 国家; call:每千人中拥有的电话线数; movecall:每千户居民拥有的移动电话数; fee: 高峰时期每 3 分钟国际电话的成本费; computer:每千人拥

有的计算机数；misp：每千人中计算机功率（百万指令/秒）；net：每千人互联网络户主数。试用快速聚类法对这些国家和地区进行聚类分析。（数据取自《世界竞争力报告－1997》）

运用快速聚类过程解决本问题的步骤如下：

（1）据表中数据建立数据文件，考虑到各个变量量纲的差异，对各数值型变量作标准化处理，即执行 Analyze→Discriptives Statistics→Discriptives 命令，在打开的 Discriptives 对话框中选择 Save standardize values as variables 选项，计算各变量的 Z 得分。各变量的 Z 得分分别为 Zcall、Zmovecal、…、Znet。

（2）执行 Analyze → Classify → K-Means Cluster 命令，在打开的 K-均值聚类分析对话框中选择各个变量的 Z 得分变量移入聚类分析变量框中。选择一个标记变量 country 移入 Label Case by 框中。在 Number of Cludter 小框里指定聚类数为 5（见图 11-1）。

（3）打开 Save New Variables 对话框，选择两种保存新变量的方式。

（4）打开选项对话框按图选择选项 Initial cluster centers 和 Cluster information for each case（如图 11-5 所示）。其余选项默认，返回主对话框单击 OK 按钮执行。

（5）输出结果及分析如下。

①Initial Cluster Centers（初始聚心）表，给出了由系统给出的各类的初始聚类中心，如表 11.2 所示。

表 11.2　初始类聚心表

	Cluster				
	1	2	3	4	5
ZCALL	1.16157	-1.54372	-.99653	1.39138	.84420
ZMOVECAL	.98243	-1.02124	-.92329	2.46906	-.49304
ZFEE	-1.67649	2.25025	-.98666	-.98666	-1.07289
ZCOMPUTE	2.16413	-1.16338	-.92274	1.19326	.48792
ZMISP	2.47282	-1.10357	-.92318	1.17663	.49391
ZNET	2.50496	-.77447	-.65658	1.95267	-.33356

②Iteration History（迭代史）表，表中给出迭代过程中各类聚心的演变，如表 11.3 所示。

表 11.3　迭代史表 [a]

Iteration	Change in Cluster Centers				
	1	2	3	4	5
1	.000	.993	.858	.579	1.091
2	.000	.000	.000	.000	.000

a　Convergence achieved due to no or small distance change. The maximum distance by which any center has changed is .000. The current iteration is 2.　The minimum distance between initial centers is 2.380.

表下注释指出聚类过程经 2 次迭代就终止了，初始聚类中心之间的最小距离为 2.380。

③Cluster membership（样品隶属类）表，指出聚类后各样品所隶属的类，如表 11.4 所示。

表 11.4　样品隶属类表

Case Number	COUNTRY 国家	Cluster	Distance
1	USA	1	.000
2	Japen	5	1.027
3	German	5	.379
4	Sweden	4	.579
5	Switzerland	5	1.507
6	Denmark	4	.579
7	Singapore	5	1.137
8	Taiwan	5	1.459
9	Korea	5	1.487
10	Brazil	3	.429
11	Chile	3	.858
12	Mexico	3	.292
13	Russian	2	.410
14	Poland	3	.688
15	Hungary	3	.720
16	Malaysia	2	1.061
17	Thailand	2	.213
18	Indian	2	.993
19	France	5	1.091
20	British	5	1.246

从表中可以看到各个样品（国家）在 1～5 类的归属。在这 20 个国家和地区信息基础设施分类中美国自成一类；俄罗斯、马来西亚、泰国和印度为第二类；巴西、智利、墨西哥、波兰和匈牙利为第三类；瑞典和丹麦为第四类；德国、日本等 8 个国家和地区归入第五类。

表中最后一列列出了各观测量与各类的聚心之间的距离。

此表中最后两列的数据分别作为变量 gcl_1 和 gcl_2 的观测值保存于当前工作文件中。

④Final Cluster Centers（最终聚类中心）表，列出最终的类中心之间的距离，如表 11.5 所示。

表 11.5 最终聚类中心表

	Cluster				
	1	2	3	4	5
ZCALL	1.16157	-1.09700	-.95197	1.25174	.68535
ZMOVECAL	.98243	-.64834	-.80128	2.26324	.13636
ZFEE	-1.67649	1.49077	-.14161	-.60195	-.29683
ZCOMPUTE	2.16413	-.97045	-.86631	1.23475	.44747
ZMISP	2.47282	-.92476	-.87234	1.21450	.39487
ZNET	2.50496	-.73246	-.65120	1.60226	.05955

与初始聚类中心表 11.1 相比较，对第一类一列的各类中心数值完全相同，所以根据欧氏距离公式计算两列的距离为 0，与表 11.2 中的对应值相同。

⑤Number of Cases in each Cluster（每类中的样品数）表，如表 11.6 所示。

表 11.6 每类中的样品数表

Cluster	1	1.000
	2	4.000
	3	5.000
	4	2.000
	5	8.000
Valid		20.000
Missing		.000

11.2 分层聚类分析过程

11.2.1 分层聚类过程步骤

分层聚类过程的基本步骤如下：

（1）建立或打开需进行聚类分析的数据文件。

（2）执行 Analyze→Classify→Hierarchical Cluster 命令，打开 Hierarchical Cluster Analysis（分层聚类分析）主对话框，如图 11-6 所示。

①从源变量列表中选择需聚类分析的变量移入 Variable(s)框中。

②选择一个字符型标记变量移入 Label Case by 框中。

③在 Cluster 栏中选择聚类类型：

● Cases：计算观测量之间的距离，进行观测量聚类。

● Variables：计算变量之间的距离，进行变量聚类。

④在 Display 栏中选择显示内容，其中两个选项皆为系统默认选项。

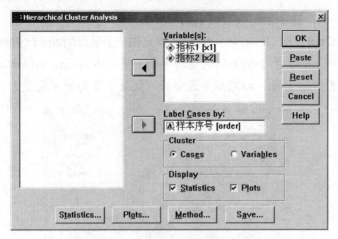

图 11-6 分层聚类分析主对话框

- Statistics：显示统计量值，不选此项，对话框下 Statistics 按钮将被关闭。
- Plots：显示图形，不选此项，对话框下 Plots 按钮将被关闭。

（3）单击 Statistics 按钮，打开 Statistics 对话框，如图 11-7 所示。

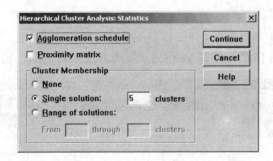

图 11-7 统计量对话框

- Agglomeration schedule：聚类进度，系统默认选项，输出一张概述聚类进度的表格，反映聚类过程中每一步样品或类的合并情况
- Proximity matrix：相似性矩阵。显示各项间的距离。

在 Cludter membership（样品隶属类）栏中包括 3 个选项：

- None：不输出样品隶属类表，为系统默认选项。
- Single solution：选择此选项并在右边的 Clusters 文本框中指定表示分类数的一个大于 1 的整数，则输出各样品或变量的隶属表。
- Range of solutions：选择此选项并在下边的 From____through____clusters 的两个小框中分别输入两个数值 m 和 $n(2 \leqslant m < n)$，表示分别输出样品或变量的分类数从 m 到 n 的各种分类的隶属表。

（4）单击 Plots 按钮，打开 Plots 对话框，如图 11-8 所示。

- Dendrogram：龙骨图，选择此项输出反映聚类结果的龙骨图。

在 Icicle（冰柱图）栏中有 3 个选项：

- All clusters：显示全部聚类结果的冰柱图。
- Specified range of clusters：限制聚类解范围，在下面的 Start（开始）、Stop（终止）、By（步长）的 3 个小框中分别输入 3 个正整数值 m, n, k（$m \leqslant n$, $k \leqslant n$），表示从最小聚类解 m 开始，以增量 k 为步长，到最大聚类解 n 为止。

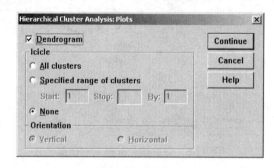

图 11-8   图形对话框

- None：不输出冰柱图。

在 Orientation 栏中选择输出冰柱图方向，有：

- Vertical：垂直冰柱图。
- Herizontal：水平冰柱图。

（5）单击 Method 按钮，打开 Method（聚类方法）对话框，如图 11-9 所示。

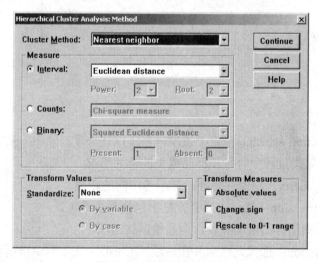

图 11-9   聚类方法对话框

此对话框中包括：

①Cluster Method（聚类方法）子栏。单击框边箭头按钮展开下拉式列表，其中列出如下的聚类方法：

- Between -groups linkage：组间连接法。合并两类使得两类间的平均距离最小，系统默认选项。
- Within-groups linkage：组内连接法。合并两类使得合并后的类中所有项间的平均距离最小。

- **Nearest Neighbor**：最近相邻法，也称为最近距离法。定义类与类之间的距离为两类中最近的样品之间的距离。

- **Furthest Neighbor**：最远相邻法，也称为最远距离法。定义类与类之间的距离为两类中最远的样品之间的距离。

- **Centroid Clustering**：重心法。定义类与类之间的距离为两类中各样品的重心之间的距离。

- **Median Clustering**：中位数法。定义类与类之间的距离为两类中各样品的中位数之间的距离。

- **Ward's Method**：Ward 最小偏差平方和法。聚类中使类内各样品的偏差平方和最小，类间偏差平方和尽可能大。

②**Measure**（测度）子栏用于选择距离测度方法。

➤ **Interval**：当参与聚类分析的变量为间隔测度的连续型变量时，可以单击框边的箭头按钮展开下拉式列表，从中选择距离测度方法，其中有：

- **Euclidean distance**：欧氏距离。

- **Squared Euclidean distance**：欧氏距离的平方。　此选项为系统默认。

- **Cosine**：余弦相似测度，两个向量之间的夹角余弦值。

- **Pearson correlation**：皮尔逊相关系数。

- **Chebychev**：切比雪夫距离。

- **Block**：网格距离。

- **Minkowski**：闵可夫斯基距离。

- **Customized**：选择此项可自定义距离。

以上各距离公式可参见 8.1.3 节和 8.4.1 节。

➤ **Counts**：参与聚类分析的变量为频数计数变量时，单击框边箭头展开下拉式列表，从中选择测度计数数据的不相似性方法，其中有：

- **Chi-squared measure**：卡方测度。测度值等于卡方值的算术根。

➤ **Phi-square measure**：$\emptyset^2$ 测度系数。测度值等于 $\emptyset^2$ 系数值的算术根。

➤ **Binary**：参与聚类分析的变量是二元变量时，单击框边箭头展开下拉式列表，从中选择二值数据的不相似性测度。对二元变量作聚类分析时，将对每一项对建立一个 2×2 的列联表，并根据该表计算距离测度。默认情况下，以"1"表示某项"具有某特征"，以"0"表示某项"不具有某特征"。可以在下边的 Present 和 Absent 框中改变数值。

二值数据的不相似性测度方法有：

- **Euclidean distance**：二元变量欧氏距离。

- **Squared Euclidean distance**：二元变量欧氏距离的平方。

- **Size difference**：大小差测度。

- **Pattern difference**：型差异测度。

- Variance：变差测度。
- Dispersion：离散测度。
- Shape：形状测度。
- Simple matching：简单匹配测度。
- Phi 4-point correlation：∅ 四点相关系数。
- Lambda：Lambda：λ 系数。
- Anderberg's D：安德伯格 D 系数。
- Dice：戴斯匹配系数。
- Hamann：哈曼匹配系数。
- Jaccard：杰卡德相似比。
- Kulczynski 1：库尔津斯基匹配系数。
- Kulczynski 2：库尔津斯基条件概率测度。
- Lance and Williams：兰斯-威廉斯测度。
- Ochiai：Ochiai 测度。
- Rogers and Tanimoto：罗杰斯-谷本匹配系数。
- Russell and Rao：罗素-劳二值内积法。
- Sokal and Sneath 1～5：第一种～第五种索科尔-斯尼思匹配系数。
- Yule's Y：尤利 Y 综和系数。
- Yule's Q：尤利 Q 综和系数。

③Transform Values（转换值）子栏用于选择数据标准化方法。

Standardize：标准化。单击框边箭头展开下拉式列表，选择对变量或对观测量的数据标准化方法。数据标准化对二元变量无效。 其中有：

- None：不进行标准化。为系统默认选项。
- Z scores：Z 得分。
- Range −1 to 1：将数据标准化到−1～1 的范围内。
- Range 0 to 1：将数据标准化到 0～1 的范围内。
- Maximum magnitude of 1：将数据标准化到最大值 1。
- Mean of 1：将数据标准化到均值 1。
- Standard deviation of 1：将数据标准化到标准差为 1。

在选择标准化方法之后，要在选择框下的两个单选项中选择：By variable（对变量）和 By case（对观测量）施行标准化。

④Transform measures 栏用于选择测度转换方法。

在距离测度选择完毕后，可以选择本栏选项对距离测度的结果进行测度转换。栏中提供了 3 个并列的转换方法，它们是：

- Absolute Values：绝对值转换法。
- Change sign：变号转换法。
- Rescale to 0-1 range：重新调节测度值到范围 0-1 转换法。

以上各种测度系数的意义、标准化方法以及测度转换参见 8.4.1 节中的相关内容。

（6）单击 Save 按钮打开 Save New Variables（保存新变量）对话框，如图 11-10 所示。

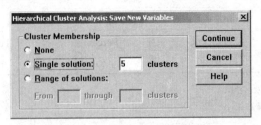

图 11-10　保存新变量对话框

本对话框中 Cluster Membership 栏中各选项与图 11-7（统计量对话框）的相应栏中各选项意义相同，只不过在这里作出选择，各样品或变量的归属类结果将被保存于当前各种文件中。

例如选择 Rang of solutions，并在 Form___through____clusters 的小框中分别输入 2 和 5，则将按 2 类到 5 类聚类的结果在以变量名 clus5_1、clus4_1、clus3_1 和 clus2_1 保存各样品或变量的归属类。

各选项选择完毕，单击主对话框的 OK 按钮提交系统运行。

11.2.2　分层聚类过程实例与分析

例 11.2.1　从 21 家生产同类产品的工厂中各抽查一件产品，每个产品测了两个指标，测得的数据如下表所示（数据已经过适当的变换）。

	1	2	3	4	5	6	7	8	9	10	11	12	13	14	15	16	17	18	19	20	21
x1	0	0	2	2	4	4	5	6	6	7	-4	-2	-3	-3	-5	1	0	0	-1	-1	-3
x2	6	5	5	3	4	3	1	2	1	0	3	2	2	0	2	-1	-2	-1	-3	-5

为了比较各厂产品的质量，试根据表中数据对各厂质量情况进行聚类分析。

本例求解步骤如下：

（1）据表列数据建立数据文件，用变量 x1、x2 表示两个质量指标。 变量 Order 表示序号，定义它为字符型变量。

（2）打开分层聚类分析主对话框，选择变量 x1、x2 为分析变量，变量 Order 作为标记变量。选择 Case，计算观测量之间的距离，进行观测量聚类。如图 11-6 所示。

（3）统计量对话框中选项按图 11-7 所示设置。

（4）在图形对话框中选择输出龙骨图而不输出冰柱图。

（5）在聚类方法对话框中，聚类方法选择 Nearest neighbor（最近相邻法），距离测度选择欧氏距离，其余选项默认，如图 11-9 所示。

（6）保存新变量对话框选择 Single solution，指定分类数为 5，如图 11-10 所示。

（7）结果及分析如下。

①Case Processing Summary（观测量概述）表，如表 11.7 所示。

表 11.7　观测量概述表 [a, b]

	Cases					
	Valid		Missing		Total	
N	Percent	N	Percent	N	Percent
21	100.0	0	.0	21	100.0

a　使用欧氏距离

b　Single Linkage

②Agglomeration Schedule（聚类进度）表，如表 11.8 所示。

聚类过程进度表列出聚类中观测量或类合并的顺序，本例中共有 21 个观测量，经过 20 步聚类所有的观测量被合并为一类。

表中各项含义如下：

- Stage：聚类阶段，即聚类过程中的步数。

表 11.8　聚类过程进度表

Stage	Cluster Combined		Coefficients	Stage Cluster First Appears		Next Stage
	Cluster 1	Cluster 2		Cluster 1	Cluster 2	
1	17	19	1.000	0	0	2
2	17	18	1.000	1	0	8
3	12	13	1.000	0	0	10
4	8	9	1.000	0	0	5
5	7	8	1.000	0	4	11
6	5	6	1.000	0	0	13
7	1	2	1.000	0	0	15
8	17	20	1.414	2	0	16
9	11	15	1.414	0	0	10
10	11	12	1.414	9	3	12
11	7	10	1.414	5	0	19
12	11	14	2.000	10	0	18
13	4	5	2.000	0	6	14
14	3	4	2.000	0	13	15
15	1	3	2.000	7	14	17
16	16	17	2.236	0	8	17
17	1	16	2.236	15	16	18
18	1	11	2.236	17	12	19
19	1	7	2.236	18	11	20
20	1	21	2.828	19	0	0

- Cluster Combined：聚类合并，即将 Cluster 1 与 Cluster 2 合并。
- Coefficients：距离测度系数。
- Stage Cluster First Appears：首次出现复聚类的阶段。Cluster 1 和 Cluster 2 二者皆为 0，表示两个样品的合并；其中一个为 0，另一个不为 0，表示样品与类的合并；二者皆不为 0，表示类与类的合并。
- Next Stage：下一阶段。表示下一步复聚类将出现的阶段。

从表列数值可见，第一步，首先将距离最近（等于 1）的 17 号、19 号观测量合并为一类 G1（Stage Cluster First Appears 列中 Cluster 1 = Cluster 2 = 0），出现复聚类的下一阶段为第二步，因此，进行第二步合并，将 18 号样品并入 G1 类（Stage Cluster First Appears 列中 Cluster 1 = 1，Cluster 2 = 0），形成类 G2，下一阶段的复聚类将出现中第八步；第三步将距离最近（等于 1）的 12 号、13 号样品合并为一类 G3（Stage Cluster First Appears 列中 Cluster 1 = Cluster 2 = 0），对于这一类，下一阶段的复聚类将出现在第十步；其余的合并过程类似，留给读者自行分析。

随着聚类进程，Coefficients 的数值逐渐变大，表明聚类开始时，样品或类间差异较小，聚类结束时，类与类之间的差异较大，这个差异的变化正好体现了聚类分析的基本思想。

③聚类分析结果归属表，如表 11.9 所示。

表 11.9　聚类归属表

Cluster Membership

Case		5 Clusters
1:	1	1
2:	2	1
3:	3	1
4:	4	1
5:	5	1
6:	6	1
7:	7	2
8:	8	2
9:	9	2
10:	10	2
11:	11	3
12:	12	3
13:	13	3
14:	14	3
15:	15	3
16:	16	4
17:	17	4
18:	18	4
19:	19	4
20:	20	4
21:	21	5

根据将样品分成 5 类的设定，表 11.9 中列出了使用最近相邻法的最后聚类结果：{1，2，3，4，5，6}、{7，8，9，10}、{11，12，13，14，15}、{16，17，18，19，20}，孤立点 21 自成一类。表 11.9 中的结果，系统以默认名为 clu5_1 变量保存在当前工作文件中。

④龙骨图，如图 11-11 所示。

龙骨图直观地显示了聚类的过程，从图上可以清楚地看出各样品的归属。

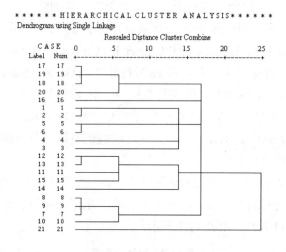

图 11-11　聚类分析龙骨图

为了理解最近相邻法聚类的过程，将变量 x1 和 x2 的每一对数值，作为二维平面上的点的坐标，作出散点图，如图 11-12 所示，根据散点的分布情况，最终聚类成 5 类的情况如图 11-13 所示。

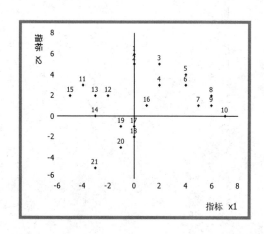

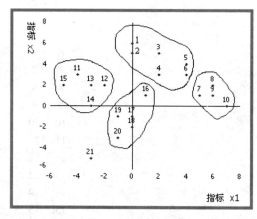

图 11-12　数据点散布图   图 11-13　聚类结果图

需要指出，使用不同的聚类方法会得出不同的分类结果，建议读者选用其他聚类方法将各种结果加以比较。对于不同的聚类结果，究竟哪一种分类较好？一般来说，可以通过两种方法来判断，一是根据与分类问题本身有关的专业知识来决定取舍；或者将各种结果中的共性取出，将有疑问的样品先放在一边待判，先将其余样品进行分类。最后选用最短距离法对待判的样品作特殊处理以决定它们的归属。

11.3　判别分析过程

11.3.1　判别分析概念

判别分析是另一种处理分类问题的统计方法。在生产活动、经济管理、科学实验甚至日常生活中，人们常常需要判定所研究的现象或事物的归属问题。例如，医生对病人病情的诊断，需要根据观察到的病症（如体温、血压、白血球数等）判断病人患何种病；经济分析中，根据一个国家或地区的若干经济指标，判断该国家或地区经济发展的程度和状态；市场预测中，根据某厂反映产品销售状况的若干指标，判断该厂产品销量属于开发期、发展期还是饱和期？地质勘查中，根据采集的矿石样品，判断勘测地是否有矿，贫矿还是富矿？

判别分析的数学描述是：有 k 个总体 X_1，X_2，…，X_k，对应的分布函数分别为 $F_1(x)$，$F_2(x)$，…，$F_k(x)$，每个 $F_i(x)$ 均为 m 维的分布函数，对于观察到的新样品 x 的数量特征判断这个样品究竟来自哪一个总体？

判别分析不同于聚类分析，它是在研究对象的分类已知的情况下，判断观察到的新样品应该归属于哪一类？要决定新样品的归属，首先需要建立一个判别准则或判法，这个准则可以将不同类型的样品区分开来，而且使得判错率最小，称这一准则为判别函数。

判别分析的内容十分丰富，按照已知分类的多少，分成两组判别和多组判别；按照区分总体所用的数学模型分为线性判别和非线性判别；按照判别方法分为逐步判别和序贯判别；按照判别准则分为距离判别、贝叶斯（Bayes）判别和费歇（Fisher）判别等。

SPSS 提供的 Discriminant 菜单命令用于处理判别分析问题。

11.3.2　判别分析步骤

在数据窗口建立或打开一个待进行判别分析的数据文件，执行判别分析的步骤如下：

（1）执行 Analyze→Classify→Discriminant 命令，打开 Discriminant Analysis 主对话框，如图 11-14 所示。

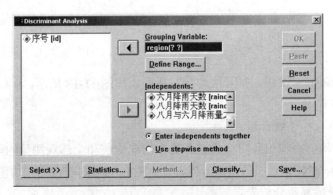

图 11-14　判别分析主对话框

①选择一个分类变量（离散型变量）移入 Grouping Variable 框中，单击下面被激活的
Difine Range 按钮，打开如图 11-15 所示的定义分
类变量范围对话框，在 Minimum 和 Maximum 的
矩形框中分别输入分类变量的最小值和最大值，
返回主对话框。

②从源变量框中选择若干准备参予判别分
析的数值型变量移入 Independents（自变量）框
中。自变量框下有两个单选项：

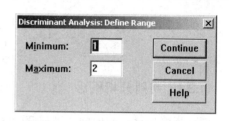

图 11-15　定义分类变量范围对话框

- Enter Independents together：建立所选择的全部自变量的判别式，这是系统默认的
  选项。此时，可以单击对话框下相关的按钮作进一步的选项设置。
- Use stepwise method：采用逐步判别法作判别分析。逐步判别法的基本思想与逐
  步回归一样，每一步选择一个判别能力最显著的变量进入判别函数，而且每次在
  选入变量之前对已进入判别函数的变量逐个进行检验，如果某个变量因新变量的
  进入变得不显著时，就将这个变量移出，直到判别函数中仅保留有显著的判别能
  力的变量。当发现自变量判别能力有显著差异时，可考虑选择这个选项。通过逐
  步判别将判别能力显著的变量"筛选"出来，建立"最优"的判别函数。这种方
  法有利于降低计算量、提高判别函数的判别能力。

（2）如果需要使用部分观测量参与判别函数的推导时，可以单击 Select 按钮，主对话
框向下延伸，延伸的部分如图 11-16 所示。

从源变量列表中选择一个能够标记需选择的这部分观测量（它们构成观测量的一个子
集）的变量移入 Selection Variable 框中，并单击右边 Value 按钮，打开如图 11-17 所示的
Set Value 对话框，在 Value for Selection Variable 下的小框中输入能标记需选择的部分观测
量的变量值。　如果使用全部观测量，这一步骤可以省略。

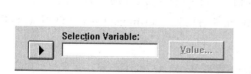

图 11-16　选择部分观测量

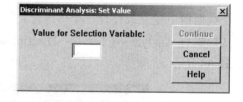

图 11-17　观测量子集值对话框

（3）单击 Statistics 按钮，打开统计量对话框，如图 11-18 所示。
对话框包括 3 部分：

①Descriptives（描述统计量）子栏。

- Means：均值。输出各自变量在各类中的观测值和全部观测量的均值、标准差。
- Univariate ANOVAs：单变量方差分析。对各类中同一自变量均值进行假设检验，
  输出单变量方差分析表。

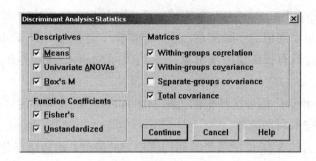

图 11-18　统计量对话框

- Box's M：输出对各类协方差矩阵相等的假设进行 Box's M 检验的结果。

②Function Coefficients（判别函数系数）子栏。

- Fisher's：费歇判别函数系数。可直接用于对新样本的分类，对每一类都给出一组系数，并且指出该类中具有最大判别分数的观测量。

- Unstandardized：非标准化的判别函数系数。

③Matrices（矩阵）子栏。

- Within-groups correlation：类（组）内相关矩阵。

- Within-groups covariance：类（组）内协方差矩阵。

- Separate-groups covariance：对每一类分别显示协方差矩阵。

- Total covariance：总样本的协方差矩阵。

（4）如果在主对话框中选择 Use stepwise method 选项，对话框下的 Method 按钮才能被激活，这时单击 Method 按钮，打开 Stepwise Method（逐步判别方法）对话框，如图 11-19 所示。

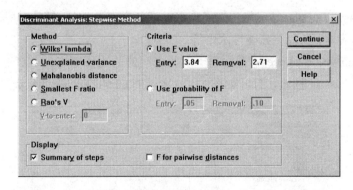

图 11-19　逐步判别方法对话框

对话框包括 3 部分：

①Method（方法）子栏。

- Wilks' lambda：每步选择 Wilks 的 λ 统计量值最小的变量进入判别函数，此选项为系统默认。

- Unexplained variance：每步选择类间不可解释的方差和最小的变量进入判别函数。

- Mahalanobis' distance：马哈拉诺比斯距离是确定自变量中有多少观测量值不同于全部观测量平均值的一种测度，在一个或多个自变量中把 Mahalanobis 距离大的观测量视为具有极端值的观测量。邻近类间 Mahalanobis 距离最大的变量进入判别函数。
- Smallest F ratio：每步选择根据类间 Mahalanobis 距离计算的"最小 F 比"达到最大的变量进入判别函数。
- Rao's V：劳的 V 统计量值是类间均值差异的测度。每步选择使 Rao's V 值的增量最大化的变量进入判别函数。选择此项后，需在下面的 V-to-enter 的矩形框中指定一个 V 值最小增量值，当变量的 V 值增量大于这个指定增量值时，该变量进入判别函数。

②Criteria（临界值）子栏。

该栏选项用于决定终止逐步判别的临界值，其中有：

- Use F value：使用 F 值，这是系统默认选项。当一个变量的 F 统计量值大于指定的 Entry 值时，选择这个变量进入判别函数，Entry 的默认值为 3.84；当变量的 F 值小于指定的 Removal 值时，这个变量将被从判别函数移出，Removal 的默认值为 2.71。自行设置 Entry 值和 Removal 值时，需注意 Entry 值要大于 Removal 值。
- Use probability of F：使用 F 检验的概率决定变量进入或移出判别函数。当一个变量的 F 检验的概率小于指定的 Entry 值时，选择这个变量进入判别函数，Entry 的默认值为 0.05；当变量的 F 检验的概率大于指定的 Removal 值时，这个变量将被从判别函数移出，Removal 的默认值为 0.10。自行设置 Entry 值和 Removal 值时，需注意 Entry 值必须小于 Removal 值。

③Display（显示）子栏。

- Summary of steps：显示每步选择变量之后各变量的统计量概述结果。包括 Wilks' λ 值、容差、F 值、显著性水平等。
- F for pairwise distances：显示每一对类之间的 F 比值矩阵。

（5）单击 Classify 按钮，打开如图 11-20 所示的 Classification（分类）对话框。

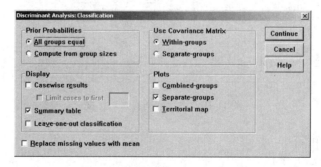

图 11-20　分类对话框

①Prior Probabilities（先验概率）子栏。

- All groups equal：各类先验概率相等，若分为 m 类，则各类先验概率均为 $1/m$。

● Compute from group sizes：基于各类样本量占总样本量的比例计算先验概率。

②Display 子栏。

● Casewise results：输出每个观测量的实际类、预测类、后验概率以及判别分数。
如选择此选项，下面的 Limit cases to first 选项被激活，在其后的小框中输入整数
n，表示仅对前 n 个观测量输出分类结果。

● Summary table：输出分类小结表。对每一类输出判定正确和错判的观测量数。

● Leave-one-out classification：对于每一个观测量，输出依据除它之外的其他观测
量导出的判别函数的分类结果。

③Covariance Matrix（协方差矩阵）子栏。

● Within-groups：使用合并组（或类）内协方差矩阵进行分类。此选项为系统默认。

● Separate-groups：使用各组（或类）协方差矩阵进行分类。

④Plots（图形）子栏。

● Combined-groups：生成全部类的散点图，该图是据前两个判别函数值作出的。如
果只有一个判别函数，则显示直方图。

● Separate-groups：对每一类生成一张散点图，这些图是据前两个判别函数值作出
的。如果只有一个判别函数，则显示直方图。

● Territorial map：生成根据判别函数值将观测量分到各类去的边界图。图中每一类
占据一个区域，各类的均值用星号标记出来，如果只有一个判别函数，则不显示
此图。

● Replace missing values with mean：在分类阶段用自变量的均值代替缺失值。

（6）单击 Save 按钮，打开 Save 对话框，如图 11-21 所示。在此对话框选择建立新变
量将判别分析结果保存到当前工作文件中去。

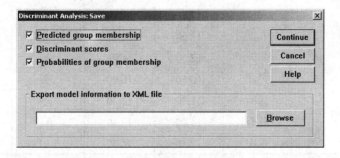

图 11-21　保存判别结果对话框

● Predicted group membership：建立新变量（系统默认的变量名为 dis_1）保存预测
观测量所属类的值。

● Discriminant scores：建立新变量保存判别分数。

● Probabilities of group membership：建立新变量保存各观测量属于各类的概率值。

各子对话框选项设置完毕，单击主对话框 OK 按钮，提交系统运行。

11.3.3 判别分析实例及分析

例 11.3.1 我国华北地区和长江中下游地区的降水变化有不同的特点，表 11.10 给出华北地区和长江中下游地区一些观测站（site）记录到的六月降水天数（rainday6）、八月降水天数（rainday8）以及八月与六月降水量之比（ratio）的数据资料，同时给出了两地区中间地带一些观测站记录的相应观测数据。试用 SPSS 判别分析功能判别这些中间地带的降水变化的类型。

表 11.10   例 11.3.1 数据表

	id	site	rainday6	rainday8	ratio	region
华北地区	1	北京	9.70	14.30	3.46	1
	2	天津	8.90	12.10	2.45	1
	3	保定	9.00	12.50	3.26	1
	4	石家庄	8.50	13.00	3.39	1
	5	太原	10.60	13.30	2.13	1
	6	大同	11.60	12.70	2.05	1
	7	张家口	11.40	12.70	1.82	1
	8	榆林	7.80	12.50	1.82	1
	9	兴县	10.10	13.30	3.01	1
	10	五台山	16.40	18.10	1.80	1
长江中下游地区	11	上海	13.10	10.00	.74	2
	12	南京	10.90	11.50	.87	2
	13	合肥	10.30	10.10	1.18	2
	14	汉口	11.70	8.50	.61	2
	15	九江	13.60	9.40	.61	2
	16	安庆	12.30	9.50	.44	2
	17	芜湖	10.50	10.90	.76	2
	18	溧阳	11.30	12.20	.75	2
	19	黄石	14.00	10.40	.64	2
	20	东山	12.50	11.70	1.01	2
待判	21	青岛	13.70	11.60	1.68	.
	22	兖州	10.50	13.70	1.75	.
	23	临沂	10.00	12.00	1.65	.
	24	徐州	8.30	11.10	1.48	.
	25	阜阳	8.60	10.90	1.07	.

其中区划类（region）的值："1"代表华北地区，"2"代表长江中下游地区。这是一个两组判别问题，判别分析步骤如下：

（1）根据表列数据建立与表形式完全相同的数据文件。对最后 5 个待判的观测量，变量 region 对应的值缺失。

（2）本例采用自变量全进入模型来进行判别分析，为节省篇幅且使得输出结果不至于太复杂，我们按照图 11-14、图 11-15、图 11-18、图 11-20 和图 11-21 中所示进行选项设置。单击主对话框 **OK** 按钮运行。

（3）输出结果及分析。

输出结果分 3 部分，每一部分包括若干张表。

①Discriminant（判别）计算结果。 包括表 11.11～表 11.15。

表 11.11　Analysis Case Processing Summary（概述）表

	Unweighted Cases	N	Percent
Valid		20	80.0
Excluded	Missing or out-of-range group codes	5	20.0
	At least one missing discriminating variable	0	.0
	Both missing or out-of-range group codes	0	.0
	and at least one missing discriminating variable	5	20.0
	Total		
Total		25	100.0

表 11.11 给出参加判别分析的观测量总数为 25，而有效观测量数为 20，占 80%；包含缺失值或分类变量范围之外（即表 11.10 中待判）的观测量数为 5，占 20%。

表 11.12　Group Statistics（类统计量）表

REGION		Mean	Std. Deviation	Valid N（listwise）	
				Unweighted	Weighted
1	RAINDAY6	10.4000	2.4413	10	10.000
	RAINDAY8	13.4500	1.7431	10	10.000
	RATIO	2.5190	.6916	10	10.000
2	RAINDAY6	12.0200	1.2925	10	10.000
	RAINDAY8	10.4200	1.1574	10	10.000
	RATIO	.7610	.2143	10	10.000
Total	RAINDAY6	11.2100	2.0749	20	20.000
	RAINDAY8	11.9350	2.1189	20	20.000
	RATIO	1.6400	1.0303	20	20.000

表 11.12 给出各自变量按照区划类别以及全部观测量计算的均值、标准差等。

从表 11.13 可以看到：除了变量 rainday6 的类内均值检验的显著性概率 Sig.=0.08 略大于 0.05，其余两变量类内均值检验的显著性概率皆远小于 0.05，说明 3 个变量类内均值都存在显著差异，可以进行判别分析。

表 11.13   Tests of Equality of Group Means（类均值相等的检验）表

	Wilks' Lambda	F	df1	df2	Sig.
RAINDAY6	.840	3.439	1	18	.080
RAINDAY8	.462	20.971	1	18	.000
RATIO	.234	58.958	1	18	.000

表 11.14   Pooled Within-Groups Matrices[a]（合并的类内协方差和协方差矩阵）

		RAINDAY6	RAINDAY8	RATIO
	RAINDAY6	3.815	1.586	-.472
Covariance	RAINDAY8	1.586	2.189	-5.493E-02
	RATIO	-.472	-5.493E-02	.262
	RAINDAY6	1.000	.549	-.472
Correlation	RAINDAY8	.549	1.000	-.073
	RATIO	-.472	-.073	1.000

a   The covariance matrix has 18 degrees of freedom.

     表 11.14 的上半部分为自变量间合并的协方差矩阵，下半部分为自变量间相关系数矩阵。协方差矩阵的自由度为 18。从相关系数值可知，各变量的线性相关关系皆不显著。

表 11.15   Covariance Matrices[a]（协方差矩阵）

REGION		RAINDAY6	RAINDAY8	RATIO
	RAINDAY6	5.960	3.594	-.803
1	RAINDAY8	3.594	3.038	-.225
	RATIO	-.803	-.225	.478
	RAINDAY6	1.671	-.423	-.140
2	RAINDAY8	-.423	1.340	.115
	RATIO	-.140	.115	.046
	RAINDAY6	4.305	.211	-1.196
Total	RAINDAY8	.211	4.490	1.350
	RATIO	-1.196	1.350	1.062

a   The total covariance matrix has 19 degrees of freedom.

     表 11.15 分别列出了按类计算的协差阵以及按全部观测量计算的协差阵。显然，合并的协差阵等于类 1 和类 2 的协差阵之和除以 2 的商。判别分析中，判别函数的系数就是利用合并的协差阵计算出来的。

     ②Box's Test of Equality of Covariance Matrices（协差阵相等的 Box 检验），其中包括表 11.16 和表 11.17。

表 11.16　Log Determinants（行列式的自然对数）表

REGION	Rank	Log Determinant
1	3	.417
2	3	-2.813
Pooled within-groups	3	.108

The ranks and natural logarithms of determinants printed
are those of the group covariance matrices.

表 11.16 列出按各类和按合并的类内协方差矩阵的秩以及对应的行列式的自然对数值，即对表 11.15 的矩阵有：

$$\ln\begin{vmatrix} 5.960 & 3.594 & -0.803 \\ 3.594 & 3.038 & -0.225 \\ -0.803 & -0.225 & 0.478 \end{vmatrix} \approx 0.417 , \quad \ln\begin{vmatrix} 1.671 & -0.423 & -0.140 \\ -0.423 & 1.340 & 0.115 \\ -0.140 & 0.115 & 0.046 \end{vmatrix} \approx -2.813$$

$$\ln\begin{vmatrix} 3.815 & 1.586 & -0.472 \\ 1.586 & 2.189 & -5.493E-02 \\ -0.472 & -5.493E-02 & 0.262 \end{vmatrix} \approx 0.108$$

表 11.17　Test Results（检验结果）表

Box's M	F			
	Approx.	df1	df2	Sig.
23.509	3.201	6	2347.472	.004

Tests null hypothesis of equal population covariance matrices.

表 11.16 列出检验协方差矩阵相等的 Box's M 统计量值为 23.509>>0.05，从而在显著性水平 0.05 下认为各类协方差矩阵相等（注意：类内均值存在显著差异和类协方差矩阵相等是得到满意的判别结果的重要条件）；F 检验的显著性概率 Sig.=0.04<<0.05，从而认为判别分析是显著的，说明错判率将很小。

③Summary of Canonical Discriminant Functions（判别函数概述），其中包括 5 张表，分别如表 11.18～表 11.22 所示。

表 11.18　Eigenvalues（特征值）表

Function	Eigenvalue	% of Variance	Cumulative %	Canonical Correlation
1	4.835	100.0	100.0	.910

a　First 1 canonical discriminant functions were used in the analysis.

从表 11.18 中可知，本例仅有一个判别函数用于分析，特征值（Eigenvalue）为 4.835，方差百分比（% of Variance）为 100%，方差累计百分比（Cumulative %）为 100%，正则相关系数（Canonical Correlation）为 0.910。

表 11.19   Wilks' Lambda（λ值）表

Test of Function(s)	Wilks' Lambda	Chi-square	df	Sig.
1	.171	29.104	3	.000

表 11.19 是对判别函数的显著性的检验，其中 Wilks 的 λ 值等于 0.171 非常小，卡方统计量值为 29.104，自由度为 3，显著性概率 Sig.=.000，从而认为判别函数有效。

表 11.20   Standardized Canonical Discriminant Function Coefficients

（标准化判别函系数）表

Function	RAINDAY6	RAINDAY8	RATIO
1	-.187	.650	.782

由表 11.20 给出的标准化判别函数系数可知，判别函数为：

$$F1= -0.187 \times rainday6 + 0.650 \times rainday8 + 0.782 \times ratio$$

根据这个判别函数代入各变量数值可以计算出判别分数。

表 11.21   Structure Matrix（结构矩阵）表

Function	RATIO	RAINDAY8	RAINDAY6
1	.823	.491	-.199

Pooled within-groups correlations between discriminating variables and standardized canonical discriminant functions.
Variables ordered by absolute size of correlation within function.

表 11.21 的结构矩阵是判别变量与标准化判别函数之间的合并类内相关系数，变量按照相关系数的绝对值大小排列，表明判别变量与判别函数之间的相关性，如变量 ratio 与判别函数 F1 的关系最密切。

表 11.22   Canonical Discriminant Function Coefficients

（非标准化判别函系数）表

Function	RAINDAY6	RAINDAY8	RATIO	(Constant)
1	-.096	.439	1.528	-6.678

Unstandardized coefficients

表 11.22 给出了非标准化判别函数系数，非标准判别函数为：

$$F2= -0.096 \times rainday6 + 0.439 \times rainday8 + 1.528 \times ratio - 6.678$$

根据这个判别函数代入各变量数值可以计算出判别值。

表 11.23   Functions at Group Centroids

（判别函数类心）表

	REGION	
Function	1	2
1	2.086	-2.086

Unstandardized canonical discriminant functions evaluated at group means

表 11.23 给出的是按照非标准判别函数计算的函数类心，即利用判别函数在各类均值处的判别分数值。

④Classification Statistics（分类统计），其中包括 4 张表，如表 11.24～表 11.27 所示。

表 11.24　Classification Processing Summary（分类结果概述）表

Processed		25
Excluded	Missing or out-of-range group codes	0
	At least one missing discriminating variable	0
Used in Output		25

表 11.24 给出的是最后分类的小结，从表中可以看到原始数据中待判的 5 个观测量也已经判别分类了。

表 11.25 给出各类的先验概率，按照在图 11-20 中的设定，先验概率皆为 0.5。

表 11.26 给出分类函数系数，即 Fisher 线性判别函数系数，据此表可以建立各类线性判别模型。

表 11.25　Prior Probabilities for Groups（类先验概率）表

REGION	Prior	Cases Used in Analysis	
		Unweighted	Weighted
1	.500	10	10.000
2	.500	10	10.000
Total	1.000	20	20.000

表 11.26　Classification Function Coefficients（分类函数系数）表

REGION	RAINDAY6	RAINDAY8	RATIO	（Constant）
1	2.760	4.535	15.526	-65.094
2	3.158	2.702	9.152	-37.233

Fisher's linear discriminant functions

区划 1：　　$q1 = 2.760 \times \text{rainday6} + 4.535 \times \text{rainday8} + 15.526 \times \text{ratio} - 65.094$

区划 2：　　$q2 = 3.158 \times \text{rainday6} + 2.702 \times \text{rainday8} + 9.152 \times \text{ratio} - 37.233$

将各变量值代入此二判别函数模型进行计算，二者数值比较，若 $q1 > q2$，对应观测量归入 1 类，$q2 > q1$，对应观测量分入 2 类。

表 11.27　Classification Results [a]（分类结果）表

		REGION	Predicted Group Membership		Total
			1	2	
Original	Count	1	10	0	10
		2	0	10	10
		Ungrouped cases	2	3	5
	%	1	100.0	.0	100.0
		2	.0	100.0	100.0
		Ungrouped cases	40.0	60.0	100.0

a　100.0% of original grouped cases correctly classified.

表 11.27 给出最后的分类结果，对于原始数据中分别属于区划类 1、区划类 2 的各 10 个观测量仍然归于原类，全部判对；待判的 5 个观测量有 2 个归入区划类 1，3 个归入区划类 2。

由于本例只产生了一个标准化判别函数，按照分类对话框（图 11-20）的 Plots 栏中选项 Separate-groups，对每一类生成一张直方图，图形显示的是分别归属于各区划类中的观测量的频数直方图，以及待判类的 4 个观测量归属的频数直方图，如图 11-22 所示。

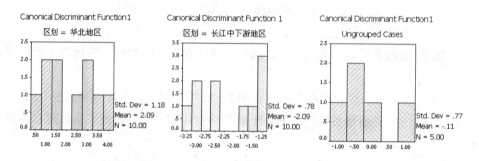

图 11-22　各类频数直方图

按照保存新变量对话框设置的选项，保存的变量如图 11-23 所示。

	id	site	rainday	rainday8	ratio	region	dis_1	dis1_1	dis1_2	dis2_2
1	1	北京	9.70	14.30	3.46	1	1	3.96408	1.00000	.00000
2	2	天津	8.90	12.10	2.45	1	1	1.53084	.99832	.00168
3	3	保定	9.00	12.50	3.26	1	1	2.93455	1.00000	.00000
4	4	石家庄	8.50	13.00	3.39	1	1	3.40065	1.00000	.00000
5	5	太原	10.60	13.30	2.13	1	1	1.40669	.99718	.00282
6	6	大同	11.60	12.70	2.05	1	1	.92524	.97937	.02063
7	7	张家口	11.40	12.70	1.82	1	1	.59297	.92229	.07771
8	8	榆林	7.80	12.50	1.82	1	1	.84924	.97189	.02811
9	9	兴县	10.10	13.30	3.01	1	1	2.79895	.99999	.00001
10	10	五台山	16.40	18.10	1.80	1	1	2.45709	.99996	.00004
11	11	上海	13.10	10.00	.74	2	2	-2.40590	.00004	.99996
12	12	南京	10.90	11.50	.87	2	2	-1.33790	.00375	.99625
13	13	合肥	10.30	10.10	1.18	2	2	-1.42206	.00264	.99736
14	14	汉口	11.70	8.50	.61	2	2	-3.12975	.00000	1.00000
15	15	九江	13.60	9.40	.61	2	2	-2.91594	.00001	.99999
16	16	安庆	12.30	9.50	.44	2	2	-3.00745	.00000	1.00000
17	17	芜湖	10.50	10.90	.76	2	2	-1.73135	.00073	.99927
18	18	溧阳	11.30	12.20	.75	2	2	-1.25190	.00536	.99464
19	19	黄石	14.00	10.40	.64	2	2	-2.46897	.00003	.99997
20	20	东山	12.50	11.70	1.01	2	2	-1.18909	.00696	.99304
21	21	青岛	13.70	11.60	1.68	.	2	-.32412	.20550	.79450
22	22	兖州	10.50	13.70	1.75	.	1	1.01144	.98551	.01449
23	23	临沂	10.00	12.00	1.65	.	1	.15951	.66049	.33951
24	24	徐州	8.30	11.10	1.48	.	2	-.33314	.19943	.80057
25	25	阜阳	8.60	10.90	1.07	.	2	-1.07609	.01110	.98890

图 11-23　保存新变量

产生的新变量有 dis_1、dis1_1、dis1_2、dis2_2，分别对应 Save 对话框中设置的 3 个选项。变量 dis_1 表示最后分类的归属结果，前 20 个观测量的归类与原始数据相同，全部判对。待判断五个观测量中，山东省兖州和临沂归属于华北地区，而青岛、徐州和阜阳（属安徽省）归于长江中下游地区。变量 dis1_1 的值是根据非标准化判别函数 F2 计算出来的判别值，本例是一个两组判别分析问题，所以，将判别值大于 0 的划归一类，小于 0 的划归另一类。变量 dis1_2 和 dis2_2 表示各观测量归属第 1，2 类的后验概率，dis1_2 + dis2_2 =1，如果 dis1_2 > dis2_2，对应观测量归入 1 类，反之，对应观测量归入 2 类。

从地理位置看青岛的气候变化划归到长江中下游地区似乎有些疑问，可以使用逐步判别法作进一步的判别，限于篇幅，这项工作留给读者练习。

习　题

11.1　设抽取 6 个样品，每个样品只测一个指标，它们是 1、2、5、7、9、10，试建立一个数据文件，用 SPSS 的 Hierarchical Cluster 命令，使用各种聚类方法进行分析，并对所得的结果进行比较。

11.2　快速聚类分析时，由于各自变量的量纲和数量级不同，首先需将数据标准化，执行 Descriptives 命令计算各变量的 Z 得分；在使用系统聚类法时，是否也需要这样做？为什么？对例 11.1.1 中的数据，使用系统聚类法进行聚类，将聚类结果与快速聚类分析的结果进行比较。

11.3　今有 10 个国家 1993 年人口出生率（‰）等数据，试建立数据文件，并根据这些指标对这 10 个国家进行聚类分析。（数据取自世界银行《世界发展报告》（1995））

序号	国家	出生率	死亡率	序号	国家	出生率	死亡率
1	China	19.00	8.00	6	Italy	10.00	10.00
2	India	29.00	10.00	7	Russia	11.00	13.00
3	Japan	10.00	8.00	8	Britain	13.00	11.00
4	France	13.00	11.00	9	USA	16.00	9.00
5	Germany	10.00	11.00	10	Brazil	24.00	7.00

11.4　在某大型化工厂的厂区及邻近地区挑选 8 个有代表性的大气取样点，每日 4 次同时抽取大气样品，测定其中含有的 6 种气体的浓度，前后共测量 4 天（各个取样点实测 16 次），计算各取样点每种气体的平均浓度，得到如下数据：

取样点	氯	硫化氢	二氧化碳	碳 4	环氧氯丙烷	环乙烷
1	.056	.084	.031	.038	.0081	.0220
2	.049	.055	.100	.110	.0220	.0073
3	.038	.130	.079	.170	.0580	.0430
4	.034	.095	.058	.160	.2000	.0290
5	.084	.066	.029	.320	.0120	.0410
6	.064	.072	.100	.210	.0280	1.3800
7	.048	.089	.062	.260	.0380	.0360
8	.069	.087	.027	.050	.0890	.0210

试用聚类分析法对大气污染区域进行分类。

11.5　对下表中是 OECD（经济合作与发展组织）部分国家 1981 年有关经济指标资料进行聚类分析。

id 序号	country 国家	density 人口密度	agemp 农业雇员比例	natinc 人均国民收入	capinv 机器投入	energy 能源消耗	tvsets 每百人拥有电视机数
1	Australia	2.00	6.00	8.40	10.10	5.20	36.00
2	France	97.00	9.00	10.70	9.20	3.70	28.00
3	Germany	247.00	6.00	12.40	9.10	4.60	33.00
4	Greece	72.00	31.00	4.10	8.10	1.70	12.00
5	Iceland	2.00	13.00	11.00	6.60	5.80	25.00
6	Italy	189.00	15.00	5.70	7.90	2.50	22.00
7	Japan	311.00	11.00	8.70	10.90	3.30	24.00
8	New ealand	12.00	10.00	6.80	8.00	3.40	26.00
9	Portugal	107.00	31.00	2.10	5.50	1.10	9.00
10	Spanish	74.00	19.00	5.30	6.90	2.00	21.00
11	Sweden	18.00	6.00	12.80	7.20	6.30	37.00
12	Turkey	56.00	61.00	1.60	8.80	.70	5.00
13	UK	229.00	3.00	7.20	9.30	3.90	39.00
14	USA	24.00	4.00	10.60	7.30	8.70	62.00

11.6 从 1992 年世界各国人文发展指数（出生时预测寿命、成人识字率和调整后人均 GDP）排序中选择高发展水平国家、中等发展水平国家各 5 个，另选 4 个国家作为待判样品，试根据下表的数据作判别分析。（数据取自《世界经济统计研究》1996 年第 1 期）

序号	类型	国家名称	出生时的预测寿命（岁）	成人识字率（%）	调整后人均 GDP（美元）
1	第一类（高发展水平国家）	USA（美国）	76.00	99.00	5376.00
2		Japan（日本）	79.50	99.00	5359.00
3		Swiss（瑞士）	78.00	99.00	5372.00
4		Argentina（阿根廷）	72.10	95.90	5242.00
5		UAE（阿联酋）	73.80	77.70	5370.00
6	第二类（中等发展水平国家）	Bulgaria（保加利亚）	71.20	93.00	4250.00
7		Cuba（古巴）	75.30	94.90	3412.00
8		Paraguay（巴拉圭）	70.00	91.20	3390.00
9		Georgian（格鲁吉亚）	72.80	99.00	2300.00
10		S.Africa（南非）	62.90	80.60	3799.00
11	待判样品	China（中国）	68.50	79.30	1950.00
12		Romania（罗马尼亚）	69.90	96.90	2840.00
13		Greece（希腊）	77.60	93.80	5233.00
14		Colombia（哥伦比亚）	69.30	90.30	5158.00

11.7 为了研究某地区育龄妇女的生育情况，根据生育峰值年龄、一胎生育率、二胎生育率、多胎生育率和总和生育率 5 项指标，将已知的 12 个样品分为两类，另外收集到 3 个待判样品，原始数据（数据取自罗积玉、邢瑛编著《经济统计分析方法及预测》）列于下表中：

样品序号 id	峰值年龄 x0	一胎生育率 x1	二胎生育率 x2	三胎生育率 x3	总生育率 x4	组别 group
1	27	96.77	2.80	.43	1.15	1
2	24	55.33	25.36	19.31	2.61	1
3	27	97.45	2.10	.45	1.18	1
4	24	51.45	31.25	17.30	2.49	1
5	25	52.15	32.85	16.00	2.52	1
6	25	52.08	32.84	15.08	2.55	1
7	25	35.76	22.83	41.41	3.47	2
8	26	27.10	25.13	47.77	3.80	2
9	25	39.40	34.21	26.39	3.05	2
10	26	21.98	16.23	61.79	5.40	2
11	25	38.49	34.44	27.06	3.16	2
12	25	38.96	24.48	36.56	3.20	2
13	26	87.45	12.50	.05	1.28	待判.
14	25	33.78	22.82	43.40	3.58	待判.
15	24	52.40	33.25	14.35	2.62	待判.

根据表中数据回答如下问题：

（1）试分别用 SPSS 的判别分析功能中的自变量全进入判别法和逐步判别法进行判别分析，决定三个待判样品应归属于那一类？比较二者的差异。

（2）使用逐步判别法进行判别分析时，在 Method 对话框中改变 Method 栏中的逐步判别方法和 Cretiria 栏中的 Entry 值和 Removal 值，观察对判别结果的影响。

（3）根据输出的判别函数系数建立判别函数，再使用 Compute 命令进行计算，比较二者结果。

11.8 试分别用 SPSS 的判别分析功能中逐步判别法，对本章例 11.3.1 给出的数据进行判别分析，比较二者是否有差异。

第 12 章　因子分析

因子分析（Factor Analysis）也是一种重要的多元统计方法，SPSS 的 Analyze 菜单下的 Data Reduction（数据简化）的菜单功能项 Factor 用于解决这类问题。

12.1　基本概念

12.1.1　因子分析的基本概念

人们在对现象进行观测时，往往会得到大量指标（变量）的观测数据，这些数据在带来现象有关信息的同时，也给数据的分析带来了一定困难；另一方面，这众多的变量之间可能存在着相关性，实测到的数据包含的信息有一部分可能是重复的。因子分析法就是在尽可能不损失信息或者少损失信息的情况下，将多个变量减少为少数几个潜在的因子，这几个因子可以高度地概括大量数据中的信息，这样，既减少了变量个数，又同样地能再现变量之间的内在联系。

例如，做衣服需要掌握人身体各部位的尺寸或指标：衣长、裤长、胸围、臀围、臂长等，这些指标因人而异，都是一些随机变量，这些随机变量之间存在明显的联系，服装厂批量生产服装时，不可能真正做到“量体裁衣”，他们需要从这许多指标中概括出少数几个关键性指标，依据这些指标进行加工，生产出来的服装就能适合大多数人的体型。这少数几个指标虽然不能反映人的体型的全部信息，但是却高度地概括和集中了其中绝大部分信息。

又如在作多元回归时，可能因为自变量之间存在多重共线性，而使得建立的回归模型并不能很好地刻划因变量与自变量之间的关系，根据因子分析的思想，事先通过因子分析，从具有共线性的多个变量中筛选出少数几个变量。它们概括了原始变量观测值中绝大部分信息，使用这些变量建立的回归方程能再现原始变量之间的关系。

12.1.2　因子分析的数学模型

通常针对变量作因子分析，称为 R 型因子分析，另一种对样品作因子分析，称为 Q 型因子分析，SPSS 提供了 R 型因子分析功能，但二者有许多相似之处。R 型因子分析数学模型是：

$$
\begin{pmatrix} x_1 \\ x_2 \\ \vdots \\ x_p \end{pmatrix} = \begin{pmatrix} a_{11} & a_{12} & \cdots & a_{1m} \\ a_{21} & a_{22} & \cdots & a_{2m} \\ \vdots & \vdots & & \vdots \\ a_{p1} & a_{p2} & \cdots & a_{pm} \end{pmatrix} \cdot \begin{pmatrix} F_1 \\ F_2 \\ \vdots \\ F_m \end{pmatrix} + \begin{pmatrix} e_1 \\ e_2 \\ \vdots \\ e_p \end{pmatrix}
$$

或者表示为

$$X_{p\times1} = A_{p\times m} \cdot F_{m\times1} + e_{p\times1}$$

其中 X 为可实测的 p 维随机向量，它的每个分量代表一个指标或变量。$F =(F_1,$ $F_2, \cdots ,F_m)^\mathrm{T}$ 为不可观测的 m（$m \leqslant p$）维随机向量，它的各个分量将出现在每个变量之中，所以称它们为公共因子。矩阵 A 称为因子载荷矩阵，a_{ij} 称为因子载荷，表示第 i 个变量在第 j 个公共因子上的载荷，它们需要由多次观测 X 所得到的样本来估计。向量 e 称为特殊因子，其中包括随机误差。它们满足：

（1）Cov（F, e）= 0，即 F 与 e 不相关。

（2）Cov（F_i, F_j）=0，$i \neq j$；Var（F_i）=Cov（F_i, F_i）=1。i, j =1, 2, $\cdots$, m。即向量 F 的协差阵为 m 阶单位阵。

（3）Cov（e_i, e_j）=0，$i \neq j$；Var（e_i）=σ_i^2，i, j =1, 2, ..., p。即向量 e 的协差阵为 p 阶对角阵。

因子分析的基本思想是通过对变量的相关系数矩阵内部结构的分析，从中找出少数几个能控制原始变量的随机变量 F_i（i =1, $\cdots$, m），选取公共因子的原则是使其尽可能多地包含原始变量中的信息，建立模型 $X = A \cdot F + e$，忽略 e，以 F 代替 X（$m \leqslant p$），用它再现原始变量 X 的众多分量 x_i（i =1,$\cdots$, p）之间的相关关系，达到简化变量降低维数的目的。

因子分析与主成分分析有密切的关系，但是，二者又有很大差异，因子分析是主成分分析的推广和发展。有关因子分析的详尽的统计原理，有兴趣的读者可以参考介绍多元统计理论的书籍。

12.2 因子分析过程

12.2.1 因子分析过程步骤

建立或者打开一个数据文件，因子分析过程的步骤如下：

（1）执行 Analyze→Data Reduction→Factor 命令，打开 Factor Analysis 对话框，如图 12-1 所示。

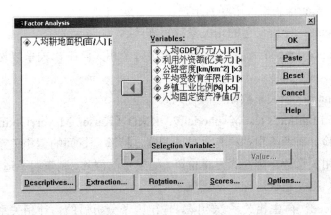

图 12-1 因子分析主对话框

①从源变量列表中选择若干需作因子分析的变量移入 Variables 框中。

②如果需要使用部分观测量参与因子分析时，从源变量列表中选择一个能够标记需选

择的这部分观测量（它们构成观测量的一个子集）的
变量移入 Selection Variable 框中，并单击右边的 Value
按钮，打开如图 12-2 所示的 Set Value 对话框，在 Value
for Selection 下的小框中输入能标记需选择的部分
观测量的变量值。如果使用全部观测量，这一步骤可
以省略。

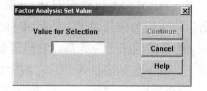

图 12-2　观测量子集值对话框

（2）单击 Descriptives 按钮，打开如图 12-3 所示的 Descriptives 对话框，从中选择需
要输出的统计量。

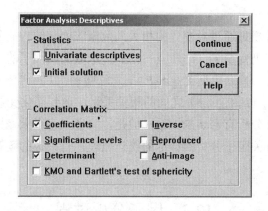

图 12-3　描述统计量对话框

①Statistics（统计量）子栏。

- Univariate descriptives：单变量描述统计量。选择此项输出各个分析变量的均值、
  标准差以及观测量数。
- Initial solution：初始解，此项为系统默认。输出各个分析变量的初始共同度、特
  征值以及解释方差的百分比。

②Correlation Matrix（相关矩阵）子栏。

- Coefficients：分析变量的相关系数矩阵。
- Significance levels：显著性水平。输出每个相关阵中相关系数为 0 的单尾显著性
  水平。
- Determinant：相关系数矩阵的行列式值。
- KMO and Bartlett's test of sphericity：KMO（Kaiser–Meyer–Olkin）检验和 Bartlett
  球形检验。前者给出抽样充足量的测度，检验变量间的偏相关系数是否过小。后
  者检验相关系数矩阵是否是单位阵，如果是单位阵，则表明不适合采用因子模型。
- Inverse：相关系数矩阵的逆矩阵。
- Reproduced：再生相关系数矩阵。输出因子分析后的估计相关系数矩阵以及残差
  阵（即原始相关阵与再生相关阵的差）。

● Anti-image：反映像相关阵。 包括偏相关系数的负数以及偏协方差的负数，在一个好的因子模型中，反映像相关阵中，主对角线之外的元素应很小，主对角线上的元素用于测度抽样的充足量。

（3）单击 Extraction 按钮，打开如图 12-4 所示的 Extraction（提取）对话框，从中选择因子提取的方法。

①单击 Method 框的箭头按钮，展开下拉列表，从中选择公因子提取方法。其中有：

● Principal components：主成分分析法。这是系统默认的公因子提取方法。

● Unweighted least squares：不加权最小二乘法。

● Generalized least squares：普通最小二乘法。

● Maximum likelihood：极大似然法。

● Principal axis factoring：主轴因子法。

● Alpha factoring：α 因子法。

● Image factoring：映像因子法。

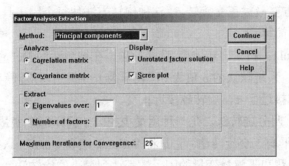

图 12-4　因子提取对话框

②Analyze（分析）子栏，用于选择分析内容。

● Correlation matrix：相关系数矩阵。 此选项为系统默认。

● Covariance matrix：协方差矩阵。

③Display（显示）子栏，用于选择显示内容。

● Unrotated factor solution：显示未经旋转的因子解，即未经旋转的因子载荷矩阵、共同度以及特征值。此项为系统默认选项。

● Scree plot：碎石图，它是与各因子关联的方差散点图，用它确定有多少因子应予以保留。图上有一个明显的分界点，它的左边陡峭的斜坡代表大因子，右边缓变的尾部代表其余的小因子（碎石）。

④Extract（提取）子栏，用于选择提取公因子的数量。

● Eigenvalues over：选择此选项并在后面的矩形框中输入一数值（系统的默认值为1），凡特征值大于该数值的因子都将被作为公因子提取出来。

● Number of factors：选择此选项在后面的矩形框中指定提取公因子的数量。

⑤Maximum Iterations for Convergence：因子分析收敛的最大迭代步数，系统默认的最大迭代步数为 25。

（4）单击 Rotation 按钮，打开如图 12-5 所示的 Rotation（旋转）对话框，从中选择旋转方法。

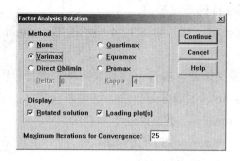

图 12-5   旋转方法对话框

①Method 子栏。包括：

- None：不进行旋转，是系统默认的选项。
- Varimax：方差最大正交旋转。 这种旋转方法使每个因子具有高载荷，以使因子的解释得到简化。
- Direct Oblimin：斜交旋转法。 选择此项，在被激活的 Delta(δ)小框中输入不超过 0.8 的数值。系统默认的 δ 值为 0，表示因子分析的解最倾斜。δ 值可取负值（≥ -1），δ 值越接近于-1，旋转越接近正交。
- Quartimax：四分旋转法。是一种用最少的因子解释每个变量的旋转法。
- Equamax：平均正交旋转法。它是将 Varimax 法和 Quartimax 法相结合，使高载荷因子的变量数和需解释变量的因子数都达到最小的旋转法。
- Promax：斜交旋转法。 它允许因子之间相关，比 Direct Oblimin 法计算得更快，更适合大量数据的情况。 选择此项，在被激活的 Kappa(κ)小框中输入控制斜交旋转的参数值，这个参数的默认值为 4（此值最适合于分析）。

②Display 子栏，用于设置旋转解的输出。

- Rotated solution：旋转解。当在 Method 栏中选择了一种旋转方法后，此选项才被激活。对正交旋转，输出旋转模型矩阵、因子转换矩阵。 对斜交旋转，则输出模式、结构和因子相关矩阵。
- Loading plot(s)：因子载荷图。选择此项，输出前两个公因子的二维载荷图，或前 3 个因子的三维载荷图，如果仅提取一个公因子，则不输出因子载荷图。

当选择了一种旋转方法后，对话框中选项 Maximum Iterations for Convergence（旋转收敛的最大迭代次数）被激活，允许在其后小框中指定最大迭代次数，系统默认值为 25。

（5）单击 Scores 按钮，打开 Factors Scores（因子得分）对话框，如图 12-6 所示。

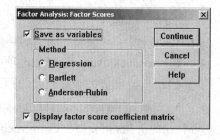

图 12-6   因子得分对话框

- Save as variables：选择此选项时，对每个公共因子建立一个新变量（根据提取的公共因子的多少，默认的变量名为 fac_i，i=1,2,…），将因子得分保存到当前工作文件中，供其他统计分析时使用。 这时下方的 Method 子栏被激活，可以从中选择计算因子得分的方法。

  - ➤ Regression：回归法。选择此项，则产生的因子得分的均值等于 0，方差等于估计的因子得分与真实的因子值之间的复相关系数的平方。
  - ➤ Bartlett：巴特列特法。选择此项，则产生的因子得分的均值等于 0，变量范围之外的因子的平方和达到最小。
  - ➤ Anderson-Rubin：安德森–鲁宾法。选择此项，则产生的因子得分的均值等于 0，方差等于 1。此方法是对 Bartlett 法的改进，它保证了被估计因子的正交性。

对话框中还有一个选项：

- Display factor score coefficient matrix：显示因子得分系数矩阵。变量乘以该矩阵中的系数可获得因子得分，此矩阵也可以表示各因子得分之间的相关性。

（6）单击 Options 按钮，打开 Options 对话框，如图 12-7 所示。

①Minssing Values 子栏，用于设置缺失值的处理方式。

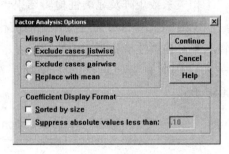

- Exclude cases listwise：剔除分析变量中的缺失值为系统默认选项。
- Exclude cases pairwise：成对地剔除含有缺失值的观测量。
- Replace with mean：用变量均值替代缺失值。

图 12-7 选项对话框

②Coefficient Display Format（系数显示格式）子栏，用于控制输出矩阵的外观。

- Sort by size：将因子载荷矩阵和结构矩阵按数值大小排序，使得对同一因子具有高载荷的变量在一起显示。
- Suppress absolute values less than：不显示那些绝对值小于指定数值的载荷系数，系统默认的指定值为 0.1，也可以在小框内输入 0～1 之间的任意数值。

上述各选项选择完毕，返回主对话框单击 OK 按钮运行。

12.2.2 因子分析过程实例与分析

例 12.1.1 图 12-8 是根据江苏省主要城市 1994 年经济发展若干指标的数据建立的数据文件（数据取自《数理统计与管理》1999 年第 1 期），其中各变量的意义如下：

x1: 人均 GDP（万元/人）；x2: 利用外资（亿美元）；x3: 公路密度（km/km^2）；x4: 平均受教育年限（年）；x5: 乡镇工业比例（%）；x6: 人均固定资产净值（万元/人）。

试利用这些资料对这些城市经济发展状况作因子分析。

本问题的解决步骤如下：

（1）打开如图 12-8 所示的数据文件。

	city	x1	x2	x3	x4	x5	x6
1	南京	.9008	3.85	366	6.87	30.26	.863
2	无锡	1.4177	8.38	217	6.62	77.60	.867
3	徐州	.3776	.69	197	5.49	52.71	.199
4	常州	.9502	2.78	207	6.47	67.85	.585
5	苏州	1.2616	21.77	177	5.83	76.39	.755
6	南通	.4412	2.90	10	5.72	53.61	.276
7	连云港	.3247	.84	169	5.30	46.61	.162
8	淮阴	.2226	.21	135	5.35	42.79	.085
9	盐城	.2940	.50	69	5.62	54.80	.136

图 12-8　例 12.1.1 的数据文件

（2）选择变量 x1～x7 移入分析变量框，如图 12-1。

（3）为了使得输出结果不至于太复杂，按照图 12-3～图 12-6 所示，选择有关选项，Options 对话框中选项默认。

（4）单击 OK 按钮交系统运行。

（5）输出结果及分析如下。

①相关系数矩阵及显著性检验结果表，如表 12.1 所示。

表 12.1 的上半部分为各变量之间的相关系数矩阵，下半部分为各变量不相关的单尾显著性水平，显著性检验矩阵中的空格表示 0。由此表可以看出多数变量之间存在高度的相关关系，因此有必要进行因子分析。表下注释给出了相关系数矩阵的行列式值等于 1.004E-05。

表 12.1　Correlation Matrix [a]（相关系数矩阵）表

		x1	x2	x3	x4	x5	x6
Correlation	x1	1.000	.746	.491	.756	.648	.944
	x2	.746	1.000	.149	.232	.629	.635
	x3	.491	.149	1.000	.665	-.204	.663
	x4	.756	.232	.665	1.000	.150	.883
	x5	.648	.629	-.204	.150	1.000	.372
	x6	.944	.635	.663	.883	.372	1.000
Sig. (1-tailed)	x1		.011	.090	.009	.030	.000
	x2	.011		.351	.274	.035	.033
	x3	.090	.351		.025	.299	.026
	x4	.009	.274	.025		.350	.001
	x5	.030	.035	.299	.350		.162
	x6	.000	.033	.026	.001	.162	

a　Determinant = 1.004E-05

②变量共同度表，如表 12.2 所示。

表 12.2　Communalities（变量共同度）表

		Initial	Extraction
x1	人均 GDP（万元/人）	1.000	.991
x2	利用外资额（亿美元）	1.000	.779
x3	公路密度（km/km^2）	1.000	.847
x4	平均受教育年限（年）	1.000	.856
x5	乡镇工业比例（%）	1.000	.873
x6	人均固定资产净值（万元）	1.000	.984

Extraction Method: Principal Component Analysis.

表 12.2 中给出了提取公共因子前后各变量的共同度，根据变量共同度的统计意义，它刻划了全部公共因子对于变量 xi 的总方差所作的贡献，它说明了全部公共因子反映出原变量信息的百分比。例如，提取公共因子后，变量 x1 的共同度为 0.991，即提取的公共因子对变量 x1 的方差 Var(x1) 作出了 99.1%的贡献。从 Extraction 一列的数值看出，各个变量的共同度都比较大，说明变量空间转化为因子空间时，保留了比较多的信息，因此，因子分析的效果是显著的。表下注释指出了提取公共因子的方法是主成分分析法。

③总方差分解（或总方差解释）表，如表 12.3 所示。

表 12.3 中包括：

- Component：因子序号。
- Initial Eigenvalues：初始特征值。 其中 Total 一列为相关系数矩阵的全部特征值；% of Variance 为各个特征值的方差贡献率；Cumulative %为累积贡献率，前两个因子的累积贡献率已达到 88.821%。
- Extraction Sums of Squared Loadings：未经旋转提取因子的载荷平方和。由于相关系数矩阵有两个最大的特征值分别为 3.758 和 1.571（据因子提取对话框的设定，提取特征值大于 1 的因子），提取两个公共因子。

表 12.3　Total Variance Explained（总方差分解）表

Comp-onent	Initial Eigenvalues			Extraction Sums of Squared Loadings			Rotation Sums of Squared Loadings		
	Total	% of Variance	Cumulative %	Total	% of Variance	Cumulative %	Total	% of Variance	Cumulative %
1	3.758	62.633	62.633	3.758	62.633	62.633	2.872	47.874	47.874
2	1.571	26.188	88.821	1.571	26.188	88.821	2.457	40.947	88.821
3	.450	7.497	96.318						
4	.206	3.427	99.745						
5	1.398E-02	.233	99.978						
6	1.315E-03	2.192E-02	100.000						

Extraction Method: Principal Component Analysis.

● Rotation Sums of Squared Loadings：旋转后提取因子的载荷平方和.

④碎石图，如图 12-9 所示。

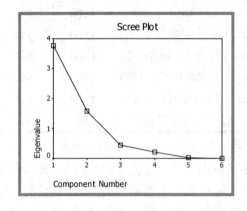

图 12-9 碎石图

碎石图的纵坐标为特征值（Eigenvalue），横坐标为因子数（Component Number），从图中可以看出前两个因子的特征值大（皆大于 1），图中折线陡峭，从第三个因子以后，折线平缓。因此，选择两个公共因子。

⑤因子载荷矩阵如表 12.4 所示。

表 12.4 Component Matrix（因子载荷矩阵）

	Component	
	1	2
X1 人均 GDP（万元/人）	.985	.144
X2 利用外资额（亿美元）	.714	.519
X3 公路密度（km/km^2）	.608	-.691
X4 平均受教育年限（年）	.819	-.430
X5 乡镇工业比例（%）	.526	.772
X6 人均固定资产净值（万元）	.981	-.149

Extraction Method: Principal Component Analysis.

a   2 components extracted.

由此表可知，提取了两个公共因子，如设 $F1$ 和 $F2$ 分别为第一、第二主因子，从而得出因子模型为：

$$x1 = 0.985 \cdot F1 + 0.144 \cdot F2$$
$$x2 = 0.714 \cdot F1 + 0.519 \cdot F2$$
$$x3 = 0.608 \cdot F1 - 0.691 \cdot F2$$
$$x4 = 0.819 \cdot F1 - 0.430 \cdot F2$$
$$x5 = 0.526 \cdot F1 + 0.772 \cdot F2$$
$$x6 = 0.981 \cdot F1 - 0.149 \cdot F2$$

从因子载荷矩阵和建立的因子模型看到，各因子的典型代表变量（除个别变量外）并不突出，不能对因子作出很好的解释。因此，对因子载荷矩阵施行旋转是非常必要的。

这里需注意，SPSS 作因子分析时，将变量和各公共因子进行标准化处理，即因子模型中的变量 $x1 \sim x6$ 都是均值为 0，方差为 1 的变量（即变量的 Z 得分），这里仍沿用原来的变量名。

⑥因子旋转后的因子载荷矩阵如表 12.5 所示。

表 12.5　Rotated Component Matrix [a]（旋转后的因子载荷矩阵）

	Component	
	1	2
x1 人均 GDP(万元/人)	.668	.738
x2 利用外资额(亿美元)	.220	.854
x3 公路密度(km/km^2)	.909	-.146
x4 平均受教育年限(年)	.906	.189
x5 乡镇工业比例(%)	-8.596E-02	.930
x6 人均固定资产净值(万元)	.851	.509

Extraction Method: Principal Component Analysis.
Rotation Method: Varimax with Kaiser Normalization.
a　Rotation converged in 3 iterations.

表 12.5 是对表 13.4 的因子载荷矩阵施行方差最大正交旋转后的结果，由此不难建立旋转后的因子模型。可以看出，第一主因子主要由变量 x3、x4 和 x6 决定，它们在主因子上的载荷分别为：0.909、0.906 和 0.851；第二主因子则主要由变量 x1、x2 和 x5 决定，它们在主因子上的载荷分别为：0.738，0.854 和 0.930。

表下注释：提取公因子方法是主成分分析法；旋转方法为方差最大正交旋转法；旋转经 3 步迭代得到。

⑦因子转换矩阵如表 12.6 所示。

表 12.6　Component Transformation Matrix（因子转换矩阵）

Component	1	2
1	.771	.636
2	-.636	.771

Extraction Method: Principal Component Analysis.
Rotation Method: Varimax with Kaiser Normalization.

旋转前的因子载荷矩阵乘以因子旋转矩阵等于旋转后的因子载荷矩阵。

⑧因子载荷图如图 12-10 所示。

由于本问题中提取了两个公因子，所以输出二维平面图。从因子载荷图上可以看到，旋转后在主因子为坐标轴的二维平面上原变量的位置。

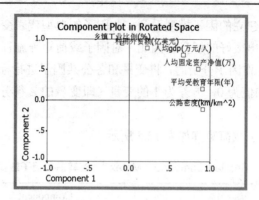

图 12-10   因子载荷图

⑨因子得分系数矩阵如表 12.7 所示。

表 12.7   Component Score Coefficient Matrix（因子得分系数矩阵）

	Component	
	1	2
x1 人均 GDP（万元/人）	.144	.238
x2 利用外资额（亿美元）	-.064	.376
x3 公路密度（km/km^2）	.405	-.236
x4 平均受教育年限（年）	.342	-.073
x5 乡镇工业比例（%）	-.205	.468
x6 人均固定资产净值（万元）	.262	.093

Extraction Method: Principal Component Analysis.

Rotation Method: Varimax with Kaiser Normalization.

Component Scores.

因子模型将变量表示成公共因子的线性组合，自然也可以将公共因子表示成原始变量的线性组合。据选择计算因子得分的回归方法，即将公因子对变量 x1～x6 作线性回归，得到系数的最小二乘估计就是所谓的因子得分系数：

$$\hat{C} = A^{\mathrm{T}} \cdot R^{-1}$$

其中矩阵 A 为旋转后的因子载荷矩阵，R^{-1} 为相关系数矩阵的逆矩阵。

根据因子得分系数和原始变量的观测值可以计算出各个观测量的因子得分：

$$\hat{F} = A' \cdot R^{-1} \cdot X$$

或者

$$F1 = 0.144\,x1 - 0.064\,x2 + 0.405\,x3 + 0.342\,x4 - 0.205\,x3 + 0.262\,x4$$
$$F1 = 0.238\,x1 + 0.376\,x2 - 0.236\,x3 - 0.073\,x4 + 0.468\,x3 + 0.093\,x4$$

由于在图 12-6 的 Save 对话框中选择了 Save as variables 选项，所以在工作文件中，保存了两个新变量：fac_1，fac_2，这两个变量的观测值就是根据上面的表达式计算出来的。根据计算出的因子得分，作出因子得分图，可为变量分类提供参考。

⑩因子得分的协方差矩阵如表 12.8 所示。

表 12.8 Component Score Covariance Matrix

因子得分的协方差矩阵

Component	1	2
1	1.000	.000
2	.000	1.000

Extraction Method: Principal Component Analysis.
Rotation Method: Varimax with Kaiser Normalization.
Component Scores.

由于因子得分的协差阵为单位矩阵，说明提取的两个公因子之间是不相关的。

根据上述分析，基本上可以将 6 个变量按照高载荷分成两类，可以结合专业知识给各因子命名，例如在第一主因子中，有 x3、x4、x6，这些变量都是与基本建设和国民素质有关的，是发展经济的基础条件，不妨称为条件因子。在第二主因子中有 x1、x4、x5，它们都与资金或创造价值有关的，不妨称为资金因子。

习 题

12.1 归纳 SPSS 的哪些统计分析过程中，可以输出变量之间的协方差矩阵和相关系数矩阵？

12.2 试用例 12.2.1 中输出的数据结果，作以下计算：

（1）借助 Compute 命令验证表 12.2 中共同度 Extraction 一列的每一个数值，分别等于旋转前后的因子载荷表 12.4 和表 12.5 中两列主因子对应数值的平方和。并由变量 $x_i (i=1, \cdots, 6)$ 的方差等于 1 的事实，计算出特殊因子的方差值。

（2）用矩阵乘法验证旋转前的因子载荷矩阵（表 12.4）乘以因子旋转矩阵（表 12.6）等于旋转后的因子载荷矩阵（表 12.5）。

（3）用因子得分的表达式计算各观测量的因子得分，并与保存于工作文件中的变量 fac_1 和 fac_2 的变量值进行比较。（提示：将原始变量值标准化后再计算。）

12.3 使用习题 11.5、习题 11.6 和习题 11.7 的数据，对相应问题中的变量作因子分析。

12.4 测量某新产品的 10 种型号的 5 项指标，得到如下数据表：

型号	x1	x2	x3	x4	x5
1	114.30	85.89	113.00	106.87	108.97
2	113.50	87.65	121.15	108.79	96.95
3	120.10	94.20	122.30	112.78	99.87
4	87.99	67.50	98.80	97.01	86.19
5	945.00	66.50	100.90	87.99	111.20
6	115.00	98.05	118.20	104.82	108.34
7	97.82	75.88	101.55	94.98	110.09
8	113.55	60.75	104.45	90.95	117.27
9	134.34	99.99	122.50	107.77	108.80
10	150.90	101.00	102.86	117.97	110.79

试根据这些资料对该新产品的各项指标作因子分析。

12.5 已知影响粮食产量的指标有：农村劳动力（万人）x1、播种面积（万亩）x2、有效灌溉面积（万亩）x3、化肥施用量（万吨）x4、大牲畜存栏数（万头）x5、生猪存栏数（万口）x6 等 6 项指标，今调查某省 10 个产粮区的数据如下表。

地区编号	x1	x2	x3	x4	x5	x6
1	74.94	498.19	9.25	119.47	39.26	48.13
2	77.00	129.64	6.70	88.08	23.91	35.84
3	81.82	201.11	12.90	148.26	42.53	39.03
4	78.42	203.45	14.93	158.87	44.64	56.56
5	81.44	619.48	6.65	128.55	61.17	85.18
6	84.71	467.02	6.17	111.99	56.54	62.94
7	77.33	508.17	6.32	126.86	48.22	43.16
8	84.65	613.55	8.25	187.19	54.61	40.33
9	85.55	202.27	4.49	88.50	30.79	21.30
10	73.55	319.48	4.13	107.61	23.08	37.23

试采用因子分析法研究各变量之间的关系。

第13章　图形生成过程

统计图是显示统计分析结果的一种直观形式。它具有简明扼要、形象生动、通俗易懂等特点。在一些场合下，它作为统计分析结果的组成部分起到补充说明的作用。当对数据所反映的现象不甚了解的时候，做出直观图形，有助于寻求适宜的模型或者统计方法，这时候，它又是人们最终得到正确统计分析结果的先导。

SPSS 具有强大的图形输出功能。可根据数据结构直接选择 Graphs 菜单中的各项功能生成相关的图形，为用户提供多种多样的、形式各异的统计图像。SPSS 不仅可以输出平面图形，还可以输出 3-D 图形，输出的图形样式可谓千变万化。SPSS 的主菜单的 Graphs（图形）菜单项中包含一系列图形生成功能项，本章仅介绍常用的若干统计图形的生成过程。

13.1　图形库与交互式图形输出

Graphs 菜单项中的第一个功能项为 Gallery（图形库），单击它打开一个标题为 Main Chart Gallery(主要图形库)的帮助窗口，该窗口里显示 SPSS 提供的各种图形的图标(Icon)，如图 13-1 所示。各种图标代表的图形类如下：

- Bar（条形图）
- Line（线形图）
- Area（面积图）
- Pie（饼形图）
- High-Low（高低图）
- Pareto（巴列特图）
- Control（控制图）
- Boxplot（箱图）
- Error Bar（误差条形图）
- Scatter（散点图）
- Histogram（直方图）
- Normal P-P（正态累积概率图）
- Normal Q-Q（正态分位数图）
- Sequence（时间序列图）
- Autocorrelations（自相关图）
- Cross-Correlations（交叉相关图）
- Spectral（衰变图）

单击图库中某一图标，将弹出介绍该类图形

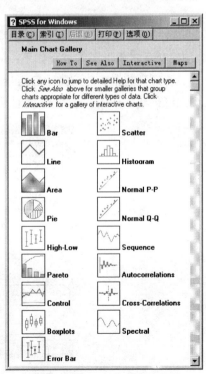

图 13-1　主要图形图库

的帮助信息窗口。单击窗口上的按钮，将展开下一级图形帮助窗口，从这些窗口中可以获得关于图形的详细信息、辅导和帮助。

13.2 交互式图形输出

SPSS 的 Graphs 菜单项中的第二个功能项为 Interactive（交互式），单击该项，在展开的子菜单（如图 13-2 所示）中提供了创建交互式图形的选项：Bar（条形图）、Dot（点图）、Line（线形图）、Ribbon（带形图）、Drop-Line（点线图）、Area（面积图）、Pie（饼形图）、Boxplot（箱图）、Error Bar（误差条形图）、Histogram（直方图）、Scatterplot（散点图）。

选择需要创建的图形，打开交互图形对话框，用户可以在这个对话框按照人机对话方式选择变量，设置图形的类型、维数、坐标轴方向、坐标轴比例、标题、图形外观等，最后单击确定按钮便输出所需要的图形，在这里既可以创建二维平面图，又可以创建三维立体统计图，并且允许对创建的图形作进一步的编辑。

图 13-2　交互图选项

由于创建各种交互图形的方法大同小异，我们仅选择其中的交互式条形图作简单介绍。

13.2.1　交互式条形图

创建交互式条形图的过程如下：

（1）打开数据文件，执行 Graphs→Interactive→Bar 命令，打开如图 13-3 所示的 Create Bar Chart（创建条形图）对话框。此对话框的 Assigh Variables 选项卡用于设置变量和图类型。

图 13-3　创建条形图变量设置选项卡

①单击右上角的 3-D Coordinate 按钮，展开下拉式菜单，如图 13-4 所示。从中选择下

列 3 种图形之一为要创建的图形，其中：

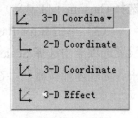

- 2-D Coordinate 为平面二维图，选择此种图形时，可以点击按钮 📊 🎏 选择条形的方向。
- 3-D Coordinate 为三维坐标系条形图。以下假定选择此种形式的图来说明。
- 3-D Effect 为具有三维效果的条形图。

图 13-4　图类型选项

②从源变量框中最好选择两个 Ordinal 测度的分类变量，用鼠标将它们拖拽到水平空白框中。分别作为横坐标轴 X1 和纵坐标轴 X2，选择 Count（计数）或者 Scale 测度的变量作为竖坐标轴 Y。

③选择分类变量拖入 Legend 栏中的 Color 框和 Style 框，将图形元素分类，并从框边的按钮中选择输出 Cluster（分簇）图还是 Stack（堆栈）图，如果选择输出堆栈图，本选项卡上方的选项% Stacked 被激活，选择它将输出 100% 比例的堆栈图。

④选择分类变量拖入 Panel（背景壁版），将按此变量分成不同版面输出图形。

⑤当选入竖坐标轴框中的变量为 Scale 测度的变量时，从选项卡中被激活的 Bar Represent 框中选择条块代表的统计量。单击框边的箭头按钮，展开下拉式列表，其中排列有 Means（均值）、Medians（中位数）、Modes（众数）等统计量。选择 Display Key 将显示选择的统计量数值。条形图的统计意义可参见 13.3 节。

（2）单击 Bar Chart Options（条形图选项）卡，打开如图 13-5 所示的对话框。

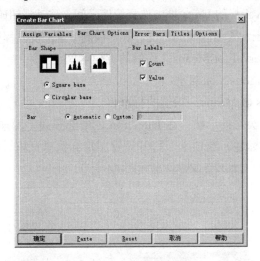

图 13-5　条形图属性选项卡

①Bar Shape 栏内提供 3 种输出图中条块形状：矩形、棱锥形、尖顶形。

- Square base：条块为四方底，系统默认选项。
- Circular base：条块为圆形底。

②Bar Labels 栏内确定显示在条块上的标签，其中有 Count（观测量数）和 Value（统计量值）两个复选项。

③Bar 的两个单选项用于设置图形的起始位置，系统默认选项为 Automatic（自动确定），

选择 Custom（自定义）在旁边的小框内键入起点数值。

（3）单击 Error Bars （误差条图）选项卡，打开如图 13-6 所示的对话框。当在变量设置选项卡中选择 Scale 测度的变量作因变量且选择显示概述统计量 Means 时，此选项卡中各选项才能被激活。在这里设置误差条图的属性。

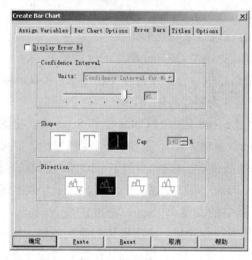

图 13-6　误差条图选项卡

- Display Error Bar：显示误差图。

在 Confidence Interval 栏的 Units 框中选择置信区间，移动滑钮确定置信概率，在选定置信水平下，误差条长度表示置信区间的长度，表明被测度量的变异程度，可选择的测度量有：

- ➢ Confidence Interval for Means：均值的置信区间。
- ➢ Standard Deviations：标准差。
- ➢ Standard Errors of Means：均值的标准误。

在 Shape 栏中选择误差条形状；在 Direction 栏中选择误差图连线的方向。

（4）点击 Titles（标题）选项卡，打开设置图形标题对话框，如图 13-7 所示。

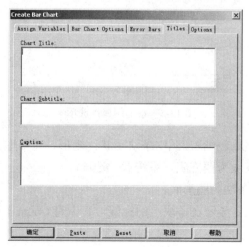

图 13-7　标题选项卡

在对话框的 3 个栏内分别输入：Chart Title（图标题）、Chart Subtitle（子标题）和 Caption（副标题）。

（5）单击 Options 选项卡，打开如图 13-8 所示的对话框。在这个对话框里设置输出的交互式图形的另外一些选项。

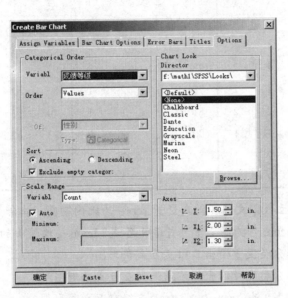

图 13-8　Options 选项卡

①Categorical Order 栏，用于设置交互图中代表分类变量各类条块的排列次序，在 Variable 框中指定分类变量；在 Order 框中选择排序标准，如选择按 Values（变量值）、Label（值标签）等排序，也可以选择按另一个变量的概述函数值排序，当选择按概述函数值排序时，下方的 Of 框被激活，从该框的下拉式列表中指定一个变量。

Sort 选项中包括：Ascending 和 Descending，选择前者按升序排序，后者按降序排序。

选项 Exclude Empty Categories 决定是否排除无数据的空类。

②Chart Look 栏，用于设置交互图形的外观，系统提供了 8 种图形的外观格式文件，可以任选其中一种。系统默认的是"None"，即不作外观设置。

③Scale Range 栏，用于确定变量的比例范围。

④Axes 栏，用于确定 3 个坐标轴的长度。

选定各选项后，单击"确定"按钮，生成的交互式图形将在输出窗口中显示出来。

13.2.2　交互式条形图实例

例 13.1.1　设从某年级的全体学生中随机地抽出 30 名学生，记录了他们统计学原理考试成绩（score）、成绩等级（grade）、性别（sex）和班级（class）的数据资料，列于表 13.1 中。

表 13.1　考试成绩数据资料

score	grade	sex	class	score	grade	sex	class	score	grade	sex	class
71	3	1	1	80	2	1	1	53	5	2	1
68	4	2	1	81	2	2	1	77	3	1	2
69	4	2	2	57	5	2	2	79	3	1	1
76	3	1	1	77	3	2	2	83	2	1	2
61	4	1	2	78	3	1	1	91	1	2	1
74	3	1	2	78	3	2	1	83	2	1	2
72	3	1	1	81	2	2	1	79	3	2	2
74	3	1	1	90	1	2	1	83	2	2	1
75	3	2	1	82	2	1	2	95	1	1	2
71	3	2	2	82	2	2	2	86	2	2	1

利用这些数据建立数据文件（约定变量 score 为比例测度，其余 3 个变量皆为定序测度的分类变量），以 score 作为因变量，并输出各类 Means（均值）的交互式条形图：

（1）以 grade 作分类变量输出二维交互式条形图。

（2）以 grade 作分类变量输出三维效果的交互式条形图。

（3）以 grade 作 X1 轴，sex 为 X2 轴的三维交互式条形图。

（4）以 grade 作 X1 轴，sex 为 X2 轴，以 class 作为 Panel 变量的三维交互式条形图。

各种图形的输出结果如下：

（1）在设置变量选项卡中选择 2-D Coordinate，将变量 grade 拖拽到横坐标框，将变量 score 拖拽到纵坐标框，其他选项均以系统默认为准，单击"确定"按钮，得到如图 13-9 所示的二维平面交互式条形图。

图中右上角的文字"Bars show Means"表明，各条块上面的数值分别为各等级成绩的平均值（系统默认的均值只取整数值）。下面为各等级人数，双击图形区域，在被激活的图形区域内，可以对条块颜色、间隔、数值显示位置、数值的精度、字体等所有的图形元素作进一步的编辑。交互式图形的编辑功能很强，限于篇幅不作详细介绍。本例中输出的图形都是经过编辑处理的。

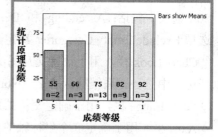

图 13-9　二维交互式条形图

（2）在设置变量选项卡中选择 3-D Effect，将变量 grade 拖拽到横坐标框，将变量 score 拖拽到纵坐标框。在条形图选项卡的 Bar Shape 栏内选择 Circular base。在 Options 选项卡中，指定 Y 轴长度为 1.50，X1 轴为 2.00，X2 轴为 1.50，其余选项均默认，单击"确定"按钮，输出圆形基底的条形图，如图 13-10 所示。

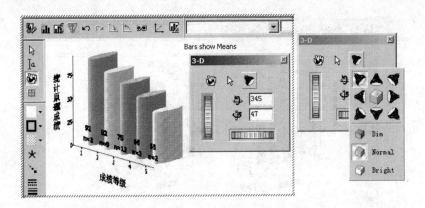

图 13-10　3-D 效果交互式条形图

双击图形区域，得到图 13-10 右边的 3-D 控制板，从这个对话框的外观不难看出它的作用，当旋转纵横排列的两个旋轮时，图形将随之旋转，两个文本框中的数值也随之变化，显示旋转的角度；当单击灯罩形按钮时，展开下拉式子框，从中可以选择光线的投射方向，单击下面的 Dim（暗）、Normal（标准）、Right（亮）按钮选择光的强度；单击小手形按钮，用鼠标扭动条形图，图形将随着鼠标扭动的方向转动，用鼠标快速扭动条形图并立即松开鼠标，条形图将自动地旋转。

图上方各按钮的功能用于变量设置、插入其他图形元素、图形管理等，图左边的一列按钮用于对相关图形元素的编辑。

（3）在设置变量选项卡中选择 3-D Coordinate，将变量 grade、set 分别拖拽到 X1、X2 坐标框，将变量 score 拖拽到 Y 坐标框. 其余选项仍选用（2）的设置。输出图形如图 13-11 所示。

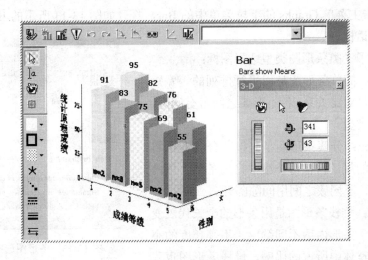

图 13-11　3-D 坐标交互式条形图

（4）各项设置与（3）相同，只是在设置变量选项卡中将变量 class 拖拽到 Panel 框中。输出的交互式图形图按变量 class 的两类区分两个版面显示。如图 13-12 所示。

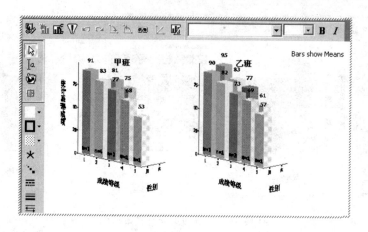

图 13-12   按 Panel 变量分版显示的 3-D 坐标交互式条形图

13.3   条形图生成过程

条形图是利用相同宽度条形的高低或长短表现统计数据大小或变化的统计图。条形图主要用于对一个或多个变量的概述性统计，条形的长度通常表示每一个分类变量的观测量数、占全部观测量数的百分比等。因此，一般只对包含分类变量的数据文件进行概述统计时才使用它。

13.3.1   条形图类型的选择

要输出条形图首先需要确定条形图的类型，其步骤如下：

（1）单击主菜单 Graphs 的下拉菜单中的 Bar，打开如图 13-13 所示的 Bar Charts（条形图）选择对话框。

这里显示了 3 类条形图类型选择图标：

①Simple：简单条形图是用平行排列的等宽矩形条表现的数量对比关系，各矩形条之间留有间隙，以区分不同的类型。

②Clustered：分簇条形图是先按一分类变量将样本分为不同的簇，再在每一簇中排列条形，簇内各条形无间隙，不同簇之间用间隙隔开。

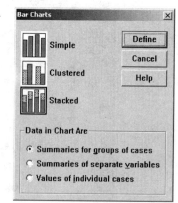

③Stacked：堆栈条形图是用条形的全长代表变量的整体，每一条形内用不同颜色、不等长度的小段显示各组在整体中所占的比例。堆栈条形图也称为分段条形图。

图 13-13   条形图选择框

（2）Data in Chart Are（图中数据的描述）子栏里，有如下 3 种描述方式选项：

● Summaries for groups of cases：观测量分类概述，先选择一个分类变量作为分类轴

（Category Axis），然后对每一个种类的观测量生成一个简单（分簇或堆栈）条形图。

● Summaries of separate variables：分变量概述，对应每一个变量生成一个简单（分簇或堆栈）条形图。这种方式至少要选择两个或两个以上的分类变量。

● Values of individual cases：单个观测量值概述，对应每一个变量生成按观测量的简单（分簇或堆栈）条形概述图。

确定了条形图类型后，再选择这个子栏里的一个选项，这样共可形成九种不同的搭配方式，产生九种不同的条形图。产生这些图形时，变量选择、参数设置的对话框除标题外完全相同，变量选择方法以及参数设置也相同。因此，仅选择其中的几种简要地加以介绍。

13.3.2　条形图变量及参数选择

1. 观测量分类概述的简单条形图

在图 13-13 所示的对话框中，选定 Simple 和 Summaries for groups of cases，单击 Define 按钮，打开如图 13-14 所示的对话框。

（1）从源变量框中选择一分类轴变量，移入 Category 框，此变量可以是数值型或字符型。

（2）从 Bar Represent 栏里选择一个选项，表示条形图中矩形条的统计意义，它们分别是：

● N of cases：观测量数 N。

● % of cases：各类观测量占全部观测量的百分比。

● Cumulative n of cases：至当前分类的累计频数。

● Cumulative % of cases：至当前分类的累计频率。

● Other summary function：其他概述函数，如选择此项，从源变量清单中选择一个数值型变量，移入 Variable 框里。这表示图的纵轴（Scale Axis）值为选定变量的这个统计量值。系统默认统计量值是该变量的均值（Mean）。如果需要改变它，单击 Change Summary（改变描述）按钮，打开如图 13-15 所示的 Summary Function 对话框。

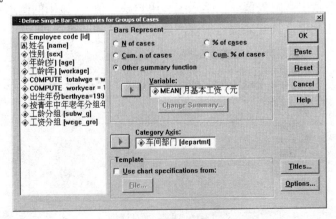

图 13-14　观测量分组概述对话框

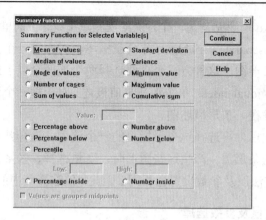

图 13-15   概述函数对话框

对话框中包含 3 组概述函数，其意义在前面的许多章节里都作过介绍，此处略去。

对话框下端有一个选项 Values are grouped midpoints（组中值），它只有在选择了 Median of values （中位数）或者 Percentile （百分位数）后方可被激活。如选择它，计算中位数或百分位数时，视观测量值在整个区间上是均匀分布的。

（3）在 Template（模板）栏中，如选择 Applies chart specifications from（应用指定的图形模板），单击 File 按钮，打开应用图形模板对话框，选择一个事先保存的模板文件（扩展名为：*.sct）。选用了某模板文件后，新生成的图形将按照选定模板的格式输出。这样可以保持输出图形格式一致，省去每次需要进行的图形编辑工作，这对用户来说是非常方便的。至于图形模板文件的建立将在图形编辑里予以介绍。

（4）单击 Titles 按钮，打开如图 13-16 所示的 Titles 对话框。在此框里为将要输出的条形图确定标题、副标题（Subtitle）和脚注（Footnote）。

（5）单击 Options 按钮，打开如图 13-17 所示的选项对话框，确定缺失值的处理。

Missing Values 栏的选项只有在要显示新图或者要对多个变量进行概述（不包括定义的分组变量）时方可使用。栏内选项所对应的缺失值处理方式已在多种统计分析功能中做过介绍。

- Display groups defined by missing values：显示缺失值组，是系统默认的选项。如果分类变量中有缺失值（包括系统和用户缺失值），显示的图形将增加缺失值组。如果不选此项，具有缺失值的观测量全部排除在图形之外。

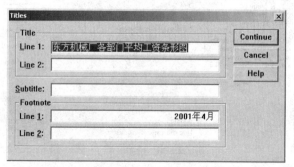

图 13-16   图标题对话框

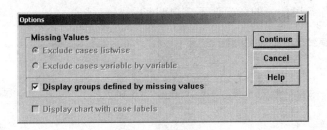

图 13-17 Options 对话框

- Display chart with case labels：显示附带观测量标签的图形，此选项在简单条形图中不起作用。

上述各选项、参数等确定以后，单击主对话框的 OK 按钮即可。

作为示例，以下输出的各类型的条形图都是使用记录东方机械厂职工情况的数据文件做出的。图 13-18 中的两张条形图为选择车间部门为分类轴变量，输出的各部门职工人数和各部门平均工资的条形图，图中各条块代表的数值可以从纵坐标上面区分出来。

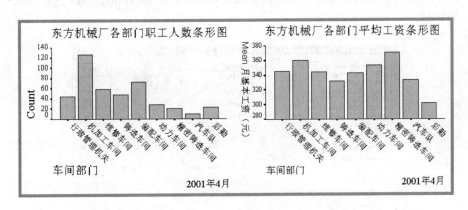

图 13-18 简单条形图示例

2. 区分变量概述的简单条形图

在图 13-13 所示的对话框中，选定 Simple 和 Summaries of separate variables，打开如图 13-19 所示的对话框。

从源变量清单中选择至少两个或多个数值型变量（可以是同一个变量也可以是不同的变量），移入 Bars Represent 框中。凡移入该框里的变量均可单击 Change Summary 按钮，打开与图 13-5 相同的对话框选择概述函数。对话框的其余选项和按钮功能均与前相同，不再重述。

如图 13-19 所示选择变量 wage（基本工资）分别按 Mean（均值）、STD（标准差）、Min（最小值）、MAX（最大值）、NGT［450］（工资 450 元以上的人数）、NLT［300］（工资 300 元以下的人数）描述。为了保持输出图形格式一致，将图 13-18 作为模板文件 bar plot.sct 保存到 C:\My Documents 中，本次输出时将它调出来，得到如图 13-20 所示的东方机械厂职工工资情况的条形图。图中各个条块上显示的数字是用图形编辑功能加上去的，根据这些数值，各条块代表的意义便不言自明了。

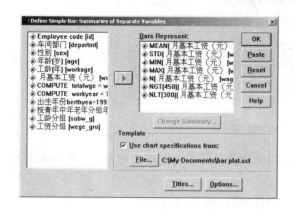

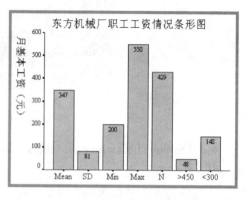

图 13-19　区分变量概述的简单条形图对话框　　　　图 13-20　分变量概述的简单条形图示例

3. 观测量值概述的简单条形图

在图 13-13 所示的对话框中，选定 Simple 和 Values of individual cases，打开如图 13-21 所示的对话框。

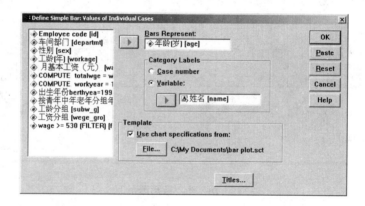

图 13-21　观测量值概述的简单条形图对话框

从源变量框中选择一个数值型变量，移入 Bars Represent 框中。在 Category Labels（分类变量标签）栏里可选择按 Case number（观测量序号）和按 Variable（变量）来标记类型。如选择 Variable，则必须选择一个标记变量移入框中，这个变量可以是数值型或者字符型的变量。对话框的其余选项和按钮功能与前相同。单击 OK 按钮运行。

需要指出，由于此种条形图是对观测量的，所以适合于观测量总数较少的数据文件，否则对每一观测量将产生一个矩形条，使得条块太多，以至于密密麻麻排列在一起，不便于观察。

仍以东方机械厂数据文件为例说明，由于该文件有 429 个观测量，不便直接使用它产生这种条形图。为此，首先执行 Data→Select Cases 命令，选取工资不低于 500 元的职工作为样本，再输出这些职工年龄的条形图，按图 13-21 的设置，得到如图 13-22 所示的条形图。图中显示工资不低于 500 元的 14 名职工的年龄。

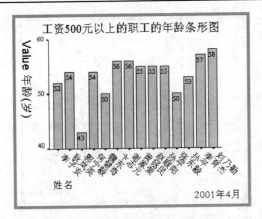

图 13-22　观测量值简单条形图示例

4. 观测量分类概述的分簇条形图

在图 13-13 所示的对话框中，选定 Clustered 和 Summaries for groups of cases，打开如图 13-23 所示的对话框。

（1）从源变量清单中选择分类轴变量移入 Category Axis 框里，此变量可以是数值型、字符型或者长字符型变量。再选择一个变量分簇变量移入 Define Clusters by（定义分簇）框中。

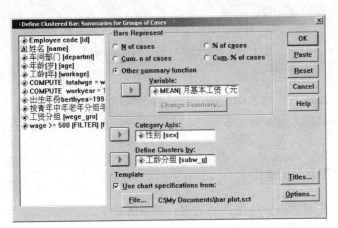

图 13-23　观测量分类概述的分簇条形图对话框

（2）在 Bars represent 栏里，选择一个统计量作为纵坐标轴（Scale axis），表示图中矩形条的统计意义。其余选项以及功能按钮的作用同 1. 中所述完全相同。单击 OK 按钮输出分簇条形图。图的每一簇都是由在类型变量的每一个水平上对簇变量的每一个值形成一个个条形构成的。

图 13-24 是东方机械厂职工按工龄分组的平均工资条形图。

图中工龄分组的 6 个组别分别用不同颜色的条形代表，每一个条形表示按分类变量性别和分簇变量工龄显示各工龄组中职工的月平均工资。例如条 6.00 代表工龄（工龄分组值为 6）25 年以上，两个分组中男女职工的平均工资。

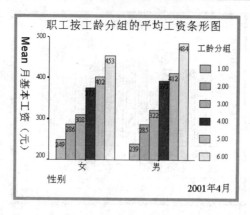

图 13-24　观测量分类概述的分簇条形图示例

其余生成分变量和单个观测量概述的分簇条形图、观测量分类、区分变量模式概述以及单个观测量概述的堆栈条形图的做法，与上述各种条形图做法基本相同，这里略去不再重述。

最后需要指出，Graghs 主菜单里，功能菜单项 Line（线形图）、Area（面积图）与 B 条形图变量选择以及参数设置大同小异。特别地，对于输出的一些条形图，如果在输出窗口内进行编辑的时候，可利用相关的功能选项转换成线形图、面积图。反过来，如果输出的是线形图或者面积图，在输出窗口进行编辑时，也可以转换成条形图。因此关于这两种图形的生成过程本书不再论及。

13.4　饼形图生成过程

饼形图（Pie Chars）也称为圆形图，它以整个圆域代表研究对象总体，按各构成部分占总体的比重大小将圆形划分成面积不等的扇区来表示现象总体内部结构及比例关系的一种统计图。

13.4.1　饼形图类型的选择

生成饼形图首先需要确定饼形图的类型，其步骤如下：

执行 Graphs→Pie 命令，打开如图 13-25 所示的 Pie Charts 选择对话框。

这里 Data in Chart Are（图中对数据描述模式）栏内有：

- Summaries for groups of cases：观测量分类概述模式，这种图将按类型变量的各个分组来描述变量。

- Summaries of separate variables：分变量概述模式，选择这个选项，可以对两个或两个以上的变量进行概述。在一个单个的饼形图中，将区分每一个变量进行概述。

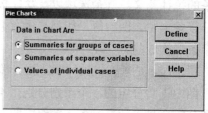

- Values of individual cases：单个观测量值

图 13-25　饼形图选择对话框

概述模式，饼形图的每一个扇形对应变量的一个观测量。

饼形图的类型选定后，单击 Define 按钮，打开变量选择及参数设置对话框。

13.4.2 饼形图变量及参数选择

1. 观测量分类概述饼型图

在图 13-25 所示的对话框里选择 Summaries for groups of cases，单击 Define 按钮，打开如图 13-26 所示的对话框。

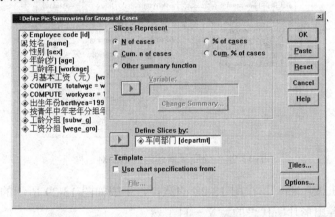

图 13-26 观测量分类概述模式饼形图对话框

（1）从源变量框中选择一个变量（可以是数值型、字符型和长字符型变量）移入 Define Slices by（定义扇形片）框，称这个变量为扇片分类变量。饼形图将对此变量的每一个分类产生一个扇形片。

（2）在 Slices Represent（扇形片表示）框中选择扇形表示的统计量，其中选项与图 13-14 相同。如选择 Other summary function，需选择一个数值型变量移入 Variable 框，并且单击 Change Summary 按钮，打开如图 13-15 所示的概述函数对话框，并从中选择一个描述统计量。

对话框其余选项及功能按钮的作用与图 13-14 中观测量分类概述简单条形图中的介绍完全相同。

作为示例，仍使用文件"机械厂.sav"，选择变量 departmt（车间部门）移入 Define Slices by 框，扇形片表示栏选择系统默认的 N % Cases（观测量数），其余缺省，单击 OK 按钮，生成如图 13-27 所示的饼形图。图中各扇形条的统计意义是显然的。

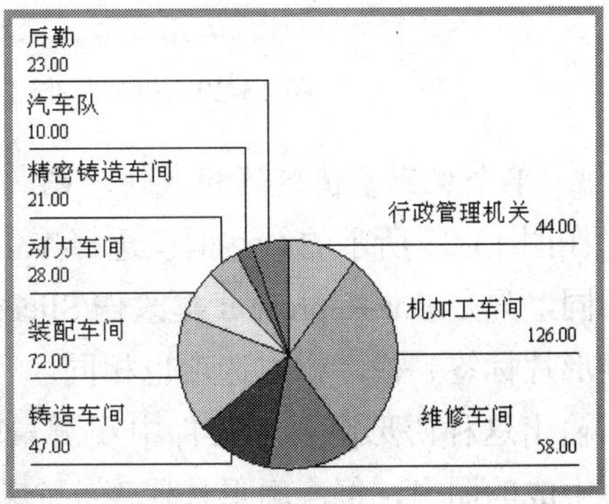

图 13-27 机械厂各部门职工人数的饼形图

2. 分别变量概述模式饼形图

在图 13-25 所示的对话框里，选择 Summaries of separate variables，打开如图 13-28 所示的对话框。利用此对话框可以生成两个或两个以上的变量的饼形图。

从源变量清单中至少选择两个或多个数值型变量移入 Slices Represent 框。饼图将对选择的每一个变量用概述函数予以描述。如果需要改变概述函数，单击 Change Summary 按钮打开如图 13-15 所示的概述函数对话框来选择。其余按钮功能与前相同，单击 OK 按钮即可。

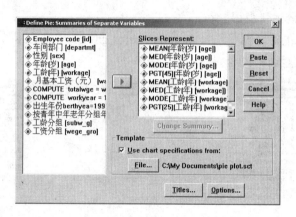

图 13-28　分变量概述的饼形图对话框

使用文件"机械厂.sav"，按图 13-28 的选择，生成如图 13-29 所示的饼形图，图经简单编辑后，图中各扇形片所代表的意义一目了然。

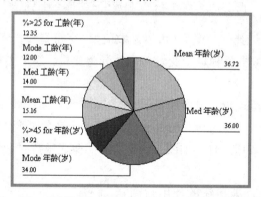

图 13-29　机械厂职工年龄和工龄有关统计概述饼形图

3. 单个观测量值概述模式饼形图

在图 13-25 所示的对话框里选择 Values of individual cases，打开的对话框与图 13-19 基本相同，只是 Bar Represent 框改作 Slices Represent 框；Category Label 栏改作 Slice Labels（扇形片标签）栏，栏内选项也相同。

输出这种饼形图要求文件中观测量较少，操作方法与观测量值概述的简单条形图相同。生成的图中，每一扇形片代表一个观测量值。

13.5　巴列特图生成过程

巴列特图（Pareto Charts）也称为主次因素图或 A、B、C 分类图，它是用来分析影响产品质量主要因素的一种统计图。影响产品质量的因素一般有很多，但是各种因素影响的程度互不相同，往往具有关键作用的主要因素只是其中的少数几个。把握了这几个主要因素，并集中力量来解决它们对提高管理水平具有重要意义，它在其他经济问题的研究中也有广泛的应用。

生成巴列特图时，一般先将影响因素进行分类，然后按照影响因素的大小将诸因素顺次排列在横坐标轴上，以纵坐标为总和或者频数形成直方图，计算累计频数，作出累计频数曲线，这样的统计图就是巴列特图。

13.5.1　巴列特图类型的选择

要输出巴列特图首先需要确定巴列特图的类型，其步骤如下：

单击主菜单 Graphs 的下拉菜单中的 Pareto，打开如图 13-30 所示的 Pareto Charts 初始选择对话框。

从对话框看到可生成两类巴列特图：Simple（简单巴列特图）和 Stacked（堆栈巴列特图）。

Data in Chart Are（图中数据描述模式）栏内有 3 个单选项：

图 13-30　巴列特图选择框

- Counts or sum for groups of cases：　观测量分类数目或数值和模式。这种图将按一个类型变量的各类形成一个个条形，分类按照降序排列，每个条形表示各类观测量数目或数值和。附在条形上方的曲线显示累计频数和。

- Sums of separate variables：区分变量累计和模式。选此选项，可以显示两个或更多个变量的累计和。

- Values of individual cases：单个观测量值模式。数据文件每一个观测量作为一类显示。

巴列特图的类型和显示模式组和搭配，可以生成 6 种不同的巴列特图，选择其中的一种搭配后，单击 Define 按钮，打开相应的对话框进行变量和参数选择。

13.5.2　巴列特图的变量及参数选择

1. 观测量分类数目或数值和模式的简单巴列特图

在图 13-30 所示的对话框中，选择 Simple 和 Counts or sum for groups of cases，单击 Define 按钮，打开如图 13-31 所示的对话框。

（1）从源变量清单中选择一个类型变量移入 Category Axis 框中，作为分类轴变量。

（2）Bars Represent 栏中有两个选项：

- Counts：计数。选此项时，巴列特图的每一个条形的高表示该分类的观测量数目，条形按降序排列。

- Sums of variable：变量累计和。选此项时，需从源变量清单中选择一个数值型变量移入变量小框，则每一个条形的高表示选择变量按类型变量的每个值的计算的累计和，条形按降序排列。

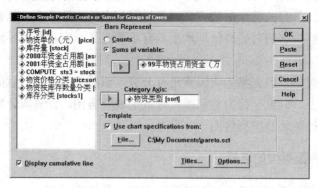

图 13-31　观测量分类数目或数值和的简单巴列特图对话框

（3）选择 Display cumulative line（显示频率累计线），生成的图形中附带巴列特频数
累计曲线。此项为系统默认选项。

对话框其余选项或按钮功能项与 13.2 节所述相同。

作为示例我们引用记录着某厂 1999 年和 2000 年生产某种产品过程中所需的 25 种库
存物资的数据资料，如表 13.2 所示。

表 13.2　某厂生产所需的 25 种库存物资的 A、B、C 分类表

物资编号 （id）	物资类型 （sort）	不变价格 （pice）	99 年占用资金 （assets）	2000 年占用资金 （assets1）
1	2	9.20	7.8200	7.8600
2	3	1.00	.0030	.0042
3	2	27.00	3.2400	3.6550
4	3	2.50	.0025	.0023
5	3	43.00	.0043	.0046
6	3	850.00	1.1900	1.2200
7	1	470.00	50.7600	52.7600
8	3	1.00	.0020	.0022
9	1	29.00	17.4000	18.5400
10	2	10.00	8.0000	8.6800
11	3	35.00	.0070	.0076
12	2	720.00	6.4800	6.8500
13	3	23.00	2.3000	2.2000
14	3	.80	.0080	.0082
15	2	1125.00	4.1675	4.1600
16	3	1.80	.0027	.0029
17	3	2.00	.0144	.0155
18	1	6.00	3.6000	3.5800
19	3	65.00	.0195	.0208
20	3	16.00	.0320	.0310
21	3	25.00	.5000	.5280
22	3	89.00	1.0680	1.0440
23	3	35.00	.7000	.7200
24	2	11.50	2.7800	2.8560
25	2	25.00	1.0000	1.2000

该资料中各个变量名称如表中所示，其中物资类型的 1 代表 A 类物资是占用资金较多的重要物资；2 代表 B 类物资；3 则代表价值较低、用量较小、占用资金较少的 C 类物资，试根据表列数据生成 Pareto 图。

利用 Pareto 图可对不同类的物资实行不同的管理方法，对占用资金量大的 A 类物资应加强资金管理，如加强仓库保管，减少损耗，选择合理的订货批量，尽量缩短采购间隔来减少库存等。对占用资金较少的 C 类物资，则不宜采用频繁采购的方式，可以考虑一次购进较大批量减少采购次数、降低运费。

操作步骤如下：

（1）根据表列数据，建立数据文件。

（2）如图 13-31 所示选择类型轴变量，条形表示 1999 年物资占用资金（万元）的数值和，并使用指定模板文件 "C:\My Documents\Pareto.sct"，其余选项默认。单击 OK 按钮运行后，可得到如图 13-32 所示的巴列特图。

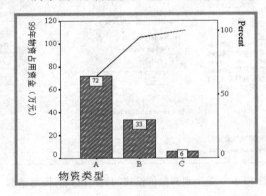

图 13-32　某厂 1999 年物资占用资金的巴列特图

巴列特图中每一条形上方的数值为该类物资占用的资金数量，图形右边框上显示的是各类物资资金占总资金的百分比。

2. 区分变量累计和模式的简单巴列特图

在图 13-30 所示的对话框中选择 Simple 和 Sums of separate variables，打开如图 13-33 所示的对话框。

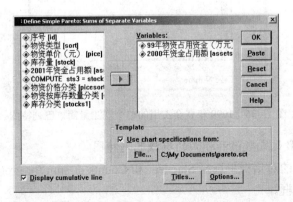

图 13-33　区分变量累计和模式简单巴列特图对话框

这种模式要求至少选择两个数值型变量移入 Variables 框，生成两个或多个代表各变量累计和的条形。

3. 单个观测量值模式的简单巴列特图

在图 13-30 所示的对话框中，选择 Simple 和 Values of individual cases，打开如图 13-34 所示的对话框。

（1）从源变量清单中选择一个数值型变量移入 Values 框中。

（2）在 Category Labels 栏里选择 Case number 或 Variable 之一，如果选择了后者，则需要选择一个变量移入 Variable 框。

其余选项和按钮功能如前所述。单击 OK 按钮。

生成的单个观测量值模式的简单巴列特图将分别用观测量序号数或变量标签加以标记。图 13-35 即按图 13-34 的选择生成的 1999 年资金占用的单个观测量模式的简单巴列特图。

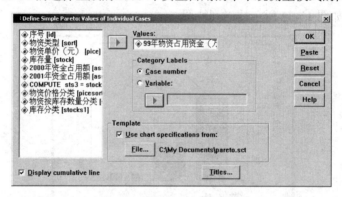

图 13-34 单个观测量值模式的简单巴列特图对话框

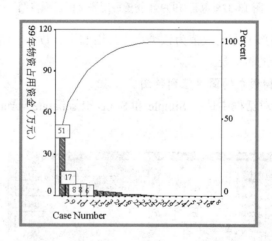

图 13-35 1999 年资金占用的单个观测量简单巴列特图

4. 观测量分类数目或数值和模式的堆栈巴列特图

在图 13-30 所示的对话框里选择 Stacked 和 Counts or sum for groups of cases，打开如图 13-36 所示的对话框。

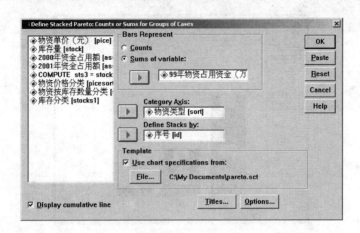

图 13-36　观测量分类数目或数值和模式堆栈巴列特图

从源变量框中选择一类型变量移入 Category Axis 框中，作为分类轴变量。选择一个变量移入 Define Stacks by（定义堆栈）框中，显示的按照轴分类变量的各类的条形中，各分段将根据这个变量来进行堆栈。Bars Represent 栏中选项以及其余选项都与前一种情况相同。

对于 1. 中使用的数据文件，按照图 13-36 选择变量，生成如图 13-37 所示的堆栈模式的巴列特图。

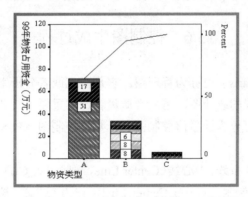

图 13-37　物资占用资金的堆栈巴列特图

5. 区分变量累计和模式的堆栈巴列特图

在图 13-30 所示的对话框里选择 Stacked 和 Sums of separate variables，打开与图 13-34 大致相同的对话框。不同之处仅多了一个 Catogary Axis（分类轴）框，需确定分类轴变量移入此框。

所生成的堆栈巴列特图中的条形是按照轴分类变量的各分类，针对选定的变量计算累计和进行堆栈。

例如使用表 13.2 的数据文件，将 1999 年和 2000 年资金占用额的两个变量 Assest 和 Assest1 移入 Variables 框，选择 Sort（物资类型）作为轴分类变量，得到如图 13-38 所示的堆栈 Pareto 图。

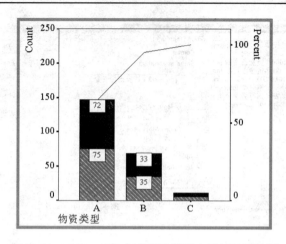

图 13-38　　1999、2000 年物资占用资金堆栈巴列特图

图中条形中用不同颜色显示的两个分段分别代表这两年的同一类物资所占用的资金额。

6. 单个观测量值模式的堆栈巴列特图

在图 13-30 所示的对话框里选择 Stacked 和 Values of individual cases，打开的对话框与图 13-36 大致相同。不同之处仅在于需要选择两个或多个数值型变量移入 Values 框。生成的图形相当于将形如图 13-37 的两张图按观测量堆栈在同一张图上。

13.6　控制图生成过程

控制图（Control Charts）也称为管理图。它是研究或者分析生产过程（或工序）的稳定性的一种带有控制界限的统计图，是生产质量管理的重要工具之一。

控制图按照统计量可分为计量值控制图和计数值控制图。SPSS 的控制图过程可以生成这两类控制图。

控制图上一般都有 3 条线：中心线（Center Line，一般记为 CL）、上控制限（Upper Center Line，记为 UCL）、下控制限（Lower Center Line，记为 LCL）。控制图是将被控制的特征值点描在图上，如果点全部都落在上、下控制线之间，而且点的散布没有什么明显的缺陷（如倾向性、周期性、或过于靠近控制线等），就认为生产过程处于统计控制状态；否则就认为生产过程中存在异常，需要查明原因，消除异常。控制图的控制限就是判断生产过程（或工序）的稳定性的基准，它是根据概率统计的 3σ 原则按照一定公式计算出来的。

13.6.1　控制图类型的选择

要生成控制图首先需要确定控制图的类型，其步骤如下：

（1）执行 Graphs→Control 命令，打开如图 13-39 所示的 Control Charts 选择对话框。这里有 4 种控制图类型：

- X-Bar, R, s 是在整个时间过程中一个工序测量的控制图。X-Bar 图是整个时间过程或者每一组测量值的均值控制图；R 图是每一组测量值的极差控制图；s 图是每一组测量值的标准差控制图。选择此选项生成的总是包括两种组合控制图，一种是 X-Bar-R 组合控制图，另一种是 X-Bar-s 组合控制图。

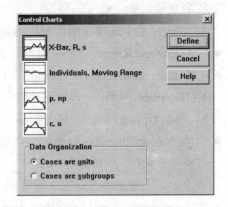

- Individuals，Moving Range 是单个值、移动极差控制图，选择这个选项生成单个值-移动极差组合控制图。

- p，np 是不合格品率或者不合格品数控制图。p 图是每组或者整个时间区间上的不合格品率控制图，np 图是实际的不合格品数控制图。

图 13-39　控制图类型选择对话框图

- c，u 是缺陷数或缺陷率控制图。c 图是在一个固定样本容量情况下的缺陷数控制图，u 图则是当样本容量不固定时的单位缺陷数控制图。

（2）Data Organization 栏有两种数据的组织方式：

- Cases are units：以观测量为单位（观测量值排列于同一变量）。这种数据组织方式需要用一个指定合格品和不合格品特征的变量定义分组。

- Cases are subgroups：观测量作为分组，同一时间或同一组的单位作为不同的变量的观测值，这种组织方式要求每组的样本数目必须是相等的。

将同一原始测量数据按两种方式组织数据文件，生成的控制图是相同的。从控制图类型和数据组织方式组合搭配，共计可以生成 7 种不同的控制图，以下有选择地予以介绍。

13.6.2　各种控制图变量选择及参数定义

1. 以观测量为单位的数据生成 X-Bar, R, s 控制图

在图 13-39 所示的对话框里，选定 X-Bar, R, s 和 Cases are units，单击 Define 按钮，打开如图 13-40 所示的对话框。

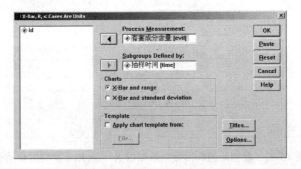

图 13-40　以观测值为单位的数据的 X-Bar, R, s 控制图对话框

（1）从源变量框中选择一个数值型变量移入 Process Measurement（工序测量）框，该变量的观测值是被测量对象的实测值。

（2）选择分类变量移入 Subgroups Defined by（定义子组）框，这个变量可以是数值型、字符型变量。

（3）Charts 栏中选项表示控制图的显示模式：

● X-Bar and Range：均值-极差组合控制图。

● X-Bar and standard deviation，均值-标准差组合控制图。

（4）Template 和 Titles 按钮的功能与前面各节所述相同。

（5）单击 Options 按钮，打开如图 13-41 所示的选项对话框。

● Number of Sigmas：σ 数值，指中心线至上、下控制线之间的根据正态分布计算的标准差数值，默认值为 3，即中心线至上、下控制线之间的距离为 3σ。

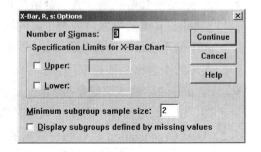

● Specification Limits forX-Bar Chart：指定 X-Bar 控制图的控制线，在被激活的 Upper（上控制线）、Lower（下控制线）框内输入指定的数值。

● Minimum subgroup sample size：子组的最小样本容量，默认值为 2。可以指定它的数值，如果某组的样

图 13-41   X-Bar,R,s 图选项对话框

本容量小于这个指定的数值，该组将从所有的计算和图形中排除出去。

● Display subgroups defined by missing values：显示被缺失值确定的组，如选此选项，凡缺失值将单独作为一组在图形中显示出来，否则；所有缺失值都被排除在图形之外。

2. 观测量作为分组的数据的 X-Bar, R, s 控制图

在图 13-39 所示的对话框中选定 X-Bar, R, s 和 Cases are subgroups，打开如图 13-42 所示的对话框。

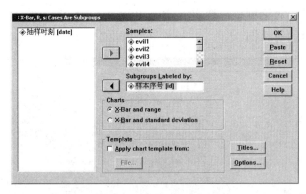

图 13-42   观测量值作为分组数据的 X-Bar, R, s 控制图对话框

（1）从源变量框中选择两个或多个记录工序测量值的数值型变量移入 Samples（样本）框。

（2）再选择一个变量移入 Subgroups Labeled by 框，这个变量可以是数值型、字符型或者长字符型变量。

这个对话框其余选项或功能按钮作用与 1. 相同。

当对于同一工序测量结果使用以上两种数据组织方式建立数据文件，选用 1.、2. 两种控制图显示方式，生成的控制图是相同的。作为示例我们对如下的测量结果输出控制图。

例 13.6.1　某工厂为了控制排放污水中的有害成分 Z，设置了一台连续工作的测试装置，该装置每隔 30 分钟抽取 5 个污水样品来测定其中有害成分 Z 的含量，从早晨 8：00 开始到 17：30 为止监测了 20 次，测得的有害成分 Z 含量（单位：ppm）数据的数据文件如图 13-43 所示。

	id	time	evil1	evil2	evil3	evil4	evil5
1	1	8:00	5.00	5.50	5.00	5.30	5.10
2	2	8:30	5.20	4.60	5.00	4.80	4.90
3	3	9:00	5.00	5.00	5.10	5.20	4.80
4	4	9:30	4.60	5.10	4.90	5.00	5.10
5	5	10:00	5.30	4.70	4.90	5.00	5.10
6	6	10:30	4.50	5.00	5.20	5.00	5.00
7	7	11:00	5.40	4.90	5.30	5.00	5.00
8	8	11:30	4.90	4.80	5.10	4.70	5.10
9	9	12:00	5.20	4.90	5.00	4.70	5.20
10	10	12:30	5.10	5.00	5.00	5.10	5.20
11	11	13:00	5.20	4.70	4.90	5.10	5.00
12	12	13:30	4.90	5.10	4.90	4.80	5.10
13	13	14:00	5.00	4.60	4.90	4.70	4.90
14	14	14:30	4.90	4.60	5.22	4.90	5.00
15	15	15:00	4.80	5.00	5.10	4.90	5.20
16	16	15:30	5.00	4.90	5.10	5.00	5.30
17	17	16:00	5.00	5.10	5.30	4.90	5.20
18	18	16:30	5.10	4.80	5.00	4.80	4.90
19	19	17:00	5.10	4.70	5.10	5.20	5.10
20	20	17:30	5.20	4.80	4.90	5.00	4.80

图 13-43　有害成分 Z 测量数据表

试根据这些数据生成污水中有害成分 Z 的控制图。

解决步骤如下：

（1）按照图 13-42 所示，将变量 evil1～evil5 移入 Sample 框内；选择变量 id 移入 Subgroups Defined by 框；Charts 栏中选择 X-Bar and Range，生成均值－极差组合控制图，其余选项均缺省。单击 OK 按钮生成如图 13-44 的控制图。

（2）控制图解释。

其中左图为均值（Mean）控制图，中心线 Average = 4.9992，它是全部观测值的总平均数；UCL = 5.2674，LCL = 4.7310；Sigma Level（σ 水平）：3，即指 σ = (UCL－Average)/3 = 0.0894。

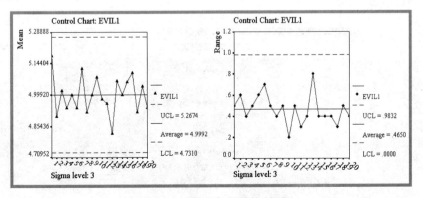

图 13-44　均值与极差控制图

右边的图为极差（Range）控制图，中心线 Average = 0.4950，它是每一次抽样测量的 5 个样本值中最大值与最小值之差的算术平均数。UCL = 0.9832，LCL=0.0000。UCL 的值是根据极差 R 的分布律借助相应的公式计算出来的。

如果在 Charts 栏里选择 X-Bar and Deviation，将生成 R-Bar 图和标准差控制图，其中 R-Bar 图（均值控制图）与前一种选择生成的均值控制图一样，标准差控制图如图 13-45 所示。

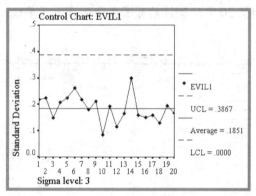

图 13-45　标准差控制图

图的中心线 Average = 0.1851 为标准差的平均值；UCL = 0.3867，LCL = 0.0000。

从这 3 个控制图不难看出，当天该厂排放出的污水中有害成分 Z 的含量均在控制线范围内，因此应该认为当天污水的排放中有害成分 Z 的含量是稳定的。

对图 13-43 的数据，将每一次抽取的 5 个样品测量值（共 100 个测量值）都作为变量 Evil 的观测值顺次排列，并定义变量 time（抽样时间），用它标记各次抽样的样品。这时使用 1. 的 X-Bar, R, s 控制图模式来生成控制图。按照图 13-40 设置变量，生成的控制图将与图 13-44 和图 13-45 完全相同，读者不妨一试。

3．单个值、移动极差控制图

选择控制图类型中的 Individuals, Moving Range 选项时，在 Data Oganization 栏里只允许选择 Cases are units。单击 Define 按钮，打开如图 13-46 所示的对话框。

（1）从源变量框中选择一个数值型变量移入 Process Measurement 框，这个变量的观测值是被测量对象的实测值。

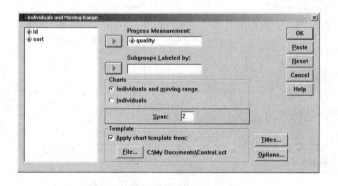

图 13-46　单个值和移动极差控制图对话框

（2）选择一个分类变量移入 Subgroups Defined by 框，也可以不选这个变量。

（3）在 Charts（图形）栏里选择控制图的显示模式，它们是：

- Individuals and moving range：生成单个值控制图和移动极差控制图。单个值控制图每个点代表一个观测值；移动极差控制图上的每个点代表观测值与前一个观测值的差。

- Individuals：选择此项将仅仅生成单个值控制图。

栏内 Span（间距）的值（≥2）用于计算移动极差，系统默认值为 2。Span 的意义是：如果设其值为 3，则从第三个观测量开始计算前 3 个观测量的极差，以后均以 3 为间隔，依次计算第 2 到第 4 个观测量的极差等。此外 Span 值也用于计算控制图的控制线。

对话框里的其余选项和功能按钮的设置和使用与前面所述相同。

例 13.6.2　从生产线上定时地抽出了 22 个产品，测得它们的某项主要质量指标的数值如下表所示。

Id	1	2	3	4	5	6	7	8	9	10	11
Quality	6.4	6.4	7.6	7.0	7.2	7.4	9.2	7.0	7.7	8.2	9.2
Id	12	13	14	15	16	17	18	19	20	21	22
Quality	8.8	7.6	9.4	9.0	7.5	8.0	6.8	7.8	6.7	9.9	7.0

试根据表中资料生成单个值和移动极差控制图。

解决步骤如下：

（1）以表中的 Id 和 Quality 为变量名，建立数据文件。

（2）按照图 13-46 选变量 Quality 移入 Process Measurement 框，其余选项缺省，单击 OK。生成如图 13-47 所示的单个值控制图和移动极差控制图，从控制图中点的散布状况可以断定，这一段时间内生产线基本处于稳定工作状态。

4. 以观测量为单位的数据的不合格品率和不合格品数控制图

在图 13-41RNFI 的对话框里，选定 p、np 和 Cases are units，打开如图 13-48 所示的对话框。

（1）从源变量框中选择一个表明质量特征的变量移入 Characteristic（质量特征）框，这个变量可以是数值型、字符型变量。

（2）Value to Count（变量值计数方式）栏有两个选项：

- Nonconforming：不合格品。在 Value 框输入表示不合格品特征的数值。例如质量特征变量为数量型的，以数值 1 代表合格品、用 0 代表不合格品，则须在 Value 框里输入数值 0。同理，如果质量特征变量为字符型的，以 Yes 代表合格品、No 代表不合格品，则需在 Value 框里输入值 No。系统将根据输入的数值计算不合格品率或者不合格品数。

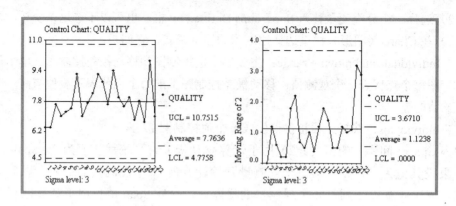

图 13-47　单个值控制图和移动极差控制图

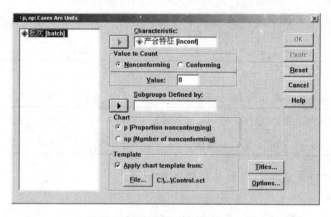

图 13-48　同类观测量值排列于同一变量 p, np 图对话框

- Conforming：合格品。在 Value 框里输入表示合格品特征的数值。

（3）选择一个类型变量移入 Subgroups Defined by 框。

（4）在 Charts（图形）栏里选择控制图的显示模式：

- p（Proportion of nonconforming）：生成不合格品率 p 控制图。

- np（Number of nonconforming）：生成不合格品数 np 控制图。

对于同类观测量值列于同一变量而各批样本容量不相等场合的数据资料，一般不用于生成不合格品数 np 控制图。

5. 观测量作为分组组织数据的不合格品率和不合格品率控制图

在图 13-39 所示的对话框里，选定 p、np 和 Cases are subgroups，打开如图 13-49 所示的对话框。

（1）从源变量框中选择一个记录每组中不合格品数量的数值型变量，并移入 Number Nonconforming（不合格品数）框。

（2）选择一个分类变量移入 Subgroups Defined by 框来标记分组。

（3）在 Sample Size（样本容量）栏里有两个选项：

- Constant：恒定的样本容量。若每次抽取样本的容量恒定应选此项，在小框里输入该样本容量的数值。

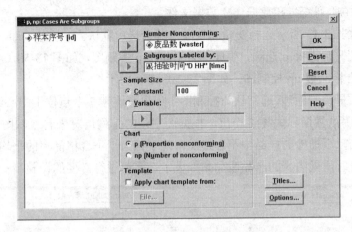

图 13-49　p, np 控制图对话框

- Variable：变动的样本容量。如果每次抽取样本的容量不同应选择这一选项，并将指定样本容量值的变量移到 Variable 框中。

（4）在 Charts 栏里选择确定控制图显示模式的选项。对话框里其余选项均与前面所述相同。

4.、5. 两类控制图通常称之为计件值控制图，产品中不合格品数服从二项分布，因此这两类控制图的中心线和控制线是利用二项分布的理论计算的。

例 13.6.3　从某月 1 日 10 时开始到 2 日 10 时止，在某厂产品生产线上每隔一小时随机地抽取 100 件产品样品进行检测，各样本中不合格品数记载于表 13.3 之中。试利用 Control 过程生成不合格品率以及不合格品数，来检验生产线生产是否稳定。

表 13.3　某厂产品样品中不合格品数值表

样本序号 id	采样时间 time	废品数 waster	样本序号 id	采样时间 time	废品数 waster
1	1：10	3	14	1：23	2
2	1：11	4	15	1：24	0
3	1：12	0	16	2：1	3
4	1：13	4	17	2：2	6
5	1：14	3	18	2：3	8
6	1：15	3	19	2：4	5
7	1：16	2	20	2：5	4
8	1：17	2	21	2：6	7
9	1：18	2	22	2：7	8
10	1：19	1	23	2：8	4
11	1：20	4	24	2：9	3
12	1：21	1	25	2：10	4
13	1：22	1			

解决步骤如下：

（1）按表中所列变量和数据建立数据文件。

（2）按照图 13-49 所示选择变量和选项，其余选项默认。

在 Charts 栏先后选择 p 选项，生成不合格品率 p 控制图，如图 13-50（A）所示。再选择 np，生成不合格品数 np 控制图，如图 13-50（B）所示。

根据工序质量控制原理，通常认为控制图中如果有连续 7 个点位于中心线的同一侧（称之为链），则说明测量指标偏离了均值。根据图中点的排列情况来看（以图（A）为例），从 2 日 2 时开始以后抽检的样品中不合格品率几乎都大于不合格品率的平均数 0.03，这一现象反映在这段时间里生产的产品废品率偏大了，需要进行必要的调整。

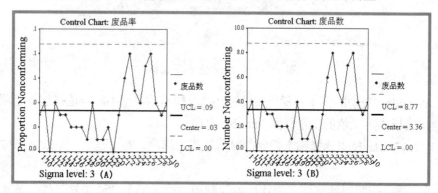

图 13-50　　　不合格品率 p 和不合格品数 np 控制图

至于图 13-39 的对话框中的"c, u"类型，针对两种数据组织方式生成缺陷数或缺陷率控制图，两类控制图通常称之为计点值控制图，所谓计点值，如布匹上的疵点个数、铸件上的砂眼数、喷漆表面的缺陷数等，这些缺陷数一般服从 Poisson 分布，因此图中中心线和控制线的计算是利用 Poisson 分布的理论进行的。

对话框与操作方法都与 4.、5. 基本相同，此处不再赘述，本章末的习题 13.3~习题 13.5，提供适合生成这两种图形的数据，留给读者练习。

13.7　箱图生成过程

在 5.3 节（数据探索过程）里曾介绍过箱图的意义，它是描述变量值分布的一种统计图形。借助于箱图可以观察到变量值的中位数、四分位数以及探索和发现一些异常的或者极端的变量值。SPSS 提供的箱图（Boxplots）过程可以生成各种更加复杂的箱式图。

13.7.1　箱图类型的选择

生成箱图首先要确定箱式图的类型，其步骤如下：

（1）执行 Graphs→Boxplots 命令，打开如图 13-51 所示的 Boxplot 类型选择对话框。这里给出了两种类型的箱图：

● Simple：简单箱式图，对分类轴变量的每个类型生成一个箱图。

● Clustered：分簇箱式图，或复式箱图，对分类轴上的变量的每一类型生成一簇箱图，每一簇中箱图都用区分变量显示。

（2）在 Data in Chart Are 栏中有：

● Summarizes for groups of cases：观测量分组概述。

● Summarizes of separate variables：分别变量概述。

从两种控制图和图中数据表示方式中各选择一项组合，可以生成 4 种不同的箱式图，以下简要地予以介绍。

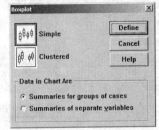

图 13-51　箱图类型选择对话框

13.7.2　箱图变量选择与参数设置

1. 观测量分组概述的简单箱式图

在图 13-51 所示的对话框中选定 Simple 和 Summarizes for groups of cases，单击 Define 按钮，打开如图 13-52 所示的对话框。

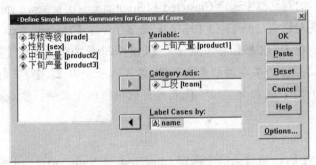

图 13-52　观测量分组概述的简单箱式图对话框

（1）从源变量清单中选择一个数值型变量移入 Variable 框。

（2）选择一个分类轴变量移入 Category Axis 框，此变量可以是数值型或字符型变量。

（3）可以选择一个标记变量移入 Label Cases by（标记观测量）框，它的值对将出现在箱图中的奇异值或极端值进行标记；若不选择此变量，系统默认用观测量序号进行标记。

（4）单击 Options 按钮，打开与图 13-17 完全相同的对话框，用于确定缺失值的处理。单击 OK 按钮交系统运行。系统运行后将对选定变量生成箱图，同时输出相关的概述统计表。

2. 分别变量概述的简单箱式图

在图 13-51 所示的对话框中选定 Simple 和 Summarizes of separate variables，打开如图 13-53 所示的对话框。

从源变量清单中至少选择一个数值型变量移入 Boxes Represent 框中。可以选择一个变量作为观测量标签移入 Label Cases by 框。单击 OK 按钮。

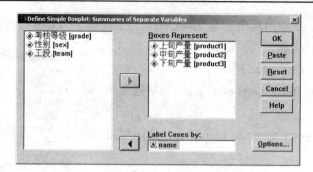

图 13-53　分别变量概述的简单箱式图对话框

3. 观测量分组概述的分簇箱图

在图 13-51 所示的对话框中选定 Clustered 和 Summarizes for groups of cases，打开的观测量分组概述的分簇箱图对话框与图 13-52 相似，只是多了一个 Define Clusters by 框，需选择一个 Cluster variable（分簇变量）移入该框。单击 OK 按钮将对分类变量的每一分类对分簇变量的每一个值生成一个箱图。

4. 分别变量概述的分簇箱图

在图 13-51 所示的对话框中选定 Clustered 和 Summarizes of separate variables，打开的分别变量概述的分簇箱图对话框与图 13-53 相似，只是多了一个 Category Axis 框，需选择一个分类轴变量移入该框。单击 OK 按钮将按照分类变量的每个分类对概述变量生成一个箱图。

例 13.7.1　图 13-54 为某车间两个工段 20 名工人一个月上、中、下旬产量的数据文件，其中性别（sex）的"1"代表女，"2"代表男，试根据这个文件，生成分别变量概述的分簇箱图。

本问题解决步骤如下：

（1）在图 13-51 所示的对话框中选定 Clustered 和 Summarizes of separate variables，打开分别变量概述的分簇箱图对话框。

	name	sex	team	product1	product2	product3
1	万阿九	2	1	88.04	88.59	88.52
2	许大庆	2	1	84.32	89.47	84.73
3	王小琳	1	2	80.56	85.71	85.99
4	陈小东	1	1	94.24	89.79	98.85
5	李 晨	2	2	75.64	70.79	78.87
6	汪 洋	2	2	91.76	92.31	97.87
7	姚 飞	2	2	89.28	85.83	89.79
8	陆宽智	2	1	91.76	97.31	92.32
9	顾北翔	2	1	93.00	93.55	96.58
10	陈玉环	1	2	78.04	88.59	92.52
11	张 强	2	1	89.20	99.75	99.91
12	王 青	2	1	100.44	92.29	101.17
13	赵玉萍	1	2	70.68	76.83	70.82
14	董 华	2	2	95.48	96.03	96.11
15	杨 琴	1	2	96.72	97.27	87.38
16	匡文军	2	1	96.72	97.27	100.38
17	王艳玲	1	1	100.44	100.29	101.17
18	范生贵	2	2	105.80	111.45	96.64
19	朱华均	2	1	91.65	101.00	102.41
20	刘敬国	2	2	101.28	101.53	95.03

图 13-54　例 13.6.1 的数据文件

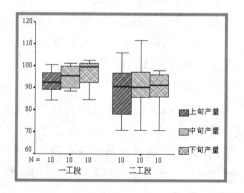

图 13-55　分别变量概述的分簇条形图

（2）选择变量 product1、product2 和 product3 移入 Boxes Represent 框，选择变量 team 作为分类轴变量移入 Category Axis 框，选择变量 name 作为标记变量移入 Label Cases by 框。

（3）单击 OK 按钮，得到如图 13-55 所示的箱图（图已经过简单编辑）。图的含义参见第 5 章 5.3 节。

13.8　误差条形图生成过程

误差条形图（Error Bar）是直观地描述数据总体离散程度的一种统计图形。借助于误差条形图可以观察到变量平均值的置信区间、标准差以及平均标准误。在误差条形图中，小方块的位置代表平均值，图形上下两端的平行线之间的长度代表置信区间。

13.8.1　误差条形图类型的选择

首先确定该种图形的类型，其步骤如下：

（1）Graphs→Error Bar 命令，打开如图 13-56 所示的 Error Bar 类型选择对话框。

- Simple：简单误差条形图，对分类轴变量的每个类型生成一个分布误差条形图。
- Clustered：分簇误差条形图，对分类轴上的变量的每一类型生成一簇误差条形图，每一簇中误差条形图将区分变量显示。

图 13-56　误差条图类型选择对话框

（2）在 Data in Chart Are 子栏中两个选项与图 13-53 相同。从两类控制图和数据表示方式中各选择一项进行组合，可生成 4 种不同的误差条形图，以下简要地予以介绍。

13.8.2　误差条形图变量选择与参数设置

1. 观测量分组概述的简单误差条形图

在图 13-56 所示的对话框里，选定 Simple 和 Summarizes for groups of cases，单击 Define 按钮，打开如图 13-57 所示的对话框。

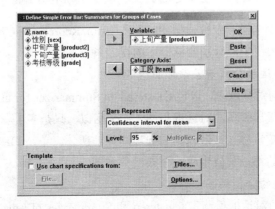

图 13-57　观测量分组概述的简单误差条形图对话框

选择一个数值型变量移入 Variable 框；选择分类轴变量移入 Category Axis 框。

Bars Represent 栏的下拉式列表中包括：

- Confidence interval for mean：均值的置信区间，在 Level（置信水平）框里输入期望置信水平（系统默认的置信水平为 95%），将生成表示均值置信区间的误差条形图。

- Standard error of mean：均值标准误差，在 Multiplier（倍数）框里输入一个数值 k（系统默认值为 2），误差条形图中的条表示区间 $[mean \mp k \cdot S / \sqrt{n}]$，其中 S 为标准差。

- Standard deviation：标准差，在 Multiplier 框里输入一个数值 k（系统默认值为 2），误差条形图的条长为区间 $[mean \mp k \cdot S]$，其中 S 为标准差。

对话框里 Template 栏、Title 和 Options 按钮的功能如前所述，单击 OK 按钮生成按分类轴变量值分类的概述变量误差条形图。

2. 分别变量概述的简单误差条形图

在图 13-56 所示的对话框中选择 Simple 和 Summarizes of separate variables，打开如图 13-58 所示的分别变量概述的简单误差条形图对话框。

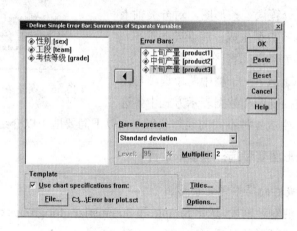

图 13-58　分别变量概述的简单误差条形图对话框

从源变量框中至少选择一个数值型变量移入 Error Represent 框中。其余各选项意义同前面所述。单击 OK 按钮生成分别变量概述的误差条形图。

3. 观测量分组概述的分簇误差条形图

在图 13-56 所示的对话框里，选定 Clustered 和 Summarizes for groups of cases，打开的观测量分组概述的分簇误差条图对话框与图 13-57 相似，只是多了一个 Define Clusters by 框，需选择一个分簇变量移入该框。其余选项均如前所述。单击 OK 按钮将对分类变量的每一分类对分簇变量的每一个值生成一个误差条形图。

4. 分别变量概述的分簇误差条形图

在图 13-56 所示的对话框里选定 Clustered 和 Summarizes of separate variables，打开分别变量概述分簇误差条形图对话框，它与图 13-58 相似，只是多了一个 Category Axis 框，需选择一个分类轴变量移入该框。其余选项均如前所述。单击 OK 按钮将对分类变量的每一分类按选定的各个变量概述的误差条形图。

图 13-59 的（A）、（B）图分别为据例 13.7.1 的文件生成的分别变量概述简单误差条形图和观测量分组概述的分簇误差条形图，前者的条表示选定变量均值的 95% 置信区间，后者则表示分工段和性别计算的选定变量（product1）均值减加两倍的标准差。

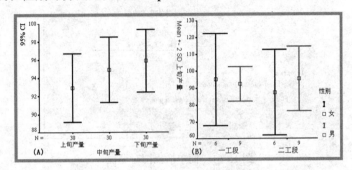

图 13-59　误差条形图示例

从图（B）可以看出，两个工段的女工们的上旬产量值都较男工们的产量值散布的更分散。

13.9　散点图生成过程

散点图（Scatterplot）是直观反映变量之间相关关系的统计图形。在相关分析和回归分析等问题中有广泛的应用。

13.9.1　散点图类型选择

要生成散点图首先执行 Graphs→Scatter 命令，打开如图 13-60 所示的 Scatterplot 类型对话框。

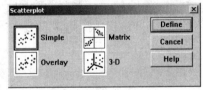

图 13-60　散点图类型选择对话框

这里提供 4 种类型的散点图：

- Simple：简单散点图，生成一对相关变量的散点图。
- Overlay：重叠散点图，同时生成多对相关变量的散点图。
- Matrix：矩阵散点图，同时生成多对相关变量的矩阵散点图。
- 3-D：三维散点图，生成 3 个相关变量之间的三维散点图。

根据数据的特点，选择一种散点图类型单击 Define 按钮，打开相应的散点图对话框。

13.9.2　散点图变量选择与参数设置

1. 简单散点图

在如图 13-60 所示的对话框里，选择 Simple，单击 Define 按钮，打开如图 13-61 所示的 Simple Scatterplot 对话框。

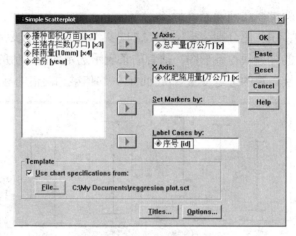

图 13-61   简单散点图对话框

（1）从源变量清单中分别选择数值型变量移入 Y-Axis（Y 轴）框和 X-Axis（X 轴）框中，确定散点图的纵坐标轴和横坐标轴。

（2）选择变量移入 Set Markers by（设置散点标记）框，用于对散点作标记。

（3）选择变量移入 Label Cases by（观测量标记）框中，用它的值标记散点图上的点，这项功能只有在 Options 对话框中选择了选项 Display chart with case labels 后才能起作用。

其余选项与前面各节所述相同，单击 OK 按钮即可。

2. 重叠散点图

在如图 13-60 所示的对话框中，选择 Overlay，单击 Define 按钮，打开如图 13-62 所示的 Overlay Scatterplot 对话框。

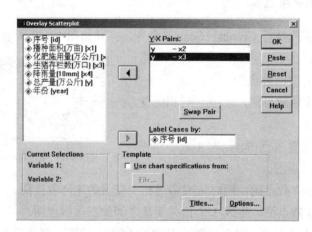

图 13-62   重叠散点图对话框

从源变量框中至少选择两对数值型变量移入 Y-X Pairs（Y-X 轴变量配对）框，选择的第一个变量为 Y 轴变量，第二个变量为 X 轴变量。如想调换在 Y-X Pairs 框中的某对变量的位置，可以先选择这对变量，然后单击 Swap Pair（对换）。选择变量时，Current Selections

（当前选择变量）栏追踪报告选择情况，如选择第一个变量，该变量名显示在 Variable 1 位置上，如果选择第二个变量，变量名显示在 Variable 2 的位置上。本对话框其余选项与前面所述相同。

3. 矩阵散点图

在如图 13-60 所示的对话框中选择 Matrix，打开 Matrix Scatterplot 对话框，如图 13-63 所示。

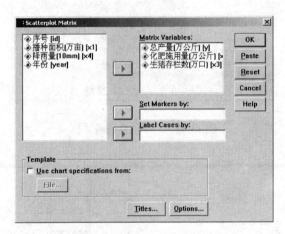

图 13-63　矩阵散点图对话框

选择两个或更多个数值型（非日期格式的）变量移入 Matrix Variables（矩阵变量）框。其余选项意义与前面所述相同。

矩阵散点图是以选定的矩阵变量的个数为阶数的方阵形式的图形，行变量均为 Y 轴变量，列变量均为 X 轴变量，按照选入 Matrix Variables 框中的变量的排列顺序依次称为第一变量、第二变量等，这些变量名或者标签顺次显示在矩阵散点图的主对角线上，如图 13-64 所示。图中变量 Var1 位于矩阵的第一行，按行看变量 Var1 均作为 Y 轴变量，右面的两个散点图分别为以 Var1 为 Y 轴变量，Var2 和 Var3 为 X 轴变量的散点图。按列看 Var1 位于第一列，作为 X 轴变量，下面的两个散点图分别为以 Var1 为 X 轴变量，Var2 和 Var3 为 Y 轴变量的散点图，其余类推。

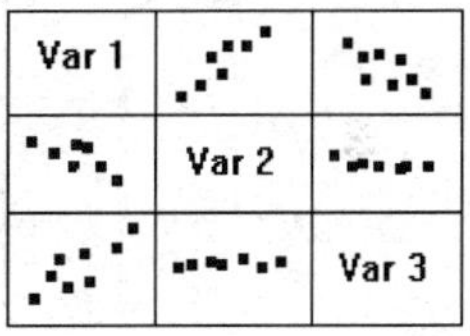

图 13-64　矩阵散点图

4. 三维散点图

在如图 13-60 所示的对话框中选择 3-D，打开如图 13-65 所示的 3-D Scatterplot 对话框。

从源变量框中选择 3 个数值型变量分别移入 Y-Axis、X-Axis 和 Z-Axis 框中。

图 13-66 就是使用第 9 章例 9.1.2 中记录的某地水稻产量的数据文件，按上述 4 个散点图对话框的变量设置，生成的 4 种散点图（图形经过简单编辑，拟合直线也是用图形编辑功能添加上去的）。

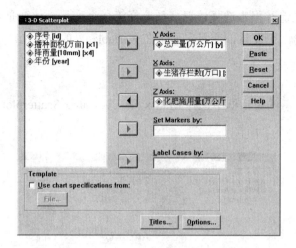

图 13-65　三维散点图对话框

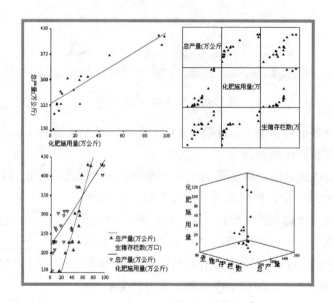

图 13-66　某地水稻产量等变量的散点图

通过观察散点图来探索和发现各对变量之间是否存在显著的线性关系，进而进行更深入的统计分析。

13.10　直方图、P-P 图和 Q-Q 图生成过程

直方图（Histogram）在统计分析中具有非常广泛的应用。直方图、P-P 图和 Q-Q 图 3 种图都是观察和探索变量分布是否为正态分布或其他概率分布的直观图形。因此将它们安排在同一节里介绍。

13.10.1　直方图的变量选择与生成

执行 Graphs→Histogram 命令，打开如图 13-67 所示的 Histogram 对话框。

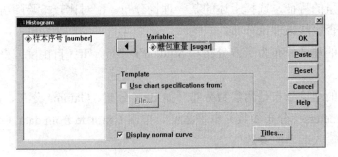

图 13-67　直方图对话框

直方图对话框结构非常简单，通常只要选择一个 Scale 测度的数值变量移入 Variable 框。如需要在直方图中附上正态曲线，可以选择 Display normal curve（显示正态曲线）选项。其余选项与前面对话框相同，单击 OK 按钮即可。

13.10.2　P-P 概率图的变量选择与生成

P-P 概率图用于检验变量观测值的累积概率分布与某指定的理论累积概率分布之间的差异，检验样本的分布是否服从某个指定的分布。

执行 Graphs→P-P 命令，打开如图 13-68 所示的 P-P Plots（P-P 概率图）对话框。

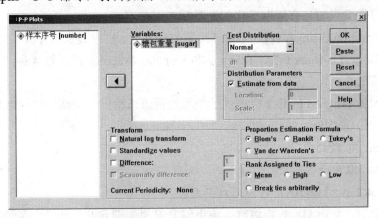

图 13-68　P-P 正态概率图对话框

（1）选择一个或多个数值型的检验变量（Test Variables）移入 Variables 框中。对选择每个检验变量分别生成它的 P-P 概率图。

（2）Test Distribution（检验分布）栏的下拉式列表中，提供了供检验使用的理论概率分布：

Beta（贝塔分布）	Chi-square（卡方分布）	Exponential（指数分布）
Gamma（伽马分布）	Half-normal（半-正态分布）	Laplace（拉普拉斯分布）

Logistic（逻辑分布）　　　Lognormal（对数正态分布）　　Normal（正态分布）

Pareto（巴列特分布）　　　Student't（学生氏 t 分布）　　Weibull（威布尔分布）

Uniform（均匀分布）

根据检验变量的特征，选择上述的某一理论分布，配对比较检验随机变量的实际观测值的累积分布是否服从该理论分布。

①如果选择的理论分布为卡方分布和 Student't 分布，df（自由度）框被激活，输入分布的自由度数值。

②如果选择的理论分布是两参数分布（如 Beta 分布、Gamma 分布、正态分布等），则 Distribution Parameters（分布参数）框被激活，单击 Estimate from data（参数估计值），在下面的两个框里输入适当的参数值。

③如果选择的理论分布是依赖一个参数的分布（如指数分布等），则下面仅有一个参数选择框被激活。

（3）Transform（变量值转换）栏：

● Natural log transform：自然对数转换，将原变量值转换为它的自然对数值。

● Standardize values：标准化值，将原变量值转换成均值为 0、标准差为 1 的变量值。

● Difference：差分转换，选择此选项，右边的小框被激活，其中显示的默认值为 1。这个数值称为差分度（Degree of differencing），将原变量值转换成相应差分度的相邻变量值的变差值。

● Seasonally difference：季节差分，通过计算时间序列中两个恒定间隔的数值之差转换时间序列值，并在右面的小框里输入指定的间隔值。此选项只有在选用定义了日期变量的具有周期变化的变量后方可使用。

（4）Proportion Estimation Formula（比例估计公式）栏中提供了计算期望分布的方法。其中包括：Blom 法、Rankit 法、Tukey 法和 Van der Waerden 法，这 4 种方法使用的公式可参见第 3 章的 3.7 节。

（5）Rank Assigned to Ties 栏提供了当观测量值求秩出现"结"时的处理方式：

● Mean：取均值。

● High：取较高值。

● Low：取较低值。

● Break ties arbitrarily：任意方式断开结。

选项确定后，单击 OK 按钮运行。输出的 P-P 概率图含两个图，一是选定变量观测值的累积分布与指定的理论分布拟合的 P-P 图，另一个是标准差 P-P 图。

P-P 图的意义我们在第 9 章 9.1 节中已经作过介绍。

13.10.3　Q-Q 概率图的变量选择与生成

Q-Q 概率图（Q-Q Plot）与 P-P 概率图意义基本相同，Q-Q 图对话框与图 13-68 除对话框基本相同。Q-Q 概率图与 P-P 概率图不同之处仅在于它生成的是变量分布的分位数与一个指定检验分布的分位数之间的差异，通常用于检验样本观测值是否来自于某个指定概率分布的总体。各选项的选择和参数的设置均与 P-P 图相同。

13.11　时间序列图生成过程

序列图（Sequence Charts）指的是描述现象指标随时间变化的直观图形，也称为时间序列图或者动态序列图。利用它观察现象演变的历史状况。时间序列图生成过程都需要使用时间序列数据资料（文件中的时间变量是通过 Data 菜单下的 Define Data 命令定义的），或者某种具有十分明显的按次序排列的观测值数据。

SPSS 提供的时间序列图包括：反映现象变动的序列图、用于时间序列检验和模型识别的自相关（Autocorrelations）图和互相关（Cross-Correlations）图。

13.11.1　序列图生成过程

生成序列图的步骤如下：

（1）执行 Graphs→Sequence 命令，打开如图 13-69 所示的 Sequence Charts 主对话框。

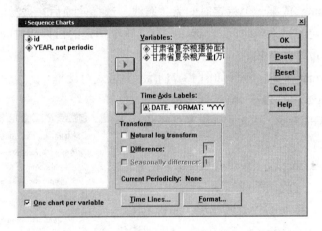

图 13-69　序列图主对话框

①从源变量清单中选择一个或多个数值型变量移入 Variables 框。

②选择一个变量移入 Time Axis Labels（时间轴标记）框，这个变量一般为时间变量，它可以是数值型、字符型变量。生成的序列图的时间轴用此变量的值标记。如果不选择时间轴标记变量，系统自动使用自然数顺序标记。

③Transform 栏有 3 个数据转换方式选项：

- Natural log transform：自然对数转换。
- Difference：差分转换。
- Seasonally difference：季节差分转换。当移入 Time Axis Labels 框中的变量为周期性的时间变量，此选项方可被激活。
- One chart per variable：每一变量生成一张序列图。不选择此项，则将选入 Variables 框的所有变量的序列图输出到一张图中。

（2）单击 Time Lines 按钮，打开如图 13-70 所示的 Time Axis Reference Lines（时间轴参照线）对话框。其中有如下的单选项：

- No reference lines：无参照线。此项为系统默认选项。
- Line at each change of：参照线随参照变量改变。选择此项后选择一个变量移入被激活的 Reference Variable（参照变量）框。

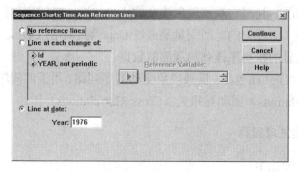

图 13-70　时间轴参照线对话框

- Line at data：依某一个特定时间为参照线。选择此项后在被激活的 Obervation 框里输入指定的日期或时间。此选项只有当这个指定的日期或时间是通过 Data 菜单定义的变量时才有效。

（3）单击 Format 按钮，打开如图 13-71 所示的格式对话框。

①Time on horizontal axis（确定横坐标轴为时间轴），这是系统默认的选择。不选此项纵坐标轴将作为时间轴。

②Single Variable Chart(s)（单个变量图形）栏里有：

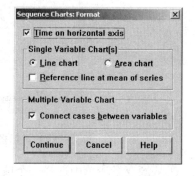

图 13-71　格式对话框

- Line chart：选此项生成线图。
- Area chart：选此项生成区域形（面积）图。
- Reference line at mean of series：以序列均值为参照线，选择此项生成的序列图将以时间序列的均值形成一条水平（时间轴为横轴时）参照线。

③Multiple Variable Chart（多变量序列图）栏里仅有一个选项 Connect cases between variables，选择它时，多变量序列图上将每一变量的各观测值用直线连接起来。

各选项确定以后，单击主对话框的 OK 按钮提交系统运行。

作为示例使用记录有甘肃省 1949 年到 1989 年夏杂粮播种面积（area）及其粮食产量（grain）的数据文件（原始数据载《甘肃省统计年鉴 1990》，略），生成如图 13-72 所示的序列图。

其中 A 图为两个变量的合成序列图，由于该数据文件中的日期变量是通过主菜单 Data 下的 Define Dates 功能项产生的，在时间参照线对话框里选择 Line at data，并输入数值 1976。所以，图中产生一条以 1976 年为参照线的垂直线。B 图和 C 图分别为每个变量的面积序列图，图中的横线代表变量序列的平均水平。

13.11.2　自相关图生成过程

自相关图过程可以生成自相关函数（ACF）图和偏自相关函数图，操作步骤如下：

（1）执行 Graphs→Time Series→Autocorrelations 命令，打开自相关图主对话框，如图 13-73 所示。

①从源变量清单中选择一个或多个数值型变量移入 Variables 框。

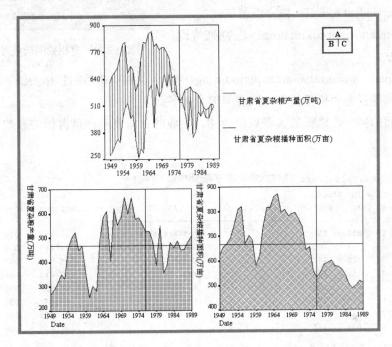

图 13-72　甘肃省 1949 年～1989 年夏杂粮播种面积和产量序列图

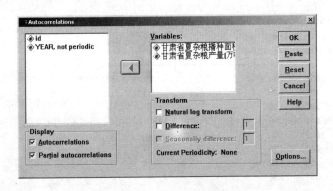

图 13-73　自相关图主对话框

②Transform 栏的数据转换方式与序列图主对话框对应栏内容完全相同（略）。

③Display 栏中选项用于确定显示图形：

- Autocorrelations：自相关图。选此选项生成自相关系数和两倍置信区间图形。

- Partial autocorrelations：偏自相关图。选此选项生成偏自相关系数和两倍置信区间图形。

（2）单击 Options 按钮，打开选项对话框，如图 13-74 所示。

- Maximum Number of Lags：最大滞后期数值，系统默认值为 16。

Standard Errors Method 栏用于设置计算标准误差方法，其中有：

- Independent model：独立模型法。
- Bartelett's approximation：巴特列特近似法。

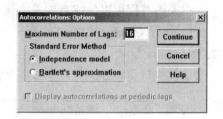

图 13-74 自相关图选项对话框

- Display autocorrelations at periodic lags：显示以周期滞后的自相关图。此选项仅当时间变量为"周期性"时间变量时才能使用。

仍以前面的例子，选择最大滞后值为 8，生成的甘肃夏粮产量自相关系数和偏自相关系数表如下。

```
Autocorrelations: GRAIN 甘肃省夏杂粮产量(万吨)
        Auto- Stand.
Lag   Corr.   Err.  -1 -.75 -.5 -.25  0  .25 .5  .75  1   Box-Ljung  Prob.

  1    .653   .151                  .    |*****.*******       18.797    .000
  2    .517   .149                  .    |*****.****          30.885    .000
  3    .329   .147                  .    |*****.*             35.920    .000
  4    .151   .145                  .    |***  .              37.013    .000
  5    .072   .143                  .    |*    .              37.264    .000
  6    .039   .141                  .    |*    .              37.340    .000
  7    .047   .139                  .    |*    .              37.453    .000
  8    .059   .137                  .    |*    .              37.639    .000

Plot Symbols: Autocorrelations *   Two Standard Error Limits .
Total cases: 41  Computable first lags: 40


Partial Autocorrelations: GRAIN 甘肃省夏杂粮产量(万吨)
        Pr-Aut- Stand.
Lag   Corr.   Err.  -1 -.75 -.5 -.25  0  .25 .5  .75  1

  1    .653   .156                  .    |*****.*******
  2    .158   .156                  .    |***  .
  3   -.104   .156               **|     .
  4   -.142   .156              ***|     .
  5    .022   .156                  *    .
  6    .067   .156                  .|*  .
  7    .058   .156                  .|*  .
  8    .008   .156                  *    .

Plot Symbols:  Autocorrelations *  Two Standard Error Limits .
Total cases: 41   Computable first lags: 40
```

输出结果中还包括图 13-75 所示的自相关函数和偏自相关函数图。

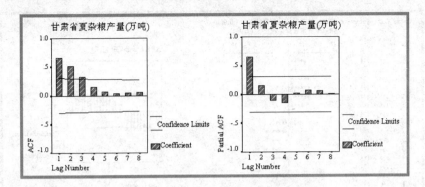

图 13-75 自相关函数和偏自相关函数图

从图中可以看出,滞后一期的相关系数最大,如果使用滞后一期的数据建立自回归模型对未来一期的夏粮产量进行预测,将可能得到较为可靠的预测值。

13.11.3 互相关图生成过程

互相关图过程可生成互相关函数图,操作步骤如下:

(1)执行 Graphs→Time Series→Cross-Correlations 命令,打开互相关图主对话框,如图 13-76 所示。从源变量清单中至少选择两个或多个数值型变量移入 Variables 框。Transform 栏数据转换方式与前面所述意义相同。

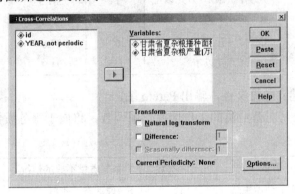

图 13-76 互相关函数图

(2)单击 Options 按钮,打开选项对话框,如图 13-77 所示。

在 Maximum number of lags 框中输入最大滞后期数值,系统默认值为 7。选项 Display autocorrelations at periodic lags 为显示以周期滞后的互相关图,此选项仅当时间变量为周期性时间变量时才能使用。

仍以前面的例子,选择最大滞后值为默认值 7,生成的甘肃省夏杂粮播种面积(area)及其粮食产量(grain)的互相关系数和互相关函数图,如图 13-78 所示。

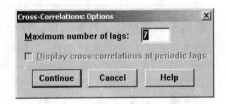

图 13-77 互相关图选项对话框

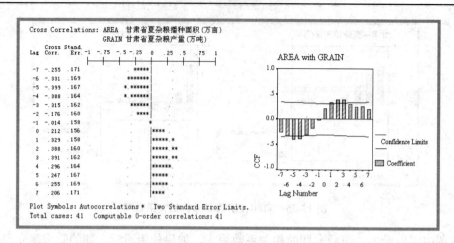

图 13-78　互相关函数图

习　题

13.1　某储蓄所对储户的存款作了如下分类统计：

储户类型	户数	存款额
A. 存款额 10 万元以上	14	287.5
B. 五～十万	23	135.8
C. 二～五万	67	37.6
D. 二万元以下	188	21.9

根据表中数据建立数据文件，输出 Pareto 图。

13.2　某百货公司对营业员的工作情况作了调查，将属于服务质量不好的情况列于下表之中：

服务质量不好的情况	出现次数	服务质量不好的情况	出现次数
A. 光站着不主动做生意	17	E. 说话态度不好	5
B. 闲谈、聊天	14	F. 服装不整洁	3
C. 不在岗	12	G. 与顾客争吵	1
D. 干私活	6	H. 其他	4

根据表中数据建立数据文件，输出 Pareto 图。

13.3　从某工序中抽样 20 组，每组 50 个产品，检测各组的废品数如下：

组序	1	2	3	4	5	6	7	8	9	10	11	12	13	14	15	16	17	18	19	20
废品数 n_i	4	2	3	5	1	4	6	3	2	5	3	2	4	1	4	5	3	2	1	4

试根据这组数据调用 Graghs→Control 命令，选择 "p, np" 选项生成废品数和废品率控制图。

13.4　已知某棉纺厂生产的棉布单位面积（10m^2）上的疵点数如下表。根据表中数据建立数据文件，并调用 Graghs→Control 命令，选择"c, u"选项，生成缺陷数或缺陷率控制图。

序号 （id）	疵点数（defect）	序号 （id）	疵点数（defect）	序号（id）	疵点数（defect）
1	4	10	6	19	3
2	6	11	2	20	7
3	5	12	4	21	5
4	8	13	8	22	4
5	2	14	6	23	5
6	4	15	6	24	4
7	4	16	3	25	3
8	5	17	4	合　计	115
9	3	18	5		

13.5　已知某种产品的喷漆表面上缺陷数的统计资料如下表，试输出 u 控制图。

序号（id）	样本大小 （size）	缺陷数 （defect）	序号（id）	样本大小 （size）	缺陷数 （defect）
1	1.00	4	11	1.30	5
2	1.00	5	12	1.30	2
3	1.00	3	13	1.30	4
4	1.00	3	14	1.30	2
5	1.00	5	15	1.20	6
6	1.30	2	16	1.20	4
7	1.30	5	17	1.20	0
8	1.30	3	18	1.70	8
9	1.30	2	19	1.70	3
10	1.30	1	20	1.70	8

表中样本大小是先将某一种产品的喷漆表面面积定为标准单位，即 n = 1；其他型号的产品的喷漆表面积均以标准面积进行折算而来。

13.6　假若数据文件中定义了一个变量 x，其取值为−450，−449，…，−2，−1，0，1，2，…，450。根据这个变量的数值，设法利用 Scatter 过程或者交互图的 Scatterplot 过程，输出标准正态分布密度函数的图形（参见图 14-1）。用类似的方法，输出其他连续型随机变量密度函数的图形。

13.7　抽查 100 袋洗衣粉，测得各袋重量的数据如下（单位：克）：

494　498　493　505　496　492　488　483　508　510　494　497　483　503　512　493　503
485　501　491　493　503　506　509　512　511　503　505　495　497　498　489　503　502

508   515   489   496   499   500   501   503   508   497   501   499   496   485   503   505   510
492   492   506   503   507   501   505   506   501   502   496   499   501   498   486   490   508
496   503   491   495   495   487   505   497   499   498   504   511   498   493   502   504   499
498   500   491   509   488   493   494   514   507   502   506   498   498   501   496

据这组数据建立数据文件，生成直方图，并调用 P-P 图过程检验洗衣粉重量是否服从正态分布。

13.8   下表给出的是某市 1991 年～1996 年各季度水果糖销量，试建立数据文件并调用序列图生成过程，根据生成的序列图观察销量的变化。调用自相关图生成过程，输出自相关函数图。

季度＼年份	1991	1992	1993	1994	1995	1996
1	23.50	25.50	26.80	27.20	28.40	29.70
2	11.20	11.80	12.50	13.80	14.20	14.80
3	11.40	12.10	14.40	15.60	16.40	15.90
4	15.00	16.30	18.10	20.00	21.50	22.10

第 14 章　统计图形的编辑

在 SPSS 的统计分析过程或图形生成过程中，各项分析结果或者图形将通过输出窗口显示出来。SPSS 提供了多项对统计结果或图形进行编辑的功能，本章主要介绍图形编辑功能。

14.1　SPSS 输出结果编辑简介

首先对 SPSS 的输出窗口——SPSS 观察器作简要的介绍。

对数据窗口的数据文件进行统计分析或者生成图形时，完成了各项参数设置后，单击 OK 按钮交由系统运行，SPSS 将得出的统计分析结果或图形通过输出窗口予以显示。如图 14-1 所示。

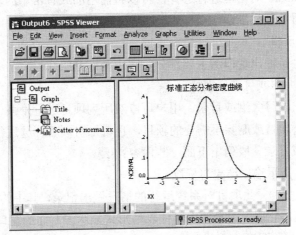

图 14-1　SPSS 的输出窗口——观察器

1. 输出窗口的标题

输出窗口的标题栏里显示 Output n-SPSS Viewer，Output（输出）之后的数字 n 表示第 n 次运行的输出。在 SPSS 运行期间，每次输出一个统计结果或图形后，如果随即关闭该输出窗口，下一次再输出新的结果时，Output 后面数字 n 增加 1；如果一次输出后不关闭该窗口，再次运行的输出结果将接在前次的结果之后。

2. 输出窗口的菜单条

菜单条中列出的命令菜单有：

（1）File：包括创建新文件、打开已有文件、保存当前结果（文件扩展名为" ＊.spo"）、打印预览、打印、发送 E-mail、将当前的输出结果作远程传输等。

（2）Edit：包括剪切、拷贝、粘贴、删除、选择、选项设置等。

（3）View：包括状态条显示、工具图标按钮选择、项目隐藏或显示、字体及字体大小的选择等。

（4）Insert：包括插入新标题、文本文件、交互二维及三维图形。如果选择其中 Object（对象）还可将 Windows 下的图像处理软件生成的图片（如 Photoshop、CorelDRAW、AutoCAD 等）、Microsoft 办公系统的各应用软件产生的结果（如 Microsoft PowerPoint 、Microsoft Exel 表格等）、声音文件（MIDI）、影片、幻灯片、视频剪辑等插入到当前输出结果中。

（5）Format：包括 Align Left、Center、Align Right，用于输出结果在打印页面上位置的调整。

其余几个菜单项与数据窗口的相应菜单完全相同。凡两个窗口中相同的菜单命令，在两个窗口里执行输出结果完全相同。这样一来，在输出窗口里观察输出结果的同时，不用返回数据窗口即可在这里执行新的统计命令，产生新的输出结果。

3. 工具栏按钮

菜单栏下面为工具按钮图标，这里显示的按钮可以通过 View 菜单项，选择 Toolbars 打开 Customize Toolbars 对话框进行选择，可以将需用的或者常用的功能按钮挑选出来，设置到这个工具按钮图标栏里。

4. 输出结果显示栏

输出结果显示栏是输出窗口的主要部分，它由两部分组成：

（1）输出项目大纲或目录列表栏。

窗口左面为输出项目大纲或目录，用户可以对所列项目进行隐藏、显示、折叠、拖拉或移动，可以插入新项目或删除不需要的项目，也可以对项目标题进行修改和换名。

输出项目大纲或目录一般列出下面一些内容：

①Title（标题）指示输出结果总标题。

②Notes（运行记录），此项目对系统运行的情况做出记录，其中的内容在不单击它时，处于隐藏状态；当双击它时，记录的内容依表格形式显示于右面的窗口中；例如表 14.1 的 Note 表为输出图 14-1 的图形的有关记录。

表 14.1　Notes　表

Output Created		02-MAR-2002 15:16:45
Comments		
Input	Data	H:\ hlr \ Home \ HLR\ spssfile \ impurity.sav
	Filter	\<none\>
	Weight	\<none\>
	Split File	\<none\>
	N of Rows in Working Data File	429
Syntax		GRAPH
		/ HISTOGRAM（NORMAL） = impurity .
Resources	Elapsed Time	0:00:00.18

表中包括：Output Created（输出时间）、Data（使用数据文件及路径）、Filter（使用过滤器）、Weight（加权）、Split File（文件拆分）情况、N of Rows in Working Data File（观测量个数 N）、Syntax（语法清单）、Resources（系统资源）及 Elapsed Time（运行时间）等内容。

③具体输出结果名称。

（2）输出项目内容显示栏在输出窗口的右边，各项具体内容按照列表栏里项目的排列顺序依次显示出来。

对栏内的每个对象体，可用单击选中它。如需要对该选中对象进行编辑时可双击该项内容进入编辑状态时，窗口上的 Edit～Format 的 4 个菜单中的子菜单项将有所变化。

当选中的对象是枢轴表格时，窗口的菜单里将增加一个 Pivot（枢轴）菜单项，双击该表格，系统弹出如图 14-2 所示的 Pivoting Trays（表格变换盘）。

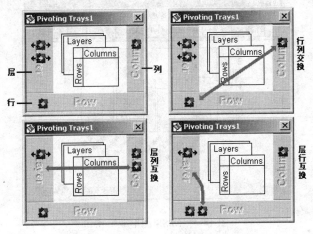

图 14-2　表格层、行、列变换示意图

用鼠标拖动位于层、行和列中的图标，按照图示的方法进行交换，可以灵活地改变表格的层、行和列。

双击表格，它被一个框线包含，再单击表中的文字或数据，可以对它们进行编辑。如图 14-3 所示。

Descriptive Statistics			
	N	Mean	Std. Deviation
年龄(岁)	429	36.72	8.810
工龄(年)	429	15.16	10.147
月工资(元)	429	346.57	80.57275
Valid N (listwise)	429		

Descriptive Statistics			
	N	Mean	Std. Deviation
年龄(岁)	429	36.72	8.810
工龄(年)	429	15.16	10.147
月工资(元)	429	346.57	80.57275
Valid N (listwise)	429		

图 14-3　表中元素的编辑

如果双击图形对象时，系统随即显示出图形编辑窗口，关于图形的各项编辑操作将在这个窗口里展开，我们将在下一节里对这个窗口的各项操作予以介绍。

14.2　图形编辑窗口及图形编辑

14.2.1　图形编辑窗口

对输出窗口里的图形体，当双击它的时候，系统将显示出一个图形编辑窗口（SPSS Chart Editor），选中的图形对象将显示在这个编辑窗口，如图 14-4 所示。

图形编辑窗口的各项功能操作项目纷繁，为叙述简便起见，我们仅围绕记录有某机械厂 429 名职工资料的数据文件生成的有关图形，简要介绍图形编辑的基本功能，图 14-4 中为该厂各部门月平均工资的条形图。

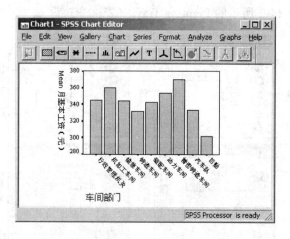

图 14-4　SPSS 图形编辑窗口

1. 图形编辑窗口结构

与 SPSS 的其他工作窗口相同，它包括窗口标题、菜单栏、工具按钮图标栏、图形编辑工作区和状态栏。

2. 菜单栏中的菜单命令项

（1）File 菜单中包括：

①Save Chart Templete：保存图形为模板文件。为了使输出的图形保持统一格式，对编辑好的图形点击此项将它保存为模板文件，日后输出同类图形时，在相关对话框里打开保存好的模板文件，新图形自动按照模板文件的格式输出。

②Export Chart：输出图形，如需要将窗口里的图形保存为图形格式的文件，点击此项打开 Export Chart 对话框，可指定路径将它保存到相应的文件夹中，SPSS 允许将图形保存为 BMP、JPG、TIF、WMF、EPS 等格式的图形，默认的保存格式为 JPG。

③Stop Processor：停止图形处理。

④Close：关闭编辑窗口。

（2）Edit 菜单中包括 Copy Chart（图形复制到剪贴板）和 Option（打开总选项对话框）。

（3）View 菜单中包括 Stutas Bar（状态栏）和 Toolbars（工具栏）控制。

（4）Gallery（转换图形库）中包括 8 个图形子菜单，其中被置亮的子菜单表示允许将当前编辑窗口里的图形转换成相应的图形，至于哪些子菜单被置亮，则由系统自动识别。

（5）Chart（图形要素）菜单。

（6）Series（系列图）菜单。

（7）Format（图形格式）菜单，4～7 项菜单中都包括众多的具体项目，图形编辑的主要操作主要通过这 4 个菜单的功能命令项来完成，后面分专项加以介绍。

（8）Statistics、Graghs 和 Help 等项内容 GN 数据窗口相同。

14.2.2　图形编辑的主要操作

1. Gallery（转换图形库）

同一数据资料可以用不同的直观图形展现其变化。转换图形库里提供的转换的图形分别为 Bar（条形图）、Line（线图）、Area（面积图）、Mixed（组合形图）、Pie（饼图）、High-Low（高低图）、Scatter（散点图）和 Histogram（直方图）。对一个输出图形究竟可以转换成何种图形由系统识别。例如，对图 14-4 中的条形图，被置亮的图形形式仅有 Bar、Line、Area、Pie，凡被置亮的图形类型就是允许转换的图形，单击它们可以分别打开图 14-5 中的 3 个图形选择对话框。

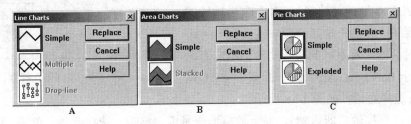

图 14-5　图形转换选择对话框

由于生成图 14-4 所示的分车间部门的条形图时只选择了一个变量，所以要转换为线图和面积图时仅容许生成简单线图和简单面积图。单击上图 A 和 B 中的 Replace（替换）按钮，编辑窗口里的图形就转换为如图 14-6 所示的线图和面积图了。

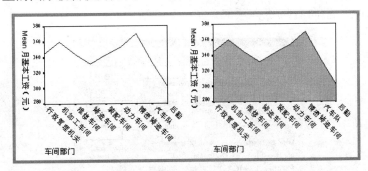

图 14-6　转换成的线图和面积图

在饼图的选择对话框里提供了两种选择：Simple（简单饼图）和 Exploded（被剖分开的饼图），选择其中一个图标，然后单击 Replace 按钮，就将编辑窗口中的条形图转换成如

图 14-7 所示的两张饼图。

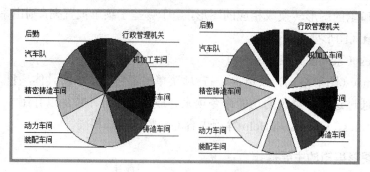

图 14-7　转换成的两张饼形图

当编辑窗口中显示的是其他形式的图形时，Gallery 中被置亮的可转换图形形式将发生改变，转换的操作方法完全相同。

2．Chart（图形要素）

（1）Option（选项），此选项菜单若被置亮，可单击它打开图形要素对话框进行设置，值得注意的是，对不同的图形这个对话框是不相同的。

（2）Axis（坐标轴选择），对于有坐标轴的图形，此菜单项才被置亮，单击它打开 Axis Selection 对话框。对不同的图形此对话框略有差异。例如对于 Bar、Line、Area、Mixed 或 High-Low 图，坐标轴选择对话框如图 14-8 所示。

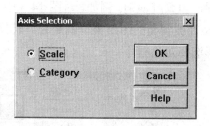

图 14-8　坐标轴选择框

①Scale（刻度轴，即纵轴），显示数值形变量纵坐标轴。选择此项，单击 OK 按钮打开如图 14-9 所示的 Scale Axis 对话框。对话框中有：

● Display axis line：显示纵轴线。

● Axis Title：标题框里显示出刻度轴的标题，允许改变现有的标题，并可单击箭头按钮展开下拉菜单选择轴标题的位置：其中有 Left / bottom（横向左侧/纵向底部）、Right/top（横向右侧/纵向顶部）、Center（居中）。

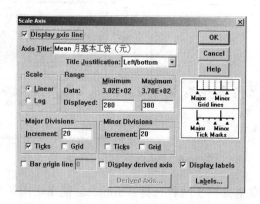

图 14-9　刻度轴对话框

Scale（标尺）栏有 Linear（线性标尺），此项为系统默认；Log（以 10 为底的对数标尺）。

Range（轴坐标值范围）栏中：

	Minimum	Maximum
● Data：	实际数据最小值	实际数据最大值
● Displayed：	（纵轴上）显示的最小值	（纵轴上）显示的最大值

如图 14-9 中各部门平均工资的最小值为 3.02E+02，最大值为 3.70E+02。纵轴上显示的最小值是 280，最大值是 380。

Major/Minor Divisions（主/次刻度划分）两栏有相同的选项，其中有 Increment（增量），图 14-9 中设为 20，设置此数值时需注意，图中轴显示范围必须为增量的整数倍。

Ticks（刻度标记），不选此选项，轴上将不显示刻度的划分标记；Grid（网格线），如选择这一选项，图形上将显示刻度格线。

● Bar origin line：选择此选项，在被激活的小框里输入纵轴上最小值和最大显示值范围内的一个数值，条形将以这个值为起始位置。

● Display derived axis：显示派生轴，选中这一选项并单击 Derived Axis 按钮，打开如图 14-10 所示的对话框。

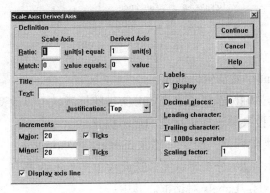

图 14-10　设置派生轴对话框

此对话框中有：

➢　Definition（定义）栏选项用于确定派生轴与纵轴之间的比例关系。

在 Scale Axis（刻度轴）下的 Ratio（比率）框里输入数 m，在 Derived Axis（派生轴）下的小框里输入数 n，意思指刻度轴上的 m 个单位等于派生轴上的 n 个单位；在 Macth（匹配）右面的两个小框里分别输入数 r 和 s，意思指刻度轴上的数值 r 和派生轴上的数值 s 相对应。

➢　在 Title 子栏里的 Text 框里键入派生轴标题，单击 Justification（对齐方式）的箭头选择轴题的显示位置。

➢　Increments（增量）子栏用于设定主/次派生轴的标尺刻度增量和刻度的划分记号。

➢　选择 Lebel 栏里的 Display 确定是否显示派生轴上的刻度标记。在下方的栏内定义具体的标记如下：

Decimal（小数位数）；Leading Character（刻度标记的起头字符），例如在小框里输入

"$" 符作为标记的起头字符；Trailing Character（刻度标记的末尾字符），如在小框里输入 "%" 作为标记的末尾字符； 如果选择 1000s separator（分节号），标记大于 1000 的数值将显示分节号，例如 1,500，不过这个选项只有在总选项对话框中选择 Currency 选项时才有效；Scaling factor（比例因子），例如输入比例因子 100，则轴上的刻度值除以 100 的商就作为派生轴的标尺刻度值。

- Display labels：显示刻度轴标记。此选项为系统默认选项。单击 Labels 按钮，可以展开 Scale Axis：Labels（刻度轴标记）对话框，这个对话框的各选项与图 14-10 所示的 Labels 子栏里相应选项相同，故略去。

②Category（分类轴，即横坐标轴），显示类型变量刻度值的坐标轴。在图 14-8 的坐标轴选择对话框中选择 Category，单击 OK 按钮打开 Category Axis 对话框，如图 14-11 所示。

图 14-11　分类轴对话框

- Display axis line：显示坐标轴线。
- Axis Titel：分类轴标题框显示当前分类轴的标题，可以改变现有标题，并单击箭头按钮展开下拉菜单选择轴标题的显示位置。

Axis Markers（分类轴标记）栏中有 Tick markers 和 Grid line。

- Display labels：显示分类轴标签，选此项单击 Labels 按钮，展开如图 14-12 所示的 Category Axis：Labels 对话框。其中：

➢ Display 栏用于确定分类轴的标签显示方式，其中：

- All labels：显示所有标签。

- Every k labels：每隔 k 个刻度显示一个标签，选择这个选项，再选择 Tick marks for skipped labels（被省略的刻度标签的标记点显示方式）此项，则被省略的刻度标签的标记点予以保留，否则不予显示。

图 14-12　分类轴标签对话框

➢ Label Text（标签文本），如需变更分类轴变量的标签，删除 Label 中值标签键入新值标签，单击 Change 按钮加以确认。

➢ Orientation：轴标签排列方式，单击箭头按钮，从展开的下拉式列表中选择标签定位方式：Automatic（自动排列）、Horizontal（水平排列）、Vertical（垂直排列）、Diagonal（斜角排列）、Staggered（交错排列）。

对于图 14-4 中图形编辑窗口里的条形图，选择显示纵轴网格线、条形起始位置设为 340 后，得到图 14-13 所示的左图；再在分类轴标签对话框中，选择标签排列方式 Staggered 得到图 14-13 所示的右图。

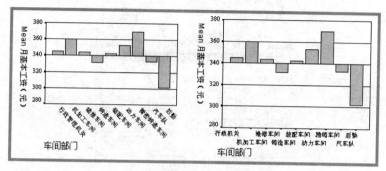

图 14-13　坐标轴选择设置后的条形图

（3）Bar Spacing（条形间隙），对具有条形的图，这个图形要素允许对条形之间的间隙进行编辑调整。条形间隙对话框如图 14-14 所示。

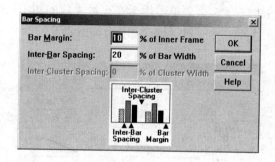

图 14-14　条形间隙对话框

其中有：

- Bar Margin：条形边缘，指整个条形图两边的空白区域宽度。在小框里输入 0～99 之间的数值 n，则条形边缘的宽度为第一个条形到最后一个条形之间距离（Inner frame）的 n %，系统默认的数值为 10。
- Inter-Bar Spacing：条形内间隙指相邻条形之间的距离。在小框里输入 0～99 之间的数值 n，则条形内间隙等于条形宽度的 n %，系统默认的数值为 20。
- Inter- Cluster Spacing：分簇条形内间隙，指分簇条形图条形之间的距离。

（4）Title（图标题），在 Title 对话框里可以编辑图形的标题、副标题以及对齐方式。

（5）Footnotes（图脚注），在 Footnotes 对话框里可以编辑图形的脚注及对齐方式。

（6）Legend（图例），图例是指对图中条形、点等图形元素的注释。单击 Chart→Legend 菜单项，打开如图 14-15 所示的 Legend 对话框，设置图例的标题或者修改已有的图例。

- Display legend：显示图例，选择它后可在 Legend Title（图例标题）框里输入图例标题并通过 Justfication 的箭头按钮选择图例标题对齐排列方式。
- Labels：图例标签，为了修饰标签，可选中框里的标签，这个标签显示于下面

Selected Label（被选中的标签）的 Line1（第 1 行）里。

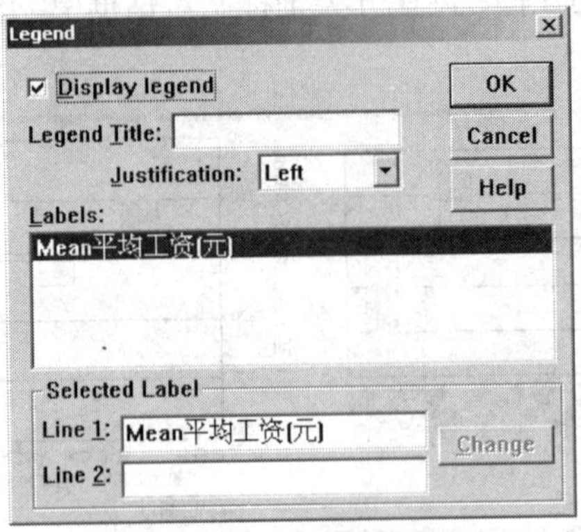

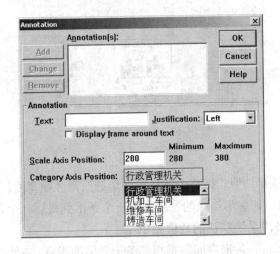

图 14-15　图例编辑对话框

　　这里有两行 Line1 和 Line2，每行里可容纳 20 个字符长的图例标签，编辑好后单击 Change 按钮确认。

　　（7）Annotation（图注解），这个菜单项用于在已经生成的图中间添加注解。单击 Chart →Annotation 选项，展开 Annotation 对话框，如图 14-16 所示。

图 14-16　定义图注解对话框

　　①Annotation(s)：图注解框显示框，所有已经存在的图注解都显示在这个框里。

　　②Annotation 子栏为图注解编辑栏。要添加新注解，首先在 Category Axis Position（分类轴）框里选择一个需要添加注解的分类变量值（或标签），接着在本栏的 Text 框里输入注解的文字说明；在 Justification 框中选择对齐方式；如选择 Display frame around text，将给注解添加一个外框；在 Scale Axis Position 的小框里输入介于刻度轴上的最小和最大坐标值之间的数字，确定注解在图中的显示位置。以上各项确定以后，单击上面 Annotation(s) 框中的 Add 按钮，就将为选定的分类变量值添加的注解确认下来。

　　如果要改变或修饰已经有的注解，可先在 Annotation(s) 框中选中它，在 Annotation 栏里重新编辑后，单击 Annotation(s) 框的 Change 按钮确认。如要删除某个注解，选中它点击 Remove 按钮即可。

（8）Reference Line（参照线），指设置于图上的重点标示某些特定刻度轴坐标值或者分类轴坐标值的直线，通过该选项可以生成一条或多条参照线。单击 Chart→Reference Line 菜单项，打开如图 14-8 所示的坐标轴选择对话框。选择坐标轴后，单击 OK 打开相应坐标轴的参照线对话框。如图 14-17 的（A）、（B）所示。

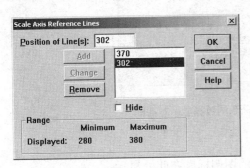
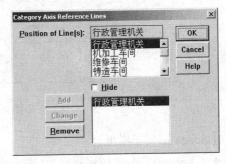

（A）　　　　　　　　　　　　　　　（B）

图 14-17　参照线对话框

①在（A）图 Scale Axis Reference Lines（纵轴参照线）对话框的 Position of Lines（参照线位置）框中指定一个轴最小值到最大值之间的特定数值，单击 Add 按钮添加到下面的清单中，如需设置其他参照线重复以上操作。

如设置了多条参照线需要将其中某条隐藏起来，可以选择 Hide（隐藏）选项，并单击 Change 按钮确认。

②在（B）图的 Category Axis Reference Lines（分类轴参照线）对话框的 Position of Lines（参照线位置）框选定一个分类变量值，单击 Add 按钮添加到清单框，即可生成一条垂直于分类轴的参照线。Hide 项意义同前。

（9）Inter Frames（内框），SPSS 的图形过程生成的图形在默认情况下往往带有内框，左框线和下框线与坐标轴重合。单击 Chart→Inter Frames 菜单命令可决定是否设置这个内框。在 Inter Frames 之前有"√"号，则显示内框。

（10）Outer Frames（外框），当该命令项前有"√"号，则生成图形外围增加一个更大的外框。

（11）Refresh（刷新画面），当由于设置变化使在编辑窗口里的图形不能正确显示的时候，可以单击 Chart 菜单中的 Refresh 命令项，则图形将予以刷新显示。

3．Series（图例编排）

图形编辑窗口的 Series 菜单用于修饰生成的图形，重新编排图列来改变原有图形。这个菜单中仅有两个命令项：

（1）Displayed Data（图形数据显示）。单击 Displayed 菜单项打开一个对应于已经生成的图形的数据显示对话框。对于生成的不同图形，这个对话框形式和结构将不相同，但是对话框选项的设置及含义大致相同，因此仅介绍对图 14-4 的条形图展开的 Bar / Line / Area Displayed

Data（条形图/线图/面积图数据显示）对话框加以解释。该对话框如图 14-18 所示。

图 14-18　条形图/线图/面积图数据显示对话框

①Series 图列子栏里有：

● Legend Title（图例标题），图中已有的图例标题在此处显示。

● Omit（省略图例）框，凡在此框里的图例在图中将不予显示。

● Display（显示图例）框，凡在此框里的图例在图中显示。

②Series Displayed as（显示图例的图形类型）栏有 Bar、Line、Area，这 3 种图形可以相互转换。

③Categories 分类选择栏里，Categories Axis 显示分类轴变量标签。Omit 和 Display 框意义与前面所述相同。Omit 栏和 Display 栏里的变量值（标签）可以调换，但是被调换的变量值（标签）自动地排在另一栏里所有变量值（标签）的后面。通过调换可以改变变量值（标签）对应的条形在图中的显示顺序。

（2）Transpose Data（数据转置），对分簇及分段的条形图、线图、面积图等类图形进行编辑时，此命令项才可使用，单击 Series→Transpose Data 命令，系统立即对数据转置生成新的图形。

图 14-19 中的两个条形图是对图 14-4 的条形图，分别作图形要素编辑（设置条形起始位置、添加参照线、添加图例标题和图例等）和图列编排（包括隐去内框线、分类轴变量标签重新排列等）后得到的新图形。

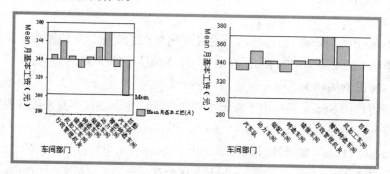

图 14-19　图列调整后生成的新条形图

4.　Format（图形格式）

图形编辑窗口的 Format 菜单用于对生成的图形进一步修饰，来表现图形的画面风格。包括模板应用、填充方式、色彩选择、标记符号选择、线条格式、字号大小、3-D 效果、图形旋转等命令项，这些命令项在编辑窗口的工具条中都对应一个工具图标按钮，如图 14-20 所示。因此，这里的操作几乎全部可以使用鼠标来完成。

图 14-20　编辑窗口的工具条

（1）Apply Chart Template（应用图形模板）。单击 Format→Apply Chart Template 命令项，打开 Apply Chart Template 对话框，如图 14-21 所示。在这里按照一定路径搜寻到事先保存的模板文件，打开该文件，目前生成的图形将按照模板的格式显示出来。

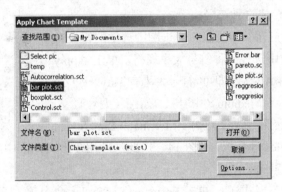

图 14-21　图形模板选择对话框

（2）Fill Patterns（图案填充）。单击 Format→Fill Pattern 命令项，打开 Fill Patterns 选择板，见图 14-22。单击需要填充的区域，单击 Fill Patterns 选择板上某一种图案形式，图形上选中区域就被这一种图案填充了。

（3）Color（颜色选择）。单击 Format→Color，打开 Colors 选择板，如图 14-23 所示。其中 Color 栏里有：

图 14-22　图案填充板　　　　图 14-23　颜色选择板

● 　Fill（填充），单击图形上的某个区域、某条图线、某个点等对象，从颜色板上选择需要的颜色，再单击 Apply（应用），该选中对象便被这种颜色填充。

● Border（边缘线），对图形上选中的边缘线进行颜色调整，步骤同上。

Reset（重设）按钮，若对已编辑的颜色不满意，单击 Reset 按钮，颜色恢复为默认颜色。

选择好颜色后，单击 Save as Default 按钮可将选择的颜色保存为默认颜色。

单击 Edit 按钮，打开调色板自定义所需要的颜色。

（4）Markers（标记符号）。单击 Format→Marker 命令项，打开 Markers 选择板，见图 14-24。此选项用于更新图中的标记符号的形状和大小。

● Apply style：应用符号形式。对选中的图形符号对象，在 Style 符号图例中选择一种符号标记，单击 Apply 按钮，图中选中的符号对象便改变为所选符号了。单击 Apply All 按钮，则图形中所有的标记符号全部改换成这种符号。

● Apply size：应用符号大小。对于图中选中的符号对象，在 Size 中选择一种符号大小规格，单击 Apply 按钮或 Apply All 按钮即可。符号大小有 Tiny（微小）、Small（小号）、Medium（中号）、Large（大号）。

图 14-24   标记符号板

（5）Line Styles（图线式样）。单击 Format→Line Styles 命令项，打开 Line Styles 选择板，见图 14-25。此选项用于改变图形中的图线的样式（Style）和磅值（Weight，即粗细）。

（6）Bar Styles（条形式样）。单击 Format→Bar Styles 命令项，打开 Bar Styles 选择板，见图 14-26。此选项用于改变图形中的条形的式样，可供选择的式样有：

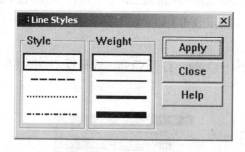

图 14-25   图线式样板

图 14-26   条形式样板

● Normal：平面图为默认样式。

● Drop shadow：阴影图，选择此项将在生成的条形图的每一个条形的后面增加一个阴影。在被激活的 Depth（阴影深度）的小框里输入一个数值，这个数值可正可负，范围从-100～100，系统默认的值为 20%。这里的 20%则表示阴影的宽度为条形的宽度的 20%。如果是正数则阴影在条形的右后方；如果是负数则阴影在条形的左后方。

- 3-D effect：三维效果的立体图，选择此样式条形图将改变成三维立体效果的条形图。Depth 的意义同前。

对于生成的阴影和立体条形的顶部或侧面可以选择不同颜色加以修饰。此处的选项设置不适用于直方图。

（7）Bar Label Styles（条形标注式样）。单击 Format →Bar Label Styles 命令项，打开 Bar Label Styles 选择板，见图 14-27。此选项用于为条形图中添加标注的方式，可供选择的方式有：

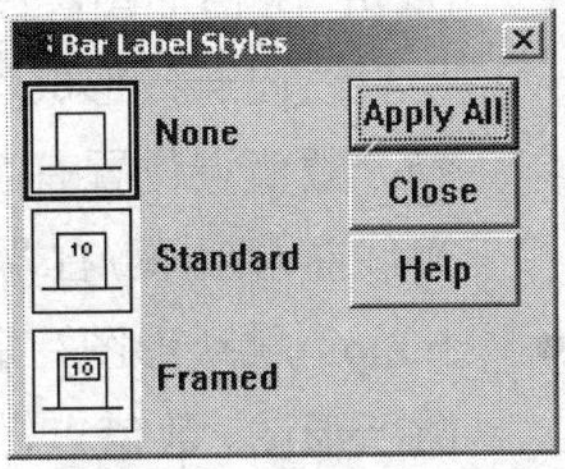

- None（不加标注），此方式为默认形式。
- Standard（标准显示）方式，将每个条形对应的变量值显示于条形的上方。为了使显示的数值清晰可辨，可以调整条形的填充色、改变字体的颜色和大小等。

图 14-27　条形标注式样

- Framed（边框显示）方式，将每个条形对应的变量值用一个白色小框套住，再显示于各个条形块上面。

对图 14-4 的条形图执行上述有关菜单命令，编辑得到如图 14-28 所示的条形图，其中右图是对编辑好的图形执行了 Swap Axis（坐标轴交换）的结果。

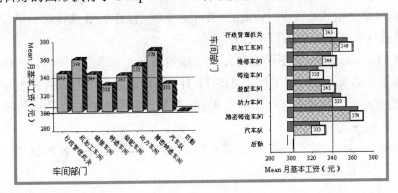

图 14-28　经编辑后的条形图效果

（8）Interpolation（连线插入）。单击 Format→Interpolation 命令项，打开 Line Interpolation 对话框，如图 14-29 所示。

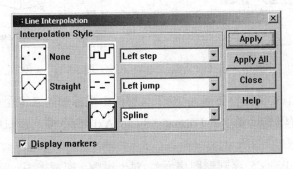

图 14-29　连线插入对话框

此选项用于调整各种点线图中的连线插入，可供选择的插入方法有：

- None：图中仅显示表示数值的点而没有连线。
- Straight：折线图，图中各数值点之间用直线段连接。
- Step：阶梯形图，图中每一个数值点处有一段水平线通过，然后各相邻水平线段用直线段连接形成阶梯形图。数值点在水平线上的位置可通过右边箭头按钮来选择，数值点位置有 3 种：Left step / Center step / Right step，分别为数值点位于水平线左端/中间/右端。
- Jump：跳跃形图，是将阶梯形图中连接各相邻水平线段的垂直线段省略而得到的跳跃形图。数值点在水平线上的位置可通过右边箭头按钮来选择，也有 3 种形式：Left jump/Center jump/Right jump。
- Spline：曲线形图，用一条光滑的三次样条曲线从左至右将各个数值点连成一线，这个三次样条曲线的参数值是根据观测量的散点图用三次多项式拟合出来的。拟合有 3 种方法：Spline（一般三次样条），3rd Order Lagrange（三阶滞后的三次样条），5th Order Lagrange（五阶滞后的三次样条）。三阶滞后三次曲线使用最接近的 4 个散点拟合，五阶滞后三次曲线使用最接近的 6 个散点拟合而成。
- Display markers：显示数值标记。

（9）Text（字体格式）。单击 Format→Text 命令项，打开 Text 选择对话框，见图 14-30。在 Font 框中选择字体，在 Size 框里选择字号。

（10）3-D Rotation（三维图形旋转）。当生成的图形为三维散点图时，单击 Format/3-D Rotation，打开 3-D Rotation 调试板，见图 14-31。可以通过单击左边的 6 个方向按钮调试 3 个坐标轴的方向。当调试满意时，单击 Apply 按钮，则原来的 3-D 散点图就改变为调定的方向显示了。

选择 Show tripod（显示三维线），将在图 14-31 中间示意图的网形框架的中心产生 3 条分别平行于坐标轴的参照线。

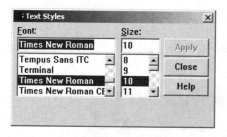

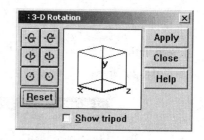

图 14-30   字体格式选择对话框   图 14-31   立体图形旋转调试板

（11）Swap Axis（坐标轴交换）。对于具有两个坐标轴的二维图形，此命令选项才可使用。在图形编辑窗口里只要单击 Format→Swap Axis 命令项，窗口中的图形的坐标轴随即交换，如图 14-28 的右图所示。

（12）Explode Slice（分离圆形图扇面）。对于饼图，即圆形图，此命令选项才可使用。在图形编辑窗口里，首先单击打算分离开的扇形区域，再单击 Format→Explode Slice 命令项，窗口中的圆形图的选中扇形就分离开了。如要使分离开的圆形复原，只要再执行一次此命令即可。

（13）Break Line at Missing（有缺失值线图的断线）。如果利用具有缺失值的数据资料生成线形图，缺省情况下生成的线图总是连续不断的，例如利用缺少其中若干年份的数据资料生成一张 Sequence（序列图），输出的线形图形是一条连续不断的折线图，从图中不能确定数据缺失的年份。在图形编辑窗口里，首先单击折线图，然后单击Format→Break Line at Missing 命令项，则图中缺失的年份段的折线隐去，形成了断线的线形图。如再次单击 Break Line at Missing，折线又弥合复原。

（14）Spin Mode（旋转模式）。此命令项只在生成三维散点图时方可使用，往往和 3-D Rotation 命令项联合使用。

例如图 14-32 为三维散点图，单击 Format→Spin Mode 命令项，3-D 散点图中的坐标轴框线将被隐去，只剩下散点和参照系，如图 14-33 所示。从图中看到 3-D 旋转调试板的那组旋转按钮被安置于编辑窗口的工具条中。

最后指出，上述图形格式编辑命令与图形编辑窗口的工具栏（图 14-20）的功能按钮之间的对应关系，很容易从按钮图标的形状上加以区分。在实际执行图形编辑操作的时候，只需要单击各功能按钮即可。

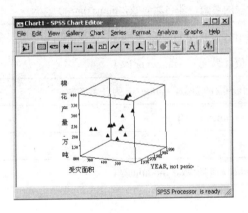
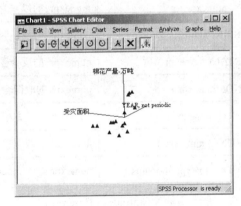

　　图 14-32　执行旋转模式前　　　　　　　　　图 14-33　执行旋转模式后

这里介绍的图形编辑功能主要围绕条形图展开，所以涉及到的内容非常有限。读者在使用 SPSS 时，通过实践会发现其更多的编辑功能。它将成为从事统计分析、统计设计和统计开发应用的一个绝好的助手。

附录　SPSS 的内部函数

1. 算术函数(Arithmetic Functions)

SPSS 的算术函数都是数值型函数，共计有 13 个算术函数。设 numexpr 表示自变量，它可以是数值或者数值表达式。

函数	函数值及自变量取值范围
ABS(numexpr)	numexpr 的绝对值，numexpr 取值为任意实数
SIN(numexpr)	numexpr 的正弦值，numexpr 为任意实数（弧度）
COS(numexpr)	numexpr 的余弦值，numexpr 为任意实数（弧度）
EXP(numexpr)	e 的 numexpr 次幂，numexpr 为任意实数
LG10(numexpr)	numexpr 的以 10 为底的对数，numexpr > 0
LN(numexpr)	numexpr 的以 e 为底的对数，即自然对数，numexpr > 0
ARSIN(numexpr)	numexpr 的反正弦值（弧度），|numexpr|≤1
ARTAN(numexpr)	numexpr 的反余弦值（弧度），|numexpr|≤1
RND(numexpr)	numexpr 的取四舍五入后的整数，numexpr 为任意实数
SQRT(numexpr)	numexpr 的平方根，numexpr > 0
TRUNC(numexpr)	numexpr 的截尾整数
MOD(numexpr, modulus)	numexpr 除以 modulus 后的余数，modulus ≠ 0

2. 统计函数（Statistical Function）

统计函数即数理统计中的统计量，SPSS 中主要有 10 种统计函数。

函数	函数值及自变量取值范围
CFVAR(numexpr, numexpr[,...])	n（ ≥2）个数值型变量的变异系数，等于标准差除以均值的商
LAG(variable)	数值型或字符型函数，称为延迟函数，返回数据文件中前一个观测量的变量值，对第一个观测量返回缺失值（数值型变量）或空格（字符型变量）
LAG(variable, ncases)	与 LAG(variable)意义相同，返回数据文件中前第 N 个观测量的变量值，对前 N 个观测量返回缺失值（数值型变量）或空格（字符型变量）
MAX(value, value[,...])	返回 n（≥2）个数值型自变量的有效值中的最大值
MEAN(numexpr, numexpr[,...])	返回 n（≥2）个数值型自变量的有效值的算术平均数

续表

函数	函数值及自变量取值范围
MIN(value, value[,...])	返回 n（≥2）个数值型自变量的有效值中的最小值
NVALID(variable[,...])	返回 n（≥1）个数值型变量中有效值（非缺失值）的个数
SD(numexpr, numexpr[,...])	返回 n（≥2）个数值型变量有效值的标准差
SUM(numexpr, numexpr[,...])	返回 n（≥2）个数值型变量有效值的累加和
VARIANCE(numexpr, numexpr[,...])	返回 n（≥2）个数值型变量有效值的方差

以函数 SUM（numexpr, numexpr[,...]）为例解释"numexpr, numexpr[,...]"的意义，它表示若干个变量"变量 1，变量 2，…，变量 n"的和，可以用"变量 1 to 变量 n"的形式替代，而[,...] 代之以具体的数值，例如 SUM（numexpr, 45, 33, …），则表示变量 numexpr 与数值 45, 33, …的和。

3. 累积分布函数（Cumulative Distribution Functions）

SPSS 提供了概率统计中主要的 30 种随机变量（离散型和连续型）的累积分布函数，对指定的随机变量，它返回随机变量小于指定实数值 quant 的概率。对二元随机变量，它返回两个随机变量分别小于 quant1 和小于 quant2 的概率。表中标"*"者为离散型随机变量的分布函数。

分布函数	分布名称	自变量及参数取值范围
CDF.BERNOULLI(quant, prob) *	贝努里分布	0 < prob < 1
CDF.BETA(quant, shape1, shape2)	β（贝塔）分布	形状参数 shape1，shape2 皆大于 0
CDF.BBINOM(quant, n , prob) *	二项分布	参数 n 为大于或等于 1 的整数，0< prob <1
CDF.BVNOR(quant1, quant2, corr)	标准二元正态分布	corr 为相关系数，0 ≤corr <1
CDF.CAUCHY(quant, loc, scale)	柯西分布	参数 loc 为任意实数，scale >0
CDF.CHISQ(quant, df)	χ^2 分布	df 为自由度，df > 0
CDF.EXP(quant, shape) *	指数分布	参数 shape > 0
CDF.F(quant, df1, df2)	F 分布	df1，df2 分别为第一和第二自由度
CDF.GAMMA(quant, shape, scale)	Γ 分布	形状参数 shape、比例参数 scale 皆大于 0
CDF.GEOM(quant, prob) *	几何分布	参数 0 < prob < 1
CDF.HALFNRM(quant, mean, stddev)	半正态分布	参数 mean 为均值，std 为标准差
CDF.HYPER(quant, total, sample, hits) *	超几何分布	total 为总数，sample 为抽取的样品数，hits 为具有某种特征的个体数

分布函数	分布名称	自变量及参数取值范围
CDF.IGAUSS(quant, loc, scale)	逆高斯分布	参数 loc，scale 皆为大于 0
CDF.LAPLACE(quant, mean, scale)	拉普拉斯分布	参数 mean 为任意实数，scale > 0
CDF.LOGISTIC(quant, mean, scale)	逻辑斯蒂分布	参数 mean 为任意实数，scale > 0
CDF.LNORMAL(quant, a, b)	对数正态分布	参数 a 为任意实数，b > 0
CDF.NEGBIN(quant, thresh, prob) *	负二项分布	参数 thresh 为正整数，0 < prob < 1
CDFNORM(zvalue)	标准正态分布	均值为 0，标准差为 1
CDF.NORMAL(quant, mean, stddev)	正态分布	参数均值 mean 为任意实数，标准差 stddev > 0
CDF.PARETO(quant, threshold, shape)	巴列特分布	参数 threshold，shape 皆大于 0
CDF.POISSON(quant, mean) *	泊松分布	参数 mean > 0
CDF.SMOD(quant, a, b)	学生化最大模分布	参数 a≥1，b 为自由度
CDF.SRANGE(quant, a, b)	学生化极差统计量分布	参数 a≥1，b 为自由度
CDF.T(quant, df)	Student t 分布	df 为自由度，df > 0
CDF.UNIFORM(quant, min, max)	均匀分布	min < max 为任意实数
CDF.WEIBULL(quant, a, b)	威布尔分布	参数 a，b > 0
NCDF.BETA(quant, shape1, shape2, nc)	非中心 β 分布	shape1，shape2 为形状参数，nc 为非中心参数
NCDF.CHISQ(quant, df, nc)	非中心 χ^2 分布	df 为自由度，nc 为非中心参数，nc>0
NCDF.F(quant, df1, df2, nc)	非中心 F 分布	df1，df2 分别为第一和第二自由度，nc 为非中心参数
NCDF.T(quant, df, nc)	非中心 t 分布	df 为自由度，nc 为非中心参数

4. 概率密度函数（Probability Density Functions）

SPSS 11.0 for Windows 新增了概率统计中 27 种主要的离散型随机变量的概率函数和连续型随机变量的概率密度函数(统称概率密度函数)。对离散型随机变量，它返回该随机变量取指定值的概率。对连续型随机变量，它返回随机变量取指定值的概率密度函数函数值。

随机变量概率密度函数名的构成只须将累积分布函数名的前缀部分改为"PDF"即可（注意：SPSS 中没有 PDFNORM、PDF.SMOD 和 PDF.SRANGE 函数），概率函数或密度函数的参数与对应的累积分布函数的参数相同，例如函数 PDF.NORMAL（quant, mean, stddev）为以 mean 为均值，以 stddev 为标准差的正态概率密度函数，此处略去。

5. 逆分布函数（Inverse Distribution Functions）

SPSS 提供了一维连续型随机变量的逆分布函数，即分布函数的反函数，它正是数理统计中的上侧分位点函数。逆分布函数中的 prob 为自变量代表累积概率，其取值范围为（0,1）区间。逆分布函数名由前缀"IDF"起头（除一个 PROBIT 函数之外），其后各参数与对应的累积分布函数相同，SPSS 11.0 共有 19 个逆分布函数，此处略去。

SPSS 11.0 提供的逆分布函数中，有一个特殊的标准正态分布的逆分布函数 PROBIT(prob)，用于确定标准正态分布的上侧分位点，例如 PROBIT(0.95) = 1.645，PROBIT(0.975) = 1.960，PROBIT(0.995) = 2.576。

6. 随机数函数（Random Variable Functions）

SPSS 提供了 24 个随机数函数，随机数函数的自变量为对应概率分布所依赖的参数，返回来自指定参数值（参数取值范围与对应的累积分布函数相同）的相应分布的伪随机数。随机数函数一般以前缀"RV"起头构成。

要得到相同的伪随机数序列，需要先在随机数种子（Random Number Seed）参数对话框中指定相同的随机数种子。

随机数生成函数	返回值
NORMAL(stddev)	返回标准差为 stddev，均值为 0 的正态分布的随机数
RV.BERNOULLI(prob)	返回参数 0 < prob < 1 的贝努里分布的随机数
RV.BETA(shape1, shape2)	返回参数为 shape1、shape2 的 β 分布的随机数
RV.BBINOM(n , prob)	返回参数 n，0< prob <1 的二项分布的随机数
RV.CAUCHY(loc, scale)	返回参数为 loc 和 scale 的柯西分布分布的随机数
RV.CHISQ(df)	返回自由度 df 的 χ^2 分布的随机数
RV.EXP(shape)	返回参数 shape > 0 的指数分布的随机数
RV.F(quant, df1, df2)	返回自由度为 df1、df2 的 F 分布的随机数
RV.GAMMA(shape, scale)	返回参数 shape、scale 的 Γ 分布的随机数
RV.GEOM(prob)	返回参数 0 < prob < 1 的几何分布的随机数
RV.HALFNRM(mean, stddev)	返回均值为 mean，标准差为 std 的半正态分布的随机数
RV.HYPER(total, sample, hits)	返回参数为 total、sample、hits 的超几何分布的随机数
RV.IGAUSS(loc, scale)	返回参数为 loc、scale 的逆高斯分布的随机数
RV.LAPLACE(mean, scale)	返回参数为 mean、scale 的拉普拉斯分布的随机数
RV.LOGISTIC(mean, scale)	返回参数为 mean、scale 的逻辑斯蒂分布的随机数

续表

随机数生成函数	返回值
RV.LNORMAL(a, b)	返回参数为 a、b 的对数正态分布的随机数
RV.NEGBIN(threshold, prob)	返回参数为 thresh、prob 的负二项分布的随机数
RV.NORMAL(mean, stddev)	均值为 mean，标准差为 stddev 的正态分布的随机数
RV.PARETO(threshold, shape)	返回参数为 threshold、shape 的巴列特分布的随机数
RV.POISSON(mean)	返回参数为 mean 的泊松分布的随机数
RV.T(df)	返回自由度为 df 的 t 分布的随机数
RV.UNIFORM(min, max)	返回区间 [min, max] 上均匀分布的随机数
RV.WEIBULL(a, b)	返回参数为 a、b 的威布尔分布的随机数
UNIFORM(max)	若 max > 0，返回区间 [0, max] 上均匀分布的随机数 若 max < 0，返回区间 [max, 0] 上均匀分布的随机数

7. 单尾概率函数（Tail Probability Functions）

SPSS 11.0 新增了两个单尾概率函数，即数量统计中的单尾显著性水平 α，它们以前缀 "SIG" 起头，返回大于自变量值 quant 的概率。

单尾概率函数	返回值与举例
SIG.CHISQ(quant, df)	返回自由度为 df 的 χ^2 分布的随机变量大于 quant 值的概率。例如：SIG.CHISQ(0.484, 4) = 0.975， SIG.CHISQ(9.488, 4) = 0.05
SIG.F(quant, df1, df2)	返回自由度为 df1 和 df2 的 F 分布的随机变量大于 quant 值的概率。例如：SIG.F(4.74, 10, 5) = 0.05, SIG.F(2.54, 10, 15) = 0.0503

8. 转换函数（Conversion Functions）

SPSS 提供了两个转换函数，使用它们可以将由数字组成的字符串转换成指定格式的数字，或者将数字转换成字符串。

转换函数	函数类型、返回值与举例
NUMBER(strexpr, format)	数值型函数，将形如数字的字符串 strexpr，转换成设定数值格式 format 的数字。如果字符串 strexpr 不是由数字组成，则返回系统缺失值。例如，自变量 name 是一个由 8 个字节的数字表示的字符串，定义函数 NUMBER(name, f8) 返回格式为 f8 的数值型变量
STRING(numexpr,format)	字符型函数，将设定格式 format 的数值型变量 numexpr 转换成字符串。例如，STRING(-1.5,F5.2) 将返回字符串值 '-1.50

9. 日期及时间函数（Date and Time Functions）

SPSS 有 20 多个日期及时间函数。它们分别以 CTIME、DATE、TIME、XDATE 为前缀，它们都是数值函数或者日期格式的数值型函数。

随机数生成函数	函数类型、返回值
CTIME.DAYS(timevalue)	数值型函数。将时间格式的变量 timevalue 的值转换成天数，包括分数的天数
CTIME.HOURS(timevalue)	数值型函数。将时间格式的变量 timevalue 的值转换成小时数，包括分数的小时数
CTIME.MINUTES(timevalue)	数值型函数。将时间格式的变量 timevalue 的值转换成分钟数，包括分数的分钟数
CTIME.SECONDS(timevalue)	数值型函数。将时间格式的变量 timevalue 的值转换成秒数，包括分数的秒
DATE.DMY(day,month,year)	日期格式数值型函数。返回与指定的日，月，年相应的日期值. 要正确显示函数值，必须赋予其日期格式，day，month，year 的值为整数，day 为 1～31 之间的整数，month 为 1～13 之间的整数，year 为大于 1582 的整数
DATE.MDY(month,day,year)	日期格式数值型函数。返回与指定的月，日，年相应的日期值。要正确显示函数值，必须赋予其日期格式，各自变量的取值范围与上一个函数相同
DATE.MOYR(month,year)	日期格式数值型函数。返回与指定的月，年相应的日期值。要正确显示函数值，必须赋予其日期格式，month 为 1～13 之间的整数，year 为大于 1582 的整数
DATE.QYR(quarter,year)	日期格式数值型函数。返回与指定的季，年相应的日期值。要正确显示函数值，必须赋予其日期格式，自变量 quarter 为 1～4 之间的整数，year 为大于 1582 的整数
DATE.WKYR(weeknum,year)	日期格式数值型函数。返回与指定的星期，年相应的日期值。要正确显示函数值，必须赋予其日期格式，自变量 weeknum 为 1～52 之间的整数，year 值为大于 1582 的整数
DATE.YRDAY(year,daynum)	日期格式数值型函数。返回与指定的年，日数相应的日期值。要正确显示函数值，必须赋予其日期格式，自变量 year 值为大于 1582 的整数，daynum 为 1～366 之间的整数
TIME.DAYS(days)	时间间隔格式数值型函数。返回由日数所决定的时间间隔。要正确显示函数值，必须赋予其时间格式，自变量 days 必须为数值型变量
TIME.HMS(hours,min,sec)	时间间隔格式数值型函数。返回由时，分，秒所决定的时间间隔。要正确显示函数值，必须赋予其时间格式，自变量的值分别不能大于 24，60，60，必须为数值型变量
XDATE.DATE(datevalue)	日期格式数值型函数。返回一个由 DATE.xxx 函数产生或一种 DATE 输入格式读入的日期型格式的数值所决定的日期位置

随机数生成函数	函数类型、返回值
XDATE.HOUR(datevalue)	数值型函数。返回由 DATE.xxx 函数产生或 DATE 输入格式读入的日期型格式的数值所决定的小时数（0～23）
XDATE.JDAY(datevalue)	数值型函数。返回由 DATE.xxx 函数产生或 DATE 输入格式读入的日期型格式的数值所决定的一年中的天数（1～366）
XDATE.MDAY(datevalue)	数值型函数。返回由 DATE.xxx 函数产生或 DATE 输入格式读入的日期型格式的数值所决定的一月中的天数（1～31）
XDATE.MINUTE(datevalue)	数值型函数。返回由 DATE.xxx 函数产生或 DATE 输入格式读入的日期型格式的数值所决定的一小时中的分钟数（0～59）
XDATE.MONTH(datevalue)	数值型函数。返回由 DATE.xxx 函数产生或 DATE 输入格式读入的日期型格式的数值所决定的一年中的月数（1～12）
XDATE.QUARTER(datevalue)	数值型函数。返回由 DATE.xxx 函数产生或 DATE 输入格式读入的日期型格式的数值所决定的一年中的季度数（1～4）
XDATE.SECOND(datevalue)	数值型函数。返回由 DATE.xxx 函数产生或 DATE 输入格式读入的日期型格式的数值所决定的一分钟中的秒数（0～59）
XDATE.TDAY(timevalue)	数值型函数。返回由 DATE.xxx 函数产生或 DATE 输入格式读入的时间间隔格式的数值所决定的整数天数
XDATE.TIME(datevalue)	时间间隔格式数值型函数。返回由 DATE.xxx 函数产生或 DATE 输入格式读入的时间格式的数值所决定的从午夜开始计算的秒数。自变量值在数据单元格中显示为 hours，minutes 格式
XDATE.WEEK(datevalue)	数值型函数。返回由 DATE.xxx 函数产生或 DATE 输入格式读入的时间格式的数值所决定的一年中的周数（1～53）
XDATE.WKDAY(datevalue)	数值型函数。返回由 DATE.xxx 函数产生或 DATE 输入格式读入的时间格式的数值所决定的一周中的天数（1～7）
XDATE.YEAR(datevalue)	数值型函数。返回由 DATE.xxx 函数产生或 DATE 输入格式读入的时间格式的数值所决定的（四位整数显示的）年数
YRMODA(year,month,day)	数值型函数。返回从 1582 年 10 月 15 日到自变量 year，month，day 的数值之间的天数

10. 字符串函数（String Functions）

SPSS 系统提供了约 20 个字符串函数，用于字符串处理。

字符串函数	函数类型、作用或返回值
CONCAT(strexpr,strexpr[,...])	字符型函数。将至少两个或多个字符串(strexpr,strexpr[,...])连接成新的字符串
INDEX(haystack,needle)	数值型函数。返回一个整数指示子字符串 needle 首次出现在字符串 haystack 中的起始位置. 若字符串 haystack 中没有子串 needle 则返回 0

字符串函数	函数类型、作用或返回值
INDEX(haystack,needle,divisor)	数值型函数。作用与上一个函数相同。第三个参数 divisor 是一个能整除子字符串 needle 的长度的整数，用它将子串 needle 等分成若干更细小的子串，再对每个子串进行查寻
LOWER(strexpr)	字符型函数。将字符串 strexpr 中的大写字母转换为小写字母，其他字母保持不变
LPAD(strexpr,length)	字符型函数。在字符串 strexpr 的左边添加空格使之扩展到由 length 所限定的长度，length 的值为 1～255 之间的整数
LPAD(strexpr,length,char)	字符型函数。作用与上一个函数相同，不过在字符串 strexpr 的左侧添加的不是空格，而是由第三个参数 char 所规定的单个字符，这个字符必须用单引号括起来，它也可以是产生单个字符的字符串表达式
LTRIM(strexpr)	字符型函数。返回将字符串 strexpr 起头的空格除去后的字符串
LTRIM(strexpr,char)	字符型函数。作用与上一个函数相同，不过除去的是由第三个参数 char 所规定的单个字符，这个字符必须用单引号括起来
LENGTH(strexpr)	数值型函数。返回字符串表达式 strexpr 的长度（含尾部空格），如果要得到不包含尾部空格的字符串长度，应使用函数 LENGTH(RTRIM(strexpr))
RINDEX(haystack,needle)	数值型函数。返回一个整数指示子字符串 needle 最后出现在字符串 haystack 中的位置，相当于从字符串右侧查寻 needle 首次出现的位置。若字符串 haystack 中没有子串 needle 则返回 0
RINDEX(haystack,needle,divisor)	数值型函数。作用与上一个函数相同。第三个参数 divisor 是一个能整除子字符串 needle 的长度的整数，用它将子串 needle 等分成若干更细小的子串，再对每个子串进行查寻
RPAD(strexpr,length)	字符型函数。在字符串 strexpr 的右侧添加空格使之扩展到由 length 所限定的长度，length 的值为 1～255 之间的整数
RPAD(strexpr,length,char)	字符型函数。作用与上一个函数相同，只是在字符串 strexpr 的右侧添加由第三个参数 char 所规定的单个字符，使之扩展到由 length 所限定的长度，length 的值为 1～255 之间的整数
RTRIM(strexpr)	字符型函数。返回将字符串 strexpr 尾部的空格去除后的字符串
RTRIM(strexpr,char)	字符型函数。作用与上一个函数相同，只不过除去的是由第三个参数 char 所规定的单个字符，这个字符必须用单引号括起来
SUBSTR(strexpr,pos)	字符型函数。返回字符串 strexpr 中从参数 pos（整数）指定的位置起到字符串末尾的子字符串
SUBSTR(strexpr,pos,length)	字符型函数。返回字符串 strexpr 中从参数 pos（整数）指定的位置起长度为 length 的子字符串
UPCAS(strexpr)	字符型函数。将字符串 strexpr 中的小写字母转换为大写字母，其它字母保持不变

11. 逻辑函数（Logical Functions）

SPSS 提供了两个逻辑型函数，函数返回逻辑值 1 或 0（true 或者 False）。

逻辑函数	返回值与举例
RANGE(test,lo,hi[,lo,hi,...])	test 为自变量，它可以是数值型变量或字符型变量，如果 test 的值包含在列对 lo，hi（lo <= hi）所界定的范围内，函数返回 1 或 true，否则，返回 0 或 False。 例如，定义函数 RANGE(AGE, 15, 30, 40, 60)，如果 AGE（年龄）的值含于 15~30 或者 40~60 的范围内，则函数值为 1，否则返回 0
ANY(test,value[,value,...])	test 为自变量，它可以是数值型变量或字符型变量，如果 test 的值与值列 value[,value,...]中所列的值匹配，函数返回 1 或 true，否则，返回 0 或 False。 例如，定义函数 ANY(score, 65 ,78, 85)，如果自变量 score（分数）的值与 65, 78 ,85 中的值匹配，函数返回 1e,否则，返回 0。类似地，对函数 ANY(name, 'JONES', 'FOX')，如果姓名 name 和字符串列'JONES', 'FOX'中的某一个匹配，函数返回 true，否则，返回 False

12. 缺失值函数（Missing Value Functions）

SPSS 系统有 4 个缺失值函数。

缺失值函数	函数类型、返回值
NMISS(variable[,...])	数值型函数。函数需要工作文件中的一个或多个自变量（下同），将返回具有缺失值的自变量的个数
MISSING(variable)	逻辑型函数。对自变量 variable 的缺失值，函数返回 1 或 true，否则返回 0 或 false
SYSMIS(numvar)	逻辑型函数。对自变量 numvar 的系统缺失值，函数返回 1 或 true，否则返回 0 或者 false
VALUE(variable)	数值型或者字符型函数。忽略用户自定义缺失值，返回自变量 variable 的值